böhlau

Peter C. Marboe

Mehr Kultur in der Politik

Erinnerungen

BÖHLAU

Für Irmgard, Jakob und Anna

Bibliografische Information der Deutschen Nationalbibliothek:
Die Deutsche Nationalbibliothek verzeichnet diese Publikation in der Deutschen
Nationalbibliografie; detaillierte bibliografische Daten sind im Internet über https://dnb.de abrufbar.

© 2024 by Böhlau, Zeltgasse 1, 1080 Vienna, Austria, ein Imprint der Brill-Gruppe
(Koninklijke Brill BV, Leiden, Niederlande; Brill USA Inc., Boston MA, USA;
Brill Asia Pte Ltd, Singapore; Brill Deutschland GmbH, Paderborn, Deutschland;
Brill Österreich GmbH, Wien, Österreich)
Koninklijke Brill BV umfasst die Imprints Brill, Brill Nijhoff, Brill Schöningh, Brill Fink,
Brill mentis, Brill Wageningen Academic, Vandenhoeck & Ruprecht, Böhlau, und V&R unipress.

Alle Rechte vorbehalten. Das Werk und seine Teile sind urheberrechtlich geschützt.
Jede Verwertung in anderen als den gesetzlich zugelassenen Fällen bedarf der vorherigen
schriftlichen Einwilligung des Verlages.

Umschlagabbildung: Porträt Peter C. Marboe. Foto: Privatbesitz
Umschlaggestaltung: Bernhard Kollmann, Wien
Korrektorat: Vera M. Schirl, Wien
Satz: le-tex publishing services, Leipzig
Druck und Bindung: Finidr, Český Těšín
Printed in the EU

Vandenhoeck & Ruprecht Verlage | www.vandenhoeck-ruprecht-verlage.com

ISBN (print): 978-3-205-22126-5

Inhalt

Vorwort 13
   Auf dem Schafberg 15

1942–1950 17
   Der Adler und ich 17
   Noch ist der Krieg nicht aus 18
   Apropos Quiqui: 18
   1945 – Strobl, Österreichbuch, Staatsidee 19
   Weihnachten 20
   Keine Nazis 21
   Schweiz 21
   Geschwister 23
   Friedrich Heer 24
   Onkel Schwips 25
   Außenminister Gruber 28

Die Fünfzigerjahre 29
   Schottengymnasium 29
      Originelle Lehrer 29
   Maturareise 30
      The Third Man 30
      Klassengemeinschaft 31
   Gewaltlose Erziehung? 32
   Angst und schlechtes Gewissen 33
   Eine (fast) ökumenische Firmung 33
   „1. April 2000" 34
      „Und wenn die Tochter vom Roosevelt den Sohn vom Stalin geheiratet hätte …" 36
   „Rih" 37
   „O namenlose Freude" 37
   Apropos Wiedereröffnung: 38
   Väterliches Tagebuch 40
   „Zweitwohnsitz Irrsee" 40
   Von Karl Böhm 41
   … zu Herbert von Karajan 42

Späte Versöhnung ... 42
Apropos Lincoln Center: ... 43
Staatsvertrag, Neutralität, Wirtschaftswunder, Ungarn-Aufstand ... 44
Wegweisende Großeltern mit drei Töchtern ... 45
Josef Meinrad und der Iffland-Ring ... 46
Media vita in morte sumus ... 47
Mutter ... 49

1960–1970 ... 51
Die (gar nicht so) muffigen Sechzigerjahre ... 51
„Quiqui" (Ernst Wolfram), „Torro" (Philipp Emanuel) und „Zwiccolo" (ich) ... 52
Kirche und Religion ... 53
Zweites Vatikanum ... 53
Apropos Religion: ... 54
Ohne Skandale geht es nicht – oder doch? ... 56
Gerichtsjahr ... 57
Bundesheer ... 58
Österreichische Nationalstiftung ... 59
Apropos Bundeskanzleramt/Bundespressedienst: ... 60
Alpbach ... 61
„Auslandswochenschau" und „25 Jahre Zweite Republik, 1945–1970" ... 62
Ernst Wolfram und Maria ... 62
Apropos Brüder: ... 64
Thomas Klestil in Los Angeles ... 64
Josef Klaus ... 66
Apropos Kabinett (zum Vergleich mit nachfolgenden Bundeskanzler- und Ministerbüros): ... 67
Regierungsumbildung 1969 oder wie man Minister wird ... 69
Königin Elisabeth II. in Österreich ... 69
Nachtarbeit im Parlament ... 71
… Nachtarbeit am Graben ... 72
Rückzug ... 72
Geordnete Amtsübergabe ... 73
Langer Abschied ... 74
Bruno Kreisky ... 75
Zeitsprung, Kreisky in den USA, Imageproblem ... 75
Konflikt mit Wiesenthal ... 76
Besuch in den USA ... 77
Nächtliches Gespräch ... 77
Fernweh ... 78

1970–1987: New York, die Zweite Heimat ... 81
Jetzt geht's los, 20. Juli 1970 ... 81
New York, New York ... 81
Weihnachten und Chanukka ... 81
Begegnung mit dem österreichischen Exil ... 82
Keine Rückholung ... 83
Freunde im Exil ... 84
Austrian Forum ... 85
Tarock in New York ... 86
Nobelpreiswürdig ... 87
Women's Liberation Movement ... 88
Walter Cohrssen und Johannes Oesterreicher ... 88
Maria Jeritza ... 89
   Apropos Alter: ... 90
Die Wiener Philharmoniker und New York ... 91
   Apropos philharmonischer Vorstand: ... 92
Kulturgroßmacht Österreich ... 93
   Apropos Christian Boesch: ... 94
Otto Schenk und Helmut Qualtinger ... 94
Michael Birkmeyer und Harry Belafonte ... 95
Das Trommellied vom Irrsinn ... 96
„Live auf CNN" ... 99
Karl Gruber, zwei Pistolen und mehrere Watschen ... 99
Henry Kissinger ... 100
English – so easy ... 101
   Apropos Bachelor: ... 102
Oh, holde Weihnachtszeit ... 103
Allein zu Haus? ... 104
Einfach drauf los ... 105
Von Fritz Mandelbaum zu Frederic Morton ... 106
Gottscheer, Burgenländer, Business People ... 107
Ein besonderer „Fourth of July" ... 108
John Lennon ... 108
Exil – zwischen New York und Hollywood ... 109
Oscars für die beste Filmmusik ... 110
   Apropos Heimat und Patriotismus: ... 111
Patriot und Weltbürger ... 112
Farben der Heimat ... 112
   Apropos Farben der Heimat: ... 113
Walter Cronkite ... 114
   Das Neujahrskonzert der Wiener Philharmoniker in den USA ... 115

Gay Theater 116
    Apropos Tennessee Williams: 117
The show must go on – must it? 117
The First Amendment 118
Der österreichische Nationalfeiertag in New York 119
Irene Harand 119
Zemlinsky 121
    Sein letzter Wunsch 122
    Liebesbriefe 123
    Engagierte Witwe 124
Israel 125
Kooperation mit Goethe-Instituten 127
Österreich – Deutschland 128
Zeitsprung: Kultur und Europa 129
„Viva Mexico!" 130
Drachenfliegen 131
Milos Foreman 131
Geschichten aus dem Wienerwald 132
Pentagon Papers und Watergate 133
    Apropos Medien: 134
Independent stations 135
Einflussreiche TV-Serien und Sitcoms, Leon Askin 135
Rassismus, Star Trek und die sympathische, zur Familie
gehörige „Black Mammy" 136
American-Austrian Foundation 137
Neubau des Österreichischen Kulturinstituts (jetzt: ACF –
Austrian Cultural Forum) 138
Anonymer Wettbewerb 140
Baubeginn und Eröffnung 141
Beyond the Sound of Music 142
Never a dull moment 144
    Apropos liebenswerter Hitzkopf: 144
Waldheim 145
    Und was war im Krieg? 145
    Leon Zelman 146
    Sinowatz und Pusch 146
    Waldheim, dem die Welt vertraut 147
    Wehrstammkarte und Profil 147
    New York Times, New York Post und World Jewish Congress 148
    „Pflicht getan" 149
    Keine große Rede 149

Wahlkämpfer 149
Die Wehrmacht 150
Gut für Österreich 150
Nach der Wahl 151
Epilog 151
Kulturnation Österreich 152
Apropos Albertina: 153
Apropos MoMA, Vienna 1900, Ausstellungseröffnung: 153

1987 – persönliches Wendejahr 155

1987–1991 157
ÖVP-Zentrale, Palais Todesco, Kärntner Straße 51 157
Salzburger Festspiele 158
Apropos Skandale: 158
Mit der FPÖ im Burgenland? 159
Apropos Affäre Hödl: 159
Erhard Buseks Stern im Sinken 160
Apropos Jörg Mauthe: 161
Landesparteisekretärekonferenz 162
Si tacuisset – wenn er nur geschwiegen hätte 163
Wie weiter? 163
Nicht leicht 164
Weltverschwörung 165
Antrittsbesuche 166
Präsident Sallinger und die Kunst 167
Vision Europa 168
Von Mock über Riegler zu Busek und Schüssel 170
Apropos lebenslange Freundschaft: 171
Nur aufgeschoben 172
Apropos Reden: 173
Annus mirabilis 1989 173
Friedensnobelpreis 174
Apropos Nikita Chruschtschow: 174
Alexander-Zemlinsky-Fonds 175
PETER 175
Wiener ÖVP-Obmann? 179
Jamais deux sans trois 180
What's next? 180

1991–1996 ... 183
Leiter der kulturpolitischen Sektion (Auslandskultur) im Außenministerium ... 183
Nachholbedarf ... 183
Alois Mock als Außenkulturminister ... 185
Österreich-Bibliotheken ... 186
Der Tag, an dem ich „sie" zum ersten Mal sah ... 187
Sonnenaufgang ... 188
Apropos Ehe und Liebe: ... 188
KSZE (Konferenz über Sicherheit und Zusammenarbeit in Europa) – Symposium zur Bewahrung der europäischen Kulturgüter ... 189
Kulturabkommen mit Israel ... 190
Israel Festival und Ari Rath ... 192
Kultur im Jugoslawienkrieg ... 192
Dubrovnik ... 197
Verantwortung der Religionen ... 199
Unterwegs mit dem Außen-(Kultur-)minister ... 201
Epilog ... 202
Ein Geschenk für den Papst ... 204

1996–2001 ... 207
Wien wird anders ... 207
Enttäuschung und Kritik von links ... 208
Apropos Viktor Matejka: ... 209
André (Franzi) Heller ... 209
Team ... 210
Keine Schonfrist ... 211
Arnold Schönberg Center ... 212
Sommerfestival der Philharmoniker in Wien? ... 213
Politikerklauseln und Ende von Unvereinbarkeiten ... 214
Apropos Leonie Rysanek: ... 215
Apropos Eric Pleskow: ... 216
Amtsverlust voll Zusagen und Frust ... 218
Neue Kulturpolitik ohne Vorurteile ... 219
Bezirksmuseen ... 220
Restitution ... 221
Hillary! ... 223
Bondy! ... 224
Theaterreform ... 227
Dreijahresverträge ... 228
„Leider sehr gescheit" ... 229

Auf Augenhöhe 230
Apropos Dreijahresverträge, Theater in der Josefstadt: 230
Apropos Finanz: 231
Theaterdienstag 232
Apropos Schmunzeln: 233
Plakataktion 235
Wiener Theaterpreis 236
Gedanken im Sarg 238
Die vier neuen Säle im Musikverein 238
Gutes Timing – Tanzquartier, ZOOM und Dschungel Wien 239
Wiener Filmfonds 241
Jury, Beirat, Kommission 242
Kosmos Frauenraum, Porgy & Bess 242
Bruno-Kreisky-Schule 243
Die FPÖ und Kulturpolitik: Ein Widerspruch in sich 244
„Kommunismus-Unterstützer" 244
Furor über den Container 245
Schwarz-blau im Bund 246
Wiener Festwochen 2000 247
„Bitte liebt Österreich" 248
Epilog 251
Judenplatz 252
Wachsender Widerstand 254
Mahnmal-Transfer auf den Heldenplatz? 255
Gute Argumente statt Angst vor der Kronen Zeitung 257
Kein Gebäude über der Bima 258
Große Akzeptanz: 259
Ehrungen 261
Nicht nur im Rathaus 263
Apropos Knien: 264
Nachklang 267
Bürgerliche Kulturpolitik 269
Vorverlegte Wahlen 2001 271

2001–2003 273
Wien ist anders, bisweilen einzigartig 273

2003–2007 275
Auf zu neuen Ufern 275
WMJ06 – Wiener Mozartjahr 2006 276
„Mozartstadt Salzburg" 277

„Und wo ist der Mozart jetzt?" 278
    Apropos „Bruder" und Freimaurer: 280
Neuauflage und Marathonlesung 281

2007–2024 283
Und was macht der Marboe jetzt? 283
Neue Freiheit 284
„And if you come to San Francisco …" 284
Zugabe 285
Reisen zu viert (2017) 286
Stift Altenburg 287
Stichwahl mit gutem Ausgang 288
    Apropos Zivilgesellschaft: 288
Corona 289
Terror in Wien 290
Quo vadis, Volkspartei? 290
Älter werden, doch nicht alt? 291
Leben lernen – Sterben lernen 292
Epilog 293
Zusammenfassung 294

Nachwort und Danksagung 295

Vorwort

„Von meiner Zeit will ich zu Ihnen sprechen, nicht von meinem Leben", so beginnt Thomas Mann seine autobiographischen Schriften. Bestärkt durch diesen Satz des großen Schriftstellers habe ich mich letztlich nach langem Zögern doch entschieden, meine Erinnerungen aufzuschreiben. Als jemand, in dessen Geburtsschein noch das Hakenkreuz aufscheint und dessen Lebensbogen sich von den letzten Kriegsjahren über den Staatsvertrag, das europäische „Annus mirabilis" 1989, den österreichischen EU-Beitritt, die Jahrtausendwende und den Terroranschlag in New York bis zur großen Finanzkrise und schließlich zur Corona-Pandemie spannt.

Zögerlich, weil mit viel Arbeit, viel Nachdenken und Selbstzweifeln über die eigene Wichtigkeit verbunden. Umgekehrt, habe ich gedacht, würde ich eigentlich recht gern in autobiografischen Texten meiner Vorfahren schmökern. Also, einfach drauf los, nachdenken, sich erinnern, eins zum anderen fügen, Seite zu Seite, Jahr zu Jahr, Spreu vom Weizen trennen. Eine Gedanken- und Zeitbrücke schlagen zwischen den einzelnen Lebensstadien, aber auch von einer Generation zur anderen.

Dieses Buch will kein Geschichtsbuch sein, auch wenn es versucht, geschichtliche Zusammenhänge herzustellen. Es ist kein Sachbuch mit Fakten und Zahlen. Es soll Spaß beim Lesen machen und aufzeigen, wie nahe einander oft Wirklichkeit, Anekdoten und Witz sind. Und es soll Mut machen, mit dem Auf und Ab des Lebens zurechtzukommen, nicht immer nur nach dem Glück zu jagen, sondern in der Bewältigung unseres Hierseins Erfüllung zu finden. Geglücktes Leben versus glückliches Leben.

Es soll auch ein Dokument der Dankbarkeit sein. Durfte ich doch Teil jener ersten Generation sein, die in ein historisches Zeitfenster hineingeboren wurde, wie das in der Geschichte vorher noch nie der Fall gewesen war: ein Leben ohne Krieg, mit Frieden, Sicherheit und wirtschaftlichem Aufschwung und einem Ausmaß an bisher nicht gekannter persönlicher Freiheit. Verbunden freilich auch mit der Frage nach der persönlichen Verantwortung für die größer werdenden Probleme unserer Zeit, jeweils dort, wo einen das Leben hinführt. Bei mir waren es glücklicherweise – nachdem ich der Juristerei nach Absolvierung des Gerichtsjahres eine Absage erteilt hatte – Kunst und Kultur, die sich als roter Faden durch alle meine beruflichen Funktionen hindurchzogen.

Dieses Buch soll auch von Menschen erzählen, die mir wichtig waren, die mich begleitet, mir durch Begegnungen mit ihnen Richtung gegeben haben. Trotz des Risikos, mit dem Vorwurf des „Namedroppings" konfrontiert zu werden, möchte ich Personen benennen, um das berufliche und private Ambiente, in dem ich mich durch die Jahre hindurch in meinem Leben bewegte, anschaulich zu machen. Mir liegt daran, Menschen, die mir etwas bedeutet haben, die einen Einfluss hatten, die etwas Bleibendes in mein Leben brachten oder denen ich Dank schulde, ein kleines, schriftliches Denkmal zu setzen und sie in Erinnerung zu behalten, auch wenn ich dabei leider aus Platzgründen viele und vieles auslassen muss.

Nie dürfen Lichtgestalten wie Irene Harand oder Johannes Oesterreicher, die alles im Kampf gegen Hitler riskiert haben und nur mit Glück ins Exil entkommen konnten, in Vergessenheit geraten. Bereichernde Begegnungen mit Louise Zemlinsky, Gladys Krenek, Mimi Grossberg, Clementine Zernik, den Mortons, Leichters, Porges oder Berczellers, aber auch Walter Cronkite, Hermann Mark, Harry Belafonte, Billy Wilder oder Henry A. Grunwald werden erwähnt, weil durch sie ein Stück Zeitgeschichte darstellbar gemacht wird. Ähnliches gilt auch, sozusagen „innerösterreichisch", für Menschen wie Friedrich Heer, Leopold Figl, Julius Raab, Josef Klaus, Bruno Kreisky, Günther Nenning, Wilfried Daim, Friedrich Torberg, Hans Weigl oder Robert Jungk und andere, die „unsere" Nachkriegsgeschichte, unsere damalige geistige Erlebniswelt gestaltet und mitgeprägt haben. Wer, wenn nicht wir Zeitgenossen, sollte über sie berichten?

Auch von Zusammenhängen und Korrekturen soll die Rede sein. Nicht um Indiskretion soll es dabei gehen, aber um einen Blick „hinter die Kulissen" und darum, wie Entscheidungen zustande kommen, welche Umwege oft nötig sind, um Ziele zu erreichen, und wie hilfreich bisweilen Humor sein kann.

Von allen Sinnen sei ihm der Eigensinn der wichtigste, schrieb Hermann Hesse: der Sinn für das Eigene. „Gnothi seauton", lasen wir während der Maturareise auf dem Apollotempel in Delphi. Sich selbst zu (er-)kennen, schützt vor Verwirrung, die auch oft durch andere ins eigene Leben hineingetragen wird. Auch um diese Selbstfindung, diesen oft mühsamen, labyrinthischen Weg zum eigenen Ich soll es in diesen Aufzeichnungen gehen. „Der, der ich bin", schrieb Karl Rahner, „grüßt trauernd den, der ich sein möchte." „Sa vie" und nicht „la vie" leben, wie die Franzosen sagen. Wohl eine lebenslange Suche, ein fortdauerndes Sichbemühen. Das Leben als ultimative Abenteuerreise, als großes Geschenk, als täglich neues Experiment.

Daher auch dieses Buch, als Versuch, über dieses Experiment, dieses Geschenk, diese Abenteuerreise zu berichten, verbunden mit der Einladung und der Bitte, mit dem Autor im Gespräch zu bleiben, Fragen zu stellen und nach Antworten zu suchen.

Peter C. Marboe

Auf dem Schafberg

„Um Gottes willen, das Kind!" Der Schrei eines fremden Mannes schreckte die Familie auf. Es war auf dem Schafberg, und ich war vier Jahre alt. Während sich die Erwachsenen am herrlichen Panorama und den Salzkammergut-Seeblicken erfreuten, kroch ich, klein wie ich war, unter dem aus breiten Brettern zusammengeflickten Zaun durch. Dahinter lockte eine prächtige, große Blume, die ich für meine Mutter pflücken wollte. An sich eine nette Idee, aber nicht wirklich zielführend, wenn es gleich dahinter ein paar hundert Meter steil in die Tiefe geht. Aber wie, bitte, hätte ich das wissen sollen? An den Hosenträgern meiner speckigen Lederhose erwischten sie mich, alle gleichzeitig, und zogen mich behutsam zurück. Hätte das nicht geklappt, gäbe es hier nichts zu schreiben und nichts zu lesen. Nichts Er- und Gelebtes. Glück gehabt. Viele Jahre später werde ich mit meiner Frau Irmgard während unserer Hochzeitsreise an derselben Stelle stehen. Ich werde ihr die Geschichte erzählen, und wir werden darüber diskutieren, wie Zufälligkeiten nicht nur das eigene, sondern auch das Leben anderer bestimmen können.

1942–1950

Ich war ein willkommenes Kind. Sehr willkommen sogar, hatten doch meine Eltern nach der Geburt meines älteren Bruders Ernst Wolfram (Ernstl), dessen linkes Schienbein nicht wachsen wollte und nur durch eine gewagte Transplantation gerettet werden konnte, aber um sieben Zentimeter kürzer blieb (was ihm später als Schulkind oft den Titel „Hatscherter" bescherte), vier Jahre gewartet, aus Sorge, dass sich so etwas wiederholen könnte. Vier Jahre „Vatikanisches Roulette" (natürliche Familienplanung nach Knaus-Ogino). Und dann kam ich. Ein Frühlingskind, 8. Juni 1942, bald nach Mitternacht, Peter Christoph sollte ich heißen. Zwei Jahre später kam Bruder Philipp Emanuel zur Welt. Die Mutter bestand auf diesen Namen (danke, kein Adolf, Horst, Siegfried oder Sigmund), wobei sich der Standesbeamte bei „Philipp Emanuel" zunächst weigerte, diesen „nicht-arischen" Namen zu registrieren. Mit Hilfe ihres juristisch versierten Vaters, verwies Mutter auf das Gesetz, laut dem im Deutschen Reich Namensfreiheit herrschte. Verärgert schrieb der Beamte sein „Heil Hitler" mit besonders fetter Schrift.

Der Adler und ich

Als ich knapp zwei Jahre alt war, kam es zu einem Zwischenfall, den ich wohl nur deshalb so plastisch vor Augen habe, weil er in der Familie dutzende Male erzählt wurde. Wir waren in Südtirol, als sich ein Teil der Familie in die Berge aufmachte, um Edelweiß zu suchen. Mutter erspähte als Erste welche, ein paar Meter hinauf in den Felsen. Ich blieb, wo ich war, entschlossen, selbst Blumen zu entdecken. Plötzlich ein Rauschen, wie vom Himmel gefallen, direkt vor mir, ein Riesentier, wie in Zeitlupe auf und ab hüpfend, schwebend, mit richtig bösem Blick, ein Steinadler mit mächtig ausgebreiteten Schwingen, unschlüssig und schließlich spürbar verärgert, als meine Mutter – in großer Aufregung herbeigeeilt – begann, ihn mit Steinen zu bewerfen und ihn mit grellen Lauten – „Weg, weg!" – zur Abkehr von seinen räuberischen Plänen zu bewegen. Wie aus einem schlechten Bergheimatfilm das Ganze. Langsam, majestätisch, noch ein paar Mal wie schwerelos sich vom Boden abstoßend zog sich der um seine Beute betrogene Angreifer zurück. Hatte er mich für einen Hasen, ein junges Schaf oder so etwas Ähnliches gehalten? Noch lange sahen wir den Raubvogel hoch über uns in der Luft kreisen. Als die erste Aufregung vorbei war, begannen die Recherchen. Im Gasthaus gab es ein Ölbild, auf dem ein Adler zu sehen war, der seine ihm sichtlich zu schwere Beute – ein Kleinkind – fallen ließ. Geschichten wurden plötzlich erzählt, was da in der Vergangenheit so alles passiert war. Legenden und Märchen wurden lebendig, in denen Kleinkinder von Adlern geraubt, den jungen Adlerküken als Spielgefährten ins Nest gebracht und danach von den inzwischen erwachsenen Vögeln ein Leben lang beschützt wurden. Nein, Kleinkinder gehören nicht zum Beuteschema von Steinadlern, aber irren kann sich ja jeder einmal …

Noch ist der Krieg nicht aus

Vater war nach einem von einer deutschen Wehrmachtskolonne im Nebel verschuldeten Autounfall schwer verletzt und hatte viele Monate ums Überleben gekämpft. Die markante Narbe über dem linken Auge, das wider Erwarten gerettet werden konnte, wird auch später noch daran erinnern. Das hatte aber den Vorteil, dass er für wehrunfähig erklärt wurde. 1938 war er, so wie auch sein Schwiegervater, also mein Großvater mütterlicherseits, Josef Schlüsselberger, Landesamtsdirektor von Niederösterreich, als „unzuverlässig" aus dem Landesdienst entlassen worden. Die jung verheiratete Mutter versuchte tapfer, mit all dem fertig zu werden.

Im Herbst 1944 sollte Ernstl oder auch Quiqui (wie er abwechselnd genannt wurde) in die Volksschule kommen. Beim Betreten der Klasse sah er das große Hitlerbild und rief begeistert aus: „Schau, Mutti, da ist der Mann, der alle Leute umbringt." Entsetzen rundherum. Klassenverweis, Gang zur Direktorin. Diese war bereit, von einer Anzeige abzusehen, wenn Mutter versprach, den Buben nicht in eine Schule zu geben. Was auch geschah, erste Volksschulklasse zu Hause.

Meine fröhlichen Rufe – gegen Ende des Krieges – „Die Silbervögel kommen", riefen in der Familie völlig unverständliche Reaktionen hervor. Ängstlich und aufgeregt liefen sie in sichere Zufluchtsorte, um dem Bombenhagel der alliierten Kampfflugzeuge zu entgehen.

Apropos Quiqui:

Laut Mutter hatte dieser Kosename Ernstls mit dessen Quiek-Lauten in seiner frühen Kindheit zu tun. Erst sehr viel später erfuhren wir, dass „Quiqui" auch ein alt-wienerischer Ausdruck für „Tod" ist. Vielleicht wird ja mein älterer Bruder im fortgeschrittenen Alter auch deshalb auf die Frage, wie es ihm gehe und was er so mache, gern antworten: „Sterben lernen." Und ich werde sagen: „Da muss man aber zuerst Leben lernen." Und es werden sich daraus recht interessante Gespräche ergeben.

Abb. 1 Ernst Marboe mit seinem Sohn Peter, 1945 in Strobl
Foto: Privatbesitz

1945 – Strobl, Österreichbuch, Staatsidee

Im April 1945 waren die Eltern mit uns auf Anraten des Großvaters nach Strobl gezogen, zum Teil aus Angst vor der SS, da sie in der Kranzgasse 2 (wo die Eltern nach ihrer Hochzeit 1937 die Wohnung Nr. 12 gemietet hatten) zwei französische, auf der Flucht befindliche Zwangsarbeiter versteckt hatten, zum Teil aus Angst vor den Russen, die Großvater aus dem Ersten Weltkrieg her kannte und vor denen er seine drei Töchter – Gerti (meine Mutter) und die noch minderjährigen Schwestern Martha und Epi – schützen wollte. Dort, in Strobl, schrieb Vater übrigens sein Opus magnum, das 1948 erschienene „Österreichbuch". Um die äußerst schwierige Finanzierung zu sichern, hatte Vater auf das Autorenhonorar und die Tantiemen für die Erstauflage verzichtet. Da ging es – so wie vier Jahre später beim Österreichfilm „1. April 2000" – um viel mehr als nur ein Buch. Was war, nach dem Scheitern der Ersten Republik, nach den verbrecherischen, menschenverachtenden Nazijahren und dem Zweiten Weltkrieg die österreichische Staatsidee? Was die eigentliche Identität des nunmehr wieder unabhängigen Österreich? Leopold Figl (Weihnachtsrede 1945: „Glaubt an dieses Österreich"), Karl Renner, Julius Raab, Viktor Matejka, Friedrich Heer (mit seinem späteren Standardwerk „Der Kampf um die österreichische Identität"), Hanns Koren, Hans M. Loew, Erik G. Wickenburg,

Ernst Karl Winter, August Maria Knoll, Wilfried Daim und viele andere begannen, dieses Anliegen zum großen Thema zu machen. Österreich sollte im Land selbst, aber auch in aller Welt wieder als eigenständiges Land mit einer großen Geschichte aber auch als Land mit Zukunft gesehen und verstanden werden. Deshalb ist das Österreichbuch auch kein Almanach und keine trockene Dokumentation, sondern vielmehr ein Buch, ein schönes, ansprechendes Buch, das mit bunten Tafeln, literarischer Sprache und Informationen über historische Zusammenhänge Wissen vermitteln, aber gleichzeitig Freude am Lesen und Lust auf dieses neue Österreich machen sollte. Das auch ins Englische und Französische übersetzte Österreichbuch erreichte in zahlreichen „verbesserten Ausgaben" eine Gesamtauflage von mehr als 200.000! Vor rund fünfzig Jahren, 1969, erschien die letzte Neuauflage, in englischer Sprache, neu bearbeitet von meinem Bruder Ernst Wolfram und mir. Dreißig Jahre sollte sich das Österreichbuch „auf dem Markt" halten. Dann erreichte uns die Nachricht von der Staatsdruckerei, dass sich eine weitere Auflage nicht mehr vertreten und finanzieren ließe. Dreißig Jahre – eine ziemlich lange Lebenszeit für ein Fachbuch, woran wohl insbesondere seine literarische Qualität einen großen Anteil hatte.

Weihnachten

Kein schöneres Fest gab es in unserer Kindheit. Vermutlich werde ich auch deshalb als Erwachsener noch kindlich daran hängen. Undenkbar, den geschmückten Christbaum vor dem Heiligen Abend zu sehen. In Strobl, 1945, waren es gleich drei, weil man die aus dem angrenzenden Wald holen konnte und Onkel Louis, immer zu einer Extravaganz bereit, es sich in den Kopf gesetzt hatte, dass jeder Bub seinen eigenen – nach Größe gestaffelten – Christbaum haben sollte. In Wien kam noch ein besonderes, heute wohl undenkbares Ritual dazu: Weinflaschen für die (populären) Verkehrspolizisten (Ampeln gab es ja nicht). Das spielte sich so ab, dass Onkel Johnny, mit seinem alten Citroën aus Frankfurt angereist, am Nachmittag des 24. Dezembers, an dem wir ja nicht zuhause sein durften, mit uns zu verschiedenen Polizisten in der Innenstadt – Freyung, Kärntner Straße, Graben (überall Autoverkehr!) – fuhr. Hugo Portisch wird über diese Wiener Besonderheit übrigens in seiner Dokumentation „Die Zweite Republik – Eine unglaubliche Geschichte, Teil 4", berichten und man wird uns drei Brüder aus dem Auto Onkel Johnnys aussteigen und dem freundlichen Polizisten je eine Weinflasche überreichen sehen. Wie und wo Portisch zu diesem Filmmaterial gelangte, werden wir nicht herausfinden.

Keine Nazis

Nazi gab es übrigens keinen einzigen – weder in der mütterlichen noch in der väterlichen Familie. Keine einzige „Entnazifizierung". So viel wir auch fragten und recherchierten. Das hat unser Leben als Kinder erleichtert – wir konnten unbekümmert alle Fragen stellen, über alles offen reden, es gab nichts zu verheimlichen. Wie kann man auf die Idee kommen, der 8. Mai, der Tag der bedingungslosen Kapitulation der deutschen Wehrmacht 1945, könne nicht ein Jubeltag der Befreiung sein, wenn alle um uns herum vor Freude geweint haben? Später empfanden wir Brüder das als lebenslangen Auftrag, wachsam zu bleiben und „den Anfängen zu wehren". Vater wurde rasch zum Abteilungsleiter im Bundespressedienst (Bundeskanzleramt) ernannt, Opi, der Großvater mütterlicherseits, aus seinem Haus in Perchtoldsdorf, von wo aus er, der Bauernsohn aus Neustift-Innermanzing bei Altlengbach, die Familie sieben Jahre lang mit Gemüse und Obst versorgt hatte, zurückgeholt und zum Präsidenten des Verwaltungsgerichtshofs bestellt. Ein bleibender Kindheitseindruck, als wir ihn einmal besuchen durften und er da in vollem Talar mit Hermelinkragen vor uns bei der Gerichtsbank stand. „Erziehung ist Vorbild", hat Albert Einstein einmal geschrieben. Das Beispiel meiner Eltern und Großeltern macht mir die Bedeutung dieses kurzen Satzes immer wieder bewusst.

Von Dollfuß und vom Ständestaat wurde mit Ambivalenz (Anti-Nazi gut, Demokratieabschaffung böse), von den Sozialisten (wie sie damals noch hießen) zwar mit einer gewissen Distanz aber auch großem Respekt – vor allem nach dem niedergeschlagenen Kommunistenputsch 1950 – gesprochen.

Schweiz

1947 ging es zurück nach Wien. Die Caritas hatte ein Hilfsprogramm für unterernährte Kinder organisiert, die für eine gewisse Zeit bei Schweizer Familien untergebracht wurden. Da war ich dabei. Daran, dass ich trotz großen Hungers, eines Tages die immer sonderbar riechenden eingelegten Eier, die Trockenerbsen und den täglichen Dosen-Cheddar-Cheese verweigerte, erinnere ich mich noch ganz genau. Alles schien ordentlich vorbereitet. Ich wurde – noch nicht sechs Jahre alt – einem Nennonkel, Erwin Lowatschek, anvertraut, der mich in Zürich „meiner" Familie übergeben sollte. Der Zug hatte Verspätung, meine große, blaue Masche hätte laut brieflicher Vereinbarung als Erkennungszeichen dienen sollen, aber weit und breit war niemand, der auf uns zukam. Heute noch höre ich die Stimme Onkel Erwins: „Peter, das werden mir deine Eltern nie verzeihen, aber ich muss diesen Zug nach Basel erwischen, da geht es um sehr viel Geld!" Dann sah ich ihn in Richtung des gegenüberliegenden Bahnsteigs verschwinden und auf den losfahrenden Zug aufspringen. Was tun? Zunächst auf eine Bank setzen und weinen. Eine Ahnung,

Abb. 2 Mit Schweizer Gastfamilie Limacher-Felber
Foto: Privatbesitz

wie das jetzt weitergehen würde, hatte ich nicht. Gott sei Dank gab es damals die Einrichtung von sogenannten Bahnhofsschwestern. Eine solche kam auf mich zu, steckte mir gleich eine Handvoll Cailler-Schokostangerln in die Hand und begann mich zu befragen. Das war wenig ergiebig. Dann kam sie glücklicherweise auf die Idee, meinen Koffer zu öffnen und, tatsächlich, da war ein Brief meines Vaters an die Familie Limacher in Reussbühl bei Emmenbrücke (Luzern). Des Rätsels Lösung war, dass mein Vater sich um eine Woche im Datum geirrt hatte, ich also zu früh angekommen und daher logischerweise niemand auf dem Bahnhof war. Diesmal wurde ich einem unbekannten Herrn anvertraut, der sich bereit erklärt hatte, mich der telefonisch avisierten Familie in Luzern zu übergeben. Alle waren sie auf dem Bahnhof: Tanti, Papi (wie ich meine Gasteltern nennen sollte) und alle fünf Kinder, Hermann, Clara, Franz, Martha und Erwin. Eine lebenslange Freundschaft ergab sich aus dieser Zeit, die heute schon bis zu den Enkeln und Urenkeln reicht. Papi war Volksschullehrer. Ich durfte – zwar eigentlich noch zu jung – in seine Klasse kommen. Kreide und Schiefertafel. Dass die Tante Nini, Schwester von Tanti, auf der Hauptstraße einen Metzgerladen hatte, war meiner raschen Gewichtszunahme sicher förderlich, auch wenn ich dann viele Jahre lang keine Salami essen wollte … Schweizerdeutsch ist ein Dialekt, den man als Kind schnell annimmt. Und so kam es, dass sich meine beiden Brüder nach meiner Rückkehr – rechtzeitig für die erste Volksschulklasse bei den Schulbrüdern – als sie überhaupt nichts verstanden, weigerten mit mir zu reden, bis ich wieder normal Deutsch mit ihnen sprechen würde.

Drei Dinge hatte ich, der ab jetzt, gemeinsam mit ein paar tausend anderen Gleichaltrigen, als „Schweizerkind" tituliert wurde, jung wie ich war, mitgenommen: Das Gefühl selbstloser Gastfreundschaft und Solidarität, ein durch Jahrhunderte gewachsenes, auf wirtschaftlicher Stärke und politischer Neutralität beruhendes Nationalbewusstsein (stolz zeigten mir die temporären, älteren Schweizer Brüder ihre Gewehre samt Munition im Kasten) sowie ein, in Österreich damals (noch) nicht spürbarer Glaube an den (Schweizer) technischen Fortschritt. Folgende angeblich wahre Geschichte sollte das illustrieren: Aus England, wo man mit der Schweiz in Konkurrenz bei Aluminium- und Metallprodukten stand, kam ein besonders dünner, widerstandsfähiger Draht in die Schweiz mit der (leicht hämischen) Aufforderung, einen ebensolchen herzustellen. Statt dem nachzukommen, machten die findigen Schweizer Techniker ein Loch in den Draht und schickten diesen mit einem herzlichen Grüezi nach London zurück.

Auch die allgemein akzeptierte Sprachenvielfalt und der gesellschaftlich tief verwurzelte, selbstbewusste Föderalismus (26 Kantone!) sind eine besondere Eigenheit des Landes.

Woher denn die Babys kommen, wollte man in einer Umfrage unter europäischen Volksschulkindern wissen. Und das Ergebnis? Italien: „Aus dem Himmel." Deutschland und Österreich: „Vom Storch." Frankreich: „Aus dem Schlafzimmer." Und in der Schweiz: „Das ist von Kanton zu Kanton verschieden."

Geschwister

Die Beziehung zwischen Geschwistern – in unserem Fall drei Brüder – hat eine besondere Qualität und unterscheidet sich von allen anderen Beziehungen im Leben. Geschwistern kann man nichts vormachen. Sie kennen einander als Kinder und oft besser als die eigenen Eltern. Sie teilen laufend Erfahrungen und Geheimnisse. Ohne jede Berechtigung erziehen sie einander ständig. Nicht so sehr hierarchisch, sondern vielmehr durch das Erfahren all dessen, was man später im Leben kennenlernen oder brauchen wird: Streitfähigkeit, Versöhnung, Eifersucht, Konkurrenzkampf, Macht des Stärkeren, Neid, Treue, Widerspruch, Solidarität, Verschwiegenheit, Vertrauen, Zuneigung, Ablehnung, Empathie – in unserem Fall durch Ernstls Handicap besonders gefordert und gefördert. Das Wort „Brüderlichkeit" hatte für uns einen besonderen Klang. Vielleicht gerade auch, weil es eine bewegte, keineswegs friktionsfreie, kritische, streitbereite Brüderlichkeit war. Und das ein Leben lang. Philipp, eher ein Ästhet und Schöngeist, Ernstl, der Kreative, der oft seine physische Stärke ausspielte, um seine Verletzlichkeit zu verbergen, ich als

Abb. 3 Peter, Philipp und Ernst Wolfram Marboe 1947
Foto: Privatbesitz

Sandwichkind, dazwischen, sportlich recht begabt, meinen eigenen Weg suchend. Da gab es dann auch spannende Konstellationen und Koalitionen, je nachdem, wo man im Leben gerade stand. Die Ferne förderte die Bruderliebe, die Nähe stellte sie oft auf eine bittere Probe. Durch ihre relativ frühen Ehen eröffneten mir die Brüder die Möglichkeit des Schwager- vor allem aber des Onkel-Seins. Als Junggeselle, noch dazu viele Jahre lang als leicht exotischer „Onkel aus Amerika", genoss ich diese Rolle in vollen Zügen. Und meinen Nichten und Neffen habe ich es auch zu danken, dass ich im Leben etwas erreichen konnte, was beiden Brüdern verwehrt blieb, nämlich Großonkel – inzwischen auch schon Urgroßonkel – zu sein. Dass das mit meiner späten Ehe-Entscheidung zu tun hat, ist immerhin möglich. Und dass ich von meinen Brüdern erst nach der Hochzeit mit Irmgard langsam wieder als vollwertig und gleichberechtigt wahrgenommen wurde, ebenso.

Friedrich Heer

Über Friedrich Heer, einen der größten Denker unserer Zeit, sagte mein Vater öfters, dass seine Werke über Generationen hin Bedeutung haben würden. Wer Österreich, seine Geschichte, Gegenwart und Zukunft – auch jene Europas – verstehen will, kann ohne die Bücher Friedrich Heers nicht auskommen. „Gottes erste

Liebe", „Der Kampf um die österreichische Identität", „Der Glaube des Adolf Hitler", „Europäische Geistesgeschichte", „Das Wagnis der schöpferischen Vernunft" (von Heer als sein „geistiges Testament" bezeichnet) – um nur einige der bedeutendsten zu nennen – sollten für alle, denen ein besseres Verständnis ihrer Lebensumstände ein Anliegen ist, Pflichtlektüre sein.

Heer war im besten Sinn des Wortes streitbar, streitbereit, wenn es ihm um etwas ging. Uns jungen Theaternarren imponierte, dass er sich in dem, vor allem von Hans Weigel und Friedrich Torberg betriebenen, Bert-Brecht-Boykott voll auf die Seite Brechts schlug. Und dafür – mit Gleichgesinnten – als Kryptokommunist denunziert wurde. Das wurden laufend auch all jene, die Brecht-Stücke zur Aufführung brachten, wie das Neue Theater in der Scala oder das Grazer Opernhaus. Und dann – als erstes großes Wiener Theater – die großartige Aufführung von „Mutter Courage und ihre Kinder" im Volkstheater (Leon Epp/Gustav Manker/Dorothea Neff/Fritz Muliar/Ernst Meister u. a.) am 23. Februar 1963. Große Aufregung, aber der Boykott war gebrochen. Friedrich Heer bezeichnete Hans Weigel als „kleinen McCarthy", wofür er von Weigel geklagt und wegen Ehrenbeleidigung verurteilt wurde. Es bleibt wohl eine akademische Schande, dass Friedrich Heer nie eine ordentliche Professur angeboten wurde und er sein Einkommen als Dramaturg und später als „Leiter des Sekretariats für kulturelle Angelegenheiten und internationale Kontakte" des Burgtheaters beziehen musste. Das hatte wohl auch mit seiner Gegnerschaft zu Unterrichtsminister Drimmel (mit dem auch mein Vater Probleme hatte) zu tun, der einmal gemeint hatte, dass Heer erst dann eine Professur erhalten könne, wenn die Bolschewiken kommen.

Gemeinsam mit seiner Frau Eva erhielt Friedrich Heer aber immerhin ein Ehrengrab der Stadt Wien auf dem Wiener Zentralfriedhof. Auf dem Grabstein ist zu lesen:
WER VON DEN STERBLICHEN WAGT ES, VON DES TOTEN BLEICHENDEM ANTLITZ HINWEGZUNEHMEN DIE HAND DER GÖTTLICHEN GNADE

Onkel Schwips

Mit Bundeskanzler Leopold Figl verband uns eine angeheiratete Verwandtschaft. Seine Frau Hilde geb. Hemala (Tante Hilli) und meine Mutter waren Cousinen. Das heißt, Figls Schwiegermutter Maria Hemala geb. Cermak (Tante Mitzi) und meine Großmutter Ludmilla Schlüsselberger geb. Cermak waren Schwestern. Wenn meine Eltern auf Auslandsreisen, z. B. in den USA, waren, wurden wir Brüder „verteilt". Ich durfte, oft mehrere Wochen lang, bei den Figls in der Peter-Jordan-Straße 62 sein. Da war Figl schon Außenminister. Ich genoss die Freude und das Privileg, mit dem Onkel Leopold (den wir übrigens auch problemlos mit seinem Couleurnamen, also mit Onkel Schwips ansprechen durften) zu schnapsen (er war darin ein Meister),

Abb. 4 Leopold Figl, Hilde Figl, Erzbischof Josef Schoiswohl
Foto: Privatbesitz

später dann auch einmal in der Woche, wenn wir Nachmittagsunterricht hatten, im niederösterreichischen Landstüberl in der Löwelstraße mit ihm Mittag zu essen (oft ebenfalls mit einer Runde Schnapsen verbunden) oder manchmal sogar in der Früh im Dienstwagen, auf seinem Weg ins Büro, vor dem Schottengymnasium abgesetzt zu werden.

Figl war ein mutiger Mann. Mehrfach hatte der sowjetische Außenminister Molotow im Zuge der Staatsvertragsverhandlungen darauf hingewiesen, dass noch zu klären sein werde, welchen Beitrag Österreich – siehe Moskauer Deklaration – für seine Befreiung von der Naziherrschaft geleistet habe. Dazu passt ein im „Kurier" am 27. Oktober 2003 erschienener Bericht des Zeitgenossen Ludwig Steiner:

„Als die Österreicher-Delegation im April 1955 in Moskau war, standen Figl, Molotow, ein Dolmetscher und ich zusammen. Da sagt Figl zu Molotow: ‚Ihr Name war für mich immer eindrucksvoll. Am meisten beeindruckt hat mich, als wir im KZ einmal um fünf Uhr früh im Hof antreten mussten. Kalt war es, stundenlang sind wir gestanden – auf einmal ist Ihre Stimme aus dem Lautsprecher gekommen. Das war damals, wie Sie den Vertrag mit Hitler-Deutschland (Hitler-Stalin-Nichtangriffspakt im August 1939) abgeschlossen haben.' Ich hab' damals geglaubt, die Welt geht unter! Aber Molotow hat nur knapp gesagt ‚Da, da' (russisch für ja, ja) und hat sich umgedreht. Und merkwürdigerweise: Figls

Forderung nach Streichung der Verantwortungs-Passage aus dem Staatsvertrag hat als erster zugestimmt – der Molotow!"

Und besonnen war er auch, besonders in heiklen Situationen, wie mir seine Tochter Annelies erzählte. Als kurz vor Kriegsende der Gefängnisdirektor beim Herannahen der Russen die Türen der Todeszellen öffnen ließ, wollten die meisten völlig überrascht gleich zum Ausgang laufen. Figl rief sie lautstark zurück und verlangte für alle Entlassungspapiere, um nicht draußen gleich von den marodierenden SSlern erschossen zu werden.

Kaum vierzig Kilogramm wog er bei seiner Rückkehr, ein paar Monate bevor er dann im November 1945 Bundeskanzler wurde. Die berührende, kurze Ansprache zu Weihnachten 1945 im Radio (die ich einmal in ihrer einfachen, überzeugenden Wortwahl mit Lincolns Gettysburg-Rede verglich und in meine Fernseh-Dokumentation „25 Jahre Zweite Republik" aufnahm) war verloren gegangen. Hans Magenschab rekonstruierte sie, Figl autorisierte sie und sprach sie meinem Bruder Ernst Wolfram ins Mikrofon:

„Ich kann Euch zu Weihnachten nichts geben, ich kann Euch für den Christbaum, wenn Ihr überhaupt einen habt, keine Kerzen geben, kein Stück Brot, keine Kohle zum Heizen, kein Glas zum Einschneiden. Wir haben nichts. Ich kann Euch nur bitten, glaubt an dieses Österreich."

Ich erlebte Onkel Leopold nie mürrisch oder launisch. Immer strahlte er eine gewisse Fröhlichkeit, eine strukturelle Zuversicht aus, was ganz bestimmt auch mit seiner gelebten Religiosität zu tun hatte, ohne die und seine Familie, wie er sagte, er die sechs Jahre KZ und die monatelange Todeszelle des Volksgerichtshofs nicht überstanden hätte. Der Glaube an den „Herrgott" war Teil seines Selbstverständnisses. Da konnte es dann schon vorkommen, dass er diesen in die eine oder andere Rede miteinbeziehen wollte. Wie etwa bei einer Gedenkfeier in Tulln: „Hoch lebe Tulln, hoch lebe Österreich, hoch lebe der liebe Gott!"

Ärgerlich konnte er allerdings werden, wenn man seine Jägersprache ignorierte oder sich bewusst darüber lustig machte. Hörner, Ohren, Schwanz, Fell etc. statt Gestänge, Schaufeln, Lauscher, Rute, Decke, Spiegel etc. Da konnte dann schon einmal rasch Schluss mit lustig sein. Aber richtig aufregen konnten ihn auch solche Provokationen nicht.

Außenminister Gruber

Figl war, wie gesagt, ein geduldiger Mann. Was sollte ihn nach all den Jahren im Konzentrationslager und wochenlangem Zittern in der Todeszelle, der er buchstäblich in letzter Minute entronnen war, noch aus der Ruhe bringen? Nur Unpünktlichkeit, besser gesagt, wiederholte Unpünktlichkeit war ihm zuwider. So etwa beim Ministerrat, zu dem Außenminister Gruber nahezu regelmäßig zu spät kam. Auch mit dem kolportierten Lebenswandel von Gruber, was Frauen und Alkohol betraf, wusste Figl nichts anzufangen. Und so kam es, dass eines Tages, als Gruber wieder zu spät dran war, Figl mit erhobener, ärgerlicher Stimme fragte: „Was war denn heute wieder los mit dir, du Wein-, Weib- und Gesangmensch?" Leicht verlegene Stimmung. Plötzlich eine Stimme, mit leichtem S-Fehler, klar als die von Sektionschef Chaloupka erkennbar: „Was, singen tut er auch?" Heiteres, irgendwie auch erleichtertes Gelächter im Ministerrat.

Die Fünfzigerjahre

Schottengymnasium

Die Schulzeit verbrachten mein Bruder Philipp und ich – im Zwei-Jahres-Abstand – im Schottengymnasium. Ich erinnere mich an viele ausgezeichnete Lehrer (wie übrigens auch schon vorher bei den Schulbrüdern in der Gebrüder-Lang-Gasse und später auf der Universität) und an eine offene, fast liberale, benediktinische Atmosphäre. So schien es uns jedenfalls im Vergleich zum Theresianum oder zum Kalksburger Jesuiten-Kolleg, die im Unterschied zu unserer Schule allerdings Internate waren. Humanistische Erziehung pur, mit Schwerpunkt auf Latein, Griechisch, Deutsch und Geschichte. Keine lebenden Fremdsprachen außer vier Jahre Englisch in der Unterstufe (danach Freigegenstand). Einmal sollten wir bei einer Schularbeit eine kurze Geschichte auf Latein niederschreiben. Um zu zeigen, dass sich Latein auch als lebendige Konversationssprache eignet. Bei mir kam dabei sogar ein Gedicht – „Carmen amoris" – heraus.

Originelle Lehrer

Einige Professoren fielen durch große Milde auf (Pater Bonifaz, Pater Amand) andere durch ziemliche Strenge (Professor Schmid, Pater Direktor Sekyra), viele durch erfreuliche Originalität (Pater Leander, Professor Jana, Professor Jandos, Pater Ägid). Großes Glück hatten wir beide mit unseren Klassenvorständen Professor Hadamovsky (Philipp) und Professor Schmidgruber (ich), die das waren, was man sich gern unter engagierten, perspektivischen, empathischen, kompetenten Lehrern vorstellt. „Sui generis" war zweifellos unser Zeichenlehrer Professor Katzer. Wenn der unter den zehn- bis 14-Jährigen einen nicht leiden konnte, wechselte er systematisch vom Du zum Sie. Die nächste Steigerung, wenn er totale Ablehnung zum Ausdruck bringen wollte, war die Anrede mit „Er". Etwa, zum künftigen Fürsten Adam von Liechtenstein: „Darf Fürstliche Hoheit alleine auf die Toilette gehen oder nur in Begleitung eines Leibwächters?" Auch mein Bruder und ich fielen in die „Er"-Kategorie. „Marboe", meinte er einmal zu Philipp, „er und sein Bruder sind zusammen genauso gescheit wie ein halber Hauptschüler." Und zu mir: „Marboe, zum Zeichnen ist er zu blöd, sitze er Modell." Und so kam es, dass ich wochenlang auf dem Katheder, möglichst bewegungslos, für meine Mitschüler als Modell diente. Dabei wurde mir jenes Spiel, bei dem man 15 Zahlen auf einem Feld mit 16 Plätzen in die richtige Anordnung bringen musste, erlaubt. Für den Rest der Schulzeit war ich damals darin unschlagbar. Auch Sport gab es ausreichend, mit

Wettkämpfen sowohl im Rahmen der Union Katholischer Schulen (UKS), als auch mit der Jungschar und zwischen den Pfarren. Wir waren da fast immer vorne – Leichtathletik, Skifahren, Tischtennis und Fußball. Im Skifahren und Fußball war Kalksburg unser Angstgegner (einmal sogar, nach einer 1:0 – Führung, ein 1:9 Debakel), im Tischtennis die Pfarre Canisius, wo sich Toni (Anton Pelinka) und ich regelmäßig erbitterte Zweikämpfe lieferten.

Maturareise

1960, nach der Matura, gab es eine sehr erfreuliche Klassenreise nach Rom, Neapel und Griechenland. In Athen, nach langen Wanderungen durch die verschiedenen Gegenden, verschlug es uns, warum auch immer, in einen Rotlichtdistrikt. Nicht uninteressant für einen Haufen Achtzehnjähriger, der sich demgemäß nach allen Seiten umsah. Als wir an einem sichtlich solchen einschlägigen Aktivitäten dienenden mit klappernden Plastikvorhängen versehenen Haus vorbeigingen, schnellte – so muss man es wohl nennen – eine spärlich bekleidete, kichernde Dame mit langem schwarzem Haar aus dem Eingang hervor, packte den vor mir gehenden Klassenkameraden und zog ihn behände mit fröhlich klingenden, griechischen Worten in die dunkle Spelunke. Ganz vorne ging unser Klassenvorstand, hinter uns, als letzter, mit wachem Auge, Pater Benedikt, wehrmachtserprobter und äußerst beliebter Musikprofessor. Für ihn war jetzt rasches Handeln angesagt: In voller Benediktiner-Soutane hechtete er – wild entschlossen, den Entführten vor weiterem Ungemach zu bewahren – der halbnackten Entführerin hinterher, erspähte den Schuldlosen, bemächtigte sich seines rechten Unterarms, um ihn der schon fast triumphierenden Täterin zu entreißen, was ihm – nach kurzem Nahkampfgemenge – auch tatsächlich gelang. Jetzt war es wohl an ihm zu triumphieren, als er aus dem Dunkel der Spelunke, den Teenager fest im Griff, heraus ins helle Athener Sonnenlicht schritt und dem arglosen Klassenvorstand stolz berichtete, dass die Klasse wieder vollständig sei. Irgendwie ein Glück, dass es damals noch keine Mobiltelefone gab. Die Bilder des selbstlosen, tapferen Benediktinermönchs, mit dem unschuldigen Zögling an der Hand aus dem Puff herauskommend, hätten wohl viele belustigte „Gefällt mir" gefunden.

The Third Man

An einen „Abstecher" der besonderen Art während der Schulzeit erinnere ich mich lebhaft. „Betreten strengstens verboten", war da auf einer Baustelle (dort, wo sich jetzt die Einstiegstelle der U2 Ring/Schottentor befindet) zu lesen. Wir waren zu viert. Hätten sich Tom Sawyer und Huckleberry Finn von so etwas abhalten lassen? Und dunkel war es – nach dem Nachmittagsunterricht Turnen – auch schon.

Lautlos huschten wir an der Absperrung vorbei und die engen Stufen hinunter. Minuten später befanden wir uns im Wiener Kanalsystem, wie im Film „Der Dritte Mann". Aus jeder Ecke hätte Harry Lime auftauchen können. Und seine Verfolger auch. Es wurde immer dunkler und unheimlicher und stiller, bis auf das gleichmütige Kanalwasserrauschen. Um nicht auszurutschen, tasteten wir uns an der Wand entlang. Wegen der Kälte trugen wir Handschuhe, was vermutlich ein Glück war. Denn plötzlich leuchteten diese in der Dunkelheit, wie die Zeiger einer Armbanduhr in der Nacht. Das war's dann, Freunde. Raus und nach Haus. Wo ich von unserem Abenteuer erzählte. Der Vater, nicht gerade erfreut, aber auch nicht sauer, erklärte uns, dass die SSler in den letzten Kriegstagen, beim „Kampf um Wien", Phosphor und ähnliche Chemikalien an den Kanalwänden angebracht hätten, die bei Berührung zu leuchten anfingen und die nichtsahnenden Verfolger zu leichten Zielscheiben für die flüchtenden SS-Kommandos machten. Offensichtlich lange „Abbauzeiten" und irgendwie „Zeitgeschichte live".

Klassengemeinschaft

49 (!) waren wir – nach einer ziemlich ernst genommenen Aufnahmsprüfung – in der ersten Klasse, 33 bei der Matura (davon durchgehend, von der 1. bis zur 8. Klasse 21). Insgesamt hielten sich in unserer Klasse im Lauf der Jahre 70 (!) Schüler mehr oder weniger lange auf. Hinausgeworfen wurde man nicht nur mangels entsprechender Noten, sondern auch „wegen schlechten Einflusses auf die Klassengemeinschaft". Wie zum Beispiel einer meiner besten und klügsten Freunde, Anton Pelinka, nach der 6. Klasse. Wie absurd. Nur weil er offensichtlich schon damals die eine oder andere „linke" Idee vertrat. Heute wäre man wohl stolz auf den erfolgreichen Politologen, wie es jetzt eben das Piaristengymnasium ist.

Mir fehlt ein Überblick über andere Schulen, was Klassengemeinschaften betrifft. Aber dass wir Mitschüler – und das hat viel mit unserem rührigen Klassensprecher Karli „Gaschi" Kreiter zu tun, der die Herde wie ein verantwortungsvoller Hirtenhund zusammenhält – einander über all die Zeiten hinweg einmal monatlich zu einem Jour fixe treffen und eine jährliche, gemeinsame, zwei- bis dreitägige Reise unternehmen, scheint schon ein wenig außerhalb der Norm. Jedes Jahr werden es aber weniger. Ein gutes Drittel ist schon gestorben. Wie unverändert die meisten sind, der Literat, der Mathematiker, der Rabauke, der Stille, der Laute, der Streber, der Engagierte, der Kämpfer, der Philosoph, der Vorzugsschüler, der Musische, der Besserwisser, der Freund – eben alle nur um ein paar Jahrzehnte älter. Und – wie unwahrscheinlich ist das: Bis auf einige wenige haben fast alle schon Goldene Hochzeit gefeiert (ich immerhin trotz meines späten Ehe-Beginns die Silberne), einer wurde Mönch, einer lebt – unverheiratet und kinderlos – seit 50 Jahren mit derselben Frau zusammen, und nur einer ist geschieden.

Einige Jahrzehnte später werde ich gemeinsam mit Bürgermeister Häupl im Großen Festsaal des Wiener Rathauses stehen und Ehepaare, die es bis zur Goldenen Hochzeit geschafft hatten – jedes Jahr werden es auch da weniger – begrüßen. Eine schöne Geste der Stadt Wien. Und Häupl wird mir zuflüstern: „Genieß es. Wer weiß, wie lange es diese Veranstaltung noch geben wird." „Nun ja", werde ich zurück flüstern, „man kann ja in einen kleineren Saal ausweichen oder gleich auf eine Feier für Silberne Hochzeitsjubilare übergehen ..."

Ging es streng zu im Schottengymnasium? Vermutlich – im Vergleich mit anderen Schulen – schon. Einen Zweier auf eine Deutschschularbeit, in der ich versehentlich die Zahl 6 mit „sex" (Gruß von Sigmund!) geschrieben hatte, könnte man jedenfalls so interpretieren. Oder eben auch die überwiegend schlechten Betragensnoten, weil wir ziemlich „lebendige Kinder" waren – Reißnägel auf dem Lehrersessel beim Katheder, kleine Feuerwerke beim Öffnen der Klassentür, Lehrerkarikaturen mit der Kreide auf der Tafel usw. Auch saßen wir nicht allzu oft, aus dem fernen Hietzing kommend, um fünf vor acht, wie vorgeschrieben, auf unserem Sessel. Wieder einmal eine diesbezügliche Eintragung im Klassenbuch durch Pater (später Abt) Bonifaz, den Gütigen, diesmal für Philipp. Der war offensichtlich nicht zerknirscht genug, denn Pater Bonifaz schrieb geduldig: Marboe hat für eine Klassenbucheintragung nur ein Lächeln übrig. Das waren jetzt schon zwei solche Eintragungen an einem Tag. Ab drei gab es einen „Termin" beim Direktor.

Gewaltlose Erziehung?

Physik und Chemie gehörten nicht zu meinen Lieblingsgegenständen. Ich bewegte mich mehr auf der humanistischen Linie. Eines Tages brach zwischen uns Brüdern eine Kontroverse aus, ob Wasser oder Benzin schwerer sei. Müsse sich doch leicht beweisen lassen, wenn man Benzin in einen Wasserbehälter gießt und dann ein Zündholz dazu: Wenn es brennt, ist Benzin leichter, wenn nicht, dann – logischerweise – Wasser. Okay, Versuch im Badezimmer gestartet. Plötzlich eine Stichflamme. Alles klar: Benzin ist leichter. Nur leider war die Flamme riesig, und kamen auch in diesem Moment unsere Eltern nach Hause. Mutter, in Panik, stürzte den brennenden Behälter um, wodurch sich das Feuer auf dem ganzen Boden ausbreitete. Endlich Decken, Handtücher darauf, Flammen eingedämmt, Feuer vorbei. Ich wurde als Hauptschuldiger identifiziert, um den Ping-Pong-Tisch gehetzt, schließlich erwischt und mit ein paar ordentlichen Watschen daran erinnert, dass physikalische Versuche nicht in die Wohnung gehören. Ja, wir wurden noch physisch gezüchtigt. Nicht oft, nicht spontan, aus Wut oder so, aber eben doch als Erziehungsmittel bei gravierenden Verfehlungen. Das war damals so. Auch im Freundeskreis. Als Kind hatte ich den Vater einmal entwaffnet, als ich durch das herzförmige Loch der Sessellehne schaute und sagte: „Schau, Papa, der Sessel lacht", was mir die geplante Züchtigung (meist mit der bloßen Hand auf den Po) ersparte. Dann, eines Tages, war es schlagartig damit vorbei. Unser Kinderarzt, Freund des Vaters, Professor Hans Czermak, Pionier der gewaltlosen Erziehung, leistete in persönlichen Gesprächen, Diskussionen, Veröffentlichungen und Artikeln erfolgreiche Überzeugungsarbeit. Kinder zu züchtigen, egal wo, Familie oder Schule, war plötzlich verpönt, war gegen die Würde des Kindes, war menschenrechtswidrig.

Angst und schlechtes Gewissen

Auch ein Zusammenhang zwischen „gewaltlos" und „angstfrei" war herzustellen, da sich elterliche und religiöse Erziehung oft überschnitten. Wie ambivalent kann/muss das folgende Kindergebet verstanden werden: „Wo ich gehe, wo ich stehe, / bist Du, lieber Gott, bei mir. / Wenn ich dich auch niemals sehe, / weiß ich trotzdem: du bist hier. Amen." Hilfreich oder doch – vor allem, wenn nicht richtig interpretiert – eher bedrohlich? Dazu noch Begriffe wie Sünde, Hölle, Fegefeuer, Beichte, Reue etc. Einem Kind wurde da schon eine Menge zugemutet.

Viele Jahre später, im Rahmen des Projekts „Stadtmission", wurden sieben Menschen eingeladen, vor dem Stephansdom Fürbitten zu sprechen. Darunter auch Elfriede Ott und ich. „Lieber Gott" hörte man sie da – ohne vorherige Absprache – sagen, „lass die jungen Menschen nicht mit jenen Ängsten aufwachsen, mit denen wir groß geworden ist, und die wir, wenn überhaupt, nur mit größter Anstrengung überwinden konnten." Ich bat gleich danach den lieben Gott, er möge den nächsten Generationen die Skrupel und das dauernde schlechte Gewissen ersparen, das uns von Kindheit an begleitet hat. Ein Christentum der Angst anstatt ein solches der Gnade, Freiheit, Barmherzigkeit, des Glaubens, der Liebe und der Hoffnung?

Eine (fast) ökumenische Firmung

1956 sollte ich gefirmt werden. Wen ich mir als Firmpaten wünsche, fragten meine Eltern. Ausgerechnet den evangelischen Nennonkel Louis Bauer. Wie sollte das gehen? Gute Kontakte zur Nuntiatur waren hilfreich. Und so kam es, dass Onkel Louis, mit päpstlicher Dispens, Firmpate werden konnte. Frühe Ökumene. Und das sogar in der Nuntiatur, gefirmt von Nuntius Dellepiane, assistiert vom wunderbaren Uditore Cesare Zacchi, der dann später selbst als Nuntius in Bogota und Kuba und schließlich im Vatikan (Direktor der Päpstlichen Diplomatenakademie) eine große Karriere machen sollte (und dem Thomas Bernhard in seinem Roman „Auslöschung" ein Denkmal gesetzt hat). Ein kleiner Trick war dann aber doch dabei: Mein älterer Bruder Ernst Wolfram musste seine Hand auf die linke Schulter legen, auch wenn in den Firmdokumenten tatsächlich nur Louis Bauer aufscheint.

Abb. 5 Aufnahme vom Set 1952. Ernst Marboe, Vater des Autors, verfasste das Drehbuch zum Film „1. April 2000" gemeinsam mit Rudolf Brunngraber
Foto: Privatbesitz

„1. April 2000"

Ein paar Jahre zuvor kam es zur Produktion des „Österreich-Films" mit dem Titel „1. April 2000". Wir drei Brüder durften darin bei der Doppelhochzeitsszene im Stephansdom mitspielen. Tragende Rollen, weil wir rote Kissen mit den Insignien und lange Schleppen tragen durften und bleibende Erinnerung an „Kolleginnen und Kollegen" wie Josef Meinrad, Hans Moser, Hilde Krahl, Fred Liewehr, Paul Hörbiger, Judith Holzmeister u. a. Vater hatte die Idee, die von Bundeskanzler Figl und der Bundesregierung aufgegriffen wurde und zum Beschluss führte, einen „repräsentativen österreichischen Propagandafilm" zu produzieren. Vater wurde zum „Leiter des Büros Österreich-Film" (Produzent) bestellt und mit der Erstellung eines Drehbuchs beauftragt, gemeinsam mit dem bekannten Schriftsteller und Erfolgsbuchautor („Opiumkrieg", „Zucker aus Cuba" und v. a.) Rudolf Brunngraber, der von den Sozialisten hinzureklamiert wurde. Der lebte übrigens mit zwei Frauen, was wir Kinder herausfanden, als wir den Sommer 1951 am Weißensee verbrachten, wo er und mein Vater das Drehbuch fertigstellten.

Ein ziemlich mutiges Unterfangen – vor allem auch politisch - war das Ganze schon. Bei den Massenszenen im Film (Schönbrunn, Prater, Naschmarkt, bundesweite Freiheitsdemonstration) konnte man nämlich nicht mehr so recht zwischen Wirklichkeit und Fiktion unterscheiden. Um nicht noch mehr Geld für die ohnehin schon ziemlich kostspieligen Komparsen auszugeben, wurden die Menschen per Inserat eingeladen, an den Szenen, insbesondere auch an der „Demonstration für die Freiheit Österreichs" teilzunehmen. Das taten denn auch viele Österreicherinnen und Österreicher nur zu gern. Für den Film? Oder wirklich? Und sangen landauf, landab das neue „Österreich-Lied":

„Die Sonne scheint auf alle gleich, / warum nicht auch auf Österreich? / Warum soll'n wir im Schatten steh'n – / wir wollen den Glanz der Freiheit seh'n! / Die Sonne scheint den kleinen Mann / genauso wie den großen an! / Ein Stück vom Herz der Welt ist Österreich, / drum macht uns frei und macht uns gleich."

Bei der festlichen Premiere im Apollo-Kino am 19. November 1952 saßen dann nicht nur der Bundespräsident, der Bundeskanzler mit der Bundesregierung und der hohe Klerus, sondern auch das Diplomatische Corps und die vier Hochkommissare der Besatzungsmächte, die einem Film applaudierten, in dem sie im Rahmen einer Rebellion aus Österreich hinausgeworfen werden – wenn auch erst am 1. April 2000.

Drei Jahre später wurde der Staatsvertrag endlich Wirklichkeit, am 15. Mai 1955, mit Figls im kollektiven Gedächtnis fest verankerten Ausruf „Österreich ist frei".

Der „Österreich-Film" war danach in den großen Städten Deutschlands zu sehen, mit praktisch allen europäischen Ländern gab es Verleihverträge. Auch bei den großen Filmfestivals in Cannes, Venedig, Barcelona oder São Paulo wurde er gezeigt. Bald gab es weitere Verleihverträge mit Südafrika, Ägypten, Japan und Australien. In Österreich erhielt der Film den begehrten „Sascha-Wanderpokal", eine Auszeichnung, die von einer Fachjury für die erfolgreichste Uraufführung eines Films im vergangenen Jahr verliehen wurde. „1. April 2000 mit dem ‚Österreichischen Oscar' prämiert" titelte „Neues Österreich". Die Kritiken waren überwiegend positiv bis enthusiastisch, aber es gab auch negative Rezensionen. Darunter vor allem solche, die den „Aprilscherz" und damit den komödiantischen Charakter des Films nicht richtig deuten wollten oder konnten und daher die ideologische Geschichtsüberfrachtung, das Auslassen der Nazizeit, die propagandistische Schönfärberei, die

Opferrolle Österreichs etc. kritisierten. Einwände, denen man sich, insbesondere, da der Film auch heute noch bei verschiedenen Gelegenheiten und regelmäßig im Umfeld des Nationalfeiertags gezeigt wird, stellen muss. Hauptargument wird dabei sein, dass es sich beim „1. April 2000" – was durch diesen Titel schon suggeriert wird – nicht um eine Dokumentation oder quasidokumentarische Aufarbeitung, sondern ganz bewusst um eine in die Ferne verlegte, liebevolle, komödiantische Farce handelt, durch welche die Wiedererlangung der Souveränität, sprich der Abschluss des Staatsvertrags, beschleunigt werden sollte. Der Film war übrigens „Jugendfrei ab 12 Jahren" – vermutlich wegen eines darin vorkommenden Kusses, des Anblicks der strengen Präsidentin im Nachtgewand oder auch der vielen Kanonenschüsse bei der Türkenbelagerung –, weshalb Philipp und ich ihn erst später, während eines Urlaubs, in einem Kino in Murau, wo man den Jugendschutz nicht so genau nahm, sehen konnten.

„Und wenn die Tochter vom Roosevelt den Sohn vom Stalin geheiratet hätte ..."

In Amerika gestaltete sich der Verleih schwierig: Schwarz-Weiß, Untertitel, in den USA unbekannte Schauspieler, aber immerhin kam es zu verschiedenen Aufführungen, darunter im New Yorker 55th Street Playhouse und einer durchaus erfreulichen Resonanz. Diese wurde aber – und ich erinnere mich an die diesbezügliche Enttäuschung meines Vaters – in der österreichischen Exil-Community nur sehr zögerlich geteilt. Wenige Jahre nach der Nazizeit musste der Film, der Österreich zwar als besetztes Land, aber geschichtlich, kulturell und landschaftlich nur von seiner Sonnenseite zeigt, trotz des phänomenalen Aufgebots an Schauspielerinnen und Schauspielern sowie seines komödiantischen Charakters als Zumutung empfunden werden.

Zwanzig Jahre später werde ich den „1. April 2000" beim Österreichischen Nationalfeiertag in New York vorführen und danach beim Austrian Forum und anderen Gelegenheiten immer wieder zeigen müssen. Er wird auch in der Austrian Community außerhalb Österreichs als Kultfilm gelten. Die Menschen werden – Jahrzehnte nach Flucht und Emigration – mit Wehmut der Erzählung folgen, von Josef Meinrad, Hilde Krahl, Judith Holzmeister, Fred Liewehr, Hans Moser, Paul Hörbiger, Helmut Qualtinger, Alma Seider, Waltraut Haas, Guido Wieland, Harry Fuß, Curd Jürgens u. a. begeistert sein, sich auf eine Reise vom Riesenrad, Stephansdom, Schönbrunn in die Landschaften der Bundesländer einladen lassen und spätestens beim „Österreich-Lied" mit den Tränen kämpfen. Heimweh, zeitloser, nicht heilbarer Schmerz der Emigration.

„Rih"

Von meinem „Honorar" als Page bei der „Wiener Doppelhochzeit" im Stephansdom – und dem meiner mit festlichem Blick die königlichen Schleppen haltenden Brüder, die mir das Geld borgten – kaufte ich mein erstes Fahrrad, ein übertragenes, dunkelgrün glänzendes altes Puch-Herrenrad mit Dreigangschaltung. Ich nannte es „Rih" (wie bei Karl May), „galoppierte" damit, wie auf Kara Ben Nemsis Pferd durch die Straßen Hietzings und war dabei wohl der glücklichste Bub in ganz Wien. Wenn ich in der Früh spät dran war, dann wurden mir die Häuserzeilen der Mariahilfer Straße zu den Schluchten des Wilden Kurdistans, durch die Rih nahezu fliegen musste, um unsere Verfolger abzuhängen. Pünktlich betrat ich dann die Klasse, wo niemand wusste, welch brenzliger Situation ich gerade entkommen war. Viele Jahre später werde ich im „New Yorker" einen Cartoon entdecken, der mich an diese Zeit erinnern wird: Ein Bub fährt mit dem Tretroller und träumt von einem Fahrrad. Dann sitzt er auf dem Fahrrad und träumt von einem Motorrad, danach von einem kleinen Auto und schließlich sehen wir ihn in einer großen Limousine im Stau stecken und von einem Fahrrad träumen.

„O namenlose Freude"

Der Wiedereröffnung der Wiener Staatsoper mit Beethovens „Fidelio", am 5. November 1955, fieberte ganz Wien entgegen. Zehn Jahre hatte es gedauert, das zerbombte Haus wiederherzustellen und bei der Gelegenheit auch auf den neuesten technischen Stand zu bringen. Unsere Frage nach den Möglichkeiten von Stehplatzkarten hatte Vater kurz mit: „Ja, da müsst Ihr Euch halt anstellen", beantwortet. An einem Sonntagvormittag im Oktober kam er (wieder einmal) vom Büro nach Hause und meinte nur: „Buben, wenn Ihr das ernst meint, müsst Ihr los. Vor der Oper stehen schon die ersten Leute." Ja, wir meinten es ernst und fingen an, unsere Sachen – Regenmäntel, Decken, Schlafsäcke, Zahnputzzeug etc. – zusammenzupacken. Der angekündigte Ausgabetag war ja erst eine Woche später und keiner wusste, wie lange wir ausharren müssten. Vater erklärte sich bereit, uns mit dem Auto in die Stadt zu bringen. Direkt zu den Arkaden der Staatsoper, rechtzeitig, um noch Karten fürs Stehparterre (und nicht Balkon oder Galerie) zu bekommen. Sonntagnachmittag, kalt und regnerisch. Vater hatte Erbarmen und ließ das Foyer zum Übernachten öffnen. Auch Würstel und warme Getränke ließ er verteilen.

Ach, Schule am Montag. Was sagen? Die Plätze aufzugeben wäre Wahnsinn. Da erschien im Abendkurier ein Foto mit uns dreien beim Auspacken der Sachen vor der Oper. Das werden die bei den Schotten wohl auch sehen. Also Anruf Montagfrüh, volle Wahrheit, keine Schule, weil wir uns vor der Oper um Stehplatzkarten für die Wiedereröffnung anstellen ... Schon ein recht unkonventioneller

Entschuldigungsgrund fürs Fernbleiben vom Unterricht. Nun gut, so der Direktor, die Stunden müssen wir allerdings nachholen und „mehr als drei Tage darf das aber nicht dauern!" Tat es auch nicht, weil schon Montagabend wesentlich mehr Menschen anstanden als es Karten gab. Weiteres Zuwarten mit der Kartenausgabe wäre also eine sinnlose Schikane, entschied Vater, und noch in der Nacht auf Dienstag gab es mehr als fünfhundert glückliche Besitzer einer Karte für den „Eröffnungs-Fidelio" mit Karl Böhm als Dirigent der Wiener Philharmoniker (Wiener Staatsopernorchester), Mödl, Dermota, Schöffler, Seefried, Kment, Weber, Kamann, Terkal, Jerger, Tietjen, Holzmeister, Kniepert – unsterbliche Namensliste – oh, welche Lust, oh namenlose Freude. Zur Freiheit, zur Freiheit – heute klingt es noch nach, unvergessliche Stunden der Glückseligkeit, ein knappes halbes Jahr nach dem Staatsvertrag.

Abb. 6 Bundespräsident Theodor Körner und der Leiter der Bundestheaterverwaltung Ernst Marboe bei der Wiedereröffnung der Wiener Staatsoper 1955
Foto: Privatbesitz

Apropos Wiedereröffnung:

Wer könnte es drei Teenager-Söhnen verwehren, unendlich stolz auf ihren Vater, den Leiter der Bundestheaterverwaltung, zu sein, der als Festredner von den Bühnen des Burgtheaters und der Staatsoper aus das illustre Publikum begrüßte und –

Abb. 7 Ankunft am Wiener Westbahnhof, Maria Callas mit Ernst Marboe 1956
Foto: Privatbesitz

für die ganze Welt bestimmte – Eröffnungsgedanken formulierte. Am 14. Oktober 1955, im Burgtheater, sagte er unter anderem: „Mut und Glaube waren es, die den Menschen nach dem Zusammenbruch von 1945 die Kraft gaben, das Burgtheater und seine Idee durch einen neuen Beginn aus dem Nichts zu retten. Die äußere Ordnung ist wiederhergestellt, die Baulinie der Ringstraße in ihren Angelpunkten, der Burg und der Oper, neu geschlossen. Möge mit der Heimkehr des alten, des immer jungen Ensembles auch die innere Ordnung der Herzen, die Schau des Lebens aus der Intuition des Geistes, mögen die Symbole der Würde des Menschen und der Freiheit unseres Volkes wiederkehren und Residenz halten im neuerstandenen Burgtheater als einem Herzstück Österreichs."

Und in seiner Rede in der Staatsoper am Vormittag des 5. November 1955 hieß es: „Denn in diesen Tagen, da Wien seine Theater wieder eröffnet, die Burg am Ring und nun die Oper, hält Österreich Probe für die Hoffnung einer ganzen Welt auf Frieden durch das Bekenntnis zur Kunst und in dem Bewusstsein eines unveräußerlichen Legates, das auf diesem Lande ruht, eines Vermächtnisses, das der Nestor der Wiener Musikkritik in die Worte fasst: Und wären alle Gebäude von Wien zerstört, so wäre noch die Erde geblieben, über die so viele große Musiker geschritten und die Luft, in der sie geatmet haben und Erde und Luft würden klingen." Und am

Schluss: „Und es steige eine Welle des Dankes empor zu Gott dem Allmächtigen, dass dieser Tag geworden ist und dass das Volk von Österreich ein durch die Zeiten unverändertes Antlitz und eine unvergängliche Seele empfangen hat und noch das Geschenk der Staatsoper Wien als Brücke, die sich heute abends 7 Uhr von neuem wölben wird, vom Augenblick zur Ewigkeit."

Väterliches Tagebuch

Die Tagebücher meines Vaters aus diesen Jahren sind eine wahre Fundgrube, nicht nur, was Privates betrifft, sondern auch, weil sozusagen kulturgeschichtlich vieles festgehalten wurde. Zumeist diktierte er es am Abend meiner Mutter ins Stenogramm, die es dann am nächsten Tag mit der Schreibmaschine ins Leserliche übertrug.

Da ist etwa zu lesen, dass Professor Eisenmenger die Gestaltung des Eisernen Vorhangs in der Staatsoper nicht – wie verschiedentlich angedeutet - übertragen wurde, weil – oder obwohl – er ein Nazi-Mitläufer war, sondern, weil er von einer unabhängigen Jury in einem anonymen Wettbewerb – nachdem Wotruba und Kokoschka eine Bewerbung abgelehnt hatten – an die erste Stelle gereiht wurde. Auch ein anderer Vorwurf, man hätte nach dem Krieg gleich an die Nazis Böhm und Karajan und nicht etwa an Josef Krips gedacht, wird durch die verschieden festgehaltenen Telefonate meines Vaters mit Krips widerlegt. Gewiss interessant auch die Gespräche mit den Wiener Philharmonikern oder Paul Schöffler betreffend die Bestellung Herbert von Karajans zum Staatsoperndirektor. Die Enttäuschung Egon Hilperts, weil man für ihn keine Ausnahme vom Freikartenverbot für die Operneröffnung (selbst die Regierungsmitglieder zahlten für ihre Karten) machen konnte. Der Wettlauf mit der Zeit für die Eröffnung von Oper und Burgtheater und der (Kultur-)Kampf ums Musical. Oder auch – anekdotisch – die (bürokratisch nicht leicht bewältigbare) Zurverfügungstellung eines Bettes für einen Nachtflug Schöfflers nach Buenos Aires, weil dieser dort sonst nicht zeitgerecht für eine Aufführung am Abend hätte eintreffen können.

„Zweitwohnsitz Irrsee"

Papa brannte an allen Enden und hatte sehr viel zu tun. Schon in jungen Jahren, wie mir scheint, in denen er als Werkstudent Geld verdienen musste, etwa als Erzieher bei einer gräflichen Familie in Mailand, von wo auch die Inspiration für seinen ersten Roman („Jou Jou – wo bist Du?") stammt. Die ziemlich rührenden Briefe, die er von dort an seine Eltern schrieb, sind erhalten. Noch vor der Ehe mit meiner Mutter (1937) hatte Papa – dem Willen seines Vaters entsprechend – das ungeliebte Technikstudium mit dem Diplom-Ingenieur (Dipl.-Ing.) abgeschlossen. Nach dem Krieg schaffte er es dann in einem gewaltigen Sprung, aus kleinbürgerlichen Verhältnissen kommend – der Vater war Eisenbahninspektor, die Mutter Hausfrau – zum Schriftsteller, Filmproduzenten und Drehbuchautor bis zum Leiter der Bundestheaterverwaltung. Zeit mit ihm war daher immer besonders wertvoll. Fußballspielen etwa am Samstagnachmittag am „Platzerl" in der Hinterbrühl, Tischtennis im Kinderzimmer, Einspringen als Bub für den fehlenden Vierten beim Tennis am Attersee (Haus Vogt). Oder auch die Urlaube in Grado, Lignano und Zell am Moos. Der Irrsee wurde – nicht zuletzt wegen seiner Nähe zu Salzburg, wo Vater im Sommer als Mitglied im Direktorium der Salzburger Festspiele oft sein musste – zu einer Art Zweitwohnsitz (und ist es bis heute geblieben). Johanna Enzinger, die Seewirtin, deren Eltern wir noch gut gekannt haben, hat aus ihrem Haus nicht nur einen Ort der (kulinarischen) Gastlichkeit, sondern auch ein allseits beliebtes „Kulturzentrum" gemacht. Wachsam beäugt von den einander auf einem historischen Foto zuprostenden Bundeskanzlern Figl und Klaus sind in der gemütlichen Stammtisch-Stube die Besuche zahlreicher Publikumslieblinge dokumentiert: Otto und Renée Schenk, Peter Stein, Peter Turrini (der uns zu Mitternacht sein Libretto für die Cerha-Oper „Der Riese vom Steinfeld" vorgelesen hat), Eberhard Waechter, Waldemar Kmentt, Heinrich Schweiger, Alexander Wächter, Branko Samarovski, Werner Pirchner, Karin Kathrein, Hans und Peter Landesmann, Regina Fritsch, Karl Merkatz, Ulli Maier, Agi und Rudi Buchbinder, Andrea Breth, Tobias Moretti, Peter Simonischek, Adele Neuhauser, Heinz Marecek, Jutta Lampe, Matthias Hartmann, – die Liste ist end- und die so liebenswerte Seewirtin irgendwie zeitlos.

Von Karl Böhm …

Die Ablöse Karl Böhms durch Herbert von Karajan im Frühjahr 1956 bekamen wir nicht nur mit, sondern auch zu spüren. Böhm, der sich ungeschickt zu den Vorwürfen, er erfülle seinen Vertrag als Operndirektor nicht, geäußert hatte (er wolle sich nicht wegen der Wiener Staatsoper seine internationale Karriere beschädigen), trat schließlich zurück. Schwer enttäuscht und verärgert. Das legendäre Pfeifkonzert des Stehplatzes (für den Direktor, aber Applaus nach der Dritten Leonore für den Dirigenten Böhm) während einer Fidelio-Aufführung sei – so sein Anwalt – von meinem Bruder Ernst Wolfram im Auftrag meines Vaters, Leiter der Bundestheaterverwaltung, den Böhm – aus seiner Sicht wohl verständlich – für seine Ablöse als Hauptschuldigen empfand, organisiert worden. Glück gehabt: Mein Bruder war nicht in der Staatsoper, sondern auf Skikurs am Hochkönig und hatte mit der Sache, so wie mein Vater auch, nichts zu tun.

... zu Herbert von Karajan

An einem Sonntagnachmittag läutete bei uns zu Hause das Telefon. Ich war allein. Ein Herr von Mattoni wollte Herrn Marboe sprechen. Mein Vater sei nicht hier, sagte ich. Tuscheln im Hintergrund. Plötzlich: „Hier Herbert von Karajan. Sie sind ein Sohn von Ernst Marboe?" „Ja, gewiss." „Nun, dann sagen Sie bitte, aber noch heute, wenn möglich, Ihrem Vater, dass alles in Ordnung geht. Er weiß dann schon." Glück gehabt: Die Eltern kamen heim, als wir noch wach waren (sonst hätte ich es vermutlich vergessen). „Ach, übrigens, Papa, Herbert von Karajan hat angerufen. Ich soll dir sagen, dass alles okay ist oder so ähnlich." Aufgeregtes, erleichtertes, erfreutes Vater-Gesicht! Es war die Zusage Karajans, die Direktion der Wiener Staatsoper zu übernehmen. Nur mit Karajan, da war sich mein Vater gewiss, konnten die großen Pläne einer Zusammenarbeit der Opernhäuser Wien, Mailand, New York und die Einführung der Originalsprache für Opernaufführungen gelingen.

Herbert von Karajan und mein Vater wurden Freunde.

Im Oktober 1957, beim Begräbnis meines Vaters, den langen Weg nach dem Requiem in der Hietzinger Kirche durch die Maxingstraße hinauf zum Friedhof, wird Karajan dabei sein, mit dunklen Brillen, um die Tränen zu verbergen. Mit der ihm eigenen, großen Schrift, wird er an meine Mutter einen berührenden, fünf Seiten langen Kondolenzbrief schreiben:

> Liebe Gnädige Frau.
> Es ist furchtbar. Furchtbar für uns alle und unsere Herzen sind bei Ihnen in tiefem Mitempfinden. Wieviel Idealismus und wieviel Begeisterung ist mit einem Menschen hingegangen. Und in uns bleibt die Leere und für mich die Sinnlosigkeit eines Schicksals, das mir den treuesten Gefährten entriss. Er allein hat das Verdienst für sich zu buchen, diesem Haus den Impuls auf einem neuen Weg gegeben zu haben. Und wenn es heute das erste Opernhaus ist, so ist dies zuerst seiner Initiative zu danken. Unfasslich, dass dies nun nicht mehr sein soll. Und uns ein wahrer Freund und großer Mensch entrissen ist. Wir können nur ihn in seinem von ihm begonnenen Werk ehren.
> Und in dieser schmerzlichsten Stunde ist all mein Wünschen und das tiefste Mitgefühl bei Ihnen,
> Ihr Herbert von Karajan.

Späte Versöhnung

Mit Karl Böhm verlief das anders, aber doch recht originell. Rund zwanzig Jahre nach dem Tod meines Vaters – ein kleiner Zeitsprung nach vorne in die Siebzigerjahre – kam er mit der Wiener Staatsoper nach Washington und New York.

Ich – damals beim dortigen Presse- und Informationsdienst – war für Abholung und Betreuung zuständig. Alle Aufführungen waren ein großer, vor allem auch medialer Triumph bis hin zum konzertanten Fidelio, der, wie vorher vereinbart, von Bernstein in der Philharmonic Hall im New Yorker Lincoln Center dirigiert wurde.

An einem Tag dazwischen war ein Flug nach Hartford in Connecticut zur Musikuniversität vorgesehen, wo Böhm ein Ehrendoktorat erhalten sollte. Die Reise – mit einem Privatflugzeug – und alle Termine waren von mir sorgfältig geplant worden, inklusive Dankesrede etc. Ein paar Tage vorher rief Uli Märkle, der Böhm in die USA begleitet hatte, völlig irritiert an. Böhm, der mich offensichtlich plötzlich zuordnen konnte, weigere sich, mit dem Sohn des Ernst Marboe nach Hartford zu fliegen. Märkle empfand das als lächerlich und kleinlich, und meinte, er werde mit Böhm reden und das klären. Das geschah auch. Und so kam es, dass wir zu viert, Böhm, Uli Märkle, dessen Frau und ich in einem kleinen Flugzeug zwischen New York und Hartford große und, wie ich zu spüren glaubte, auch ehrliche Versöhnung feierten, mit einer Flasche Champagner, die Märkle für uns mitgebracht hatte. Und eine schöne Feier war es dann auch, bei der die großen Verdienste Böhms ausführlich und zu dessen sichtbarer Freude gewürdigt wurden.

Apropos Lincoln Center:

Was waren das für Zeiten. Österreicher, wohin man schaute. Rudolf Bing an der Met, Baron Weissl in der Philharmonic Hall (später Avery Fisher Hall, jetzt David Geffen Hall), John White (vor dem Exil Hans Schwarzkopf) als kaufmännischer, Felix Popper als Musik- und Julius Rudel als Generaldirektor der New York City Opera, bis hin zur Oper in San Francisco, wo Kurt Herbert Adler fast dreißig Jahre Generaldirektor war. Kein Wunder, dass die New York Times einmal in diesem Zusammenhang von der „Österreichischen Opernmafia" schrieb.

Julius Rudel leitete mehr als zwanzig Jahre lang, von 1957 bis 1979, die (2013 in Konkurs gegangene) New York City Opera im Lincoln Center und gilt als Entdecker zahlreicher großer Sängerinnen und Sänger wie etwa Beverly Sills oder Placido Domingo. Er blieb Wien trotz seiner Vertreibung als Teenager verbunden. Immer wieder erzählte er mir von seiner Hoffnung, wieder einmal an der Staatsoper zu dirigieren. 1977 konnte dieser Wunsch endlich mit der Premiere von Mozarts „Titus" und mehreren Repertoire-Dirigaten in Erfüllung gehen. 2003 wird er, der – wie er sagte – „immer Wiener geblieben ist", die Ehrenmedaille der Bundeshauptstadt Wien in Gold erhalten und mit 93 Jahren, am 26. Juni 2014 in New York sterben.

Aber jetzt wieder zurück ins Wien der Fünfziger- und Sechzigerjahre. Über die New Yorker Zeit werde ich später ausführlich erzählen.

Staatsvertrag, Neutralität, Wirtschaftswunder, Ungarn-Aufstand

Was für ein Jubel war das am 15. Mai 1955, Schloss Belvedere, und wir – weil wir schulfrei hatten – mittendrin. Rot-weiß-rote Fahnen – wohin der Blick sich wendete – lachten der Menge und den Medien entgegen … Logischerweise hätte das der Österreichische Nationalfeiertag (bisher „Tag der Fahne") werden müssen. Aber (so die Wirtschaft) im Mai gab es doch schon so viele Feiertage und (so die SPÖ) der Tag sei zu sehr mit den Namen Raab und Figl verbunden. Daher also der 26. Oktober, Tag der Verabschiedung des „Bundesverfassungsgesetzes über die Neutralität Österreichs" (nachdem sämtliche Besatzungssoldaten österreichisches Staatsgebiet verlassen hatten). Eine eher trockene Angelegenheit, ohne jene Emotionalität, mit der zum Beispiel die Franzosen oder Amerikaner ihre Staats- und Nationalfeiertage verbinden. Sei's drum. Die immerwährende Neutralität („nach dem Muster der Schweiz", wie in den Verhandlungen festgehalten wurde) wurde „außenpolitisches Leitmotiv" Österreichs. Es war gar nicht leicht, den Menschen klarzumachen, dass Neutralität nicht Neutralismus, Blockfreiheit oder Standpunktlosigkeit bedeuten darf, sondern wir ganz klar die Werte des Westens – also keine „Gesinnungsneutralität" – teilten. Daher auch der Hinweis auf die Schweiz. Danach – durchaus auch in Verbindung mit einem weltweiten Unikum, nämlich der Sozialpartnerschaft – ging es hurtig bergauf. Jahrelang keine ernstzunehmenden Streiks, ständiges Wachstum, höhere Kaufkraft und abnehmende Arbeitslosenzahlen. Freilich auch mit Hilfe des von den USA initiierten „Marshallplans" und im Sog des deutschen „Wirtschaftswunders", aber zwischendurch sogar mit besseren statistischen Werten als unser dynamischer Nachbar.

Und dann kam der Ungarische Volksaufstand vom 23. Oktober bis zum 4. November 1956. Wir Gymnasiasten fieberten mit. Wird die Freiheit gelingen? Wie steht es um die Chancen der Rebellen? Was wird der Westen machen? Aber die in der ersten Revolutionswoche noch lebendige Hoffnung auf einen Sieg wurde Tag für Tag geringer, bis schließlich die sowjetische Armee mit großer Brutalität und tausenden Toten die kommunistische Vorherrschaft wiederherstellte. Aus der Traum. Und die erste große Bewährungsprobe für das neutrale Österreich. Fast 200.000 Menschen flohen, zumeist über die Brücke von Andau in den Westen. Eine schier unlösbare Aufgabe für das kleine Österreich, aber eine, die unser Land mit großer Menschlichkeit bewältigte. Mehr als die Hälfte entschied sich für eine Weiterreise in die USA. Viele wanderten weiter in andere europäische Länder. An die 20.000 blieben in Österreich, integrierten sich und leisteten in allen Bereichen der Gesellschaft wichtige Beiträge. Wie etwa – um nur einen stellvertretend für viele zu nennen – Paul Lendvai, der zu einem der einflussreichsten politischen Kommentatoren wurde.

Wir nahmen – wie das viele Familien taten – einen Flüchtling auf, eine junge Ungarin namens Terézia. Sie wurde bald zur ersehnten Ersatzschwester, lehrte uns ungarische Kinder- und Volkslieder, heiratete schließlich und blieb in Österreich.

Wegweisende Großeltern mit drei Töchtern

Omi und Opi waren familiäre Lichtgestalten. Der Bub hätte, nach dem Willen seiner geistlichen Förderer, Priester werden sollen, hatte auch tatsächlich begonnen, Theologie zu studieren, dann aber bei einem Ball Ludmilla Cermak, Omi also, kennen gelernt, sich verliebt und auf Rechtswissenschaften umgesattelt. Aus dem Ersten Weltkrieg kehrte er unversehrt zurück. Omi gründete in der Zwischenkriegszeit den „Josefstisch", bei dem jahrelang, mit Hilfe von Sponsoren, Wohltätern und der eigenen Großbäckerei, täglich 3000 Menschen mit warmem Essen versorgt wurden. Alle guten Eigenschaften, die man gern mit Menschen assoziiert – Verlässlichkeit, Treue, Empathie, Nächstenliebe, christliche Werte – trafen auf Omi und Opi zu.

Abb. 8 Familie Schlüsselberger von links nach rechts: Josef, Martha, Epi, Gertrud, Gattin Ludmilla
Foto: Privatbesitz

Aus der am 17. April 1945 im Schottenstift gegründeten ÖVP trat er wieder aus, weil diese – durchaus gemeinsam mit der SPÖ – den echten Nazis gegenüber zu nachgiebig und bereit war, Richter, die während der Nazizeit tätig gewesen waren und Todesurteile verhängt hatten, weiter in ihren Funktionen zu belassen. Und auch mit seiner Funktion als Höchstrichter (Präsident des Verwaltungsgerichtshofs) war eine Parteimitgliedschaft nicht vereinbar.

Aus den von einem seiner Nach-Nachfolger, Clemens Jabloner, herauskopierten und mir übergebenen Unterlagen aus dem Personalakt „Schlüsselberger" geht nicht nur – wie schon erwähnt – hervor, dass mein Großvater unmittelbar nach dem „Anschluss" wegen „Unzuverlässigkeit" aus dem niederösterreichischen Landesdienst (er war als Landesamtsdirektor ranghöchster Beamter des Landes) entlassen wurde, sondern auch, dass er keine briefliche Eingabe an die „Reichsstatthalterei Niederdonau" (da ging es um die gesetzlich normierte Kinderbeihilfe für seine minderjährigen Töchter) mit „Heil Hitler!" unterschrieb. Das brachte er sichtlich nicht über sein Herz. Er bekam auch keine Antwort, ein Glück noch vermutlich, weil so etwas auch schlimmer ausgehen konnte. Umso mehr, als später die Bewohner des Hauses in der Fockygasse 33, im 12. Bezirk, stolz erzählten, dass auf ihrem Gebäude niemals die Hakenkreuzfahne geweht habe.

Josef Meinrad und der Iffland-Ring

Wenn Josef Meinrad und seine Frau unter den Abendessensgästen waren, dann freute das uns Buben besonders. Die beiden kamen nämlich nicht alleine, sondern brachten ihren Mitbewohner, einen kleinen Rhesusaffen mit, der dann – wenn er nicht gerade auf dem Schoß Frau Meinrads saß, um – ein Löffel für sie, einer für ihn – Obstsalat zu essen, in unsere Obhut gegeben wurde. Das war schon ein rechter Spaß, weil das sympathische Tier zahm und wild in einem war. Zahm, wenn er mit uns spielte (oder wir mit ihm), wild, wenn er wie verrückt unseren fünf im großen Kinderzimmer frei fliegenden Wellensittichen (das Paar Piepsi und Gucki hatte sich nämlich wider alle Expertenprognosen vermehrt) nachjagte, von Kasten zu Kasten und von Wand zu Wand springend. Glücklicherweise ohne Erfolg.

Wir drei und Meinrad waren sozusagen „Kollegen", weil wir unterschiedliche Rollen im „1. April 2000" gespielt hatten – er den Präsidenten Österreichs, wir Pagen und Schleierträger im Stephansdom. „Danach haben sich unsere beruflichen Wege getrennt", pflegten wir zu scherzen. Kein Nestroy und kein Raimund in diesen Jahren am Burgtheater ohne Meinrad – zumeist mit der kongenialen Inge Konradi –, sein Hobellied auch heute noch in den Ohren.

Zurecht wird er von 1959 bis zu seinem Tod 1996 Träger des Iffland-Rings sein. Und das kam so: 1911 war der von August Wilhelm Iffland gestiftete Ring über Ludwig Devrient, Emil Devrient und Theodor Döring an Friedrich Haase und von diesem an den „zur Zeit Würdigsten", Albert Bassermann, weitergegeben worden. Dieser bestimmte nun zunächst Alexander Girardi, nach dessen Tod Max

Pallenberg und nach dessen Tod Alexander Moissi als Nachfolger. Als auch dieser vorzeitig starb, dachte der abergläubische Bassermann, dass auf dem Ring ein Fluch liege. Nur mit Mühe konnte er von Joseph Gregor davon abgehalten werden, den Ring in die Donau zu werfen und ihn stattdessen dem Bundestheatermuseum zur Aufbewahrung zu übergeben. So kam der Ring also in den Besitz der Bundestheaterverwaltung (als Eigentümerin des Museums). Was tun? Mein Vater entschied sich für die Weiterführung des „Iffland-Ring-Projekts" und stimmte der Empfehlung der „Gewerkschaft der Angestellten der freien Berufe, Sektion Bühnenangehörige" zu, die Auswahl des nächsten Iffland-Ring-Trägers dem Kartellverband deutschsprachiger Bühnenangehöriger zu überlassen. Dieser erklärte sich dazu bereit. In einer Delegiertensitzung wurde Werner Krauß vorgeschlagen und der Iffland-Ring anschließend an diesen übergeben. Dies geschah allerdings trotz des Protests des Schweizer Bühnenkünstlerverbands, der „nachdrücklich" gegen die Verleihung des Rings an ihn protestiert hatte („Der jeweilige Träger muss als Künstler und Mensch Vorbild sein. Die Vergangenheit des Herrn Werner Krauß entspricht in Gesinnung und Haltung dieser Voraussetzung nicht.") 1959, nach Krauß' Tod wird in dem von ihm hinterlassenen Brief zu lesen sein: „Ich habe den Wunsch, dass nach meinem Tode den Iffland-Ring Josef Meinrad erhält." Alles hat wieder seine Ordnung: Der Ring wird fast vierzig Jahre im Besitz Meinrads sein, von diesem an Bruno Ganz und danach, 2019, von Ganz an Jens Harzer weitergegeben werden.

Am 17. August 1972 wird für Josef Meinrad ein künstlerischer Alptraum wahr: Er sitzt in seiner Wohnung in Wien und vergisst auf den Malvolio, den er an diesem Abend in Salzburg in einer Neuproduktion von „Was ihr wollt" spielen sollte. Wie peinlich, ein Debakel. Ratlosigkeit. Bei der angekündigten Ersatzvorstellung tritt Meinrad vor den Vorhang, zerknirscht, und bittet um Vergebung für alles Ungemach, welches den betroffenen Menschen dadurch entstanden sei. Und dann der Satz, mit dem er die Herzen aller gewinnt: „Vor allem aber danken möchte ich all jenen, die hier im Theater gesessen sind und sich gedacht haben: Hoffentlich ist ihm nichts passiert."

Fünfundzwanzig Jahre später, am 15. September 1997, eineinhalb Jahre, nachdem Meinrad „den Hobel hingelegt und der Welt Ade gesagt" hatte, werde ich als Kulturstadtrat bei der Benennung des „Josef-Meinrad-Platzes", rechts vom Burgtheater, diesen Satz zitieren. Und vom Rhesus-Affen erzählen, dem „1. April 2000" und den Theatererlebnissen, durch die dieser große Künstler so viel Schönes und Bleibendes in unser Leben gebracht hat.

Media vita in morte sumus

Das Schreckensereignis dieser Zeit war für unsere Familie der überraschende, plötzliche Tod des Vaters, der in der Früh des 28. September 1957, einem Samstag, mit nur 48 Jahren einem Herzinfarkt (dem zweiten) erlegen war. Philipp und ich hatten uns noch von ihm verabschiedet, bevor es zur Schule ging, weil er seine Tennissachen herrichten wollte, um mit Freunden um 9 Uhr ein Doppel zu spielen. Dann sagte er zu unserer Mutter, er habe Ohrensausen und wolle sich noch kurz hinlegen. Röcheln und Todeskampf, dem Mutter und Ernstl hilflos – mit Anrufen an Rettung und Professor Salem – zusehen mussten. Wir, Philipp und ich, sollen zum Direktor kommen. Er müsse uns etwas Trauriges sagen. Von einer Minute zur anderen war alles anders, finster, ungewiss, unwirklich. Ich kniete mich im Klassenzimmer nieder und betete, dass 1. April sein möge, damit dies nur ein Scherz sein könne. Aber es war September. Und kein Scherz, sondern bittere Wirklichkeit, die das Ende der Kindheit bedeutete. Auf das Leben war kein Verlass mehr. Es hatte seine Unschuld verloren. Ernstl holte uns von der Schule ab. Schwieriger Gang ins Schlafzimmer. Tränen, Schluchzen, Weinen, Umarmen vor dem blassen Totengesicht Papas. Im rot-grauen Bademantel, in dem er sich vor nur kurzer Zeit von uns verabschiedet hatte, um Tennis spielen zu gehen. Es war, als ob – nein, es ist tatsächlich eine Welt zusammengebrochen. Die Welt der Geborgenheit, des Erfolgs, des Aufstiegs, der Anerkennung, der Normalität. Vater hatte an zwei Enden gebrannt, zu viel gewollt, zu viel gemacht, zu schnell zu viel erreicht. Man wusste damals medizinisch zu wenig Bescheid. Der erste Infarkt, vier Jahre zuvor, galt als ausgeheilt. Noch im Spital am Krankenbett hatte ihn Unterrichtsminister Kolb gefragt, ob er bereit sei, die Leitung der Bundestheaterverwaltung zu übernehmen. Dr. Salem, der behandelnde Arzt, gab grünes Licht. Er könne wieder weitermachen wie bisher.

Aus Kindern einer beeindruckenden väterlichen Erfolgsgeschichte wurden plötzlich Halbwaisen, die mit ihrer Mutter von der Witwenpension eines Ministerialratsgehalts leben mussten. Noch am selben Nachmittag zog Opi bei uns ein, um zwei Wochen lang da zu sein, für seine Tochter, für uns Enkelkinder. Nur zwei Jahre später, am 15. November 1959, wird er an Kehlkopfkrebs sterben. Gleich dreimal in drei Jahren (Großmutter, Vater, Großvater) mussten wir Brüder – wie es damals üblich war – sechs Wochen lang am linken Arm eine schwarze Schleife zum Zeichen der Trauer tragen.

Mutter

Es ist das bleibende Verdienst unserer Mutter, die plötzlich alleine mit drei halbwüchsigen Söhnen dastand, dass sie sich dieser schrecklichen, neuen Wirklichkeit gestellt hat, die Fahrprüfung absolvierte, einen alten VW erwarb, um mobil zu sein, der immer wieder aufkeimenden Verzweiflung ihren Glauben und ihre Zuversicht entgegenstellte, den Freundes- und Freundinnenkreis lebendig hielt, statt sich zurückzuziehen und es dadurch auf bemerkenswerte Weise geschafft hat, dass dieser unzeitgemäße Tod unseres Vaters für uns nicht zu einem lebenslangen und das Leben beschwerenden Trauma geworden ist.

Abb. 9 Gertrud Marboe, die Mutter des Autors
Foto: Privatbesitz

1960–1970

Die (gar nicht so) muffigen Sechzigerjahre

Von den Sechzigerjahren sagt man oft (auch im Licht der Siebzigerjahre unter Bruno Kreisky), dass sie muffig, eng, ereignislos, katholisch etc. gewesen sein sollen. Bis dann endlich das erlösende Jahr 1968 kam, in und ab dem alles anders gewesen sein soll.

Ich habe das durchaus (zumindest auch) anders in Erinnerung. Wir reisten viel, nach Italien, England, Irland, Frankreich, in die Schweiz, nach Deutschland oder, zu dritt, Stefan Schneider, Philipp und ich, mit Mutters altem VW-Käfer – auf den Spuren der „eigenen" Geschichte – nach Spanien. Schon erstaunlich, wie schnell, ganz ohne Habsburg-Nostalgie, in Toledo, Granada oder Sevilla quasi-heimatliche Gefühle geweckt werden. Auch einen Stierkampf sahen wir. Was für ein grandioses, gleichzeitig aber auch widerwärtiges Spektakel. Ersteres, zu Beginn, in seiner Farbenpracht und der spürbaren Emotionalität des Publikums, Zweiteres in dem Moment, wo es um die unerträgliche Tierquälerei eines prächtigen, zu Tode gehetzten, blutüberströmten, chancenlosen Stiers geht, dem dann auch noch – abhängig von seiner und des Toreros „Performance" – Schwanz und Ohren abgeschnitten werden.

Wir wollten Europa sehen und dann auch Israel, Ägypten oder Tunesien und wollten Fremdsprachen lernen, die uns im Schottengymnasium, bis auf Englisch als Freigegenstand in der Oberstufe, nicht beigebracht wurden.

Ich denke an die offenen, auch leidenschaftlichen Gesprächsrunden bei und mit Anton Pelinka, Günther Nenning, Wilfried Daim, Adolf Holl, Trautl Brandstaller oder an meine Zeit als Assistent des als kommunistischer Agitator denunzierten Umwelt- und Friedensforschers Robert Jungk, der im Hanuschhof das Institut für Zukunftsfragen gegründet und als einer der ersten auf die atomaren Gefahren hingewiesen hatte. Seine Bücher – „Die Zukunft hat schon begonnen", „Heller als tausend Sonnen", „Strahlen aus der Asche", „Der Atomstaat" – hatte ich verschlungen. Interessanterweise waren wir dann in den Neunzigerjahren öfter gemeinsam auf einem Panel – er, als Vertreter der Grünen (Grüne Alternative), strikt gegen einen EU-Beitritt, ich genauso strikt dafür.

„Quiqui" (Ernst Wolfram), „Torro" (Philipp Emanuel) und „Zwiccolo" (ich)

Engagementbereite katholische Studenten mussten sich damals zwischen Katholischer Hochschuljugend – wie etwa Erhard Busek oder Wolfgang Schüssel – und Cartellverband (CV) entscheiden. Für uns bot sich eher der CV an, waren dort doch Opi („Norica") und unser Vater („Bajuvaria") Mitglieder. Wir lernten zu organisieren, debattieren, Standpunkte zu formulieren, Meinungen zu vertreten, Mehrheiten zu erreichen. Die vier Prinzipien – *Patria*, *Scientia*, *Religio* und *Amicitia* – sollten gelebt und neu interpretiert und nicht als Weg zu enger Freunderlwirtschaft (miss-)verstanden werde. Das Jus-Studium war damals so organisiert, dass man ein Semester lang sehr intensiv für die Prüfungen lernte und danach wieder viel Zeit für Extracurriculares hatte. Etwa um „Chargen" zu übernehmen – Senior, Fuchsmajor, Schriftführer – , was wir, alle drei Brüder, mit großem Engagement taten. Wir organisierten Diskussionsrunden, luden interessante Vortragende ein, hatten davon selbst viele in unseren Reihen – Josef Taus, Thomas Klestil, Friedrich Heer etwa. Unsere „Bude" war in der Walfischgasse 4, großer Theatersaal inkludiert, den Ernstl für höchst erfolgreiche Amateur-Aufführungen („Unsere kleine Stadt" etc.) nutzte. Das Theater wird im Lauf der Jahre mehrfach seine Besitzer wechseln. Von Bronner, Qualtinger, Wehle und Louise Martini über die „Kleine Komödie" und Anita Ammersfelds erfolgreiches „stadtTheater walfischgasse" bis zur „Dependance" der Wiener Staatsoper für Aufführungen von Kinderopern. Die K.a.V. Bajuvaria wird die Immobilie veräußern und 1982 in die neue „Bude", Naglergasse 13 – Segnung durch das Ehrenmitglied Erzbischof Cesare Zacchi – übersiedeln.

Im CV gab es einige Verbindungen, die eine neue Offenheit und Diskursfähigkeit ausstrahlen wollten. Die „Austria" war da weit vorn, mit Werner Vogt, Werner Perger, Heribert Steinbauer, Michael Mitterauer und Bernhard Görg. Da wollten auch wir in der „Bajuvaria" etwas tun. Also luden wir Günther Nenning zu einem Diskussionsabend ein. Das fanden die „Alten Herrn", unter Anleitung des Philisterseniors, Sektionschef Chaloupka, gar nicht lustig. Absagen, hieß es. Kommt nicht in Frage. Androhung eines Ausschlussverfahrens. So weit werden die Alten schon nicht gehen. Dabei bleiben also, die Jungen hatten wir hinter uns. Nenning kam, und der Abend wurde zu einem der interessantesten im damaligen Jahresprogramm. Verbindungsgerichtsverfahren tatsächlich eingeleitet, mit hauchdünner Mehrheit abgelehnt. Auch Rebellentum konnte man beim CV lernen. Chaloupka, mächtiger Sektionschef im Bundeskanzleramt, konnte aber auch Humor haben und war – anhand eines handschriftlich laufend aktualisierten Büchleins – ein begnadeter Witzeerzähler.

Kirche und Religion

Vermutlich „altersadäquat" galt mein jugendliches Interesse immer mehr den „Aufmüpfigen", den Widerständlern, den Veränderungsfreudigen (*ecclesia semper reformanda*) in der Kirche. Neben Teilhard de Chardin, der uns mit seinem Versuch, Naturwissenschaft und Schöpfungsglauben in Einklang zu bringen, faszinierte, waren das etwa Adolf Holl, Hans Küng (Projekt Weltethos), Karl Rahner, Otto Mauer (mit seinem rebellischen, neuen kirchlichen Kunstverständnis, dessen Erbe später von Gustav Schörghofer konsequent weiterverfolgt wurde).

Zweites Vatikanum

Das Zweite Vatikanische Konzil nicht zu vergessen, 1962–1965, Papst Johannes XXIII., Neubeginn, Aufbruch, Dialog mit den anderen Religionen, christliche Frühlingsluft in den Kirchen, zeitgemäße Messgestaltung mit junger, fröhlicher Musik – „*Exsultate, jubilate!*" schien das neue Motto zu sein.

Was zu Beginn der liturgischen Veränderungen als Verlust der sprachlichen Universalität – Landessprache statt Latein – empfunden wurde, wich bald der Erkenntnis, dass man dadurch näher an die Menschen herankommen könne. Kein *Sursum corda* mehr, kein *Dominus vobiscum*, kein *Domine, non sum dignus*, kein *Ite, missa est!* – Stattdessen: Erhebet die Herzen! Der Herr sei mit Euch! Herr, ich bin nicht würdig. Gehet hin in Frieden! Erstaunlich rasch hatte man sich an die Veränderungen gewöhnt, und die Vertrautheit mit der Messfeier blieb dennoch, wo immer auf der Welt man betete, erhalten. Keine „übergroße" Schuld mehr im Eingangsgebet (Schuldbekenntnis), kein Fasten nach Mitternacht, wenn man zur Kommunion (nunmehr in beiderlei Gestalt) gehen wollte, Volksaltar und keine Predigten von der Kanzel, also von „oben herab". Für viele sicher gewöhnungsbedürftig, aber doch spürbar auf einem richtigen Weg!

Statt von den „treulosen Juden", für deren Heil man am Karfreitag alte Rituale bemühte, sprach man jetzt von den älteren Brüdern, der Papst besuchte Synagogen, anderen Religionen wollte man künftighin mit Respekt und Liebe begegnen, die Ökumene sollte mit Zuversicht vertieft werden. Täglich gab es – siehe *Nostra aetate, Gaudium et spes* oder *Lumen gentium* sowie die weiteren Konstitutionen und Erklärungen – neue Meldungen zur „*ecclesia semper reformanda*". Es herrschte kirchliche Aufbruchsstimmung, die von allen Generationen wahrgenommen und – mit einigen Ausnahmen – begrüßt wurde. Man freute sich so richtig, dieser Kirche anzugehören, die offensichtlich die Zeichen der Zeit erkennen und das Christentum mit neuer Dynamik erfüllen wollte.

Im sehr einfühlsamen Buch von Hubert Gaisbauer über Angelo Giuseppe Roncalli, den „guten Papst", den „Konzilspapst" („Ruhig und froh lebe ich weiter") ist plötzlich zu lesen: „Nach dem Begräbnis fuhren der Patriarch und sein Sekretär, der spätere Erzbischof und Kardinal Loris Francesco Capovilla, mit dem Zug nach Venedig. Dunkelheit, Regen, Sturm. Capovilla erinnert sich an die stille Nachdenklichkeit während der Zugfahrt und an den Wortlaut eines Satzes seines Kardinals, der unvermutet in diese Stille gefallen war: *„Guai a noi se fosse tutta un illusione –* Weh uns, falls alles eine Illusion ist!" Capovilla später: „Dieser Satz enthüllte einen beunruhigenden Aspekt echter Menschlichkeit in meinem Patriarchen, der normalerweise immer so stark und selbstbeherrscht war." „Dieser Zweifel – und vielleicht auch andere, von denen wir nichts wissen" – (so Gaisbauer weiter) „stellt den späteren Papst in die Reihe der großen Mystiker, deren Glaube vor diesem Hintergrund nur noch überzeugender leuchtet."

Ja, ich denke auch, dass die wirklich großen Päpste Suchende geblieben sind. Wie etwa – ein halbes Jahrhundert später – Papst Franziskus einer sein wird, dem – wie er sagte – all jene suspekt seien, die zu ihm kämen und meinten, schon alle Antworten gefunden zu haben.

Zweifel und Fragen – wie tröstlich ist es doch zu wissen, dass selbst Patriarchen und Päpste davon nicht verschont sind. Ist nicht die Sehnsucht nach Antworten auch schon eine Art Gebet? Und wer ist nicht schon einmal in einer Kirche gewesen, vielleicht alleine, wenn es ringsherum ruhig ist, und hat die Stille auf sich wirken lassen? Hat zu einer Marienstatue aufgeschaut oder zum gekreuzigten Jesus. Jetzt ein Lächeln, ein Seufzer, ein Augenzwinkern – und alles wäre geklärt (Ohnmachtsanfall vermutlich inbegriffen).

Apropos Religion:

Da gehen die Meinungen sehr stark auseinander: Haben Religionen mehr Glück oder Unglück in unsere Welt gebracht? Vielleicht traf Hubert Feichtlbauer, langjähriger Freund und engagierter „Kirchen-Erneuerer", ins Schwarze, als er darauf bei einer Diskussion kurz antwortete: „Objektiv mehr Unglück, subjektiv mehr Glück." Oder wollte er damit nur zum eigenen Nachdenken anregen? Schließlich werden die verfolgten und auf dem Scheiterhaufen verbrannten „Häretiker" und „Hexen" subjektiv wohl kaum Glück empfunden haben. Und all denen, die mehr Angst vor der Hölle als Hoffnung und Vorfreude auf den Himmel haben, wird es möglicherweise ähnlich gehen. Umgekehrt sind die Rahmenbedingungen gerade (aber nicht nur) der christlichen Religion – zehn Gebote, Nächstenliebe, Barmherzigkeit, Vergebung, Demut, Gottvertrauen – keine schlechten Voraussetzungen für ein geglücktes Leben. Religiöser Fanatismus, Radikalismus, Fundamentalismus und Terrorismus müssen hingegen als Verirrungen und Perversionen religiöser Grundanliegen klar benannt und erkannt werden.

Deshalb spricht Pater Andreas Bsteh auch von Religionskriegen als den schrecklichsten aller Kriege, weil sie im (missbrauchten) Namen Gottes geführt werden.

Und noch etwas betont er, weil es alle – religiöse und nicht religiöse – Menschen verbindet: „Wir wissen es nicht." Das Nichtwissen als uns alle verbindende Gemeinsamkeit ist ein wichtiger Gedanke. Und auch einer, von dem sich leichter gemeinsame Schritte zum Projekt „Weltethos" (Hans Küng) machen lassen. Leichter jedenfalls, als in der (unrealistischen) Abschaffung der Religionen einen Beitrag zu einer Welt des Friedens zu sehen, wie es das so betörend-eindringliche, gut gemeinte „Imagine"-Lied John Lennons suggeriert. Dazu geschieht im Namen der Religion zu viel Gutes, wenn man nur an die karitativen Einrichtungen denkt, die Pfarren, Jugend- und Altersheime, die zu weniger Einsamkeit beitragen, die Pflegeeinrichtungen, den Kampf gegen den Analphabetismus in Entwicklungsländern oder auch den päpstlichen Aufrufen zu Toleranz und Solidarität mit den Verfolgten, Verarmten, Flüchtlingen, verbunden mit der biblischen Aufforderung zu Freude, Hoffnung und Nächstenliebe und dem unmissverständlichen Hinweis, dass vor Gott alle (und nicht nur die nahestehenden) Menschen gleich sind. Das Evangelium als Froh- statt Drohbotschaft. Das alles wird Hubert Feichtlbauer wohl auch im Kopf gehabt haben, wenn er vom religionsbedingten subjektiven Glück gesprochen hat.

Von Karl Rahner, einem der wichtigsten Theologen des Konzils, stammt eine, für mich jedenfalls sehr zugängliche, demütige Definition des Glaubens: „Glauben", so schrieb er einmal, „heißt, die Unbegreiflichkeit Gottes ein Leben lang aushalten". Er betonte stets, dass dies eine Frage der persönlichen Entscheidung und nicht des zufälligen Hineingeborenseins sei.

Ich bin enttäuscht, dass sich – nach der Aufbruchsstimmung durch das Zweite Vatikanum – bei den heiklen, ja brennenden Themen des Zölibats, der Wiederverheirateten und der Homosexuellen, der Mitbestimmung der Laien (etwa bei Bischofsernennungen) sowie des Frauenpriestertums bis heute so wenig bewegt hat. Ich lese aufmerksam die Analysen der wohl ebenso enttäuschten Geistlichen Stefan Jürgens, Pfarrer von Münster („Ausgeheuchelt") oder Martin Werlen, Benediktinerabtei Einsiedeln („Zu spät. Eine Provokation für die Kirche. Hoffnung für alle"). Mir dreht sich der Magen um und mein Herz verkrampft sich, wenn ich von den vielen Missbrauchsfällen höre.

Aber es ist die Kirche meiner Kindheit und meiner Jugend, mit vielen, bleibenden Erlebnissen, Eindrücken und Erinnerungen, die von der Firmung über österliche und weihnachtliche Rituale, festliche (Musik-)Messen, Begräbnisse oder Hochzeiten bis zum stillen Verweilen in leeren Domen oder Pfarrkirchen reichen. Kirche ist in gewisser Hinsicht Heimat, und aus der Heimat tritt man auch nicht einfach aus, wenn einem etwas nicht passt, sondern man versucht nach besten Kräften, von innen und nicht als Zurufender von außen, an Veränderungen und Verbesserungen mitzuarbeiten. Ich würde mir auch treulos vorkommen gegenüber all den Geistlichen, die mir – in Vergangenheit und Gegenwart – wichtig und gut waren. Von Erzbischof Schoiswohl und Monsignore Zacchi über Pater Löbe, Pater Wallner, Pfarrer Novotny und Pfarrer Ignaz Horváth bis zu Pater Bsteh, Abt Christian, Pater Michael, Pater Albert, die Pfarrer Gustav Schörghofer, Andreas Kaiser, Stefan Reuffurth, Abt Nikolaus Poch, aber auch Kardinal König und Kardinal Schönborn. Mir erscheint es wie ein riesiger gesellschaftlicher Albtraum, dass es all das Schöne, kulturell und sozial Bedeutende, das von Klöstern oder Pfarren oder der Caritas wahrgenommen wird, eines Tages nicht mehr geben sollte. Was wären denn die Alternativen?

Das Konzil hatte nicht die erhoffte langfristige Wirkung, obwohl viel nachgedacht und geschrieben wurde. Das bringt die kolportierte Anekdote zum Ausdruck: Als Karl Rahner seinem neuen Assistenten an der Universität Innsbruck seine Bibliothek zeigte, fragte der junge Wissenschaftler beeindruckt: „Herr Professor, haben Sie das wirklich alles gelesen?" Rahner meinte darauf: „Nun, gelesen nicht, aber geschrieben!"

Offenheit gegenüber unkonventionellen Fragen wäre ebenso wichtig wie eine verstärkte Hinwendung zu den wirklichen Problemen der Menschen. Dazu noch einmal Karl Rahner, der auf die provokante Frage eines Journalisten, ob man denn im Himmel auch Fußball spielen können werde, geantwortet haben soll: „Ja, schon, gewiss. Aber ob Sie das dann noch wollen?"

Ohne Skandale geht es nicht – oder doch?

In den Sechzigerjahren etablierte sich das Musical endgültig und mit großem Erfolg in der Wiener Volksoper. Marcel Prawy und mein Vater hatten dafür Seite an Seite gekämpft. Bei der Premiere von Cole Porters „Kiss me, Kate", 1956, gab es noch Streiks dagegen und Boykottaufrufe. Das ehrwürdige Operettenhaus würde dadurch „entehrt und entweiht" und seiner Bestimmung untreu. Als dann bald danach auch Leonard Bernsteins „Wonderful Town" und Irving Berlins „Annie Get Your Gun" („There's no business like show business") erfolgreiche Erstaufführungen erlebten, drehte sich die Stimmung und Wien wurde zunehmend auch Stadt dieses – seit Jahrzehnten auf dem Broadway erfolgreichen – neuen Musiktheaters.

Auch später kam es noch zu regen Debatten, etwa als Sonja Sutter 1963 – erstmals im ehrwürdigen Burgtheater – in Arthur Millers „Nach dem Sündenfall" die Hüllen fallen ließ, auch wenn man schon einen idealen Winkelsitz haben musste, um mehr als nur ihre Silhouette zu sehen.

Heute lacht man über diese „Skandale" genauso wie man später einmal über die aufgeregten Proteste gegen die rot eingefärbte Secession, Thomas Bernhards „Heldenplatz", Alfred Hrdlickas Albertinaplatz-Gestaltung oder Schlingensiefs Containeraktion vor der Staatsoper den Kopf schütteln wird.

Die Volksoper war in diesen Jahren Sehnsuchts- und Erlebnisort. Gibt es eine Operette oder ein Musical, das ich nicht gesehen habe? Heute noch kann ich die meisten Melodien auswendig. Irgendwie entsprach der dortige Spielplan mehr meiner musikalischen Aufnahmebereitschaft als Parsifal oder Götterdämmerung. Im Lauf der Jahre wird sich das ändern und mein Interesse wird sich mehr und mehr auf all das Wunderbare und Bleibende richten, das im „Haus am Ring" zu erleben ist.

Gerichtsjahr

Promoviert habe ich übrigens im Juni 1965. Auch einer jener *„bei momenti"* (Arie der Gräfin aus *Le Nozze di Figaro*), die man nicht vergessen will. Auf der Rampe der Universität stehen, die rote Rolle in der Hand, hinunter auf den Ring, aber eigentlich in die ganze Welt hinausblickend: Hallo, da bin ich, jetzt komm ich! Jus hatte ich – mangels anderer Begabung – zwar nicht mit Leidenschaft – wie etwa mein Klassenfreund Konrad Schima – studiert, aber doch gern genug, um damit eventuell beruflich weiterzumachen. Völkerrechtsassistent bei Professor Verosta zum Beispiel, Rechtsabteilung der ÖMV, Richter oder Rechtsanwalt? Auf jeden Fall einmal Gerichtsjahr, um Optionen auszuprobieren. Kluge, gute Richter: Josef Gärtner, Bezirksgericht Hietzing, Oberlandesgerichtsrat Schein (Verkehrsdelikte und Scheidungen) und Peter Reindl (Handelsgericht). Nach damaligem Familienrecht musste man vor Beginn eines Scheidungsverfahrens einen sogenannten Versöhnungsversuch unternehmen, was Richter Schein regelmäßig mir überließ. Das nahm ich ernst, auch wenn die Noch-Eheleute und deren Anwälte meist nur die Augen rollten und auf einen raschen Vermerk „Versöhnungsversuch vergeblich" drängten. Ich, der 23-jährige Junggeselle, wollte so viel Scheitern nicht wahrhaben und versuchte den „Streitparteien" gut zuzureden … Nun ja, einmal in vier Monaten ist es tatsächlich geglückt, und die beiden gingen mit dem Vorsatz, es noch einmal zu überdenken, fort. Die Tagsatzungen begann Richter Schein regelmäßig mit einem angeblichen Nietzsche-Zitat: „Dieses Elend zu zweit, dieses Chaos und diese Wut zu zweit! Ich mag ihn nicht, diesen Gott, der heranhinkt, um zu segnen, was nicht zusammengehört." Die ganze Bandbreite ehelichen Kummers – von 18- bis 90-Jährigen – tat sich da auf. Vielleicht, tiefenpsychologisch betrachtet, war das ja mit ein Grund für mein überlanges Hinauszögern des Ja-Wortes. Beim Handelsgericht ging es vor allem um Geld bzw. um Geldkonflikte in allen möglichen Varianten. Origineller, weil näher bei den Menschen, war das Bezirksgericht Hietzing mit alltäglichen Streitereien, Nachbarschaftskonflikten, Kündigungen und Räumungsklagen. Richter Gärtner versuchte stets, mit guten rechtlichen Argumenten auf der Seite der Schwächeren zu sein und liebte es, Anwälte – je berühmter, desto willkommener – in die Schranken zu weisen. Meine morgendliche Hauptaufgabe bestand im rechtzeitigen Einheizen des kleinen Ofens … Das vorgeschriebene Protokollieren, also das Mitschreiben durch die Rechtspraktikanten – in ihrer Funktion als Schriftführer –

erfolgte zumeist – weil der Kurzschrift unkundig – in Langschrift. Richter Gärtner, dem das viel zu langsam ging, bediente sich daher eines – eigentlich unzulässigen – Diktiergeräts. Ich stenographierte – die Schotten hatten das als Freigegenstand angeboten – tapfer mit, was der alte Rechtsanwaltsfuchs Stern für eine Täuschung hielt. Plötzlich verlangte er aus blauem Himmel das Vorlesen gewisser Passagen des Diktats, um Richter Gärtner in Verlegenheit zu bringen. Keine Sorge! Ich las das Mitgeschriebene Wort für Wort zum Staunen aller Parteien vor, zum spürbaren Ärger des Staranwalts und zur schmunzelnden Erleichterung des Herrn Rats.

Bundesheer

Wenn man nicht weiß, was oder wohin man will, sollte man jedenfalls schnell einmal herausfinden, was oder wohin man nicht will: Ich, das war mir nach dem Gerichtsjahr klar, wollte weder Richter noch Rechtsanwalt werden! Und, um über Alternativen nachdenken zu können, begann ich gleich darauf mit dem studienhalber aufgeschobenen Bundesheer als Einjährig-Freiwilliger bei den Pionieren in Klosterneuburg. Sonderbares, plötzliches Eintauchen in eine Welt mit anderen Spielregeln. Sich in den Matsch werfen, weil der zwanzigjährige Gefreite genau dort „Decken" schreit und man sich nicht ein trockenes Platzerl aussuchen kann, dem Unteroffizier die Stiefel putzen, wissend, dass er das nicht verlangen darf, und daher lächelnd „bitte" hinzufügt, die absichtlich abgeschnittenen Knöpfe wieder annähen, mit dem Maschinengewehr auf Pappfiguren schießen, die aus der Ferne wie richtige Menschen ausschauen, exerzieren und Marschlieder singen: „Ein Lied!!" – „Drei, Vier: Hoch auf dem gelben Wagen. Und wenn wir marschieren … Pionier alleine …" Um zwei Uhr früh schriller Alarm, „Pioniere an die Front", im Dunkeln anziehen, Spind ausräumen, Rucksack packen und nachhause adressieren. Die „Braut" (Sturmgewehr 58) an sich reißen, „Aufsitzen" und dem „Feind aus dem Osten" entgegenfahren. Sich sowjetischen Panzern entgegenstellen? Auf gleichaltrige Russen schießen? Immerhin war ja „Kalter Krieg". Zwei junge Rekruten schluchzen leise und werden als Memmen und Feiglinge verlacht. Während der Fahrt werden Platzpatronen ausgegeben. Erleichterung. Doch nur eine Übung. Zweimal wöchentlich für den 90-Kilometer-Marsch (in voller Ausrüstung) trainieren. Nach der Grundausbildung war ich in der körperlichen Form meines Lebens. Vielleicht ist das auch der Hauptgrund, warum ich an diese Zeit keine traumatischen, sondern eher anekdotische und lustige Erinnerungen habe.

Österreichische Nationalstiftung

Wir waren gerade beim Exerzieren im Kasernenhof, als ein leicht aufgeregter Unteroffizier „Kompanie ruht!" befahl und danach „Gefreiter Marboe vortreten!" Oje, was jetzt? „Weiter machen!" hieß es noch, und dann, in sichtlich ratloser Überraschtheit zu mir, dem kleinen Gefreiten: „Telefonat in der Kanzlei. Der Bundeskanzler will Sie sprechen." Das war irgendwie ungewöhnlich. Die – mir in den nachfolgenden Jahren vertraute – Glockenstimme Gerhild Deckers, Sekretärin von Josef Klaus: „Grüß Sie. Ich verbinde mit dem Herrn Bundeskanzler." – „Hier Dr. Klaus." Echt jetzt? Er würde gerne mit mir über ein Projekt sprechen. Es gehe um etwas, das gut zu mir, aber auch meiner Familiengeschichte passen würde. Ein junger Jurist wird gesucht. Ich möge mit Frau Decker einen Termin vereinbaren. Aber gern!

Es sollte nach den recht allgemeinen Vorstellungen des Bundeskanzlers eine Österreichische Nationalstiftung gegründet werden. Hans Löw sollte Generalsekretär, ich Geschäftsführer sein. Wie spannend. Eine Art British Council für das österreichische Kulturerbe, aber auch für die kulturellen Auslandsbeziehungen. Alle relevanten Institutionen, einschließlich der Sozialpartner, sollten miteinbezogen werden. Schnell waren berufliche Alternativen vergessen und – nach meiner raschen Zusage – ein Zimmer im Bundeskanzleramt gefunden. Inhaltlich unterstand die Sache direkt dem Kabinett des Bundeskanzlers, konkret also Kabinettschef Alois Mock. Mir oblag als erste Aufgabe, einen Gesetzesentwurf auszuarbeiten. So etwas lernt man leider beim Jus-Studium nicht. Also auf ans Werk: vergleichbare Gesetze finden, Präambel formulieren, Zielsetzungen, Organe, Budgetierung etc. Eine innere Stimme sagte mir, dass ich noch Rat bei meinem Freund, dem stellvertretenden Kabinettschef Heinrich Neisser suchen sollte. Der schüttelte – Verfassungsjurist, der er war – die Änderungen und Verbesserungen nur so aus dem Ärmel. Danke, Heini! Dem Verfassungsdienst gefiel es, dem Ministerrat auch. ÖVP und SPÖ waren dafür, die FPÖ (österreichisch und national?) dagegen. Im Ausschuss war der Gesetzesentwurf schon durch, fünf Millionen Schilling Budget und Räumlichkeiten im Amalientrakt waren gesichert. Dann plötzlich die Kehrtwende Kreiskys. Man solle damit bis nach den Wahlen warten. Er wolle derzeit keine gemeinsamen Beschlüsse mit der ÖVP im Nationalrat fassen. Der – manchmal, wenn man so will – überredliche Klaus wollte aber das Gesetz im Plenum trotz absoluter Mehrheit nicht ohne die Stimmen der SPÖ beschließen lassen. Hätte er es getan, gäbe es sie, die Österreichische Nationalstiftung, und wäre gut für Österreich gewesen und keiner würde heute nach den damaligen Mehrheiten fragen. Nach der gewonnenen Wahl 1970 hatte Kreisky kein gesteigertes Interesse, ein Projekt des konservativen Vorgängers umzusetzen, noch dazu eines, das zu einem Konflikt mit der FPÖ, deren Zustimmung Kreisky für seine Minderheitsregierung benötigte, geführt hätte.

Apropos Bundeskanzleramt/Bundespressedienst:

Da saß ich also in meinem Zimmer und überlegte, wie man es einrichten könnte, als es klopfte und zwei Arbeiter mit einem großen Schreibtisch vor der Tür standen. „Den sollen wir hier bei Ihnen aufstellen" – mit Begleitschreiben von Ministerialrat Wilhelm Sickinger, nach Chaloupka der zweitmächtigste Beamte und für Personal- sowie Einrichtungsfragen etc. zuständig. „Das ist der Schreibtisch deines Vaters", war da zu lesen „als er hier im Bundespressedienst beschäftigt war. Ich denke, er sollte jetzt in deinem Zimmer stehen, ich werde mir einen anderen besorgen. Viel Glück für deine Tätigkeit!" Ich war baff. Schon wieder so ein Zeitbogen. Mein Vater war doch schon mehr als zehn Jahre tot. Ich bedankte mich herzlich und freute mich über die spürbare Freude, die es Ministerialrat Sickinger bereitete, mir in Erinnerung an seinen Freund und Bundesbruder eine Freude gemacht zu haben.

Kurz danach gratulierte ich ihm schriftlich zu seinem allseits im Bundeskanzleramt gefeierten sechzigsten Geburtstag. Er rief mich zu sich, schob mir das Kuvert herüber und sagt nur kurz: „Mit deinen Wünschen hast du mir keine Freude gemacht." „Und warum?", fragte ich, wiederum baff, wenn auch aus einem anderen Grund. „Schau doch, du hast das Kuvert überfrankiert, um fünf Groschen." Ja, das stimmte. „Ich wollte, dass die Glückwünsche rechtzeitig ankommen und hatte nur diese Marken." „Ach, was. Mein Geburtstag war dir den Weg zur Post nicht wert? Und da willst Du, dass ich mich freue? So geht man mit Geld nicht um, das ist respektlos. Geld wegwerfen geht nicht! Grundsätzlich! Unabhängig vom Betrag!" Er meinte es ganz ernst. Und ich halte es für berichtenswert, weil ich bis zum heutigen Tag keine zufriedenstellende Antwort – grundsätzlich – gefunden habe. War das kleinlich, geizig, lächerlich, zwanghaft oder vielmehr konsequent, solidarisch, respektvoll – nicht vor dem Geld an sich, sondern vor dem, was man damit machen könnte? Und vor denen, die jeden Groschen dreimal umdrehen müssen, bevor sie ihn ausgeben? Dazu kommt, dass man, rein rechtlich gesehen, nicht „Eigentümer" des Geldes ist. In Amerika wurde einmal ein Mann verurteilt, weil er, um zu provozieren, mit einer Hundert-Dollar-Note seine Zigarette angezündet und damit „fremdes Eigentum" zerstört hat. Aus einer offensichtlichen Bagatelle kann, wie man sieht, im Handumdrehen ein ernstes, mit Grundsatzfragen verbundenes Problem werden. Dank Ministerialrat Sickinger, der mir meine „Missetat" dennoch bald verziehen hatte.

Zwei Jahre danach wird dieser sensible und – wie manche wussten – zu Depressionen neigende Mann in den obersten Stock seines Stiegenhauses laufen und seinem Leben durch einen Sprung in die Dunkelheit ein Ende bereiten.

Jahrzehnte später werde ich in Hietzing vor einem Altglascontainer stehen und beginnen, leere Bierflaschen hineinzuschmeißen. Eine ältere Frau wird stehen bleiben, mich vorwurfsvoll zurechtweisen, dass es sich dabei doch um Pfandflaschen handle, die man, um 10 Cent pro Stück, zurückgeben müsse. „Sie können doch nicht so mit Geld und der Idee des Recyclings umgehen." Ich werde an Ministerialrat Sickinger denken, der alten Dame für den Hinweis danken und sie nicht für kleinkariert, sondern für engagiert halten.

Alpbach

Das Jahr 1968 hatte freilich seine Bedeutung, die nicht klein geredet werden soll. Aber dass es vorher nicht möglich gewesen sein sollte, fröhlich und mit offenem Geist in Österreich zu leben, halte ich für ziemlich übertrieben. Auch Alpbach, das Europäische Forum, zählt dazu. Hut ab vor dem „Erfinder" des Europäischen Forums, Otto Molden, und Professor Simon Moser, dem langjährigen wissenschaftlichen Leiter. Drei Jahre, 1967–1969, war ich dort Pressechef. Wie viel Neues ging von diesem kleinen Tiroler Dorf aus, wie viele Begegnungen wurden möglich, wie stark zeigte dort die Richtung immer wieder nach Europa. Europa als Traum, Europa als Vision, Europa als politische Herausforderung und als zentrales Thema für eine andere, bessere Zukunft. Gab es 1966 noch rund 60 jährliche Pressemeldungen, so waren es drei Jahre später mehr als tausend, weit über Österreich hinaus. Möglichst viele Menschen sollten von Alpbach, seiner Botschaft, seinen Themen und seinen europäischen Visionen erfahren. Das war mein Ziel. Und Friedrich Dürrenmatt und Mauricio Kagel zu treffen oder im Alpengasthof Rossmoos zu sitzen und mit Nobelpreisträgern wie Karl Popper oder August Friedrich von Hayek zu diskutieren, geht an einem jungen Menschen auch nicht spurlos vorbei.

Von besonderer Dramatik war wohl der 21. August 1968. Mehr als dreißig tschechoslowakische Dissidenten, Intellektuelle, Journalisten, Reformer waren während des kurzen „Prager Frühlings" nach Alpbach gekommen. Irgendwann nach Mitternacht klopfte es stürmisch an meiner Tür. Einige von ihnen, die ich in der vorangegangenen Woche kennen gelernt hatte, baten mich dringend mitzukommen und ihnen Telefon und Fernschreiber meines Pressebüros zur Verfügung zu stellen. Die Sowjets seien in Prag einmarschiert. Ein Wahnsinn. Ich war auch akkreditierter APA-Korrespondent, hatte also mittels eines Codes direkten Zugang ins APA-Redaktionsnetz. Und so gingen jetzt laufend Meldungen, je nachdem, was aus Prag zu erfahren war, über „meinen" Fernschreiber (Handy, E-Mails etc. gab es noch nicht) an die APA hinaus. Die meisten telefonierten von ihren Zimmern aus, hörten über kleine Transistorradios Nachrichten, gaben weiter, was sie erfuhren. Ich versuchte, den Bundeskanzler zu erreichen, was nicht gelang, weil er in seinem Wochenendhaus in Wolfpassing kein Telefon hatte (!) und das – an sich transportable – Autotelefon nicht reagierte. Von Außenminister Waldheim hatte ich keine Privatnummer. So rief ich den Nachtportier im Bundeskanzleramt an, er solle es fortlaufend versuchen, und, wenn es nicht klappt, die beiden Chauffeure erreichen oder gleich ein Polizeiauto zu Bundeskanzler Klaus schicken. Das Telefon wurde jetzt dringend für einen Anruf nach Belgrad benötigt, wo Außenminister Jiří Hájek auf Urlaub weilte. Er entschied, nicht nach Prag zurückzukehren, um weiterhin seine Stimme aus dem Ausland her erheben zu können. Was für eine Nacht. Der Rest ist ja bekannt, und auch die besondere Rolle, die ab dann die APA und vor allem der ORF unter Gerd Bacher spielten.

„Auslandswochenschau" und „25 Jahre Zweite Republik, 1945–1970"

1949 war – nach längeren Verhandlungen mit den Alliierten – die „Austria Wochenschau" gegründet und mein Vater zum ersten Geschäftsführer bestellt worden. Wöchentlich sollten in rund zehnminütigen Beiträgen in den Kinos neueste Nachrichten aus aller Welt gezeigt werden, freilich mit Schwerpunkt Österreich. Bald gab es auch ein eigenes Wochenschau-Kino, in dem neben dem Informationsteil Dokumentationen, verschiedene Kurzfilme und insbesondere auch Zeichentrickfilme – allen voran die gesamte und sehr beliebte Tom-und-Jerry-Serie – zu sehen waren. Als 1967 in Zusammenarbeit zwischen „Austria Wochenschau", Außenministerium und Bundespressedienst eine „Auslandswochenschau" produziert werden sollte, fiel die Wahl auf mich. Alle drei Monate sollten demnach in einem 15-minütigen Querschnitt die wichtigsten Ereignisse in Österreich zusammengefasst und diese dann in mehr als 100 Kopien an alle Botschaften, Kulturinstitute, Konsulate und Auslandsösterreicher-Vereine zur Vorführung versandt werden. Was die Auswahl betraf, so war redaktionelle Unabhängigkeit vereinbart worden. Es wurde eine erfreuliche Erfolgsgeschichte und machte – weil ziemliches Neuland – großen Spaß. Der noch größer werden sollte. Die Austria Wochenschau wurde nämlich vom ORF beauftragt, eine halbstündige Dokumentation über „25 Jahre Zweite Republik" zu produzieren. Ob mich das interessieren würde. Was für eine Frage? So schnell hatte ich selten irgendwo zugesagt. Zwischen dem 27. April (Österreichische Unabhängigkeitserklärung 1945) und 26. Oktober (Nationalfeiertag) 1970 wurde die Doku (in der auch Figls legendäre Weihnachtsrede und Renners Neujahrsansprache, die er kurz vor seinem plötzlichen Tod noch aufgenommen hatte, zu hören waren) mehrmals vom ORF ausgestrahlt und danach an Schulen und ins Ausland verschickt. Wenn man weiterkommen will im Leben, hat Goethe einmal gemeint, so müsse man Wege gehen, von denen man nicht weiß, wohin sie führen.

Ernst Wolfram und Maria

Immer war uns Ernstl, wie er zumeist gerufen wurde, in allem voraus, vier Jahre, was mich betrifft, und sechs vor Philipp. Bei der Matura, für die er sich etwas mehr Zeit ließ, waren es nur drei. Seine Deutsch-Matura-Arbeit hatte es in sich: Mehr als sechzig Satzzeichen- und auch ein paar Rechtschreibfehler. Aber: 25 Seiten! Das versuchte der solidarische Deutschlehrer, Professor Fassbinder, dem Stadtschulrat klarzumachen, hatte damit Erfolg und konnte Ernstls Arbeit mit einem Einser benoten. Phantasie war stets die Stärke unseres großen Bruders, der uns Jüngere von Kindheit an auf seine einfallsreichen Zauberreisen mitnahm, zunächst im kleinen Original-Pawlatschentheater mit Schnürboden und Seitenbühne, dann beim Kasperl und in den zahlreichen von ihm inszenierten Schulaufführungen in der Schottenbastei und später im Studententheater (der von ihm dramatisierte „Kleine Prinz" wurde rund 200-mal *en suite* gespielt). Als wir noch brav Ovid und Homer übersetzten, hatte er schon die Aufnahmsprüfung ins Max-Reinhardt-Seminar geschafft, wo ihm für seine Regie-Arbeiten gleichzeitig dort studierende „Nachwuchskünstlerinnen" wie Erika Pluhar, Christiane Hörbiger, Marisa Mell oder Senta Berger zur Verfügung standen.

Eines Tages kam Ernstl in großer Aufregung nach Hause. Das hatte mit dem Dominikanerpater Diego Götz zu tun. Dieser war Künstlerseelsorger, populärer Prediger, Lehrer am Reinhardt-Seminar und Regisseur (ich erinnere mich an eine berührende Open-Air-Aufführung des Oratoriums „Johanna auf dem Scheiterhaufen" von Arthur Honegger/Paul Claudel auf dem Jesuitenplatz). „Stellt Euch vor", erzählte Ernstl mit erhobener Stimme, „Pater Diego Götz hat heute im Reinhardt-Seminar zu uns gesagt, dass Ehe mit Liebe nichts zu tun hat." Und das meinem Bruder, dem Liebes-Idealisten und Verfasser hinreißender Liebesgedichte. Liebe ohne Ehe, okay, aber Ehe ohne Liebe?

Zum fünfzigsten Geburtstag am 10. August 1988 werde ich meinen Glückwunschbrief an ihn, mit dem ich mehr und heftiger streiten konnte als sonst irgendjemandem, mit den Worten schließen: „Möge die Gewissheit brüderlicher Liebe auch stets willkommene Zuflucht in den Wirren dieser Welt und dieses Lebens sein." Ernst Wolfram wird eine eindrucksvolle Karriere machen, erfolgreicher, innovativer, mutiger und am längsten dienender Programmintendant des ORF sein. Nach einem (durchaus mitverschuldeten) Zerwürfnis mit Gerd Bacher (der ihn wohl als logischen Nachfolger verhindern wollte) wird er den ORF verlassen (müssen) und sich in Gutenstein den Traum vom „eigenen Theater" erfüllen. Er wird im Garten sitzen und – wie er schreibt – auf den Tod warten. „Der Letzte von uns Brüdern, der, der überbleibt, ist der Arme", wird er sagen. Am Abend des 12. Jänner 2012, seinem Namenstag, werde ich in Perchtoldsdorf am Klavier „Brüderlein fein" spielen, Zizi wird sagen „Jetzt hat er aber schon länger nicht eingeatmet", Maria, die drei Töchter – Zizi, Vroni, Michi - und ich werden einander ansehen und weinend umarmen. Ernst Wolfram wird – versehen mit den Tröstungen der Religion durch den Kaplan von Perchtoldsdorf – an den Folgen eines nicht operablen Aneurysmas in Würde – wie er das immer vorhatte – gestorben sein.

Apropos Brüder:

Mit niemandem hatte ich wie gesagt öfter und heftigeren Streit als mit meinem Bruder Ernst Wolfram. Mit Philipp gelegentlich, aber wesentlich moderater. Und dennoch wussten wir, dass wir uns auf niemanden mehr verlassen konnten als aufeinander. Das klingt sonderbar, war aber so. Ich denke, dass das mit dem frühen Tod unseres Vaters zu tun hat, mit dem Schock danach und – als logische Folge – einer verstärkten Mutterbindung, war es doch – wie schon an anderer Stelle berichtet – Mutter zu danken, dass für die drei Halbwaisen aus dem Schock kein Lebenstrauma wurde. Aber – und das hatte für uns immer auch einen positiven Aspekt – es gab keine geschwisterliche Friedhofsruhe, keine Gleichgültigkeit, wir gingen einander nicht aus dem Weg. In fast alles, was an Problemen oder Ungereimtheiten sichtbar wurde, mischten wir uns ein, sprachen es aus, oft zu zweit, oft vor familiärem Publikum, wo es dann leider zumeist nur mehr ums Rechthaben und nicht um Wahrheitssuche und die besseren Argumente ging. Für die Jungen vielleicht eine gute Übung für die Bildung einer eigenen Meinung. Aber ohne Verletzung eben auch keine Versöhnung. Und von beidem gab es genug. An Themen schien kein Mangel. Etwa, ob Sohn Golli in Sneakers über die Kärntner Straße gehen dürfe, ob unser Glaube echt oder nur ein Ritual, die Liebesfähigkeit verkümmert, der Egoismus überall zu spüren sei. Mit anderen Worten, war die Streitlust da, war auch ein Thema zur Hand. Wobei Ernst Wolfram ganz eindeutig – wie unsere Cousine Aya, Psychotherapeutin, einmal feststellte – ziemlich treffsicher darin war, die Finger auf Wunden und Narben anderer zu legen, oft so lange, bis es richtig schmerzte. Wie gesagt, sonderbar und gleichzeitig erfreulich, dass im Rückblick das Gefühl geschwisterlicher Unverbrüchlichkeit bei weitem überwiegt. Und dass wir uns – vor allem dann auch in den späteren Jahren – nicht davor gescheut haben, ganz offen von unserer brüderlichen Liebe zu reden. Da war schon etwas ganz Besonderes zwischen uns. Friedrich Nietzsche hat gemeint, man solle zur richtigen Zeit – nicht zu früh und nicht zu spät – sterben. Aber er hat uns nicht verraten, wie das gehen soll. Ernst Wolfram (73) und Philipp Emanuel (64) sind zweifellos zu früh gestorben.

Thomas Klestil in Los Angeles

1969 ging Thomas Klestil, vormals Sekretär von Josef Klaus (und viel später dann Bundespräsident), als neuer bzw. erster Generalkonsul nach Los Angeles. In vieler Hinsicht ein Traumposten. Aber aller Anfang ist schwer. Kein Büro, kein Sekretariat, alles musste neu eingerichtet werden. Also nahm sich Klestil ein Zimmer im vornehmen Beverly Wilshire Hotel und begann von dort aus zu amtieren. Das ging dann, wie er launig erzählte, so, dass er sich am Telefon mit hoher, lispelnder

Stimme meldete: „Hello, this is the Austrian Consulate General, may I help you?" – „I would like to speak to the Austrian Consul General", klang es aus dem Hörer. „Oh, yes" – so Klestil wieder mit verstellter Stimme – „what's your name?" Hacker! Oh, yes, most welcome, just a moment, I'll connect you." Dann kurze Pause, und schließlich Klestil mit sonorer Stimme: „Hello, here Thomas Klestil."

Und noch einen Coup landete er. In Santa Monica gibt es ja wirklich kaum ein Haus ohne Swimmingpool. Aber, mein Gott, so ein Luxus, ein Haus mit Pool? Die Zentrale kannte kein Erbarmen. Abgelehnt. Neue Residenz suchen. Ach was. So ein Haus braucht doch einen Feuerlöschteich. Bei diesen Temperaturen. Genau. Amtliche Bestätigung der kalifornischen Behörden, dass die allererste Funktion des Pools die eines Feuerlöschteichs und daher unverzichtbar sei. Nun ja, wenn das so ist: Genehmigt. Und das Schwimmen in einem Feuerlöschteich hat schon, wie ich später selbst erfahren durfte, seine spezifischen Reize.

Thomas Klestil wird später Generalsekretär des Außenministeriums und danach österreichischer Bundespräsident (1992–2004) werden. Er wird sich nach 37-jähriger Ehe (mit drei Kindern) von seiner Frau Edith trennen und die um einige Jahre jüngere Kollegin aus dem Ministerium, Margot Löffler, heiraten. Man wird ihm übelnehmen, dass er den Wahlkampf noch mit „heiler Ehe und Familie" geführt hat, obwohl die Weichen offensichtlich schon in Richtung neue Beziehung gestellt waren. 1996 wird er zu einem Staatsbesuch in die Türkei aufbrechen, an dem auch Albert Rohan und ich als Mitglieder der offiziellen Delegation teilnehmen. Zurück in Österreich wird Klestil an einer mysteriösen Lungenentzündung erkranken, die danach zu einer Lungenembolie und wiederkehrenden gesundheitlichen Problemen führen wird. Nach den Nationalratswahlen 1999 und den gescheiterten Gesprächen zwischen ÖVP und SPÖ wird er sich gegen die von Schüssel geplante Koalition mit der FPÖ aussprechen. Er wird mit dem Gedanken einer Nichtangelobung und dadurch erforderlicher Neuwahlen spielen. Auf der Liste einer interimistischen Expertenregierung werden Albert Rohan als Außenminister und ich als Kulturminister stehen. Es wird nicht dazu kommen. Klestil wird sich abfinden, zwei freiheitliche Ministervorschläge (Thomas Prinzhorn, Hilmar Kabas) ablehnen, eine Pro-Europa-Präambel einfordern und mit steinerner Miene die Angelobung vornehmen. Der Bruch mit Schüssel wird die Folge sein. Am 6. Juli 2004, nur zwei Tage vor Ende seiner Amtszeit wird Klestil nach einem Herzstillstand im AKH sterben und nach einem Staatsbegräbnis in der Präsidentengruft auf dem Wiener Zentralfriedhof beigesetzt werden. Die Angelobung seines Nachfolgers Heinz Fischer wird wie geplant am 8. Juli 2004 stattfinden.

Abb. 10 Josef Klaus, von 1964 bis 1970 Bundeskanzler der Republik Österreich
Foto: Photo Simonis

Josef Klaus

Bundeskanzler Josef Klaus, zu seiner Zeit als „Reformkanzler" tituliert und – nach seinem triumphalen Wahlsieg 1966 – von Ironimus als „Sonnenkönig" karikiert (beides Zuschreibungen, die dann offensichtlich problemlos auf Kreisky übergingen), war mit Gewissheit einer der geradlinigsten, integersten und reformfreudigsten Politiker der Zweiten Republik. Rundfunkreform, Aktion 20, Strafrechtsreform, neue Wohnbauförderung, Berufsförderungsgesetz, Südtirolverträge, erste Frau (Sozialministerin Grete Rehor) in der Regierung, Abschaffung der Todesstrafe, jährlicher Künstlerempfang, Steuerreform, ausgeglichenes Budget, geringe Arbeitslosigkeit und Inflation etc., etc. Und er setzte mutige europäische Akzente wie kein anderer vor ihm: Seine große Rede vor dem Europarat beendete er – als erster Staatsmann – mit den Worten: „*Civis europaeus sum.*" Und – während einer offiziellen Reise durch die Sowjetunion in der Sophienkathedrale in Kiev zu einer Tagebucheintragung eingeladen – schrieb er: „*Introite, nam et hic Europa est*" – tretet ein, denn auch hier ist Europa.

Als er mich fragte, ob ich als Nachfolger Klestils in sein Kabinett kommen wolle, sagte ich sofort zu, meinte aber auch, ob er damit leben könne, dass ich nicht ÖVP-Mitglied sei und auch nicht beabsichtige, ein solches zu werden, weil ich – vermutlich beeinflusst von Vater und Großvater – meinen beruflichen Weg jetzt einmal ohne Parteimitgliedschaft gehen wolle. Klaus sah darin kein Problem, was mich, wie man sich vorstellen kann, ziemlich beeindruckte. Wie es mich später auch beeindruckte, dass es keinerlei Zwang gab, die jährliche Gedenkmesse für den am 25. Juli 1934 von den Nazis ermordeten Engelbert Dollfuß in der Kapelle des Bundeskanzleramts zu besuchen. Dort wurde ja nicht nur für den „im Kampf gegen die Nationalsozialisten gefallenen Märtyrer" gebetet (was ich sehr in Ordnung fand, was man aber immer und überall tun konnte), sondern die (einfache) Feier konnte auch leicht als politisches Manifest und kritikloses oder zumindest verständnisvolles Bekenntnis zum Demokratie-Abschaffer und Ständestaat-Anführer (miss-)verstanden werden. Das wollte ich nicht. Hatte doch meine Generation längst begonnen, die rechten und linken Narrative der Zeit zwischen 1933 und 1945 kritisch zu hinterfragen.

Und dann kam, was vermutlich kommen musste: Der Bezirksparteiobmann von Hietzing schickte mir – in der Gewissheit, dass es sich nur um ein Versehen handeln könne – die Beitrittsunterlagen zum ÖAAB, mit dem Ersuchen, ihm diese ehestmöglich unterschrieben zurückzusenden. Als dies – trotz Urgenz – nicht geschah, schrieb er direkt an den Bundeskanzler, um seiner Verwunderung Ausdruck zu verleihen, dass sein Sekretär offenkundig nicht beabsichtige, der ÖVP bzw. einem Bund beizutreten. Mit dem Vermerk „Marboe bitte Antwortentwurf" (Rufzeichen) landete der Brief auf meinem Schreibtisch. Nun denn: Zwei lange Seiten, warum so etwas selbstverständlich möglich sein müsse, dass die ÖVP eine moderne, offene Partei sei, dass es wohl um politische Überzeugungen, Loyalitäten und Kompetenz, nicht aber einen Zwang zu Mitgliedschaften gehen solle usw., was einem jungen Menschen eben zu diesem Thema so einfällt. Und der Bundeskanzler? Kein Wort änderte er, schrieb handschriftlich „Sehr geehrter Herr Bezirksparteiobmann", dazu und unterschrieb mit „Dein Josef Klaus." Nicht umsonst, dachte ich mir damals, ziemlich beeindruckt, sind Klaus und Withalm am Klagenfurter Parteitag (20. September 1963) als Reformer angetreten und in einer – bei Bundesparteitagen ungewöhnlichen – Kampfabstimmung (Drimmel/Maleta) gewählt worden.

Apropos Kabinett (zum Vergleich mit nachfolgenden Bundeskanzler- und Ministerbüros):

Es gab einen Kabinettschef, zwei Sekretäre, einen Pressesprecher, zwei persönliche Sekretärinnen, einen Sozialreferenten und die Kanzlei.

In den paar Monaten als Sekretär des Staatssekretärs für Information, Karl Pisa, lernte ich vieles, was ich dann später – vor allem auch organisatorisch – gut gebrauchen konnte. Pisa war ein Meister prägnanter Sätze („Österreich: Mehr Freiheit als im Osten, mehr Ordnung als im Westen"), hochintelligent, einfallsreich, begnadeter Diskutant, Redenschreiber und Buchautor – ein Zoon politikon im besten Sinn des Wortes. Auch er war der Ansicht, dass beruflicher Wechsel grundsätzlich immer gut sei, allerdings sollte es dabei „einen roten Faden", also einen gewissen inhaltlichen

Zusammenhang geben. (Das unterschied ihn von Ernest Dichter, der überhaupt eine „Second Career" – nach Abschluss der ersten – postulierte, um motiviert zu bleiben).

Mit 26 Jahren war ich danach der jüngste Sekretär eines Bundeskanzlers. Meine Mutter meinte daher auch, in einer Mischung aus Freude, Stolz und Sorge: „Vorsicht! *Natura non facit saltus*" – die Natur macht keine Sprünge, und ob das alles nicht doch ein wenig zu schnell gehe. Nun ja, heute kann man, wie man sieht, in diesem Alter schon Abgeordneter oder Regierungsmitglied werden. Ich hatte viel Freude mit dem Job, insbesondere auch mit Einzelprojekten, deren Betreuung mir übertragen wurde, wie Künstler-Wissenschaftler- und Jugendkontakte, Rede-, Artikel- und Briefentwürfe oder die Vorbereitung von Auslandsreisen. Auch die Errichtung des Sigmund-Freud-Museums zählte dazu. Dabei ging es im Vorfeld um die Erhaltung der Sigmund-Freud-Wohnung in der Berggasse, um die sich der aus Wien 1938 nach Los Angeles geflüchtete Psychiater Friedrich (in den USA: Frederic) Hacker als Begründer der Sigmund-Freud-Gesellschaft (1968) große Verdienste erworben hatte. In diesem Zusammenhang besuchte ich auch Anna Freud in London, um ihr von dem Vorhaben und von der vollen Unterstützung durch den Bundeskanzler zu berichten und ihre (nach allem, was passiert war, gar nicht selbstverständliche) Zustimmung zu erhalten. Was auch gelang. Da stand sie, mitten im Wohnzimmer, die legendäre Couch. Darf ich? Schmunzelnde Zustimmung. Und langsam, fast weihevoll, mit ausgezogenen Schuhen, legte ich mich hin, ein paar Minuten lang, sinnierend, was dieses Möbelstück wohl alles zu erzählen hätte. Und ob ich dadurch jetzt präventiv für den Rest meines Lebens vor allen psychologischen und psychiatrischen Problemen geschützt sein könnte.

Auch für den Sport war ich zuständig. Klaus liebte es, in den irgendwann im Kalender mühsam erkämpften Freiräumen zu wandern, zu schwimmen oder Ski zu fahren. Wettkampf etwa im Pool des Alpbacher Hotels Böglerhof. Zehn Längen. Klaus in guter Form, aber eben doch hinten. Den Bundeskanzler gewinnen lassen? Kommt nicht in Frage, wäre doch peinlich für beide, oder? Im Winter Ski fahren in Obergurgl. Ein ganzer Tag war „freigeschaufelt". Abfahrt in Wien um drei Uhr morgens, Schlafversuch im Auto, kurzes Frühstück nach Ankunft, um neun Uhr beim Lift. Die Pisten rauf und runter. Fritz Höss war auch dabei. Mit Skiern und Bindung wie die meines Vaters, ohne Stahlkanten. Geht's nicht ein wenig schneller, rief ihm Klaus zu. Okay. Wagemutiger Versuch. Kontrolle verloren. Dem Bundeskanzler, der Stürzen hasste, und mir daneben über die Bindung gefahren. Wir liegen bei herrlichstem Sonnenschein im Schnee, schwankend zwischen Ärger und Lachen. Das kommt davon, wenn man über seine Verhältnisse fährt, murmelte Klaus. Höss schnallte ab und verbrachte den Rest des Tages mit lokalen ÖVP-Funktionären an der Bar. Abfahrt von Obergurgl nach Treffen mit Bürgermeister und Landeshauptmann und kleinem Imbiss nach 20 Uhr. Post, Unterschriften, Diktat, Kalender hinten im Auto während der kurvenreichen Fahrt bis zur Autobahn. Einsetzende Müdigkeit, leichtes Schnarchen. Dann langsam Kopf des Bundeskanzlers auf meine rechte Schulter. Bei bisweilen mehr als 200 Stundenkilometer im großen Mercedes (ohne Geschwindigkeitsbeschränkung). Möglichst wenig bewegen, um den wertvollen Schlaf des Regierungschefs, der morgen wieder einen schweren Tag haben wird, nicht zu stören. Trotzdem selbst ein wenig dösen. Ankunft in Wien ein Uhr nachts. Abholung von Wohnung in der Rotenturmstraße 7.30 Uhr morgens. Zu Fuß ins Bundeskanzleramt. Alles sehr sportlich. Über Mangel an Schlafmangel in dieser Zeit konnte ich mich wahrlich nicht beschweren.

Regierungsumbildung 1969 oder wie man Minister wird

Alles schien gut vorbereitet im Juni 1969. Unterrichtsminister Piffl-Perčević – nicht zuletzt auch in Erinnerung wegen seines Konflikts mit Thomas Bernhard – war zurückgetreten, weil er seine Schulreform nicht durchbringen konnte. Josef Krainer jr. war der Kandidat des Bundeskanzlers, musste aber – so wurde es kolportiert – auf Geheiß seines Vaters in der Steiermark bleiben. Professor Hans Tuppy schien ein äußerst kompetenter Ersatzkandidat zu sein. Also: Doppelvorschlag im Klub, Hans Tuppy Unterrichtsminister, Alois Mock Staatssekretär im Bundeskanzleramt. Der ÖVP-Bildungssprecher, Abgeordneter Gruber, leicht beleidigt, weil er sich übergangen fühlte, meldete sich mit einer kurzen Frage zu Wort: Wer, bitte, kennt Hans Tuppy? Niemand. Tuppys Schicksal war besiegelt, die Ablehnung durch den Klub vorhersehbar. Sitzungsunterbrechung. Getuschel zwischen Klaus und Withalm. Aber auch im Klub, begann doch Gruber, sich wieder Hoffnungen zu machen. Einverständnis zwischen Bundeskanzler und Klubobmann, dass Mock, den jeder kannte, Minister werden sollte. Und Staatssekretär? Neisser wäre doch eine gute Wahl. Schnell anrufen. „Heini, du sollst Staatssekretär werden." Darüber müsse er nachdenken, sagte er zu mir. Darüber müsse er nachdenken, sagte ich zum Bundeskanzler. „Er soll nicht nachdenken, sondern gleich herkommen, sagte der Bundeskanzler zu mir." „Du sollst nicht nachdenken, sondern gleich herkommen", sagte ich zu Neisser. Was dieser auch tat. Erfolgreiche Abstimmung. Die Weichen für zwei schöne und ereignisreiche politische Karrieren waren gestellt.

Königin Elisabeth II. in Österreich

1969 kam Königin Elisabeth II. zu einem Staatsbesuch nach Österreich. Eine Aufführung in der Staatsoper stand auch auf dem Programm. Weil „Der Rosenkavalier" – wie ursprünglich vorgesehen – als zu lang und auch „zu riskant" empfunden wurde, entschied man sich für „Die Fledermaus". Aus Sicherheitsgründen sollte die Oper ausschließlich mit Beamten gefüllt werden. Von oben herab, neunte Dienstklasse, dann achte usw. bis zur dritten und Stehplätze für die restlichen Bediensteten.

Da sei dann die Gefahr eines Attentats oder sonstigen Zwischenfalls praktisch null. Das gefiel den für die Sicherheit in beiden Ländern Verantwortlichen.

Es kam die Szene im Gefängnis, wie bekannt. Otto Schenk als Frosch in Höchstform. „Ruhe", ruft er den singenden Schwestern zu. „Wenn ein Beamter in der Früh ins Büro kommt, will er seine Ruhe haben." Das hätte Schenk eine Warnung sein sollen: Kein Muckser, kein Lacher im Publikum. Gleich danach herrscht Gefängnisdirektor Frank den armen Frosch verärgert an: „Gehen Sie mir endlich aus den Augen, Sie, Sie, Sie besoffener Beamter Sie!" Worauf sich Schenk, Mitleid heischend, hinkniet und fleht: „Herr Direktor, Herr Direktor, bitte, bitte nehmen's wenigstens, nehmen's wenigstens das ‚Beamter' zurück." Normalerweise Gelächter. Aber wieder nichts, kein Mucks, 2.276-faches, pragmatisiertes Schweigen (mit ganz wenigen Ausnahmen) in der Oper. Otto Schenk schaut sich um, hat er etwas Falsches gesagt? Nein, nein, einfach nur gelebte Solidarität des „einschlägigen" Publikums. Ob die Königin gelächelt hat, oder, eher noch, der des Deutschen mächtige Prinzgemahl Philip, ließ sich im Dunkeln nicht eruieren. (Viele Jahre später, in seinem Haus am Irrsee, wird uns Otto Schenk, der nicht wusste, dass in der Oper nur Beamte und Beamtinnen saßen, erzählen, dass er furchtbar enttäuscht war, dass seine Witze beim Publikum nicht ankamen. Und dass er deshalb auch keine Lust hatte, zum anschließenden Fest mit der englischen Königin zu gehen.)

Der Vollständigkeit halber: An diesem Abend ging es auch noch um etwas ganz anderes, nämlich um das Budget, das am Vormittag nicht beschlossen werden konnte, weil Landwirtschaftsminister Schleinzer ein Veto eingelegt hatte. Also kam es, dass im Pausensaal ein großer Tisch aufgestellt, sozusagen eine 1:1 Kopie des Ministerratssaales hergestellt wurde. Anstatt sich der Fledermaus hinzugeben, huschten, sobald die Lichter ausgegangen waren, Königin hin oder her, sämtliche Minister aus ihren Logen in den Marmor- also den temporären Ministerratsaal, um weiter zu verhandeln und zu einem Ergebnis zu gelangen. Was übrigens auch glückte, sodass alle in der Pause ihre protokollarischen Honneurs (es war genau festgelegt, wer der Königin die Hand reichen durfte und wem lediglich eine kurze Verbeugung erlaubt war) machen konnten. Nun ja, und was das Protokoll betrifft, so hatte das Ganze schon recht drollig begonnen. Die Depesche mit der offiziellen Einladung an Königin Elisabeth wurde nämlich nicht, wie üblich, über die Botschaft weitergeleitet, sondern irrtümlich einfach mit der Post geschickt. In unserer Botschaft war man verständlicherweise ein wenig ratlos, als eine Rückfrage vom Buckingham Palace einlangte, ob das aus Österreich eingelangte Schreiben wohl authentisch sei.

Königin Elisabeth II. wird in ihrer langen Regentschaft dem British Empire Würde und Kontinuität sichern, Rückschläge mit großem Format meistern und das längst dienende Staatsoberhaupt der Welt sein. Am Sonntag, dem 26. Jänner 2020, werden die Spitzenmeldungen lauten: „Queen hat Kaiser Franz-Josef überflügelt". Tatsächlich. Da wird Elisabeth II. um einen Tag länger (24.826 Tage oder 67 Jahre +

354 Tage gegenüber 24.825 Tagen bzw. 67 Jahren + 353 Tagen) „im Amt" gewesen sein als Kaiser Franz-Josef, dem also auch noch posthum nichts erspart bleiben sollte.

Nachtarbeit im Parlament ...

Josef Klaus war ein grundsätzlich besonnener, gelassener Mann, aber Ausnahmen gab es, wenn er müde war oder Inkompetenz vermutete.

Wieder einmal war es sehr spät geworden. Im Parlament. Die Regierungsmitglieder – eigentlich aus heutiger Sicht unglaublich – waren damals auch Abgeordnete. An Sitzungstagen im Parlament durfte also kein Fehler passieren, noch dazu bei der relativ knappen ÖVP-Mehrheit. Umgekehrt konnte der Bundeskanzler nicht die ganze Zeit im Plenum sitzen. Also gab es für ihn ein eigenes Arbeitszimmer. Meine mir von Klubobmann Withalm (vulgo: Eiserner Hermann) nachdrücklich übertragene Aufgabe war es, den Bundeskanzler immer rechtzeitig zu den Abstimmungen zu bringen, um etwaige Pannen, sprich spontane Abstimmungsniederlagen (worauf es die Oppositionsparteien durchaus angelegt hatten), zu vermeiden. Kein leichter Job: Rief ich ihn zu früh ins Plenum empfand er das als Zeitverlust, kam er zu knapp, würde seine Stimme fehlen. Irgendwie gelang es dann doch (es war auch nur ein kurzer Weg zurückzulegen), allerdings bisweilen so, dass es der Bundeskanzler nicht mehr zu seinem Abgeordnetensitz schaffte, sondern seine Hand hinten im Saal stehend, erhob.

Nun denn, es war halb drei Uhr früh, als der Plenumstag zu Ende war. Klaus kam ins Zimmer, wollte Hut und Mantel nehmen und sich so schnell wie möglich auf den (Fuß-)Weg in seine kleine Wohnung in der Rotenturmstraße machen. Doch halt. Drei gewaltige Aktenstöße lagen auf dem Schreibtisch, sogenannte Fristakten, die, wenn sie nicht noch mit heutigem Datum unterschrieben würden, zur Folge hätten, dass mehr als hundert Beamte um ihre verdienten Vorrückungen bzw. die damit verbundenen Biennien umfallen würden. Schrecklicher Gedanke. Ich hatte dem Präsidialchef Jiresch versprechen müssen, dass die Unterschriften noch nächtens erfolgen würden. Also, „Herr Bundeskanzler, tut mir leid, aber diese Akten müssen absolut noch jetzt unterschrieben werden, ansonsten Fristversäumnis mit schrecklichen Folgen." „Nicht dein Ernst", war die kurze Replik. Ein paar Schritte hin zum Schreibtisch, ein Aktenstoß nach dem anderen wurde von erzürnten Bundeskanzlerhänden aufgehoben und, nun, mehr oder weniger nahe, mir vor die Füße geschmissen. Bums, da lagen sie. Was tun? Demütig sein, sie still wieder aufheben und zurücklegen? Ja, das war doch mein Job, auch einmal einen überarbeiteten Bundeskanzler auszuhalten, oder? Keine Chance, der Bundeskanzler der Republik Österreich schob mich zur Seite, sagte mir ruhiger Stimme: „Lass nur, das soll schon besser ich selber machen", und fing an, die Akten wieder auf den Schreibtisch zu heben. Ich durfte nicht helfen, sondern war dazu verurteilt, dem sonderbaren

Treiben – tätige Reue oder so etwas Ähnliches – danebenstehend zuzusehen. Schon eindrucksvoll, dachte ich. Danach ging es schnell, wir hatten Übung im schnellen Aktenhinlegen und Unterschreiben.

... Nachtarbeit am Graben

Kurz nach drei Uhr früh ging es dann zu Fuß los, zu zweit, vom Parlament hinüber zum Bundeskanzleramt, vorbei an der Hofburg, über den Kohlmarkt, rechts einbiegen in den Graben. Plötzlich wurde es ein wenig mulmig, kamen doch aus dem Dunkel eines Hauseingangs zwei weibliche Gestalten auf uns zu, hängten sich – eine links, eine rechts – ein und fragten den Herrn Bundeskanzler mit verführerischer Stimme: „Na, Vaterl, wie wär's denn mit uns zwei." Schreckstarre. Ich gestikulierte, wie ich nur konnte und flüsterte „meiner" nächtlichen Schönheit zu: Keine gute Idee, das ist der Bundeskanzler. Noch leicht skeptisch ließen beide los, schauten sich den Herrn näher an, erschraken bis in die Knochen, schlugen ein Kreuzzeichen und riefen laut: „Um Gottes willen, das ist ja der Klaus", und waren innerhalb von Sekunden, so wie auch andere in den Eingängen stehende Kolleginnen, verschwunden, vom Erdboden verschluckt. Absolut niemand da am Graben.

In einer Mischung aus parsifalischer Naivität und von den Ereignissen überraschter Ratlosigkeit meinte der Bundeskanzler nur: „Hm, sag, war das jetzt das, was ich glaube, dass es war?" Ich, so wie er, eine konkrete Benennung, wie Prostituierte, Hurenviertel oder Ähnliches vermeidend, antwortet nur: „Nun, ja, Herr Bundeskanzler, ich denke schon, dass es das ist, was du glaubst, dass es war." Er, noch einmal nachfragend: „Wusstest du, dass es das bei uns in der Innenstadt gibt?" Ich: „Nun, ja, Herr Bundeskanzler, ziemlich alle ab einem gewissen Alter wissen, dass am Graben nächtliche Aktivitäten dieser Art stattfinden." Stilles, kopfschüttelndes Weitergehen Richtung Stephansdom. Dann laut und deutlich: „Morgen früh sofort Bezirksvorsteher Heinz anrufen. Der kann doch so etwas in seinem Bezirk nicht zulassen." Und so kam es, dass Schritt für Schritt nächtliches Geschehen dieser Art von der Innenstadt und den angrenzenden Bezirken hinaus zum Gürtel verlegt wurde und der Bundeskanzler sich auf seiner nächtlichen Wegstrecke bald danach überzeugen konnte, dass von dem, wovon er glaubte, dass es das war, nichts mehr zu beobachten war.

Rückzug

Die Wahlniederlage am 1. März 1970 war für Bundeskanzler Klaus schmerzhaft. Damit, dass auch die relative Mehrheit verloren gehen würde, hatte niemand gerechnet. Vielfach wurde das als Folge des „Koren-Paukenschlags" interpretiert – einer Reihe von äußerst unpopulären steuerlichen Maßnahmen (Zuschläge auf

Vermögens-, Lohn- und Einkommensteuer sowie Alkohol- und Tabaksteuer und auch beim Kauf eines neuen Autos), mit denen der neue Finanzminister Stephan Koren das Budgetdefizit verringern wollte. Aber für Klaus war ein ausgeglichener Haushalt wichtiger als taktische Wahlüberlegungen.

Ich holte den Bundeskanzler von seiner Wohnung in der Rotenturmstraße ab, wo er nach den Wahlkampfstrapazen eine Siesta eingelegt hatte, und überbrachte die schlechte Nachricht. Zu Fuß gingen wir, nach einem kurzen Stopp vor dem Stephansdom, über die Kärntner Straße in die Bundesparteizentrale. Noch in der Wahlnacht trat Klaus von allen Funktionen zurück. Eine Koalition, vor allem auch eine solche mit der FPÖ, hatte er für sich dezidiert ausgeschlossen. Vizekanzler Hermann Withalm sprang ein und führte als frischgewählter Bundesparteiobmann die Koalitionsverhandlungen mit der SPÖ. Mehrfach berichtete er im Parteivorstand, dass er den Eindruck habe, Kreisky führe nur Scheingespräche. Dann kam Kreiskys Forderung, die ÖVP müsse das Verteidigungsministerium übernehmen (die SPÖ hatte mit dem Slogan „Sechs Monate sind genug" wahlgekämpft), was Withalm – und mit ihm der Parteivorstand – als Nachweis ansah, dass Kreiskys Vorstellungen ganz andere waren. Nämlich mit FPÖ-Bundesparteiobmann Peter eine Vereinbarung auf Unterstützung einer SPÖ-Minderheitsregierung zu schließen und als Gegenleistung eine für die FPÖ äußerst vorteilhafte Wahlrechtsreform zu beschließen. So kam es auch. Und hätte 1971 die SPÖ nicht die absolute Mehrheit erreicht, so wäre es damals zu einer Regierungsbeteiligung der FPÖ, also zu einer SPÖ-FPÖ-Koalition, gekommen. Nicht auszudenken, was das – mit dem ehemaligen SS-Obersturmbannführer Peter als Vizekanzler – an internationalen Reaktionen gebracht hätte.

Josef Klaus wollte mit alldem nichts mehr zu tun haben. Er zog sich völlig ins Privatleben zurück. Noch 1974 war er laut Umfragen im Zusammenhang mit der Bundespräsidentschaftswahl der beliebteste ÖVP-Politiker. Nichts zu machen. Ich denke, dass er eine Art Wiedergutmachung anstrebte, weil er oft mit dem – von seiner Frau Erna heftig suggerierten – Gefühl lebte, hauptverantwortlich für viel familiäres Ungemach gewesen zu sein. Jetzt wollte er seine Zeit nur mehr seiner Frau und seiner Familie widmen.

Geordnete Amtsübergabe

Die Amtsübergabe nach der Angelobung Kreiskys am 21. April 1970 wollte Klaus noch mit Anstand und demokratiewürdig gestalten. Immerhin war das Amt bisher immer nur von einem ÖVP-Kanzler zum nächsten übergegangen. Wir, Klaus, Kreisky und die jeweiligen engsten Mitarbeiterinnen und Mitarbeiter standen einander gegenüber. Klaus gratulierte, hielt eine kurze Rede und übergab symbolisch den Schlüssel zum Kanzlerzimmer. Kreisky begann seine Gegenrede mit den Worten: „Herr Bundeskanzler, ich möchte, dass Sie wissen, dass ich diese Art von Amtsübergabe in ganz besonderer Weise schätze." Schon ein historischer Moment, wenn man will, von dem an wechselnde Regierungen zur Normalität werden sollten. Eigentlich auch nicht verwunderlich, dass sich einige der Anwesenden ein paar Tränen aus den Augen wischten. Und wenn man mit Karl Popper den Reifegrad einer Demokratie daran messen will, wie und in welcher Form Macht übergeben wird, so konnte man schon erleichtert feststellen, dass Österreich die Wirren der Ersten Republik endgültig hinter sich gelassen hatte.

Dann begleitete uns Kreisky hinunter zum Eingang des Bundeskanzleramts, wo mein Kollege Gustav Ortner mit dem Privatauto vorfahren und uns abholen sollte. Aber das Auto, im Hof des Hauses geparkt, wollte nicht und nicht anspringen. „Herr Bundeskanzler", meinte Kreisky, „ich bitte Sie, nehmen Sie doch den Dienstwagen." – „Nein", antwortete Klaus, „der steht mir nicht mehr zu." Schon bereit, ein Taxi zu rufen, gelang es schließlich doch, Gustavs Auto in Gang zu setzen. Bei der Abfahrt winkten wir allen, Kreisky, den Portieren, den Polizisten zu. Hinaus ging es, zu einem kleinen Mittagessen, zur Familie, einer – so könnte man schon sagen – ungewissen Zukunft entgegen.

Langer Abschied

Viele Jahre später, in den Neunzigerjahren, wird mir Josef Klaus folgende Geschichte erzählen: Er fuhr mit dem 62er in die Stadt. Eine junge Frau bot ihm, dem gerade über 80-Jährigen ihren Sitzplatz an. Klaus dankte, setzte sich und fragte, wieso die junge Frau wisse, wer er sei. Keine Ahnung, meinte diese, ich weiß nur, dass sie alt sind. Mhmm, dachte Klaus, nannte seinen Namen und erklärte ihr, dass er einmal, in den Sechzigerjahren, Bundeskanzler gewesen sei. „Echt? Wow. Das ist ja interessant", freute sich die junge Dame. „Und Sie", wollte Klaus jetzt wissen. „Was machen Sie?" – „Ich? Ach, ich bin Sekretärin." – „Wo denn?", wollte Klaus jovial wirken. „Im ÖVP-Pressedienst", lautete die kurze Antwort.

Klaus lächelte bei dieser Erzählung. Und doch war mir, als ob sich in dieses Lächeln auch ein Hauch von Wehmut mischte, dass es mit dem Vergessenwerden doch erstaunlich schnell ging.

Müßig auch Spekulationen, was gewesen wäre, wenn Klaus 1974 bei der Bundespräsidentenwahl angetreten wäre. Zu Vorwürfen, Intrigen, medialen Beschreibungen von Chaos und Anarchie in der ÖVP wäre es jedenfalls nicht gekommen. Großen Anteil daran hatte zweifellos Eduard Wallnöfer, Tiroler Landeshauptmann von 1963–1987. Ihm gelang es, obwohl die Plakate bereits gedruckt waren, den Parteivorstand der ÖVP 1974 zu einem Wechsel vom schon designierten Präsidentschaftskandidaten Hermann Withalm zum Innsbrucker Bürgermeister Alois Lugger umzustimmen. In einem Interview gefragt, was er von den Vorwürfen der Anarchie innerhalb der Österreichischen Volkspartei halte, meinte er nur kurz, auf Tirolerisch: „Ja, das kommt davon, wenn es keinen guten Anarchen gibt."

Viele Jahre wird Josef Klaus mit seiner Frau in La Spezia und in seinem Haus in Lainz in der Sauraugasse leben und 1995 in ein Döblinger Seniorenheim übersiedeln. Am 25. Juli 2001 wird er mit 90 Jahren, nur wenige Monate nach dem Tod seiner Frau Erna, seinem Krebsleiden erliegen. Während der Seelenmesse in seinem geliebten Stephansdom am 11. September wird plötzlich die Pummerin läuten, weil die Schreckensnachricht vom New Yorker Terroranschlag auch Wien erreicht hatte.

Bruno Kreisky

Bei Bruno Kreisky verlief es ganz anders als bei Josef Klaus. Nicht nur, weil er mehr als doppelt so lang im Amt war, sondern auch, weil er nach seinem Rücktritt 1983 involviert bleiben wollte. So war er maßgeblich am Tabubruch einer Koalition mit den Freiheitlichen unter seinem Nachfolger Fred Sinowatz beteiligt, verzichtete dann auf die Ehrenpräsidentschaft seiner Partei, als diese das Außenministerium der ÖVP überließ, und zog sich enttäuscht zurück, als es nicht gelang, Kurt Waldheim (dessen Sieg er voraussah) als gemeinsamen, überparteilichen Kandidaten aufzustellen. Dem Vernehmen nach hatte Sinowatz der ÖVP dieses Angebot gemacht, war dabei aber auf taube Ohren gestoßen, weil die ÖVP den zu erwartenden Triumph Waldheims nicht mit der SPÖ teilen wollte. Im kollektiven Gedächtnis wird Kreisky im Unterschied etwa zu Klaus viel tiefer verankert bleiben, auch weil die SPÖ eine ganz andere Erinnerungskultur (Stichwort Kreisky-Forum, Bruno-Kreisky-Menschenrechtspreis, verschiedene Ortsbenennungen in Wien etc.) pflegt als die ÖVP.

Eine protokolarische Begebenheit wird kolportiert: Kreisky erwartete den Besuch von Karl Schwarzenberg. Gewohnheitsmäßig sprach er ihn als Prinz an, worauf ihn der Protokollchef, Lukas Beroldingen, korrigierte und darauf hinwies, dass Schwarzenberg vor kurzem zum Fürsten aufgerückt sei. „Mir nicht wichtig", soll Kreisky gebrummt haben, „ich bin Demokrat und Republikaner und sage nach wie vor Prinz zu ihm."

Zeitsprung, Kreisky in den USA, Imageproblem

Mir, um es ein wenig salopp zu formulieren, machte es Kreisky in New York nicht leicht. Vor meiner Verabschiedung dorthin im Juli 1970 meinte er noch nachdenklich: „Sie gehen in ein unglaubliches Land, aber auch in ein Amerika, in dem es seit John F. Kennedy bergab geht."

Dann ging es bald Schlag auf Schlag: Gleich vier (insgesamt sechs) ehemalige Nazis in der Regierung, der frühere SS-Obersturmführer Peter wurde von Kreisky als Koalitionspartner und als (dritter) Nationalratspräsident ins Spiel gebracht, die Juden, wenn sie überhaupt ein Volk seien, seien ein mieses (zitiert in „Der Spiegel 47/1975" vom 17.11.1975), der schwere Konflikt mit Simon Wiesenthal, der Empfang Arafats in Wien, die Umarmung Gaddafis, die Behandlung Golda Meirs, die Schließung des von der Jewish Agency für russische Emigranten betriebenen Transitlagers Bad Schönau, die Niederschlagung von NS-Prozessen usw. Über all das wurde ausführlich in den US-Medien berichtet, sehr oft – wie im Fall der New York Times – auf der Titelseite. Österreich hatte ein massives Imageproblem. Und das zog sich, wenn auch meist punktuell, also aus gegebenem Anlass, wie man so schön sagt, durch die ganzen Siebzigerjahre. Nach der Schließung des Transitcamps Schönau wurde mein Büro, der österreichische Presse- und Informationsdienst, – nach durchaus freundlicher Vorankündigung – von der Anti-Defamation League besetzt, mit einem Team von ABC-TV im Schlepptau. Das Schicksal meinte es gut mit mir. Kurz zuvor hatte Kreisky nämlich in Österreich verlautbaren lassen, dass Schönau zwar geschlossen bleibe, man aber über die Öffnung eines besser gesicherten Lagers nachdenke und der Transit überhaupt weitergehen werde. Das waren echte News, die ich da in einem ausführlichen, nationwide ausgestrahlten Fernsehinterview vermitteln konnte. Glück gehabt. Die Anti-Defamation League war zufrieden, ABC höchst erfreut und die Bürobesetzung friedlich beendet.

Konflikt mit Wiesenthal

Nach dem Jom-Kippur-Krieg hielt Simon Wiesenthal einen Vortrag im überfüllten Saal des Temple Emanu-El („Gott ist mit uns") in New York. Er nahm sich kein Blatt vor den Mund, meinte, dass er Kreisky einen Platz in der Jüdischen Geschichte haben werden und er Kreisky nicht um den seinen beneide, berichtete von den ehemaligen Nazis in Kreiskys Regierung, von den Unterstützungs- bzw. allfälligen Koalitionsvereinbarungen Kreiskys mit dem ehemaligen SS-Obersturmführer (1. SS-Infanteriebrigade) FPÖ-Obmann Peter usw. Und auch von Stammtischgesprächen, bei denen gehört wurde, dass man sich nicht vor einer Ölkrise fürchten müsse, weil man ja „im Ernstfall wieder die Juden verheizen könne". Die (Anti-Kreisky-)Stimmung war dementsprechend aufgeheizt. In Österreich seien ja sogar die Juden Nazis, schrie ein aufgeregter Teilnehmer. Wiesenthal versuchte zu beschwichtigen, was nur mühsam gelang. Später, 1975, wird Wiesenthals Konflikt mit Kreisky eskalieren. Er wird von Kreisky als Nazi-Kollaborateur und Gestapo-Informant bezeichnet werden, zutiefst entrüstet und – wie er mir bei verschiedenen Gesprächen in New York und Wien sagen wird – äußerst verletzt sein. Mein Bruder Ernst Wolfram wird als einer der wenigen eine vom Profil initiierte Ehrenaktion für Simon Wiesenthal unterschreiben. Kreisky wird die gegen ihn (von Wiesenthal) und von ihm (gegen Lingens) angestrengten Prozesse verlieren und zu hohen Geldstrafen verurteilt werden.

Besuch in den USA

1983 kam Kreisky dann persönlich nach Washington und New York. Gespräche mit Politikern, langes Interview auf CNN, Treffen mit Time, Wall Street Journal und New York Times. Offizielle Termine und Mittagessen. Eine eindrucksvolle Präsenz. Dazwischen immer wieder Dialyse im Hotel Carlyle, Besuch bei den Vereinten Nationen. Für das CNN-Interview waren wir spät dran – und dazu noch Stau. Ob der Chancellor geschminkt werden wolle, fragte eine besorgte Assistentin via Autotelefon. Nein, meinte Kreisky, ein wenig Puder würde reichen. Erleichterung. Neuerliches Telefonat. Der Chauffeur tut sein Bestes. Positionsdurchgabe. Ob es sich ausgehen werde, wollte Kreisky wissen. Ja, sagte ich, Zeitersparnis, weil der Herr Bundeskanzler ja nicht geschminkt, sondern nur ein wenig gepudert werden möchte. Kreisky gut gelaunt: „So habe ich das gesagt?" Pünktlicher Beginn des Interviews mit vielen kniffligen Fragen, die ihn aber nicht aus der Ruhe bringen konnten.

Auch beim World Jewish Congress ging es heiß her. Als ihm jemand erregt zurief, er sei ein Verräter an der Jüdischen Idee, platzte Kreisky der Kragen. Er lasse sich – die Hände auf den Tisch knallend, mit rotem Gesicht und erhobener Stimme – so etwas nicht sagen. Er versuche, Frieden im Nahen Osten zu stiften, setze sich persönlich mit viel Risiko dafür ein, während all die reichen Herrn hier in New York Reden schwingen und glauben, sich mit Geld Ruhe erkaufen zu können. Er hatte sich zweifellos Respekt verschafft.

Zu einem Mittagessen in der Wall Street mit prominenten Teilnehmern aus Wirtschaft und Kultur war auch Otto Preminger („Bonjour Tristesse", Oscars für „Laura", „Anatomie eines Mordes", „Der Kardinal") eingeladen. Er hatte Berichte über die Nazi-Vorwürfe gelesen. Kreisky hielt eine nette Tischrede. Preminger meinte, originell sein zu müssen und sagte in einer kurzen Gegenrede, Kreisky solle sich keine Sorgen machen, wenn es hieße, dass alle Österreicher Nazis seien. „Höchstens fünf Prozent, Herr Bundeskanzler", meinte er in beschwichtigendem Ton, „sind ... (Pause) keine Nazis." Kreisky fand das gar nicht lustig, stand abrupt auf und verließ die Gesellschaft.

Nächtliches Gespräch

Spät am Abend dann, zurück im Hotel Carlyle, fragte er, ob ich noch etwas vorhätte. „Nein", erwiderte ich. „Dann kommens doch noch rauf, ein bisserl plaudern." Und so kam es, dass der österreichische Bundeskanzler, der Probleme beim Einschlafen hatte, in seiner Suite im New Yorker Carlye-Hotel seiner Frau Vera launig zurief, sie dürfe jetzt nicht „mit den Lockenwicklern" aus dem Schlafzimmer kommen, weil ein junger Mann dabei sei. Und mir dann in einem langen, mitternächtlichen Gespräch, das er mit einer Erinnerung an meinen Vater begann, den er sehr geschätzt habe und von dessen plötzlichem Tod mit 48 Jahren er erschüttert gewesen sei, seine und die Welt erklärte. Wöllersdorf sei für ihn durch den Lageraufenthalt, gemeinsam mit vielen zum Teil durchaus anständigen Nazis, ein persönliches Trauma gewesen, seine erste Erfahrung von rechtswidrigem Freiheitsentzug. Daher sein Misstrauen – nicht gegen die ÖVP an sich – aber deren einflussreichen christlich-sozialen Flügel, der immer noch dem Dollfuß nachweine. Dann fing er an – sichtlich noch aufgebracht über sein Treffen mit dem World Jewish Congress – seine Sicht für einen möglichen Frieden im Nahen Osten zu schildern. Er kam dabei von einem ins andere, begründete alles ausführlich und endete irgendwann mit dem Satz: „Sie werden sehen, dass mir die Geschichte recht geben wird, dass es ohne Einbeziehung der Palästinenser keinen Frieden geben kann und dass Israel schon im eigenen Interesse nachgeben muss." Die Welt – und vor allem die USA – dürfe nicht aufhören, auf einen solchen Frieden zu drängen.

Ich ging dann schon recht beeindruckt nach Hause und freute mich, dass ich, was sich Kreisky gewünscht hatte, in einem der 24-Stunden geöffneten Drugstores das von ihm zu Hause vergessene Lieblingsparfum „4711" (Original Eau de Cologne) auftreiben und ihm am nächsten Tag bei der Abholung zum ersten Termin übergeben konnte. Gemeinsam übrigens mit einem Text seines Lieblingsdichters Heinrich Heine, den er – zu seinem Ärger – nicht mehr in genauer Erinnerung hatte: „Blamier' mich nicht, / mein schönes Kind, / und grüß' mich nicht / unter den Linden; / wenn wir nachher zuhause sind, / wird sich schon alles finden."

Bei der Nationalratswahl am 24. April 1983 wird Bruno Kreisky die absolute Mehrheit verlieren, wird – zunehmend verbittert und gesundheitlich angeschlagen – viel Zeit in Mallorca und in Spitälern verbringen, den Ehrenvorsitz seiner Partei zurücklegen (wegen der Überlassung des Außenministeriums an die ÖVP), kurz vor seinem Tod die Entwicklung der österreichischen Sozialdemokratie als „größte Enttäuschung seines Lebens" bezeichnen und am 29. Juli 1990 an Herzversagen sterben.

Fernweh

Nach der verlorenen Wahl 1970 wollte ich fort, einfach einmal weg aus Wien, hinaus in die Welt, auch, denke ich, um einmal Distanz zur doch recht dominanten Familie zu erleben. Bern und Washington standen zur Diskussion. Dann einmal die Frage des zuständigen Sektionschefs Meznik, ob ich mich auch für New York, Presse- und Informationsdienst, interessieren würde. Ob ich was? Mein Herz pochte schnell. New York? Und so kam es dann auch. Kurz darauf allerdings noch ein Anruf von Parteiobmann Withalm: Termin. Angebot, Klubsekretär im Parlament zu werden oder Kulturreferent in der ÖVP-Zentrale, attraktives Gehalt, Aufbau einer politischen Karriere etc. Das wäre doch zielführender als Zeit im Ausland zu verbringen. Ja, vielleicht, aber nein, zu spät. Ich musste jetzt einmal andere Erfahrungen sammeln. Spürbare Enttäuschung und doch auch Verständnis.

1970–1987: New York, die Zweite Heimat

Jetzt geht's los, 20. Juli 1970

Tränenreicher Abschied von der Familie. Alle da, Südbahnhof. Mit dem Zug nach Genua. Drei bis vier Jahre – so der geplante Zeithorizont – würden schnell vergehen. Und alle könnten sie mich ja besuchen kommen … Der Zug fuhr los. Außer mir nur eine rothaarige etwa vierzigjährige „Dame" im Liegewagenabteil, auf dem Weg nach Venedig und auf der Flucht vor ihrem Zuhälter. Sie nahm die Perücke herunter, darunter fast die gleichen roten, kurzen Haare. Warum sie dann eine Perücke trage, wollte ich wissen. An den Haaren durften sie die Freier nicht anfassen, meinte sie, das sei ihr zu intim, daher die Perücke. Irgendwie konnte ich mich des Gefühls nicht erwehren, dass meine Abenteuerreise in den Westen, in die große Welt, nun tatsächlich begonnen hatte.

New York, New York

Vor mir plötzlich, nach sieben ungetrübten Phantasietagen auf hoher See, noch im Frühnebel, die Freiheitsstatue, langsam Konturen annehmend, die Skyline Manhattans im Morgendunst auftauchend, mit dem erst zur Hälfte gebauten neuen Wahrzeichen, dem World Trade Center. Aus einem freien, demokratischen Land einreisend, als Zugeteilter beim Österreichischen Presse- und Informationsdienst, wie einige Jahre vor mir auch Fritz Molden oder Hugo Portisch. Und Ankunft mitten im Herzen Manhattans, auf der West Side. Von meinem Kollegen und Freund Georg Weiss erwartet. Willkommen in der Neuen Welt!

Weihnachten und Chanukka

Schon zu Weihnachten war das erste Heimweh zu groß. Weihnachten nicht zuhause? Unvorstellbar. Dann noch zwei Mal, bis es, 1973, aus beruflichen Gründen nicht mehr ging. Mit einunddreißig Jahren Weihnachten erstmals ohne Familie.

Ein willkommener, zum ersten Mal erlebter „Ersatz" war die Chanukka-Feier, zu der mich Hans Steinitz, Chefredakteur der deutsch-jüdischen Wochenzeitung „Aufbau", regelmäßig einlud. 1934 gegründet war der „Aufbau" eine wichtige deutschsprachige Plattform für kulturelle, philosophische, wissenschaftliche und gesellschaftspolitische Beiträge, deren Autoren von Albert Einstein über Martin Buber,

Stefan Zweig, Hermann Broch, Alfred Polgar und Carl Zuckmayer bis zu Hannah Arendt reichten. 2004 wird sie aus wirtschaftlichen Gründen ihr Erscheinen einstellen, aber in digitalisierter Form von Zürich aus weiterhin zugänglich sein. Von Alfred Polgar stammt übrigens der Satz von den zwei Fremden statt zwei Heimaten für die Vertriebenen. „Die Fremde ist nicht Heimat geworden, aber die Heimat Fremde."

Die älteste deutschsprachige Zeitung Amerikas heißt übrigens „New Yorker Staats-Zeitung und Herold", gegründet 1834. Im Unterschied zum „Aufbau" versteht sie sich aber nicht als Exil-Publikation, sondern widmet sich traditionellerweise ganz allgemein deutsch-amerikanischen Themen. Wobei sie unter „deutsch" „deutschsprachig" versteht und daher auch Länder wie Österreich und die Schweiz miteinbezieht. Dem sehr österreichaffinen Chefredakteur Egon Stadelmann ist es zu danken, dass österreichische Themen überproportional Beachtung fanden.

Beide Publikationen boten auch Möglichkeiten für junge Volontäre aus Österreich an. Bruno Aigner und Herbert Lackner sind zwei davon, die auf diese Art erste Eindrücke über die USA sammeln und in ihre weiteren beruflichen Tätigkeiten mitnehmen konnten.

Begegnung mit dem österreichischen Exil

Wie anders muss die Ankunft in New York für die von den Nazis aus Österreich Vertriebenen gewesen sein. „Mit Tränen in den Augen", schreibt, stellvertretend für Tausende, der aus Wien geflüchtete Arzt, sozialdemokratischer Politiker und Autor Wilhelm Ellenbogen, sah er die Freiheitsstatue auftauchen, „den rechten Arm nicht zum Hitlergruß erhoben, nicht das Feuer der Vernichtung, sondern die Fackel der Freiheit in der Hand."

Die Begegnung mit dem österreichischen Exil, mit den Emigranten und ihren zahllosen Einzelschicksalen gehört sicher zu den prägendsten Erlebnissen dieser Zeit. Um wie viel ärmer wäre mein Leben ohne diese buchstäblich täglichen Begegnungen mit den Vertriebenen, denen, die es unter den widrigsten Umständen geschafft hatten, sich ein neues Leben aufzubauen, aber auch jenen, denen das nicht gelungen ist und die sich in dreimonatigen Abständen beim Generalkonsulat ihre Lebensbestätigungen abholen mussten, um die monatliche Überweisung geringer Sozialhilfebeträge sicherzustellen.

Was einem aber auch dramatisch vor Augen geführt und in Österreich vermutlich bis heute nicht wirklich begriffen wurde, ist der unglaubliche Verlust, den unser Land durch den verbrecherischen Nazi-Wahnsinn erlitten hat. Wie viel österreichische (Kultur-)Geschichte musste im erzwungenen Exil geschrieben werden und wurde, Schritt für Schritt, Teil der amerikanischen.

Nicht neue und alte Heimat, nicht zwei Heimaten, sondern zwei Fremden (Peter Altenberg) gab es für die Exilanten.

Ob er in Amerika „happy" sei, wurde der begnadete Kabarettist und Lieder-Schreiber Jimmy Berg (der im Sommer 1957 das letzte Interview in New York mit meinem Vater kurz vor dessen plötzlichem Tod für eine deutschsprachige Radiostation aufgenommen und mir dann Jahre später übergeben hat) einmal von einem Journalisten gefragt. „Happy I am, but glücklich I am not", war die kurze, vielsagende Antwort.

Keine Rückholung

Warum nur hat man die durch die „Gottesfinsternis", wie Martin Buber die verbrecherische Nazizeit genannt hat, Vertriebenen nicht eingeladen, ja vielmehr angefleht, nach Österreich zurückzukehren? Nur wenige haben sich dazu entschlossen und es auch geschafft, wie Friedrich Torberg, Hans Weigel, Karl Farkas, Felix Braun, Marcel Prawy, Berthold Viertel, Fritz Kortner, Hans Jaray, Alfred Polgar (der in Zürich blieb), Ralph Benatzky (blieb ebenfalls in Zürich, begraben in St. Wolfgang), Georg Kreisler (österreichkritisch), Ernst Lothar mit Adrienne Gessner, Hermann Leopoldi mit Helly Möslein, Hugo Wiener mit Cissy Kraner, Erwin Schrödinger oder auch Robert Stolz mit seiner Frau „Einzi". Anderen, wie etwa den Sozialdemokraten Otto Leichter, Wilhelm Ellenbogen oder Joseph (Joe) Buttinger (mit seiner Ehefrau Muriel Gardiner), die dazu bereit gewesen wären, hat man in der eigenen Partei zu verstehen gegeben, dass sie besser in New York bleiben sollen … Und keinerlei Gesten wurden auch gegenüber den „No-names" gesetzt, also jenen Tausenden, die nicht erfolgreich waren und sich mühsam mit ausbildungsfernen Tätigkeiten über die Runden bringen mussten. „Ich wäre dafür, dass man die Sache in die Länge zieht", erklärte Innenminister Oskar Helmer, betreffend Entschädigungszahlungen für die Opfer des Nationalsozialismus im Ministerrat noch 1948. So war die Stimmung nach Kriegsende. Erst viele Jahre, ja Jahrzehnte später wird es möglich sein, arisiertes Eigentum zu beanspruchen und die österreichische Staatsbürgerschaft zu erhalten.

Nicht nur für die „Berühmten" – so erfreulich und richtig das auch ist – sollte es Gedenktafeln geben, sondern auch auf jedem Wohnhaus, aus dem jüdische Bürgerinnen und Bürger durch den verbrecherischen Nazi-Wahnsinn vertrieben, in Konzentrationslager verschleppt und dort umgebracht wurden oder unter fürchterlichen Umständen gerade noch aus Österreich flüchten konnten. Nur so kann – auch für die nächsten Generationen – Erinnerung lebendig und ein entschlossenes „Nie mehr wieder" ernst gemeintes gesellschaftliches Anliegen bleiben.

Abb. 11 Jakov Lind, Schriftsteller, lebte lange
Jahre im amerikanischen Exil
Foto: Privatbesitz

Freunde im Exil

Zu den frühen Bekannten, die danach auch bald zu Freunden wurden, gehören die Ehepaare Karplus, Kaunitz, Harnik, Berczeller, Pappenheim, Morton und Sekler, ferner Fritz Spielmann, Max Hamlisch, Leo Pleskow, Maurice Feldman, die Brüder Leichter, Clementine Zernik, Mimi Grossberg und Irene Harand. Auch Johannes Oesterreicher, Hans Heinsheimer, Hermann Mark, Louise Zemlinsky, Henry A. Grunwald, Alfred Farau, Jakov Lind, Harry Zohn, Hans Hannau, Rabbi Schneier oder Serge Sabarsky zählten bald dazu.

Gerd Karplus war unser Vertrauensarchitekt, der – in Zusammenarbeit mit Eduard Sekler – das alte Kulturinstitut renovierte und bei den ersten Kalkulationen für das neue behilflich war, Hans Kaunitz war Vertrauensarzt, Hans Harnik Vertrauensanwalt, seine Frau Edith mit großem Erfolg in der Kinder- und Jugendtheaterszene in New York engagiert. Maurice Feldman hatte nicht nur einen Public-Relations-Vertrag mit Österreich, sondern auch bekannte Persönlichkeiten in seinem Portfolio. Eines Tages rief er mich an, um mir zu sagen, dass er im St. Regis Hotel Salvador Dalí treffen werde. Ob ich Lust hätte, dabei zu sein. Hatte ich. Und so saßen wir zu dritt beim Kaffee und sprachen mit dem großen Meister über alles Mögliche, vor allem aber über Wien, Sigmund Freud und Amerika. Von Fritz Spielmann hörte ich erstmals die „Schinkenfleckerln" sowie „Paper Roses", ein Hit, mit dem er acht Wochen die Country Music Charts anführte, und der die englische Version seines Erfolgsliedes „Lieber Johnny" aus den Dreißigerjahren in Wien war.

Max Hamlisch, Vater von Marvin („A Chorus Line", mehrfacher Filmmusik-Oscar-Preisträger), spielte bei österreichischen Festen die Geige, ebenso wie Leo Pleskow, Onkel des späteren Viennale-Präsidenten Eric Pleskow. Clementine Zernik war eine der ersten Rechtsanwältinnen in Wien, nach Vertreibung und Flucht 1938 dann Bibliothekarin für die UN-Library in New York sowie liebenswerte Präsidentin der Austrian-American Federation. Und Irene Harand war Präsidentin des Austrian Forums. Franz Leichter, wie sein Bruder Henry Rechtsanwalt, war viele Jahre Mitglied der New York State Assembly (Democrat) und danach, bis 1998, State Senator in Albany/New York. Dreißig Jahre war er politisch äußerst erfolgreich tätig und wurde in den Medien auch, wegen seiner allseits bekannten Unabhängigkeit und Integrität als das „Gewissen" des State Senate bezeichnet. Ihn im Wahlkampf in seinem multiethnischen District (Hispanics, Juden, Emigranten, Afroamerikaner) zu begleiten, war wirklich spannend und ermöglichte einen raschen Einblick in seine Wählerschaft und aktuelle politische Themen. Nach Wien kam Franz gern und oft. Traf Bekannte und gab – zuletzt 2019 mit Georg Markus – umfangreiche Interviews.

Mimi Grossbergs und Alfred Faraus Gedichte und die Bücher Johannes Oesterreichers, Jakov Linds, Harry Zohns und Fred Mortons sollten in jedem Deutschunterricht gelesen werden.

Austrian Forum

Ursprünglich hieß das während des Zweiten Weltkriegs von Exilanten in New York gegründete Austrian Forum „Austrian Institute". Es sollte den Künstlern, Literaten und Musikern Gelegenheit zum Zusammentreffen bieten und Plattform für künstlerische Darbietungen sein. Als dann in den Fünfzigerjahren ein offizielles österreichisches Kulturinstitut („Austrian Institute", später dann „Austrian Cultural Institute" und noch einmal später „Austrian Cultural Forum") eröffnet werden sollte, traf man mit den Exilanten eine Vereinbarung zur Namensübertragung bzw. Umbenennung bei gleichzeitiger Zusage, die Räumlichkeiten des Kulturinstituts für Veranstaltungen nutzen zu können. Das bewährte sich und ermöglichte viele direkte Kontakte. Mir gewährte es nach meiner Ankunft einen raschen, direkten Einblick in die aus Österreich vertriebene Welt. Musik, Theater, Ausstellungen, Liederabende, Vorträge, Autorenlesungen, alles war da in großer Vielfalt zu erleben: Fritz Spielmann, Leo Pleskow, Marta Eggerth, Jakov Lind, Frederic Morton, Friedrich Bergammer, Maria Berl-Lee, Alfred Farau, Otto Fürth, Vally Weigl, Hans Fantel, Mimi Grossberg, Lili Körber, Gertrude Urzidil, Fritz Brainin, Jimmy Berg, Marjan Kiepura, Margarete Bush, Irene Harand, um nur einige zu nennen. 1970 – 25 Jahre nach dem Ende der Nazi-Tyrannei – waren sie und ihr Publikum immer noch hier, teils freiwillig, weil sich die beruflichen und familiären Lebenszentren verlagert hatten (wie etwa die Familien Berczeller, Leichter, Morton, Kaunitz oder Harnik), teils, weil sich einfach keine Rückkehrmöglichkeit ergeben wollte, keine Einladungen erfolgt waren. Sie hatten sich, wie etwa Jimmy Berg, abgefunden, auch weil sie inzwischen akzeptierte „Austro-Americans" und dem Land, das sie aufgenommen und gerettet hatte, dankbar waren. Stets war bei diesen Veranstaltungen auch eine Art Lebenswehmut als stiller Gast anwesend, schwang mit bei jedem Lied, bei jedem Gedicht, bei jedem Applaus. Wie übrigens auch bei jedem Besuch der beiden „Kaffeehäuser", dem „Café Éclair" in der West 72nd Street und der „Kleinen Konditorei" auf der East 86th Street, wo man sich gern und ziemlich regelmäßig traf. Hatte man während der Kriegsjahre noch auf eine (baldige) Rückkehr hoffen können, so war es in den Siebzigerjahren damit zumeist vorbei. Die Entscheidung zu bleiben, war – außer in ganz wenigen Fällen – nicht mehr rückgängig zu machen. Bei vielen wurde aber mit dem Älterwerden doch die Sehnsucht nach der alten Heimat größer. Und so sparten sie und fuhren immer öfters, von der „Austrian-American Federation" organisiert oder individuell, zurück auf Besuch.

Sie könne das jetzt nicht mehr tun, meinte eines Tages die erfolgreiche Pianistin und Musikpädagogin Margarete Busch, deren Wohnung in einem West-Side-Townhouse exakt ihrer alten in Wien mit Klavier, Möbeln und Teppichen glich. Es mache sie zu traurig, von Wien wieder wegzufahren. 1975 war sie nach dem Tod Irene Harands zur Nachfolgerin als Präsidentin des Austrian Forums gewählt worden. Auf sie folgten noch Hans Bernfeld und Martha Eggert-Kiepura. 1994 – 50 Jahre nach seiner Gründung – wurde die Tätigkeit des Austrian Forums eingestellt. Ich selbst werde in meinem Leben noch genügend Vereinsfunktionen und Präsidentschaften übernehmen. Aber keine wird mir mehr innere Freude bereiten und mit größerer, wehmütiger Dankbarkeit verbunden sein als die „Ehrenpräsidentschaft des Austrian Forums auf Lebenszeit", die mir durch einstimmigen Beschluss der Mitglieder verliehen wurde.

Tarock in New York

Hans Kaunitz, Hermann Mark und Leo Breuer hatten eines gemeinsam: Sie waren ausgezeichnete Tarockierer und suchten einen Vierten. Und so kam es, dass wir – in unregelmäßigen, aber wiederkehrenden Abständen – mit recht „heimatlichen" Gefühlen tarockierten, zumeist im Haus von Hans Kaunitz, dessen Frau uns gastfreundlich mit köstlichem Essen versorgte. Hans bestand darauf, wenn auch mit leichtem Schmunzeln, ein direkter Nachfahre des Grafen (und späteren Reichsfürsten) Kaunitz, Staatskanzler und enger Berater von Maria Theresia, zu sein. Das könne er schon dadurch beweisen, dass folgende Anekdote von Generation zu Generation weitergegeben wurde: Kaiser Franz der Erste, Gatte von Maria Theresia, liebte das Tarockieren und hatte eine ständige Partie, an der auch regelmäßig Graf

Kaunitz teilnahm. Und fast immer gewann dieser, was den Kaiser schließlich so sehr irritierte, dass er Graf Kaunitz fragte, wie das denn möglich sei. Ganz einfach, Majestät, soll dieser geantwortet haben. Immer vor einer Partie müssen Sie nur einer schönen Frau in den Allerwertesten kneifen und dabei ans Tarockieren denken. Nun denn, dachte der Kaiser, wenn das so einfach ist! Vor dem nächsten Spieltermin – Maria Theresia stand gerade auf der Terrasse ihres geliebten Schlosses Schönbrunn – ging er also still und leise an ihr vorbei und tat, wie ihm von Kaunitz geraten wurde. Maria Theresia blieb ungerührt, drehte sich nicht einmal um und sagte nur ganz selbstverständlich: „Na, Kaunitzl, geht er schon wieder Tarockieren?"

Nobelpreiswürdig

Hermann Mark war ein liebenswürdiger und liebenswerter Mensch, Erfinder und Wissenschaftler. Für seine Polymerforschung, die in direktem Zusammenhang mit der Erfindung synthetischer Fasern bis hin zu Nylon steht, war er mehrfach für den Nobelpreis vorgeschlagen. Er hätte ihn schon verdient, meinte er bescheiden, aber da waren eben immer welche, die ihn noch mehr verdient haben. Das kolportierte Gerücht, dass der Name Nylon daher komme, weil er zwei Lehrstühle – in New York und London – gehabt habe, sei schmeichelhaft aber unzutreffend. Dieser Ruhm gebühre schon dem eigentlichen Erfinder, Wallace Hume Carothers, der – weil er sich als Sieger im Wettbewerb mit Japan verstand – ausgerufen haben soll: „**N**ow **Y**ou've **L**ost, **O**ld **N**ippon" (Jetzt hast du verloren, altes Japan).

Bei Hermann Marks achtzigster Geburtstagsfeier, 1975, waren mehrere Nobelpreisträger anwesend. In freier Rede bedankte er sich mit einem mitreißenden Appell an die Verantwortung der Wissenschaft für den Fortschritt der Menschheit. Otto Habsburg hatte ihm in einem langen persönlichen Brief gratuliert. Jetzt habe er ein Problem, was die Anrede betrifft. Er sei doch überzeugter Demokrat und Republikaner und könne unmöglich Kaiserliche Hoheit oder so etwas sagen. Umgekehrt habe er im Ersten Weltkrieg als hochdekorierter Offizier gedient. Also dachten wir nach. Dann rief er an, er habe die Lösung: „Sehr geehrter Herr Dr. Habsburg, hochverehrter Sohn unseres letzten Kaisers!"

1979 musste Hermann Mark mit einem schweren Schicksalsschlag fertigwerden: Sein höchst erfolgreicher Sohn Peter, Universitätsprofessor in Princeton, starb, ohne jemals eine Zigarette geraucht zu haben, an Lungenkrebs. Im Haus seines zweiten Sohnes, Hans, der eine eindrucksvolle Karriere als Deputy Administrator der NASA und Secretary of the Air Force machte, starb Hermann Mark, kurz vor seinem 97. Geburtstag, am 6. April 1992.

Auch Carl Djerassi schrammte knapp am Nobelpreis vorbei. „Erfinder" der „Pille" (den Begriff „Antibabypille" lehnte er ab, weil seine Erfindung nicht gegen Babys, sondern für Frauen gerichtet war) wollte er nicht sein, „Vater" oder auch

„Mutter der Pille" ließ er gelten, weil er durch seine chemischen Forschungen die Voraussetzungen dafür geschaffen hatte. Auch er blieb Österreich, vor allem in den späteren Jahren, sehr verbunden, was ihn oft in seine Heimat zurückkehren und zahlreiche Ehrungen annehmen ließ. Nach dem Suizid seiner Tochter wandte er sich der Literatur zu, wurde Autor zahlreicher Dramen, die meist mit wissenschaftlichen Themen zu tun hatten, und Kunstsammler, insbesondere von Werken Paul Klees, die er teils dem San Francisco Museum of Modern Art und teils der Albertina überließ. Am 30. Jänner 2015 starb Djerassi, 91-jährig, in San Francisco.

Women's Liberation Movement

Gleich ein paar Tage nach meiner Ankunft in New York hatte ich, wenn man so will, ein sozialpolitisches Schlüsselerlebnis. Ich saß im Bus, Downtown Fifth Avenue, als eine junge Frau einstieg und sich im vollen Bus nach einem Platz umsah. Instinktiv erhob ich mich und bot ihr meinen Sitz an. „Sit down, bastard", fauchte sie mich an. „What are you doing? I wouldn't do this for you, so why do you think, you can do it for me?" Ich war sprachlos und direkt im Zentrum des damals überall spürbaren Women's Liberation Movement gelandet. Niemandem aus dem Mantel helfen, niemanden vorangehen lassen, keiner Frau einen Sitz anbieten, keine Rechnung zahlen. Beim Plaza Hotel stiegen wir aus. Ich erklärte ihr, dass ich aus Europa sei, dass man das dort so tue, dass das nichts Herablassendes sei etc. „Okay", gab sie sich gnädig. „Then come with me and take part in the Women's Lib Parade, presumably the biggest one there ever was. They all will be there, Bella Abzug, Betty Friedan, Gloria Steinem, Susan Sontag and many others." Und so kam es, dass ich Seite an Seite mit Julie in der bis dahin größten Parade für Frauenrechte und Frauenemanzipation in den USA die ganze Fifth Avenue entlang bis hinunter zum Washington Square marschierte und großen Spaß dabei hatte. Ein Ereignis übrigens, an dem – wie sie mir später einmal erzählte – auch Maria Lassnig teilnahm.

Walter Cohrssen und Johannes Oesterreicher

Bald nach meiner Ankunft besuchte ich Walter, den um nur 14 Monate jüngeren Bruder Onkel Johnnys, dem Ehemann der Schwester meiner Mutter. Walter war Komponist und Musikprofessor an der Seton Hall University in South Orange/New Jersey. „Du wirst mich beim Aussteigen aus dem Bus leicht erkennen", meinte er mit der gleichen Stimme wie Johnny. Und tatsächlich sah er aus wie dessen Zwillingsbruder. Ihr Vater hieß eigentlich Salomon Cohen, ließ sich aber, um nordisch zu klingen, in „Siegfried Cohrssen" umbenennen. Den Nazis war das freilich egal, und Walter, der in Wien Musik studiert hatte, musste 1938 in die

USA flüchten, wohin schon 1926 sein älterer Bruder Hans (Johnny), 21-jährig, gegen den Willen seines Vaters, ausgewandert war. Was sich übrigens als großes Glück herausstellte, weil Johnny dadurch sich und seine Familie, die er in die USA nachkommen ließ, vor Verfolgung, Konzentrationslager und Holocaust bewahren konnte. Im gastfreundlichen Haus von Carla und Walter lernte ich unter anderen die Tochter von Franz Stoß kennen, die dort verheiratet war. Oder Alfred Brendel, der – wie er sagte – vor keinem Publikum lieber musizierte als vor Studentinnen und Studenten der Music-Departments amerikanischer Colleges und Universitäten. Und Monsignore Johannes Oesterreicher, mit zwanzig Jahren – gegen den Willen seiner Eltern – zum Katholizismus konvertierter und danach zum Priester geweihter Jude. Flucht nach Paris, 1938, von wo aus er seine legendären Radiopredigten gegen Hitler und den Rassismus hielt. Von dort aus in die USA, wo er schließlich als Professor für jüdisch-christliche Verständigung an der gleichen Universität wie Walter Cohrssen tätig war. Seine lebenslangen Bemühungen um einen jüdisch-christlichen Dialog hat er in seinem Hauptwerk „The New Encounter: Between Christians and Jews" zusammengefasst. 1963 wurde er von Papst Johannes XXIII. als Konzilsberater nach Rom berufen, wo er de facto die „Judenerklärung" des Zweiten Vatikanischen Konzils verfasste. Diese bildete das Herzstück von *Nostra aetate*, jener mühsam erarbeiteten Konzilserklärung, durch die das Verhältnis der Kirche zu den nichtchristlichen Religionen neu formuliert wurde. Johannes Oesterreicher, ein liebenswürdiger, umfassend gebildeter, leidenschaftlicher „Jude und Katholik" wird sich sein ganzes Leben lang unermüdlich für ein besseres Verständnis zwischen Juden und Christen einsetzen, viele Bücher schreiben (über Martin Buber, Gott nach Auschwitz), und mir durch mehrere Begegnungen in New York, South Orange, Wien und Ladis (seinem geliebten Tiroler Urlaubsort) verbunden bleiben. Am 18. April 1993 wird sein so bewegtes, erfülltes, geglücktes, fast neunzigjähriges Leben zu Ende gehen.

Walter Cohrssen wird nach dem Tod seiner Frau Carla wieder heiraten. Er wird sein Haus in South Orange, das durch den Zuzug einiger Afroamerikaner in seine Gegend mehr als den halben Wert verloren hatte (USA 1978!), verkaufen und mit seiner neuen Frau, der „very American" Geraldine Sussman, nach Miami/Florida übersiedeln. Dort wird er noch fünf Jahre lang, im gekühlten Haus mit Marmorböden, einem weißen Cadillac und einem noch weißeren Pudel namens „Mensch", seinen Lebensabend – bei Sonnenschein zwar, aber doch, wie er mich wissen ließ, ein wenig „out of place" – bis zu seinem Tod 1983 verbringen.

Maria Jeritza

Österreichischer Generalkonsul in den frühen Siebzigerjahren war Heinrich Gleißner, regelmäßig von der New York Times unter den „most eligible bachelors" aufgelistet, Sohn des berühmten oberösterreichischen Landeshauptmanns und einer starken Mutter. Legendär waren die Empfänge in seiner Residenz, einer schönen holzgetäfelten Wohnung auf der Fifth Avenue. Unter den prominenten Gästen waren einmal auch Leonard Bernstein und Maria Jeritza, die gern die ganze Wohnung sehen wollten, also auch das Schlafzimmer. Dabei stolperte Jeritza, fiel aufs Bett – gemeinsam mit Bernstein, der sie stützen wollte und spektakulär auf ihr zu liegen kam. Kurze Aufregung, erleichtertes Gelächter, eine Zeit ohne Handys. Beide erhoben sich, ebenfalls lachend. Beim Hinausgehen meinte Bernstein begeistert: „Was für eine männermordende Königstigerin muss die einmal gewesen sein!"

Jeritza hatte das Privileg, in der Metropolitan Opera so oft sie wollte „ihre" Loge in Anspruch zu nehmen. Zu den bevorzugten Gästen zählten der Kardinal, Bischöfe, geistliche Herren und – vorwiegend österreichische – Diplomaten. Für mich bedeutete das eine ganze Reihe erlebnisreicher Opernabende. Einer allerdings, der – im Unterschied zu seiner künstlerisch veranlagten Frau Betty – wenig Lust auf häufige Opernbesuche hatte, war Botschafter Matsch, Sohn des bekannten Malers Franz Matsch. Also gab er seiner Sekretärin eine Liste mit kurzen und langen Opern, verbunden mit dem Auftrag, nur bei einer kurzen Oper, falls er sonst nichts vorhatte, zuzusagen. Und so kam es, dass wieder einmal „Oper" im Kalender stand. Matsch ging hin, erwartungsvoll, die vermuteten eineinhalb Stunden gut hinter sich bringen zu können. Aber, es war Walküre. Seine Laune war im Keller. In der Pause versuchte Jeritza Konversation zu machen. Wie geht es so? Etc. Und dann auch: „Wann waren Sie denn eigentlich das letzte Mal in der Oper, Herr Botschafter?" Matsch, ohne nachzudenken: „Heute, gnädige Frau, heute!" Von Betty Matsch stammen übrigens die beiden Skulpturen „Wagner" und „Mozart" im unteren Foyer der Metropolitan Opera in New York.

Am 10. Juli 1982 starb Maria Jeritza mit 94 Jahren, nach vielen Jahren im Koma. Marcel Prawy („Nimm die Marilyn Monroe, die Birgit Nilsson und die Paula Wessely zusammen, dann hast du ein Viertel der Jeritza."), war sogleich von Wien angereist. Gemeinsam knieten wir vor der zur schönsten Lebensechtheit geschminkten Toten im offenen Sarg. Dann begann der Trauerzug entlang der Fifth Avenue zur St. Patricks Kathedrale. Hunderte Menschen folgten, weinend, schluchzend, entschlossen, sie nicht zu vergessen, auch wenn sie schon jahrzehntelang nicht mehr auf einer Bühne zu sehen und zu hören gewesen war. Ihr übermütiges „Hojotoho", mit dem sie bisweilen, wenn sie gut gelaunt einen Raum betrat, die Menschen bis ins hohe Alter begrüßte, wird mir ein Leben lang in den Ohren klingen.

Apropos Alter:

Die meisten Menschen wollen ja alt werden, aber keiner will alt sein. Von Leopold Kohr („Small is beautiful"), Anarchist, Widerstandskämpfer, Wegbereiter der Umweltbewegung und Träger des alternativen Nobelpreises, soll der „wehmütige"

Ausspruch stammen: „Schrecklich, das Altwerden: Gehen kann ich nicht, sehen und hören tu ich nichts mehr, alles, was ich noch kann, ist Auto fahren."

Bei Otto Tressler war das wohl ganz anders: Anlässlich seines neunzigsten Geburtstags am 13. April 1961 war ein festlicher Abend im Burgtheater anberaumt. Tressler sollte das Hohe Alter – eine seiner Paraderollen – aus Ferdinand Raimunds „Der Bauer als Millionär" spielen. Warten auf den Beginn. Verzögerung. Bange Minuten, als schließlich der Direktor vor den Vorhang trat: Keine Sorge, bitte nur noch ein wenig Geduld. Otto Tressler muss noch auf „alt" geschminkt werden, und das dauert eben.

Und Heinz Frölich, der mit 65 Jahren Ensemblemitglied des Burgtheaters wurde, lehnte – 91-jährig – ein Angebot ab, mit der Begründung, die Rolle sei zu klein, da könne er sich doch nicht weiterentwickeln.

Die Wiener Philharmoniker und New York

Die jährliche Tournee der Wiener Philharmoniker wurde in New York als Höhepunkt der Konzertsaison wahrgenommen. Was lässt sich da an Wissenswertem oder Anekdotischem erzählen, das nicht schon bekannt ist? Dass man sie als bekannteste österreichische Musikinstitution unter Denkmalschutz stellen sollte (was gesetzlich aber nicht vorgesehen ist), einfach deshalb, weil etwa der Stephansdom jährlich etwas mehr als fünf Millionen Besucherinnen und Besucher zählt, Schönbrunn fast genauso viele, mit dem Neujahrskonzert der Philharmoniker indes weltweit rund 50 Millionen Menschen in 92 Ländern erreicht werden. Wie soll man das Glücksgefühl beschreiben, wenn sie in der Carnegie Hall musizieren und umjubelt werden? Der gefürchtete, aber auch äußerst respektierte langjährige Musikkritiker der New York Times, Harold C. Schonberg, kritisierte regelmäßig den Umstand, dass die Wiener Philharmoniker keine Frauen aufnehmen würden und bisher (Siebzigerjahre) sich nicht mit ihrer Nazi-Vergangenheit auseinandergesetzt hätten. Und dennoch versuchte er dann einmal, objektiv und rein musikalisch, wie er schrieb, die Frage nach dem besten Orchester der Welt zu beantworten. Seine Schlussfolgerung, dass es ja letztlich doch, bei durchaus vergleichbarer Qualität der einzelnen Orchestermitglieder, die Wiener Philharmoniker seien, begründete er mit den persönlichen und menschlichen Verflechtungen der einzelnen Musiker, einer wechselseitigen Vertrautheit durch Verwandtschaften, Patenschaften, Freundschaften sowie der Weitergabe individueller Begabung an Kinder und Enkelkinder, was zu einer kollektiven Vertrautheit als Klangkörper führe, die bei keinem anderen Orchester ausfindig zu machen sei. Und „versöhnt" war Schonberg schließlich, als von den Philharmonikern in den frühen Neunzigerjahren, vor allem vorangetrieben vom damaligen Vorstand Clemens Hellsberg, mit der ernsthaften Aufarbeitung der Nazi-Zeit (von den 123 Mitgliedern waren 60 bei der NSDAP bzw. Parteianwärter, und davon zwei bei der SS) begonnen und – peu à peu – die Aufnahme von Frauen ermöglicht wurde.

Apropos philharmonischer Vorstand:

Einer der zweifellos originellsten war Hermann Obermayer (Vorstand von 1952–1959). Man hatte sich daran gewöhnt, ihn in Lederkluft auf seinem alten Motorrad durch Wien fahren zu sehen. Unter seiner Anleitung wurde meinem Vater der Ehrenring der Philharmoniker überreicht. Einmal lud er meinen jüngeren Bruder Philipp und mich während der Salzburger Festspiele zum Mittagessen auf dem Gaisberg ein. Wieder die leidige Zwillingsfrage. Aber dann abrupt: Nein, ich denke Philipp ist der ältere von euch beiden. Wie das? Im Unterschied zu mir, der ich den Mund zum Löffel bewegte, führe er, „wie es sich gehört", den Löffel zum Mund … Zu Weihnachten 1957, wenige Monate nach dem plötzlichen Tod meines Vaters, die Mutter im Spital, stand Obermayer vor der Wohnungstür mit zwei Helfern und mehreren riesigen Pappschachteln. „Für Euch Buben", meinte er nur. „Aber erst am Heiligen Abend aufmachen!" Das taten wir auch, und was für eine Überraschung, mit der wir die nächsten zwei Weihnachtswochen buchstäblich Tag und Nacht beschäftigt waren: Die Wiener Philharmoniker hatten uns eine Märklin-Eisenbahn geschenkt, Erfüllung eines Kindertraums!

Ein Geschenk ganz anderer Art wird mir der langjährige Vorstand der Wiener Philharmoniker (1997–2014), Clemens Hellsberg („Demokratie der Könige. Geschichte der Wiener Philharmoniker"), viele Jahre, ja Jahrzehnte später machen, wenn er im Sommer einen kleinen Freundeskreis nach Putzleinsdorf, Heimatgemeinde seiner Mutter im oberösterreichischen Mühlviertel, einlädt: Kammermusik in der Schlosskirche. Mit seinen hochbegabten Söhnen Dominik und Benedikt und meistens auch einem besonderen Gast. Darunter einmal der begnadete Pianist Lang Lang. Am Nachmittag dann Fußball. Alle genauso engagiert wie beim Musizieren. Lang Lang (unbekümmert, lustig, natürlich) im gegnerischen Tor. Plötzlich stehe ich allein vor ihm. Und will schießen, als mir einfällt, wie Monsignore Zacchi beim samstäglichen Familienfußball am „Platzel" in der Hinterbrühl in ganz ähnlicher Situation vor dem gegnerischen Tor stand, scharf schoss und die sich ihm tapfer entgegenwerfende Torfrau – meine Mutter – mit gebrochenem Arm im Krankenhaus landete. Was also tun? Lang Lang ist schon paradebereit. Wie ein Teenager hatte er sich nach allen möglichen Bällen geworfen. Ich bringe es nicht übers Herz. Zu groß erscheint mir das Risiko. Ich will kein Lang-Lang-Handbrecher sein und rolle den Ball – problemlos für den weltbekannten Tormann – rechts am Tor vorbei. Mit dem Kopfschütteln meiner Mannschaft ob so viel Stürmer-Dilettantismus musste – und konnte – ich gut leben.

Kulturgroßmacht Österreich

Doch zurück nach New York. Wie mächtig stolz waren wir doch auf unsere Künstlerinnen und Künstler, wenn sie Engagements in New York hatten. Otto Schenk, mit seinen sechzehn Neuinszenierungen – von Fidelio (1970) über den Ring des Nibelungen (1980) bis zu Don Pasquale (2006, mit Anna Netrebko) – mehr als dreißig Jahre an der Metropolitan Opera tätig, Leonie Rysanek mit ihren 300 Abenden an der Met, Karl Böhm, Christa Ludwig, Walter Berry, Heinz Zednik, Christian Boesch mit seinem sensationellen Debut als Wozzeck an der Met, Günther Schneider-Siemssen, Norbert Balatsch, Alfred Brendel, das Vienna Art Orchestra (Mathias Rüegg), Peter Kubelka („The Invisible Cinema"), Karl (Charly) Ratzer, und, und, und – bis zu Ludwig Streicher (in der stets ausverkauften Town Hall), Arik Brauer (große Retrospektive im American Jewish Museum), Michael Birkmeyer, Hans Hollein (Pritzker-Preis), Gustav Peichl und – wie schon erwähnt, jährlicher Höhepunkt der Konzertsaison – die Wiener Philharmoniker. Aber auch Jungstars, die es schafften, in die renommierte Juilliard School aufgenommen zu werden, wie Christoph Campestrini (inzwischen international gefragter Dirigent) oder Daniel Froschauer (heute Vorstand der Wiener Philharmoniker).

Da war dann auch noch der hochbegabte Johannes Hölzel, besser bekannt als „Falco". Mit „Rock Me Amadeus" erreichte er 1986 drei Wochen lang Platz Eins der US Billboard-Charts. Ach, tat das der zeitgenössischen österreichischen Seele gut. Umso mehr, als dieses Kunststück bisher nur einem einzigen anderen Österreicher gelungen war, und das war schon lange her. Nämlich 1950, als Anton Karas es mit seinem „Harry-Lime-Thema" elf Wochen lang an die Spitze der US-Hitparade geschafft hatte. „Großmacht" Österreich, weil es die Kunst ist, die uns „groß macht".

Das Österreichische Kulturinstitut sollte sich zunehmend auch als eine Art „Künstler-Agentur" verstehen, die in Kooperation mit amerikanischen Institutionen die Präsentation zeitgenössischer österreichischer Kunst organisierte. Konzerte des Vienna Art Orchestra (Mathias Rüegg) etwa, des Jazzwios (Harry Pepl, Werner Pirchner), der Muthspiel-Brüder (erster Auftritt in der New Yorker Merkin Concert Hall), der „Tanzgeiger" (Rudi Pietsch), Lesungen von Wolfgang („Wolfi") Bauer, H. C. Artmann, Helmut Qualtinger und Peter Turrini oder – in Zusammenarbeit mit dem legendären Gründer der „Anthology Film Archives", Jonas Mekas (auch Peter Kubelka war dabei), – die erste große Retrospektive der Filme Valie Exports, um nur einige beispielhaft zu nennen. Ähnliches galt für die Bildende Kunst, für die laufend das Interesse von Galerien und zeitgenössischen Museen mobilisiert werden sollte. („Austria, as it is, and not only as it has been …").

Eine besondere Herausforderung waren übrigens österreichische Chöre und Trachtenkapellen, die sich auf ihren Gemeinschaftsreisen auch – „bitte, wenn irgendwie möglich" – einen Auftritt „irgendwo in New York" und einen Termin mit UN-Generalsekretär Waldheim wünschten. Erstaunlich, wie oft das gelang, in einem der vielen Parks von New York, auf den Stiegen vor dem Metropolitan Museum und der Public Library oder direkt vor dem UN-Gebäude, willkommen geheißen von einem gut gelaunten Waldheim, der in seinen Landsleuten womöglich schon künftige Wählerinnen und Wähler erblickte.

Apropos Christian Boesch:

Millionen Kinder erreichte er allein mit seiner „Zauberflöte für Kinder" (samt Verfilmung). Als er 1986 seine Karriere abbrach und nach Chile auswanderte, gründete er bald danach auf seinem – biologisch geführten Landgut – eine Musikschule. Tausende Kinder, die meisten zum ersten Mal, werden mit kostenlos zur Verfügung gestellten Instrumenten Zugang zur Musik finden. Tochter Anna, nach Matura und Aufnahme ins Max Reinhardt Seminar (Regie), wird dort, von Christian eingeladen, einen Sommer lang mit den Kindern musizieren und sie vor allem das Gitarrespielen lehren.

Otto Schenk und Helmut Qualtinger

Mit Otto Schenk werde ich oft über New York sprechen. Er liebte die Stadt, die Oper. „I am a New Yorker" rief er bei einer großen Ehrung durch die Met aus. Zwanzig Jahre später werde ich ihm in der Josefstadt zu seinem siebzigsten Geburtstag auf offener Bühne den Goldenen Rathausmann überreichen. In der Küche der unvergleichlichen Seewirtin Johanna Enzinger in Zell am Moos wird er unseren Kindern zeigen, wie man die besten Palatschinken („sehr viel Butter") macht, wird zu unserer Tochter Anna „Kollegin" sagen, ihre vielen Theaterfragen beantworten (darunter auch: „Otti, warum tust du dir das alles noch an?" – „Weil man seinem Talent gegenüber eine lebenslange Verantwortung hat", wird er antworten) und wird Witze und Anekdoten erzählen. Zum Beispiel: „Was sind die drei Vorteile von Alzheimer? Nun, erstens, man lernt jeden Tag neue Leute kennen. Zweitens, man kann sich selber die Ostereier verstecken. Und, drittens, man lernt jeden Tag neue Leute kennen." Oder: „Sitzt ein Paar im Theater. Die Vorstellung ist langweilig. Er will gehen. Sie: Unmöglich, wir haben doch Freikarten! Er, nach einer Weile: Ich muss jetzt gehen. Sie: Bitte, nein, wie peinlich, wenn man Freikarten hat. Er, wieder nach einer Weile: So, mir reicht's. Ich zahl jetzt an der Kassa meine Karten und geh!"

Im Jahr 2000 wird Otto Schenk den „Ersten Wiener Theaterpreis", den „Nestroy", für sein Lebenswerk entgegennehmen, mit 89 Jahren in der Josefstadt den alten Diener Firs im Kirschgarten spielen und zum neunzigsten Geburtstag originelle und zukunftsweisende Interviews geben. Im Sommer 2021 werden Irmgard und ich in seinem Haus am Irrsee zum Mittagessen mit ihm und dem Ehepaar Landesmann eingeladen sein. Seine Frau Renée wird davon kaum etwas mitbekommen. Sie muss rund um die Uhr gepflegt und betreut werden, macht selten die Augen auf, erwidert aber bei der Begrüßung und Verabschiedung leicht spürbar den Händedruck. Bis sieben Uhr am Abend wird „Otti", geistig voll präsent, aus seinem Leben erzählen, Geschichten, Anekdoten, verknüpft mit ernsten Gedanken über die Zukunft des Theaters. Eine geplante Lesung in Kärnten wird er telefonisch („Ich kann leider nicht mehr") absagen. Donner, Blitz, Regen und Sturm werden kurz die über dem Raum liegenden Gedanken an Vergänglichkeit und Endlichkeit vertreiben. Mit dem ihm eigenen wehmütigen Lächeln wird er sagen, dass wir doch ein Leben lang immer nur an den Tod denken. Bei dem zum Abschied gesagten „Auf ein baldiges Dakapo" werden wir uns alle still denken: „Hoffentlich!"

Helmut Qualtinger liebte Leseabende, vor allem an den German Departments großer Universitäten, hasste aber das Fliegen. Anfang der Achtzigerjahre war es wieder einmal so weit. Er hatte die Einladung verschiedener deutschsprachiger Fakultäten angenommen und es irgendwie nach New York geschafft. Für den Rückflug nach Wien begleitete ich ihn zum JFK – dem John F. Kennedy Airport. Er müsse nur noch kurz auf die Toilette, meinte er vor dem Einchecken – verschwand und kam nicht wieder. Das heißt, er kam wohl zurück, aber erst, als das Gate schon geschlossen war und er „unschuldig" meinte, dass er jetzt bereit sei. Entschuldigung bei der AUA, Abflug auf nächsten Tag verschoben, zurück nach New York. Am nächsten Tag das gleiche Theater. Wir hatten keine Ahnung, auf welchen Ort sich Qualtinger zurückgezogen hatte. Mein Mitarbeiter und ich liefen von WC zu WC und riefen, wie es eben gerade noch ging, abwechselnd „Helmut" und „Herr Qualtinger" durch die Gegend. Auch eine offizielle Durchsage „Mister Qualtinger, please, come to the information desk", blieb erfolglos. Flug geschlossen. Und da kam er wieder, lächelnd und „bereit zum Abflug". Okay, aller guten Dinge sind drei. Am nächsten Tag ließen wir ihn nicht mehr aus den Augen, folgten ihm – inzwischen um seine Flugangst wissend – überall hin, eskortierten ihn zum Klo und schließlich – er schien sich in sein Schicksal gefügt zu haben – zum Abfluggate. „Guten Flug, Herr Qualtinger." – „Danke für Ihre Geduld", flüsterte dieser große, auch in den USA so erfolgreiche Künstler. Der Flug verlief problemlos, Helmut Qualtinger war am nächsten Tag zeitig in der Früh gut zurück in Wien.

Michael Birkmeyer und Harry Belafonte

Anfang der Achtzigerjahre hatte Michael Birkmeyer seinen großen letzten Auftritt als Solotänzer an der Met. Nachher Abendessen („Gut, dass ich aufhöre, mir tut alles weh"). Nette Bedienung, sympathische „Kellnerin". Schauspielstudentin und, wie sich herausstellte, Tochter von Harry Belafonte. Unglaublich. Wir Brüder waren in den Fünfzigerjahren regelrecht süchtig nach seinen Liedern. „Day O", „Banana

Boat Song", „Island in the Sun", „Coconut Woman". Ihr Vater liebe Österreich. Und so vereinbaren wir einen Besuch bei uns im Kulturinstitut, wo er dann ein paar Tage später tatsächlich stand, sich gut gelaunt umsah und bald auf den „Linzer Eklat" zu sprechen kam. Nach einem Großkonzert in der Linzer Sporthalle, 1981, hatte man ihm in der Diskothek „City-Club" den Eintritt verwehrt, weil ihn die Garderobefrau für einen der „schwarzen Randalierer" von der VOEST hielt. Er gab sich zu erkennen, worauf man ihn einlassen wollte, er aber just dann die englischsprachige Hinweistafel „Nur Personen mit deutscher Muttersprache sind willkommen" sah und daraufhin unter Protest das Lokal verließ. Es hagelte förmlich politische Entschuldigungen. Linz, meinte er jovial, sei ja nicht Österreich und heute sicher anders. Dreißig Jahre später werde ich Harry Belafonte wieder begegnen. Da wird er, 84-jährig, Stargast der Viennale sein und danach, 2014, den Ehren-Oscar für sein Lebenswerk erhalten.

Das Trommellied vom Irrsinn

Am 14. November 1972 starb der 1938 aus Wien vertriebene Psychotherapeut und Schriftsteller Alfred Farau, 68-jährig, in New York. Seinen Namen hatte er von Hernfeld auf Farau geändert, um seine in Wien zurückgebliebenen Eltern nicht zu gefährden. Es war umsonst. Die Eltern wurden Opfer des Holocaust.

Farau schrieb eines der eindringlichsten, erschütterndsten und zeitlos gültigsten Gedichte zum Naziwahnsinn, das auch gerade in der jetzigen Zeit des stärker werdenden Rechtspopulismus und Nationalismus besondere Aktualität gewinnt.

> Alfred Farau: „Rede am Tag von Hitlers Sturz" (aus: Das Trommellied vom Irrsinn)
>
> Hitler ist tot! – Nun schwenket keine Fahnen,
> marschiert nicht auf und läutet nicht die Glocken,
> das ist ein Tag der Trauer und der Scham,
> das ist kein Tag, um jauchzend zu frohlocken!
> Wenn solch ein Mann in blutig langen Jahren
> des Wahnsinns, wie die Welt ihn niemals sah,
> von euch ertragen ward, von euch geduldet –
> wenn das geschehen konnte und geschah,
>
> dann schweigt, ihr Leute, und denkt nach darüber,
> und fragt euch, wie es möglich war und kam
> und dauern konnte ...schwenket keine Fahnen,
> dies ist ein Tag der Trauer und der Scham!

Ich weiß es, was ihr wollt: nur jubeln dürfen,
dass ihr ihn los seid – und ihn dann vergessen!!
Vergessen, dass die Erde er beherrschte,
und, schlimmer, euer ganzes Herz besessen!!

Denn, meint ihr wirklich, dass da irgend einer
nur eben einfach zu befehlen braucht
und alle Macht der Erde beugt sich vor ihm,
sobald er brüllend aus dem Dunkel taucht?

Meint ihr, er stehe gleichsam auf den Wolken
und sei nicht fest verankert in der Welt?
Und könnte steh'n, wenn ihr's nicht möglich machtet,
ihn nicht der Glaube von Millionen hält?!

Wenn dieser Mann sich ganz entfalten durfte,
sein Gift in solchem Maß zum Ausdruck kam,
sind alle Völker schuld – – schwenkt keine Fahnen!
Hitler ist tot! – Dies ist ein Tag der Scham.

Zu sühnen gilt es, nicht, ihn zu vergessen!
Betrügt euch nicht, dass es zu Ende sei,
weil er jetzt fiel…macht euch zuerst
von a l l e n Hitlers a l l e r Zeiten frei!

Das, was er war, darf nicht vergessen werden
bis an das Ende aller Zeiten hin.
Der große Kampf b e g i n n t erst, hört, ihr Leute!
Und dies ist seines Sturzes tiefster Sinn:

Dass er als Ungeheuer weiterlebe,
lebendig, immerwährend, Tag und Nacht,
dass man mit Fingern auf sein Bild hinweise
als Bildnis schlimmster Menschen-Niedertracht.

Dass er als Schreck und grenzenloses Unglück,
als Warnung lodere in unserm Blut,
bis es den letzten noch ergreift und packt
und ihn erfüllt hat mit Bekennermut.

> Von tausend Kanzeln gilt es, aufzuzeigen,
> wie sich die Menschheit selbst ihr Los erschafft,
> bis jedem klar wird, dass er mitverbunden,
> mit Te i l h a t an der Erde Schöpferkraft.
>
> Und Lehrer müssen allen Völkern aufsteh´n,
> sie lehren, den Zusammenhang zu schau´n
> und zu begreifen, dass es nur an uns liegt,
> die Welt nach unserm Willen umzubau'n,
>
> damit einst eine Menschenwelt erstehe,
> die solchen Männern keinen Raum mehr lässt,
> die es versteht, sich ihnen zu verschließen
> und sie vermeiden lernt, so wie die Pest.
>
> Wenn das geschieht, und erst wenn wir so weit sind,
> wenn selbst die Hoffnung nur von ferne dämmert,
> dass einst die Menschheit diese Schlacht gewinnt –
> d a n n ist es Zeit zu jauchzen und frohlocken,
> d a n n ist es Zeit für Fahnen und für Glocken –
> doch heut' ist nur ein bitterer Tag der Scham.
> Besinnt euch, Leute, und geht still nach Hause.
> Hitler ist tot. – Der w a h r e Kampf beginnt!

Dauert dieser wahre Kampf nicht an? Gerade auch jetzt, in unserer Zeit? Simon Wiesenthal meinte wohl Ähnliches, als er in mehreren Gesprächen immer wieder darauf hinwies, dass man sich nicht nur um die Täter und die Opfer, sondern auch um die dazwischen kümmern müsse. Dass es immer wieder um die Verringerung der Anzahl der Gleichgültigen gehen müsse und darum, der Verführbarkeit der Menschen mit Bildung, Aufklärung und Geschichtsbewusstsein entgegenzutreten. Von Friedrich von Weizsäcker ist die Aussage bekannt, die Jugend sei nicht schuld an dem was war, aber sie trage die Verantwortung für das, was daraus wird. Nicht zuletzt deswegen ist die Auseinandersetzung mit dem Exil, das Gespräch mit den Vertriebenen und ihren Nachfahren, das Lesen ihrer Bücher, Biografien, Schriften, Artikel und Briefe so wichtig, weil nur so das Vermächtnis, das uns, den glücklichen „Nachgeborenen", in den tausendfachen Vertreibungsgeschichten hinterlassen wurde, lebendig und verständlich bleiben und als Auftrag empfunden werden kann.

„Live auf CNN"

Bundespräsident Kirchschläger schoss sicher mit seinem Auftritt in der populären Sandi Freeman Show (live) auf CNN alle möglichen Vögel ab. Er hatte vergeblich gehofft, dass das Thema Abtreibung nicht zur Sprache kommen würde. Es war ja bekannt, auf welcher Seite er in dieser Frage stand, hatte aber doch das verfassungskonforme Zustandekommen des entsprechenden Gesetzes unterzeichnet. Darauf wollte Freeman im ersten Teil der einstündigen Talkshow hinaus. Und das verlief ungefähr so:

Freeman:	Mr. President, welcome. There is some controversy in your country, as there is in ours, concerning abortion. So, what is your view on that?
Kirchschläger:	Well, Ms. Freeman, we do not have warships in Austria, you know, we don't need them.
F:	Well, Mr. President, we are not talking about warships, but about abortion, where do you stand in the controversy?
K:	Well, you see, we don't have warships, we don't need them, because we are a landlocked country and not a seafaring nation.
F (leicht ungeduldig):	Mr. President, please, we are not talking about warships. We are talking about abortion, the right of women to have a baby or not.
K:	Oh, oh, I see. No, we don't draft women. You see, we don't think that women should serve in the army.
F (noch unruhiger, versucht es noch einmal):	Mr. President, look, a man and a woman can fall in love, they can have a baby and then decide whether to have it or not, the latter of which is called abortion. And that can be done illegally or legally.
K:	Oh, oh, I think I know now what you mean. Can we, please, do it all over again.
F (entnervt):	No, Mr. President, we cannot do it all over again. We are live on CNN. Why not just drop the subject and switch to another one?

Sowohl nachher als auch zu späteren Zeitpunkten hat Kirchschläger bei der Erinnerung an diese Begebenheit vielsagend geschmunzelt. Ich konnte nicht klären, ob er tatsächlich *abortion* mit *warships* verwechselt oder sich nur so listig angestellt hat, um dem ihm sichtlich sehr unangenehmen Thema auszuweichen.

Karl Gruber, zwei Pistolen und mehrere Watschen

In den ersten Jahren meiner New Yorker Zeit war Karl Gruber – übrigens zum zweiten Mal – Botschafter in Washington. Anlässlich einer Urlaubsreise nach Österreich bat er mich, seine Frau rechtzeitig zum Schiff zu bringen, er würde dann später direkt nachkommen. Zwei große Reisetaschen galt es zu tragen. Schrilles Geläute bei der Sicherheitskontrolle, Polizei mit den Händen an den Revolvern, Herumkramen in den Taschen. Gefunden: Zwei ziemlich eindrucksvolle Pistolen. Und was ist das? Ich war ahnungslos, zeigte den Diplomatenpass her, was die New Yorker Polizisten unbeeindruckt ließ. Sie wollten „Papers" sehen. Frau Gruber nestelte in der Handtasche und fand schließlich die Unterlagen, die es dem österreichischen Botschafter erlaubten, zwei Pistolen ohne Munition auch auf Reisen mit sich zu führen.

Szenenwechsel zur österreichischen Botschaft in Washington: Wieder einmal eine Anti-Kreisky-Demonstration vor dem Botschaftsgebäude. Gruber gab Weisung, sich zurückzuhalten und zu warten, bis die Aktion vorbei war. Als aber direkt vor seinem Fenster die Hakenkreuzfahne hochgezogen wurde, verlor er, der Widerstandskämpfer, die Beherrschung und lief – zornig, groß und kräftig, wie er war – mit den genagelten Schuhen die Treppe hinunter, verpasste dem ersten, dann dem zweiten und dem dritten, die sich mit der Fahne zu schaffen machten, kräftige Ohrfeigen, brüllte, dass er sein Leben gegen diese Fahne riskiert habe, dass man so nicht demonstrieren dürfe und dass die Polizei jetzt das Nötige veranlassen sollte.

Danach, bei einem Polizei-Hearing gefragt, warum sie, die jungen Demonstranten, sich nicht gewehrt hätten, meinten diese nur, sie seien sich sicher gewesen, dass es sich um einen bewaffneten Bodyguard handelte, sie keine Chance hätten und sich nicht in eine noch gefährlichere Situation begeben wollten. Botschafter Gruber, der auf seine Immunität verzichtete (wobei völkerrechtlich fraglich ist, ob das geht) wurde schon beim ersten Polizeitermin berechtigte Empörung zugestanden, sodass es dann zu keinen weiteren rechtlichen Schritten mehr kam.

Henry Kissinger

Der große Politstar der Siebzigerjahre und – jedenfalls überwiegend – Liebling der Medien war US-Außenminister Henry Kissinger. Er galt als extrem intelligent, analytisch und gebildet. 1923 in Fürth in Deutschland geboren, emigrierte die Familie 1938 in die USA. Für die Vereinbarung eines Waffenstillstands und den Truppenabzug aus Vietnam erhielt er 1973 – gemeinsam mit Le Duc Tho – den Friedensnobelpreis. Der deutsche Akzent spielte keine Rolle.

Auf die Frage, was denn so der große Unterschied zwischen der Zeit vor und jener nach seiner Ernennung zum Außenminister sei, meinte er: „Nun, vorher, wenn ich mich bei einer Party fadisierte, dachte ich immer, dass es meine Schuld sei, nachher war ich mir ganz sicher, dass es die Schuld der anderen war."

Da gab es in Washington ein notorisches Society-Ehepaar, das es auf berühmte Menschen abgesehen hatte. Immer wieder erhielt Kissinger Einladungen, immer wieder erfand sein Büro eine Ausrede, warum er nicht kommen könne. Schließlich wurde es ihm zu dumm. Mit der Hand schrieb er einen Brief folgenden Wortlauts: „Bitte verstehen Sie doch! Wenn ich mein Leben lang zu Leuten wie Ihnen gekommen wäre, dann würden mich heute Leute wie Sie nicht einladen. Aufrichtig, Ihr Henry Kissinger."

Auch über seine Arbeitsweise gab er gern Auskunft. Jeder Entwurf seines Büros – Reden, Artikel, Briefe – wurden von ihm, ohne dass er auch nur hineingeschaut hätte, drei Mal zurückgeschickt mit dem Vermerk, dass das doch besser gehen müsse. Erst dann befasste er sich damit.

Legendär auch die Feier anlässlich seines fünfzigsten Geburtstags, bei der er von zahlreichen Nobelpreisträgern, Politikern und Wirtschaftsleuten mit Lob bis zur unerträglichen Peinlichkeit überhäuft wurde. Völlig ruhig ging Kissinger zum Rednerpult, wartete kurz und meinte dann nur: „Mein Gott, wie ich diese Untertreibungen liebe."

Naheliegend, dass bald auch verschiedene Witze über Kissinger zirkulierten. Einer davon soll hier erzählt sein: Die Miss Universe, der US-Präsident, Henry Kissinger und ein Student sitzen in einem Flugzeug. Plötzlich meldet sich der Pilot, berichtet von Motorproblemen und der Notwendigkeit, mit dem Fallschirm abzuspringen. Leider gebe es nur drei. Der Präsident nimmt einen Fallschirm, sagt, er sei der mächtigste Mann der Welt, und springt. Miss Universe nimmt den nächsten, sagt, sie sei die schönste Frau der Welt, und springt. Kissinger nimmt den nächsten, sagt, er sei der intelligenteste Mensch der Welt, und springt. „Tut mir leid", meint der Pilot mitfühlend zum Studenten. „Ach, keine Sorge", antwortet dieser „der intelligenteste Mensch der Welt ist gerade mit meinem Rucksack aus dem Flugzeug gesprungen."

English – so easy

Zweimal im Jahr wurden neu angekommene Diplomaten vom UN-Friendship-Committee zu einem Begrüßungsempfang eingeladen. Präsidentin war Mrs. Loeb, Mutter des bekannten und steinreichen Bankers. Wir machten Small Talk. Sie meinte mehrmals, ein wenig andeutungsvoll, wie schön das Leben für einen Bachelor in New York sein müsse, ob ich das nicht genieße usw. Ich nickte vielsagend, leicht verlegen und lächelte. Dann wandte sie sich meinem neu angekommenen Kollegen zu: „Welcome, are you a bachelor, too?" Der richtete sich auf und meinte entschlossen: „No, Madam, I am a Doctor of Law." Und danach, zu mir leise: „Wieso bist du denn so bescheiden?"

Jaja, Fremdworte und Fremdsprachen bergen immer lustige Überraschungen. Derselbe Kollege saß eines Tages allein im Büro, als der französische Generalkonsul anrief und um irgendeine Gefälligkeit bat. „Désolé", meinte er entschuldigend, weil er eben im Moment allein im Büro sei, „je ne peux pas vous aider, parce que je suis unique ici." (In gewisser Weise war er ja auch einzigartig).

Oder ein österreichischer Diplomat, der anlässlich seines Antrittsbesuchs den Bürgermeister von New York zum Schmunzeln brachte, weil er ihn mit „Mr. Major" statt „Mr. Mayor" ansprach. Er sei, meinte Ed Koch lächelnd, recht zufrieden, kein Soldat, sondern Bürgermeister von New York zu sein.

Und auch an meinen Bruder Ernst Wolfram musste ich denken, der – was in der Familie immer wieder für Gelächter sorgte – bei seiner ersten Reise in London Würstel bestellen bzw. bekommen wollte: „Could I, please, become sausages?" …

Apropos Bachelor:

Das war ich gern. Es entstand so eine gewisse Aura um einen. Ich war, wenn man so will, ein überzeugter, ein weltanschaulicher Junggeselle. Ein *célibataire endurci* – was netter klingt als „eingefleischter Junggeselle". Mit zölibatär hat das wenig zu tun. Aber, hätte ich irgendwann einmal eine Therapie gemacht, dann wären dort sicher die Worte Bindungsphobie und Freiheitsneurose gefallen. Ich wollte dieses mir im Herzen klingende „Viva la libertà" leben. Man könnte auch – verstärkt durch die vielen unterschiedlichen Lebensweisen in New York – vom Freiheitsdrang als Droge sprechen, als Sucht, von der man in der „Entzugsanstalt Ehe" geheilt werden soll. Ich wollte ein freier Vogel sein, der fliegt, und nicht einer im Käfig, der von der Freiheit träumt. Also überkam mich regelmäßig die (nicht nur) seelische Gänsehaut, wenn eine Beziehung nach einer gewissen Zeit nach Definition verlangte, ein schreckliches Unruhegefühl, eine Angst vor Freiheitsverlust. Warum das so war, kann ich nicht sagen. Vielleicht hat es mit dem frühen Tod des Vaters zu tun, mit dem Gefühl, dass immer plötzlich alles ganz anders sein kann, vielleicht mit meiner ernüchternden Zeit beim Scheidungsrichter während meines Gerichtsjahres, vermutlich auch mit unterschiedlichen Kulturkreisen und mit Amerika, für das ich mich – bei aller Sympathie – doch nicht für immer entscheiden wollte, oder auch mit der Sorge, dass man als Peter-Pan-Typ, nicht Verantwortung für Frau und Familie übernehmen könne. Es ging auch, offen gesagt, rundherum, was Ehe betrifft, ziemlich viel schief, und Scheidung war für mich – vermutlich durch meine religiöse Erziehung bedingt – ein Unwort, untrennbar mit Scheitern verbunden, und scheitern war das letzte, was ich mir im Leben vorstellen wollte. Und irgendwann, so träumte der Peter Pan in mir, muss doch ein „Ja" ohne Gänsehaut möglich sein. Dann wird man wissen, dass es die „Richtige" ist. Und wenn nicht, dann eben das Junggesellentum als schicksalshaften Lebensweg akzeptieren. Hätte ich die Erwartungen unseres hochverehrten Bischofs Schoiswohl erfüllt und wäre Priester geworden, dann hätte sich das alles ohnehin so ergeben.

Zurück in Österreich werde ich 1991 bei einem Symposium in der Diplomatischen Akademie Irmgard (Schöffler) kennen lernen und mich, wie es so schön heißt, Hals über Kopf verlieben. Aus Verliebtheit wird Liebe werden. Auf die Gänsehaut werde ich vergeblich warten. Die Ehe (plus Familie) wird mir nicht wie ein

Käfig erscheinen, sondern wie eine auf Lebenszeit gebuchte Erkundungsreise in eine gemeinsame Zukunft, wie ein schon lange insgeheim ersehnter Weg in eine neue, andere Form von Freiheit …

Im Jahr 1999 werde ich mit Irmgard in New York sein. Wir werden am Broadway eine sehr geglückte Produktion von „Peter Pan" sehen. Und ich werde, einmal mehr an ein Lieblingszitat meines Freundes Richard Berczeller aus „Don Carlos" denken: „Sagen Sie ihm, dass er für die Träume seiner Jugend soll Achtung tragen, wenn er Mann sein wird." Für Träume kann man aber nur „Achtung tragen", wenn sie einmal da waren, wenn sie in der Kindheit geweckt wurden, oder? Paul Schöffler, gleichnamiger Enkel des legendären Großonkels von Irmgard, wird den Captain Hook spielen. Und wieder einmal wird sich kurz ein Zeitbogen zwischen den Generationen und Familien, zwischen Wien und New York über mein Leben spannen.

Oh, holde Weihnachtszeit

Weihnachten 1975 war wieder einmal eine Zeit des Heimwehs, der Ratlosigkeit, des Alleinseins. Bei 26 Grad Celsius (das kommt dort bisweilen vor) ging ich, um der Tradition Genüge zu tun, Fischessen in einem Lokal auf der Second Avenue, danach zu Fuß die Fifth Avenue hinunter – die meisten Menschen im T-Shirt und in kurzen Hosen –, auch in der Mette in der St. Patrick's Cathedral, bunt gemischt mit dunklen Anzügen und schwarzen Kleidern. Danach, um die Nacht zu verkürzen, in ein Double-Feature-Kino, mit zwei Filmen also. Zu Hause zündete ich die Kerzen auf dem kleinen Christbaum an. Der zu nahe Vorhang fing Feuer. Ich konnte ihn gerade noch herunterreißen und den Brand mit einer Decke eindämmen. Good morning, Christmas Day. Kurz darauf wurden übrigens Kerzen auf Christbäumen verboten … Alles ziemlich skurril, dachte ich, irgendetwas müsse jetzt geschehen. Und so kam es, dass ich mir Öl- und Acrylfarben, Spraydosen, ein Dutzend Leinwände und leere Poster kaufte und anfing, wie wild zu malen. Ein Bild nach dem anderen, die ich schon länger im Kopf hatte, vierzehn Tage lang, die gesamten Weihnachtsferien, oft die ganze Nacht hindurch, mit Atemschutz und unregelmäßiger Nahrungsaufnahme. „Not to be messy with feelings – hommage an Jasper Johns" („Nicht schlampig mit Gefühlen zu sein", war Johns' Antwort auf die Frage eines Journalisten, was für ihn das Wichtigste im Leben wäre); „Herbst im Central Park"; „Love", „Manhattan Bridge", „Der Urknall", „Treu bleiben seinen Träumen", „Libido", usw. Die meisten meiner Bilder und Poster mit „vermalten" (im Unterschied zu vertonten) Gedichten entstanden in diesen zwei Wochen. Selten – so dachte ich – war ich mir so nahe wie in diesen Tagen. Auch ein „Selbstportrait" ist dabei: Dreifärbiger Hintergrund (Glaube, Hoffnung, Liebe) mit einem großen Fragezeichen, in dem wieder zahlreiche kleine Fragezeichen eingebettet sind. Der

Mensch, wie Immanuel Kant es formulierte, „als Wesen, das sich Fragen stellt, die er letztlich nicht beantworten kann". Fragezeichen statt Rufzeichen. Gern und oft habe ich danach die Menschen in „Fragezeichenmenschen" und „Rufzeichenmenschen" eingeteilt und kein Geheimnis daraus gemacht, wem meine Sympathien gehören. Und dann, als der „Kreativitätsrausch" vorbei war, schoss mir plötzlich Professor Katzers „Marboe, zum Zeichnen ist er zu blöd, sitze er Modell" durch den Kopf. Da musste ich lachen, ging hinaus auf den Balkon und rief mit beschwörender Stimme hinein ins morgendliche Manhattan: „Peter, vergiss nie, wie glücklich du heute warst!"

Allein zu Haus?

Allfälliger Einsamkeit kann man in New York gut entgehen. Montagabend etwa, einfach ins Michael's Pub, wo Woody Allen regelmäßig Jazzklarinette spielte. So regelmäßig, dass er auf die Übernahme des (ihm gleich drei Mal verliehenen) Oscars verzichtete, weil er, wie er meinte, am Montagabend Wichtigeres zu tun habe und sein Publikum nicht enttäuschen könne … Oder ins Village Vanguard, Sweet Basil, Seventh Avenue South, bekannte Lokale und Clubs, wo man alles an Jazz hören konnte, was gerade Relevanz hatte. Besonders „in" war sehr bald nach seiner Gründung, 1978, der „Mudd Club", spezialisiert auf „punk and new wave music", wo man so nebenbei auch Andy Warhol, Jean-Michel Basquiat oder Keith Haring treffen konnte. Madison Square Garden war immer gut für große Auftritte, etwa – nur ein paar Jahre nach Woodstock – von Joan Baez, Bob Dylan, Carol King, Billy Joel, Neil Diamond, John Denver oder Bruce Springsteen. Ein immer interessanter Geheimtipp war auch eine kleine Musikbar an der Lower Eastside, „UMO – Unrecorded Music Only", wo man mit ein wenig Glück, die Erfolgshits von morgen entdecken konnte. Da war dann noch, nur ein paar Gehminuten entfernt, der kleine Spielsalon mit den neuesten Apparaten. Pac-Man war damals höchst aktuell, der kleine Allesfresser konnte süchtig machen.

Auch Besuche im Lieblingslokal von Fred Morton, „Elaine's", uptown, Second Avenue, konnten hilf- und ereignisreich sein. Die kluge, schrullige Besitzerin, Elaine Kaufmann, liebte Salzburg, konnte stundenlang über die Festspiele und die großartigen Aufführungen erzählen. Und wenn man mit Fred dort war, geschah es eben auch, dass vom Nachbartisch Mia Farrow aufsprang, herüberkam, um ihn – und dann auch mich – herzlich zu umarmen. Und die Met, die Museen, die Theater und Kinos, die bis Mitternacht offenen Buch- und Schallplattengeschäfte, die Country-Song-Pubs und, und, und. Die Anonymität ist am Anfang gewöhnungsbedürftig, aber durchaus hilfreich. Where are you from? How do you spell your name? Marble? Marlborough? Man ist einfach einer von vielen, ohne gleich zugeordnet zu werden. Wie wohltuend. Man ist unbefangener, traut sich mehr. Wie etwa in die legendäre

Schauspielschule des aus Österreich 1939 vertriebenen (und von Max Reinhardt geförderten) Herbert Berghof hineinzuschnuppern. HB-Studio, gemeinsam mit seiner Frau Uta Hagen, im Greenwich Village. In „guter Gesellschaft" war ich da allemal, hatten dort doch unter vielen anderen Liza Minelli, Robert De Niro, Al Pacino oder Jack Lemmon ihre Ausbildung gemacht. Auch der sehr talentierte Cousin Andreas (Cohrssen) wollte es später, nach seiner Übersiedlung in die USA, noch einmal wissen und meldete sich bei Berghof an. Zuletzt entschlossen wir uns aber beide, doch bei unseren angestammten Berufen zu bleiben.

Die Einsamkeit hat in der Dynamik New Yorks eine andere Qualität als in Wien. Man kann ihr, wenn man will, leichter entkommen, sie ist weniger bedrohlich, nicht so feindselig, so mitleids- und gnadenlos wie in weniger hellen, weniger lauten, weniger offenen, weniger geschäftigen Städten. Die legendären Single-Treffs waren in den Siebzigerjahren sehr populär, nutzten sich dann aber ab, weil sie immer „zielorientierter" wurden: Sitzen zwei – Frau und Mann – an der Bar, trinken, schauen vor sich hin, schweigen. Er dann, nach einer Weile: „Your place or mine?" Sie darauf: „Oh, let's forget it, if there is so much talk about it."

Einfach drauf los

Ungewöhnlich auch, wenn sich spontan und ohne Planung eine Urlaubsmöglichkeit ergibt. Last-Minute-Angebote oder – noch besser – einfach zum Flughafen fahren und schauen, wohin die nächsten Flüge gehen. Freiheit pur. So kam ich zum Beispiel nach Puerto Rico, Jamaica, St. Martin (Sint Maarten) oder auf die Tennis- und Krokodilinsel Hilton Head Island. Ankunft, Moped oder Auto mieten und los geht es mit der Suche nach Unterkunft. Regenwälder in Puerto Rico, große Amerika-Feindlichkeit und Drogenangebote auf praktisch jeder Toilette in Jamaika, erster „Fallschirmflug" in St. Martin. Zunächst die 70-Meter-Schnur. Danach, als der Unternehmer und ich einander am Akzent als Österreicher wahrnehmen, die 150-Meter-Leine. Unfasslich, Blick über die Insel, alles schon perspektivisch verkleinert. Und dann, weil es windstill war, einfach Ausklinken vom Begleitboot aus. Kurzes Stillstehen in der Luft und langsam, wie mit einem echten Fallschirm, heruntergleiten ins Meer. Im Sommer macht der gute Mann das in Kärnten am Wörthersee, im Winter in der Karibik. Und scheint, sonngebräunt, sehr glücklich mit seinem Leben. Fünf Stunden täglich in Hilton Head Island Tennis, danach mit dem Fahrrad ins Hotel. Etwas Großes, sich kaum Bewegendes, mit einem langen Schwanz, liegt quer über dem Fahrweg. Ein veritabler dunkelgrüner Alligator – und ein auf der Insel mit ihren unzähligen Tümpeln durchaus übliches Ereignis. Aber dennoch: zu kurze Distanz für einen solche Überraschungsanblicke nicht gewohnten Mitteleuropäer. Also schnell Steine in die Hand und hinauf auf den nächsten Baum. Banges, wenn auch scheinbar sicheres Warten. Beim Getroffenwerden durch meine gesammelten, kleinen Geschoße nicht einmal ein Blinzeln mit den Augen. Jetzt auch Menschen auf der anderen Seite in einer ähnlichen Situation. Und plötzlich, ganz langsam, wie in Zeitlupe, Schritt für Schritt den kleinen Abhang hinunter zum nahe gelegenen Teich. Schon erstaunlich, dass da nicht mehr passiert. Aber ein paar neugierige Hunde und Katzen, die sich zu nahe ans Wasser wagen, erwischt es dann doch, wie man mir erzählt, jedes Jahr.

Von Fritz Mandelbaum zu Frederic Morton

Abb. 12 Ein Abend unter Freunden: Peter und Irmgard Marboe mit Frederic Morton in New York
       Foto: Privatbesitz

Fred Morton war ein großartiger, erfolgreicher Schriftsteller und ein wunderbarer Mensch. Auch auf seine Frau Marcia, selbst erfolgreiche Autorin, traf dies zu. Was für ein schreckliches Schicksal, das sie in Form einer heimtückischen Multiple-Sklerose-Erkrankung zunehmend immobil werden ließ und jahre-, ja jahrzehntelang ans Bett fesselte. Kein Jammern. Sie konnte ja immer noch, meinte sie, lesen (indem sie die Seiten des vor ihr liegenden Buches mit einem Lesestrohhalm weiterblätterte) und diktieren. Auch Fred versuchte in bewundernswerter Weise, mit diesem Schicksalsschlag umzugehen. Mir wurde er zum wichtigen Gesprächspartner und guten Freund. Durch ihn lernte ich William Styron, Kurt Vonnegut und

John Irving kennen. Mit „The Rothschilds", aus dem ein Broadway-Musical wurde, hatte er den großen Durchbruch geschafft und „A Nervous Splendor" (Schicksalsjahr Wien 1888/89) gilt als eines der bedeutendsten Werke über diese Schicksalszeit der Habsburgermonarchie. Als ihm der Professorentitel verliehen wurde, hielt ich für ihn eine zweisprachige „Poetische Laudatio", in der alle seine Buchtitel Erwähnung fanden. Später dann wird Fred Morton immer öfter nach Wien reisen, Vorträge halten, an Symposien teilnehmen, überall willkommen sein. Der als Vierzehnjähriger mit seiner Familie aus Wien vertriebene Fritz Mandelbaum, der in den USA zum erfolgreichen „Austrian-born American Writer" (New York Times) Frederic Morton wurde, wird sich, langsam, Schritt für Schritt mit seiner Heimatstadt versöhnen. Am Morgen des 20. April 2015, nur wenige Monate nach seinem neunzigsten Geburtstag, wird man ihn in seinem Zimmer im Hilton Hotel, friedlich auf einem Fauteuil sitzend, tot auffinden.

Gottscheer, Burgenländer, Business People

Die Gottscheer, eine deutschsprachige Minderheit aus dem früheren Herzogtum Krain, hatten ein schweres Schicksal, wurden in Jugoslawien verfolgt, vertrieben, aus- und umgesiedelt. Viele sahen ihre letzte Chance in der Flucht. Vor allem nach New York, wo sie in Queens eine äußerst erfolgreiche Gemeinschaft bildeten. Zweisprachig – auch in den nachfolgenden Generationen – fühlten sie sich als Herzensösterreicher. Bei ihren Festen, von denen es zahlreiche gab, war man ein gern gesehener Gast. Ein Pflichttermin war die jährliche Wahl der „Miss Gottschee", der ich, sozusagen als offizieller Vertreter ihrer alten Heimat, die funkelnde Krone aufs Haupt setzen durfte.

Ähnlich tüchtig und erfolgreich waren die Burgenländer, die als Wirtschaftsflüchtlinge schon Ende des 19. und dann noch bis zur Mitte des 20. Jahrhunderts in die USA kamen. Vor allem – insgesamt 80.000 – nach Chicago und New York. Die meisten von ihnen – und vielen gelang es auch – wollten möglichst erfolgreich sein, Geld verdienen, das sie nach Hause schicken konnten und genug sparen, um dann selbst einmal in die Heimat zurückkehren zu können. Auch dort war die Wahl der „Miss Burgenland New York" ein jährlicher Höhepunkt, der daheim in der jeweiligen burgenländischen Heimatgemeinde kräftig mitgefeiert wurde.

Erfolgsverwöhnt war auch die Gruppe österreichischer Geschäftsleute, die sich zu einem monatlichen Jour fixe zusammenfand: Hotelmanager, Banker, Vertreter österreichischer Firmen, Küchenchefs, Restaurant-Besitzer etc. Coole Typen, könnte man sagen, zumeist jung, selbstbewusst und zielstrebig. Keine Auswanderer im eigentlichen Sinn. Viele mit der Absicht, irgendwann mit dem erworbenen Know-how daheim Karriere zu machen, aber durchaus in der Lage, das auch in den USA und der weiten Welt zu tun.

Ein besonderer „Fourth of July"

Am 4. Juli 1976 (Amerikas Nationalfeiertag – „Independence Day") feierte das ganze Land die 200. Wiederkehr der Unabhängigkeitserklärung von 1776. Was für ein Spektakel! Nicht nur gab es, verteilt an verschiedenen Orten in New York, aber vor allem im Central Park, ein riesiges Feuerwerk, sondern es war in erster Linie die „Bicentennial Parade of tall ships", die die Herzen höherschlagen ließ. Mehr als 200 Zwei- bis Viermaster aus unterschiedlichen Jahrhunderten und zahlreichen Ländern – darunter die „USS Ohio" (1820), die argentinische „Libertad" (1956), das italienische Trainingsschiff „Amerigo Vespucci" (1930) oder die spanische „Juan Sebastián de Elcano" (1927) – kamen aus aller Welt im New Yorker Hafen an und paradierten dann tagelang den Hudson River hinauf, vor einem weltweiten Millionenpublikum mit der Skyline Manhattans und der Freiheitsstatue im Hintergrund. Dafür gebührt zweifellos ein Ehrenplatz auf der Liste unvergesslicher Eindrücke.

Für das österreichische Geschenk hatten wir uns etwas Besonderes ausgedacht: Ein Lehrstuhl an einer amerikanischen Universität sollte es sein, gespendet direkt vom österreichischen Volk. Die Regierung werde den Betrag verdoppeln. Und so geschah es auch. Ursprünglich war an Harvard gedacht, aber der Senator von Minnesota, Hubert Humphrey nutzte seine Freundschaft zu Bundeskanzler Kreisky und überzeugte ihn, dass eine Public University doch wesentlich volksnäher sei als (schon wieder) eine Ivy-League-Uni. Seither gibt es das (sehr erfolgreiche) Center for Austrian Studies in Minneapolis. Und weil noch genug Mittel übrigblieben, konnten auch im Westen, in Kalifornien, regelmäßige Gastprofessuren an der Stanford University finanziert werden.

John Lennon

Am Abend des 8. Dezember 1980 ging eine Todesnachricht mitten durch die Seele New Yorks: Ein geistig verwirrter Fan, Mark David Chapman, hatte John Lennon ermordet. Erschossen vor seinem Wohnhaus, dem „Dakota Building". Lennon hatte seinen Fahrer, entgegen der sonstigen Gewohnheit, bis in den Innenhof zu fahren, angewiesen, ihn und Yoko Ono vor dem Hauseingang aussteigen zu lassen. Tausende Menschen versammelten sich tagelang vor dem „Dakota", erschüttert, weinend, mit Kerzen in den Händen.

Später dann lud Yoko Ono zu einem Gespräch in ihrer Wohnung ein, mit dem kleinen Sohn Jean an ihrer Seite. Es ging um eine Gedenkstätte im Central Park, schräg gegenüber vom „Dakota", die sie „Strawberry Fields" nennen wollte und an deren Zustandekommen sich nicht nur die Stadt New York, sondern möglichst viele Länder beteiligen sollten, ideell und materiell. Selten fiel mir eine spontane Zusage so leicht. 121 Staaten haben sich danach beteiligt. Das kreisrunde Mosaik mit

„Imagine" im Zentrum wurde von Yoko Ono selbst entworfen und am 9. Oktober 1985 eingeweiht.

Exil – zwischen New York und Hollywood

Henry Anatole Grunwald, Chef von „Time", war ein sympathischer, zugänglicher Exilösterreicher. Das war günstig, weil sich österreichische Politiker, die auf Besuch kamen, meist auch mediale Aufmerksamkeit erhofften. Da war es dann angenehm, auf kurzem Weg solche Redaktionstermine, wie etwa auch mit Peter Kann vom „Wall Street Journal" oder Bob Semple von der „New York Times" vereinbaren zu können.

Nachdenklich, bei einem privaten Frühstück in seinem Büro, erzählte er mir von seiner Flucht, gemeinsam mit seinen Eltern, über Frankreich, Casablanca und Portugal nach New York. Seinem Vater Alfred Grünwald sind viele Menschen schon begegnet, nämlich dann, wenn sie etwa „Gräfin Mariza", „Die Zirkusprinzessin", „Die Rose von Stambul", „Der letzte Walzer", „Die Blume von Hawaii" oder eine der zahlreichen anderen Operetten gesehen haben, zu denen er das Libretto geschrieben hat. „Es war schon sehr schrecklich", meinte er, „aber umgekehrt, was wäre ich in Österreich geworden? Ja, Chefredakteur der Arbeiterzeitung vielleicht, das wäre schon drin gewesen, und so bin ich eben Chef von Time Magazine." Danach, von 1987 bis 1990, war er – das von den Nazis aus Österreich vertriebene Exilantenkind – Botschafter der Vereinigten Staaten in Österreich, wo Waldheim Bundespräsident war. Was für ein Triumph und keine leichte Aufgabe, die er – gemeinsam mit seiner Frau Louise – bravourös meisterte.

Auch Billy Wilder sagte einmal zu mir, dass er sich eben, „anstatt in Österreich beim Film-Fonds um Subventionen anzusuchen", in Hollywood mit seinen vielen Oscars die Produktionen nach Belieben aussuchen konnte. Und auch Rudolf Bing, gemeinsam mit Karajan und meinem Vater ein Pionier der Originalsprache an den großen Opernhäusern, 1950–1972 (!) Chef der Metropolitan Opera in New York, äußerte sich ähnlich.

Ich bin vorsichtig beim Erzählen solcher Geschichten. Man muss aufpassen, weil es die dümmlichen und unreflektierten Stimmungen verstärken könnte, die da, vor allem nach dem Krieg, den Eindruck vermitteln wollten, dass es den Juden in Amerika ohnehin viel besser gegangen sei als den meisten Österreichern. Lion Feuchtwanger beschrieb das in seinem Roman „Exil" eindringlich:

> „Viele engte das Exil ein, aber den Besseren gab es mehr Weite, Elastizität, es gab ihnen Blick für das Große, Wesentliche und lehrte sie, nicht am Unwesentlichen zu haften. Menschen, von New York nach Moskau geworfen und von Stockholm nach Kapstadt,

mussten, wenn sie nicht umkommen wollten, über mehr Dinge nachdenken und tiefer in diese Dinge hineinschauen als solche, die ihr Leben lang in ihrem Berliner Büro festhockten. Viele von diesen Emigranten wurden innerlich reifer, erneuerten sich, wurden jünger: jenes ‚Stirb und werde', das den Menschen aus einem trüben zu einem frohen Gast dieser Erde macht, wurde ihnen Erlebnis und Besitz. An diese Emigranten klammerten sich viele Hoffnungen inner- und außerhalb der Grenzen des Dritten Reichs. Diese Vertriebenen, glaubte man, seien berufen und auserwählt, die Barbaren zu vertreiben, die sich ihrer Heimat bemächtigt."

Es war nur eine Minderheit, die Größeres aus ihrer Vertreibung machen konnte, Wissenschaftlerinnen, Politiker, Journalistinnen oder auch Musiker wie Max Steiner und Erich Wolfgang Korngold mit ihren Oscars für die beste Filmmusik. Auch Walter Jurmann, Karl und Vally (Schwester von Käthe Leichter) Weigl, Arnold Schönberg, Ernst Toch oder Walter Arlen schafften es. Aber die Mehrheit der Vertriebenen wusste oft bis ans Ende ihres Lebens nicht, wie sie sich nach dem Krieg, sei es im Exil oder in Österreich, zurechtfinden sollte.

Jene, die nach ihrer geglückten Flucht vor den Nazis in Amerika erfolgreich waren, denen Oscars und Nobelpreise – die Liste ist ziemlich lang – verliehen wurden, für Österreich zu vereinnahmen, ist verführerisch, aber unerlaubt. Demut ist angesagt. Und Nachdenken darüber, welchen Verlust diese Vertreibung für die – nunmehr im amerikanischen Exil geschriebene – österreichische Kunst- und Geistesgeschichte bedeutet hat. Und den nächsten Generationen sollte man schon in den Schulen erklären, was es vermutlich bedeutet, wenn in den einzelnen Biografien „Austrian-born American Scientist" oder „Austro-American composer" zu lesen ist.

Oscars für die beste Filmmusik

In den USA ist es üblich, bei größeren Feiern jemandem zum Hauptredner oder zur Hauptrednerin zu machen, der/die den Jubilar oder die Jubilarin gut genug kennt, um eine spöttisch-ironische, aber nicht beleidigende Laudatio zu halten. „To roast someone", heißt das dort. Und so kam es, dass zum sechzigsten Geburtstag Erich Wolfgang Korngolds (Musik-Oscars für „Robin Hood" und „Ein rastloses Leben") – wie mir sein Sohn Ernst bei einem Abendessen in New York erzählte – ausgerechnet sein legendärer „Konkurrent" Max Steiner (Filmmusik für „Vom Winde verweht", „Casablanca", „King Kong und die weiße Frau", mehrere Oscars und zahlreiche weitere Nominierungen; er gilt als „Vater der Filmmusik") für die Laudatio engagiert wurde. Witzig, doppelbödig, grenzwertig, teilweise herablassend, die eigenen Erfolge herausstreichend usw. Schließlich mit der Frage endend: „Also, um es auf den Punkt zu bringen, lieber Korngold, wir beide leben jetzt schon seit Jahrzehnten in Hollywood, und während ich mich vor lauter Erfolg und Aufträgen kaum erwehren kann, will doch von dir, wenn wir ehrlich sind, eigentlich niemand mehr etwas wissen. Happy Birthday!" Gequälter Applaus. „To roast someone" jedenfalls um eine Spur zu wörtlich genommen. Angespanntes Warten auf Korngolds Dankesrede. Locker ging dieser zum Podium, bedankte sich höflich für das schöne Fest, das viele Lob und die große Mühe, die sich der Vorredner wohl mit seinem Text gemacht haben musste, um dann zu sagen: „Ach, lieber Steiner, und was das mit den Aufträgen, deinen Erfolgen und meinen Misserfolgen betrifft, so seien wir doch ehrlich: Seit zwanzig Jahren schreibst du von mir ab, und ich von dir. Nun ja, kein Wunder, dass du viel erfolgreicher bist als ich." Großes Gelächter, tosender Applaus, Standing Ovations. Schmunzelnd nahm Korngold Geschenke und Wünsche entgegen.

Wenige Monate später, 1957, starb er, das aus Wien vertriebene Wunderkind, dem durch das Exil eine große, zu erwartende Karriere als Opernkomponist verwehrt blieb, nur 60-jährig, in Los Angeles.

Apropos Heimat und Patriotismus:

Das sind wohl auch zwei Begriffe, denen – von den Nazis entehrt und pervertiert – ihre Bedeutung, Berechtigung und Würde zurückgegeben werden müssen. Henry Leichter schrieb in seinen Memoiren, dass es ihm deshalb ein Anliegen gewesen sei, mit der amerikanischen Armee nach Österreich zurückzukommen, weil er sich nicht „von Hitler seine Heimat rauben lassen" wollte. Patriotismus darf niemals einen nationalistischen Unterton haben. „Right or wrong: my country" – eine in den USA weitverbreitete Art konservativer Schlachtruf – zielt aber leider in genau diese Richtung. Das hat freilich auch mit dem Umstand zu tun, dass nur eine Minderheit amerikanischer Staatsbürger einen Reisepass besitzt (für Alltagsgeschäfte reicht der Führerschein), Auslandsreisen unternimmt, eine Fremdsprache beherrscht oder sich für andere Kulturen interessiert. Daher auch eine latente und leider politisch immer wieder mobilisierbare Neigung zum (provinziellen „America First"-) Isolationismus. Da haben wir in Europa gewiss – ohne überheblich zu sein – insofern einen Startvorteil, als wir – geschichtlich bedingt – von Kindheit an daran gewöhnt sind, uns in der Musik, der Literatur, der Architektur, der Bildenden Kunst bis hin zum Tanz und zum künstlerischen Filmschaffen, mit anderen Kulturkreisen unseres Kontinents auseinanderzusetzen. Dass der – in der europäischen Vergangenheit mit so vielen Schrecklichkeiten verbundene – Nationalismus dennoch immer wieder seine hässliche Fratze zeigt, wird zu den großen Enttäuschungen, Hindernissen, aber auch Herausforderungen auf dem Weg zu einem geeinten, friedlichen Europa zählen.

Patriot und Weltbürger

„Heimat" kann überhaupt nur dann neuen Sinn erhalten, wenn damit nicht ausgrenzende, einengende, abweisende Emotionen verbunden sind, sondern das Wort vielmehr als Einladung zur Akzeptanz eines Diskurses auf Augenhöhe mit dem Fremden, mit anderen Kulturen, mit Menschen anderer Herkunft verstanden wird. Und noch eines: „Heimat", vom ideologischen Brimborium befreit, kann vieles und jedem/jeder etwas anderes sein: die Sprache, das Grätzel, ein Schulhof, die Jugend, Freunde, die Familie, die Kirche, eine Religion, eine Sehnsucht, ein Kaffeehaus, eine Speise, ein Stück Musik oder einfach auch nur: *„Ubi bene, ibi patria."* „Heimat" als möglichst offener, nicht instrumentalisierter Begriff. Da würden dann auch Worte wie Identität, Patriotismus oder Vater(=Mutter)landsliebe eine ganz andere, neue Bedeutung erhalten. Das wäre wohl eine wünschenswerte Aufgabe für eine perspektivische (Bildungs-)Politik in Österreich, was auch im europäischen Kontext von großer Bedeutung ist*: Civis regionalis, Civis nationalis, Civis europaeus* – als einander ergänzende und nicht gegensätzliche Begriffe! Ganz im Sinne Joseph Roths, der seinen von Trotta sagen lässt, dass er deshalb so gern Österreicher sei, weil es ihm erlaube, Patriot und Weltbürger in einem zu sein.

Farben der Heimat

Als der mit osmanischer Staatsbürgerschaft in Russe geborene sephardische (spaniolische) Jude Elias Canetti 1981 den Literaturnobelpreis erhielt, gratulierten gleich mehrere Staaten – darunter Bulgarien, die Schweiz, England und Österreich – „ihrem" Canetti zur hohen Auszeichnung. Zu Recht? Was war denn nun seine Heimat? Canetti selbst gibt dazu eine Antwort, wenn er in seinem Buch „Die Provinz der Menschen" die deutsche Sprache als seine „eigentliche Heimat" bezeichnet.

In den Siebzigerjahren hatte Clementine Zernik begonnen, regelmäßige Reisen von New York nach Wien zu organisieren. Der Andrang war groß, weil die Sehnsucht, ihre Stadt, ihre „Heimatstadt" – trotz allem, was ihnen dort angetan wurde – wiederzusehen, bei vielen Emigranten und Vertriebenen von Jahr zu Jahr größer wurde. Ernst Lothar, 1946 aus dem Exil, nicht eingeladen, sondern – wie etwa auch sein Schwiegersohn Ernst Haeussermann, Hans Cohrssen („Onkel Johnny"), Marcel Prawy oder Henry Leichter – in amerikanischer Uniform, als „Theater- und Musikbeauftragter des US-State Departments" nach Wien zurückgekehrt, beschreibt dieses „unbeirrbare Österreicher-Sein" eindringlich in seiner äußerst lesenswerten Autobiografie „Das Wunder des Überlebens": „Die Schönheit der Fremde genießt man, solange man aus ihr heimkehren kann." Auch sein anlässlich einer Weihnachtsfeier der geflüchteten Österreicher in Paris am 24. Dezember 1938 vorgetragenes Gedicht „Emigrantenlied" kann man dort nachlesen:

„Wir haben alles verloren, / die Habe, das Gut und den Ruf. / Um uns hat sich niemand gescheren – / sind wir zum Unglück geboren, / obwohl auch uns ein Gott schuf? / Wir haben Bücher geschrieben, / und Menschen gesund gemacht, / wir sind bei den Fahnen geblieben / und wurden trotzdem vertrieben, / bestohlen, gequält und verlacht." (Die beiden ersten Strophen.)

Dann, acht Jahre nach seiner Vertreibung, oblag es ihm, im Rang eines amerikanischen Oberstleutnants Entnazifizierungsgespräche mit Wilhelm Furtwängler, Werner Krauß, Richard Strauss, Clemens Krauss oder Herbert von Karajan zu führen. Ich kenne kaum ein Buch, in dem inhaltlich bewegender und literarisch überzeugender über diese Zeit berichtet wird. Und den auf Ernst Lothars Roman „Der Engel mit der Posaune" basierenden, 1948 entstandenen, gleichnamigen Film (mit Attila Hörbiger, Paula Wessely, Maria Schell, Oskar Werner, Adrienne Gessner, Regie: Karl Hartl) sollte niemand, der Österreich besser verstehen will, versäumen.

Auch in den Anthologien Mimi Grossbergs („Österreichisches aus Amerika" und „Amerika im austro-amerikanischen Gedicht, 1938–1978") zieht sich die Sehnsucht der vertriebenen Literaten und Literatinnen nach der Heimat wie ein Leitmotiv durch die abgedruckten Gedichte und Erzählungen: Max Roden: „Häuser meiner Heimat"; Alfred Schick: „Wieder in Wien" (1952); Johannes Urzidil: „Über dem Hügelbruche"; Ernst Lothar: „Die neuen Bürger (1944); Ernst Waldinger: „Wienerisch"; Mimi Grossberg: „Israelitisches Blindeninstitut" (1957); Norbert Grossberg: „Die Enns"; Greta Hartwig: „Wien, was fällt denn dir nur ein?", „Ein Mann hat Heimweh" – um nur einige zu nennen. Und 1977 dichtete der 1938 aus Wien nach New York geflüchtete Friedrich Bergammer (eig. Fritz Gluecksselig) in „Rot-Weiß-Rot": „Das Schönste an der amerikanischen Flagge / sind ihre rot-weiß-roten Streifen', / sagte ein österreichischer Einwanderer / nach siebenunddreißig Jahren / und meinte es nicht wegwerfend / – Amerika wegwerfend – ,sondern im Gegenteil / dankbar, dass dieser große Kontinent / langsam die Farbe seiner Heimat annahm."

Apropos Farben der Heimat:

Da wollte „Time-Magazine" in den Siebzigerjahren einmal mehr über Sesshaftigkeit und Mobilität der Österreicher in Erfahrung bringen. Im Burgenland interviewte der Reporter einen etwa fünfzigjährigen Professor. Wo er denn geboren sei, war die erste Frage. In Ungarn, lautete die Antwort. Und danach? „Danach wuchs ich in Österreich auf, dann verbrachte ich sieben Jahre in Deutschland und jetzt lebe und arbeite ich schon wieder seit längerer Zeit in Österreich." „Ganz schön herumgekommen", meinte der Reporter. „Nein, mein Herr", bemerkte der Professor, „ich habe Eisenstadt niemals verlassen …"

Walter Cronkite

Die Freundschaft zu Walter Cronkite hatte ich von meinem damaligen Chef in New York, dem Leiter des Österreichischen Presse-und Informationsdienstes, Otto Zundritsch „geerbt". Kennen gelernt hatte ich ihn allerdings schon ein paar Jahre vorher, nämlich im April 1969, als er mit dem Inaugurationsflug der AUA nach Wien kam und bei Bundeskanzler Klaus einen Termin hatte. Was einem schon beim ersten Treffen auffiel, waren seine buschigen Augenbrauen, seine sanft-sonore Stimme und seine vertrauenserweckende Mimik. Walter Cronkite war in den USA ein Star. Ein Journalisten-, ein Fernsehstar. auch wenn es ihm glaubhaft genügte, über Jahrzehnte hinweg einfach nur der beliebteste Anchorman (CBS) zu sein. Wenn er die „nationwide" ausgestrahlten Abendnachrichten mit seinem legendären „And that's the way it is" beendete, so glaubten ihm Abermillionen Menschen zwischen Maine und Kalifornien, dass alles eben genau so sei, wie er es berichtet hatte. Daraus resultierte sein großer Einfluss und genau deshalb auch schien er jahrelang auf der von „Time Magazine" regelmäßig veröffentlichen Liste der zehn mächtigsten Menschen Amerikas auf. Wie ernst er seine „CBS Evening News with Walter Cronkite" nahm, konnte man daraus ersehen, dass er sich täglich am Abend auch die News-Sendungen der anderen Networks ansah. Und dann bisweilen selbstkritisch konstatierte: „They did a better job tonight than we."

Er liebte – es war eine jener legendären High-School-Sweetheart-Geschichten – seine Frau Betsy, mit der er ein Leben lang glücklich verheiratet war. Seine Freizeit verbrachte er auf seiner Yacht oder beim Tennisspielen (was er später übrigens auch noch mit zwei künstlichen Kniegelenken tat). Ich durfte oft im Doppel der Vierte sein. Und wenn Einstand war und er servieren musste, dann machte er regelmäßig einen Doppelfehler. „I always choke when it is Deuce", sagte er entschuldigend. Er, der alle großen politischen Persönlichkeiten seiner Generation interviewt hatte, bei den Präsidenten ein- und ausging, jeden Tag einem Millionenpublikum die Welt erklärte, „würgte", wenn Einstand war. Geht es noch viel menschlicher? Er liebte Österreich. Eines Tages wollte er, auf dem Weg nach Vietnam, in Wien den Silvesterball in der Hofburg besuchen. Das ließ sich leicht arrangieren. Ob er einen White Tie – einen Frack – benötige, wollte er wissen. Nun, meinte ich, nicht ausreichend informiert, vielleicht nicht wirklich benötigen, aber in Wien freut man sich schon sehr, wenn Menschen im Frack auf festliche Bälle gehen. Also borgte er sich, was in New York gar nicht so einfach und noch dazu ziemlich teuer ist, einen Frack aus und reiste damit nach Wien, von dort weiter nach Vietnam und zurück über London nach New York. Schön sei es gewesen und eindrucksvoll, erzählte er nach seiner Rückkehr, auch wenn er auf dem Silvesterball als einziger Besucher mit einem Frack und mit diesem danach durch die halbe Welt unterwegs gewesen sei …

Abb. 13 CBS-Anchorman Walter Cronkite
Foto: Privatbesitz

Über Präsident Bush jr. sagte er übrigens einmal kurz und bündig: „I simply don't like people who smile with their lips upside down."

Das Neujahrskonzert der Wiener Philharmoniker in den USA

Endlich, nach vielen persönlichen Gesprächen und langwierigen Verhandlungen mit dem Präsidenten von PBS (Public Broadcasting Service) in New York, John J. Iselin, war die erstmalige, live-zeitversetzte Übertragung des Neujahrskonzerts in den USA unter Dach und Fach. Peter Radel, kaufmännischer Direktor im ORF, war besonders hilfreich und hatte mit IBM-Europa einen wichtigen Hauptsponsor gefunden. Nur mehr der „Schlussstein" fehlte, nämlich einen populären Moderator zu finden, ohne den es laut PBS einfach nicht gehe. Johnny Carson, Julie Andrews, Orson Welles, Walter Cronkite? Cronkite war kurz davor in Pension gegangen und wäre laut Iselin optimal. Also, Mittagessen in Peter Grünauers „Vienna Park", freundschaftliche Anfrage. „But, Peter, I know nothing about music. The only work I know is ‚The Merry Widow' which we performed with my high-school class over 50 years ago." Wir mussten beide lachen. Mehr brauchte es doch nicht. Alles andere wird ohnehin aufgeschrieben. Und so kam es, dass Walter Cronkite – nach kurzer Bedenkzeit und Rücksprache mit seiner Frau Betsy – sich bereit erklärte, das Neujahrskonzert aus Wien als „Host" nach Amerika zu moderieren. Er liebte es und machte es mit großem Erfolg Jahr für Jahr, ein Vierteljahrhundert lang, von 1984 bis 2008. Beworben wurde das Neujahrskonzert in den USA mit großen Inseraten, Walter Cronkite die Wiener Philharmoniker dirigierend und mit der Überschrift: „Walter Cronkite and the Vienna Philharmonic Orchestra proudly present: The New Year's Day Concert, directly from Vienna".

Bei der Überreichung des Goldenen Ehrenzeichens im Wiener Rathaus als Kulturstadtrat im Jahr 2000 werde ich dann die Geschichte mit der „Lustigen Witwe" erzählen und voll Überzeugung sagen: "Well, when Walter Cronkite – according to a recent survey 'The Most Trusted Man of America' – says, that he knows nothing about something, he still knows more about it than most other people." 2003 wird er auch die begehrte Franz-Schalk-Medaille in Gold der Wiener Philharmoniker, die ihn in ihr Herz geschlossen hatten, erhalten. Bei uns zu Hause wird es ihn freuen, einen Christbaum mit richtigen, brennenden Kerzen zu sehen, weil diese in New York schon lange verboten waren. Und mit Julie Andrews wird sich glücklicherweise eine würdige und populäre Nachfolgerin finden lassen.

Auch CBS hatte Glück: Dan Rather wurde als Nachfolger des beliebten Walter Cronkite akzeptiert, seine Glaubwürdigkeitswerte reichten bald an jene seines berühmten Vorgängers heran. Dazu trug gewiss auch bei, dass er seine Nachrichtensendung einmal mit den Worten begann: „Good evening, Ladies and Gentlemen. I just received a call from the President's office asking me not to provide you with the following news … Glaubwürdigkeit – das größte Kapital des Journalismus!

Ich dachte mir in diesen New Yorker Jahren öfters, dass ich im Alter einmal gern so ähnlich sein würde wie Walter Cronkite, Henry Anatol Grunwald oder Hermann Mark: gelassen, kompetent, anerkannt, wahr- und ernstgenommen, gern gelitten und – möglichst unaufdringlich – immer noch etwas, das von Bedeutung sein könnte, weitergebend.

Gay Theater

Die Siebzigerjahre waren nicht nur eine bewegte Zeit für das Women's Liberation Movement, sondern auch für die Gay Community in New York. Öffentliche Gay Parades und vor allem auch das Theater sollten dabei helfen. Und so kam es, dass zunehmend kleinere Produktionen in Ellen Stewarts La MaMa Theater und anderen Off-Broadway-Bühnen stattfanden, die sich – wie etwa The Boys in the Band (1968) – mit Schwulenthemen befassten. Aber der Weg zum Broadway war noch weit. Bis in die frühen Achtzigerjahre sollte es dauern, als zunächst „Bent", danach „Torch Song Trilogy" und schließlich „La Cage aux Folles" (We are what we are) durchschlagende Erfolge wurden. Einen wesentlichen Anteil an all dem hatte übrigens Tennessee Williams. Er lud eines Tages zu einer Pressekonferenz ein. Alle erwarteten die Bekanntgabe eines neuen Stücks des „Authors of the nation". Williams erschien, grüßte und sagte dann kurz: „Ladies and Gentleman. I want you to know that I am gay. And that, from today on, is your problem and not mine anymore." Sprach's und verließ den Raum ohne auf Fragen zu antworten. Die Titelseiten waren voll!

Apropos Tennessee Williams:

Von Tennessee Williams stammt auch das Bonmot, dass für ihn der Orgasmus der überzeugendste Gottesbeweis sei, weil ein so unglaublich schönes Geschenk an die Menschheit nur einem Gott hatte einfallen können … Kennengelernt habe ich ihn durch reinen Zufall in einem kleinen Off-Broadway-Theater, das nicht ausverkauft war. Wir saßen nebeneinander in der letzten Reihe. „Out Cry" wurde – nach der Premiere am Broadway (1. März 1973, Lyceum Theater) – in einer von ihm überarbeiteten Fassung und unter dem alternativen Titel „The Two-Character Play" aufgeführt. „Ja, jetzt ist es mein bestes Stück", murmelte er mehrmals laut, auch die Darsteller seien jetzt besser als am Broadway, insbesondere Michael York habe ihm als Felice gar nicht gefallen. Und dabei lachte er oft und laut. „Shut up", ruft eine ältere Dame aus den vorderen Reihen. Aber Williams lacht weiter. Und ich muss auch lachen, obwohl das Stück ziemlich ernst ist. Woher ich komme, will er wissen. Austria. Oh, what a beautiful country. „To live with fear is worse than to live with fire. Fire stops at some lake, some rock, fear never stops." Und weiter: „There are necessary things that are impossible and there are impossible things that are necessary." Williams scheint diese Schlüsselsätze einzuatmen. Plötzlich lauscht er ruhig dem Dialog. Scheinen und Sein, Ausbrechen aus dem selbst errichteten Gefängnis? Wo ist das Publikum in der Wirklichkeit der Welt? Wo bleibt der Applaus? Der inzestuöse Kuss zwischen Bruder und Schwester ist keine Lösung, nur ein Aufschub. Ein Entkommen gibt es nicht, nur einen Aufschub.

Nachdenklich verließen die Zuschauer das Theater. Nur einer lachte, so als ob gerade eine lustige Komödie zu Ende gegangen wäre. Lachte und lachte wie jemand, der in seiner Tasche den Zentralschlüssel für alle versperrten Türen hat, aber nicht will, dass wir es wissen: Tennessee Williams. Als er bemerkte, dass die Leute begannen ihn zu erkennen, wurde er unruhig, murmelte mir noch einmal zu: „Remember, my best play!" Und verschwand im Dunkel Manhattans.

Sein „bestes Theaterstück" wird an verschiedenen deutschsprachen Bühnen („Aufschrei oder das Zwei-Personen-Stück") aufgeführt werden, aber nie die Popularität vieler seiner anderen Bühnenwerke erreichen.

The show must go on – must it?

Apropos Broadway, „The show must go on": Am 25. August 1980 war ich dort im Winter Garden Theater bei der Uraufführung des neuen Musicals „42nd Street".

Die Erwartungen waren groß. Als der Vorhang fiel, deutete alles darauf hin, dass es ein großer Erfolg werden würde. Aber bevor der Applaus einsetzen konnte, erschien der Produzent, David Merrick, auf der Bühne und bat um Ruhe. Er habe eine traurige Mitteilung zu machen. Gower Champion, der Regisseur, sei am Nachmittag gestorben. Man wollte die Vorstellung nicht absagen, weil das nicht in seinem Sinn gewesen wäre. Aber jetzt möge man still nach Hause gehen und seiner gedenken. Ratlosigkeit rundherum. Diskussionen, Leitartikel, wie ethisch vertretbar so etwas sei, oder doch nur pietätlose Geschäftemacherei? Diese Neigung zur offenen Auseinandersetzung, dieses offen ausgesprochene Pro und Contra, das eigene Standpunkt-Beziehen und doch auch die Meinung der anderen gelten zu lassen, hat mich immer wieder beeindruckt, weil es die Sinne schärft, zur Reflexion einlädt und die Formulierfähigkeit fördert.

The First Amendment

So schien es mir auch im Zusammenhang mit der bekannten Kontroverse um den Nazi-Aufmarsch in Skokie (Chicago). Schreckliche Bilder von früheren Demonstrationen, Naziuniformen, Hakenkreuze, als Anführer der Sohn eines jüdischen Holocaust-Überlebenden, schmerzhaft und für uns – mit einschlägigen Verbotsgesetzen lebenden – Europäer unverständlich. Der geplante Aufmarsch wurde von der Stadt mit einer ganzen Liste von unerfüllbaren Auflagen unterbunden. Die American Civil Liberties Union – vertreten durch zwei (jüdische) Anwälte, die ihre persönliche Abscheu vor den amerikanischen Nazis zum Ausdruck brachten – erhob namens der NSPA, der National Socialist Party of America, Klage vor dem Supreme Court und bekam Recht. Der erste Zusatzartikel (First Amendment) zur Verfassung der Vereinigten Staaten, durch den Rede-, Religions-, Presse- und Versammlungsfreiheit garantiert wird, sei verletzt worden. Wochenlange redaktionelle Auseinandersetzungen folgten und zwangen Leserinnen und Leser förmlich, sich eine eigene Meinung zu bilden.

Als ich viele Jahre später auf dem Broadway das Erfolgsmusical „The Producers" (Springtime for Hitler) sah, dabei mit der Verulkung Hitlers Probleme hatte und mich über den anhaltenden Applaus für ein sich auf der Bühne tänzerisch genial drehendes Hakenkreuz wunderte, wurde mir auch einmal mehr der diesbezügliche kulturelle Unterschied zwischen den USA und Europa bewusst. Vieles, was auf diesem Gebiet in Amerika geht, wäre in Österreich oder Deutschland – zu Recht – unmöglich. Und ob man über ein Monster, wie mir ein jüdischer Besucher nach der Vorstellung versicherte, erst dann wirklich hinweggekommen ist, wenn man sich über es lustig machen kann, soll dahingestellt bleiben. Ein Lachen jedenfalls, das uns Europäern im Hals stecken bleibt. Wohl ein Hauptgrund, warum „The

Producers" bei seiner Aufführung in Wien, trotz der fabelhaften Leistung Cornelius Obonyas, ziemlich erfolglos sein wird.

Der österreichische Nationalfeiertag in New York

Die Idee, den österreichischen Nationalfeiertag in New York einmal ganz anders zu feiern als mit einem eintönigen Empfang, bei dem die einzige spannende Frage immer die war, ob UN-Generalsekretär Waldheim doch noch kommen würde oder nicht, habe ich von meinem Bruder Ernst Wolfram abgekupfert. Er hatte mit seinen spektakulär konzipierten Veranstaltungen zunächst in Salzburg und dann in der Wiener Stadthalle gestalterisches Neuland betreten und dafür viel Lob bekommen. Also sollte es jetzt, in den frühen Achtzigerjahren, auch in New York statt einer Einladung für 200 ausgewählte Gäste ein zweitägiges Open House mit Lesungen, Musikdarbietungen, Filmvorführungen („1. April 2000"), Diskussionen, Vorträgen usw. geben. Da konnte man etwa Fred Morton, Jakov Lind, Stella Hershan oder Erika Mitterer antreffen, dem Jugendchor einer Schule aus Harlem mit meinem Freund Clifford Lowe, einem aufgeschlossenen, afro-amerikanischen Musiklehrer, der in Wien studiert und mit den Jugendlichen Schubertlieder und die österreichische Bundeshymne einstudiert hatte, zuhören, österreichische Filme ansehen oder sich an Kammermusik und Liedern, meist von Exilkomponisten, erfreuen. In jedem Raum war etwas los. Auch Kulinarisches wurde angeboten. Monika Pacher, erfolgreiche Managerin und hervorragende Köchin, versuchte, ihr neugieriges Publikum mit den Geheimnissen eines original ausgezogenen Wiener Apfelstrudels vertraut zu machen. Jeder Schritt wurde erklärte, der Teig mit einem Nudelwalker sorgfältig in die Länge gezogen, als plötzlich die als Assistentin fungierende Teenagertochter ihrer in einem eindrucksvollen Dirndl beschäftigten Mutter – für alle hörbar – zurief: „Mama, bitte beug' dich nicht so weit vor."
Ohne die Unterstützung, Offenheit und Risikobereitschaft des damaligen Generalkonsuls in New York, Thomas Nowotny, und seiner Frau Eva wäre das alles in dieser Form nicht möglich gewesen.

Irene Harand

Präsidentin des Austrian Forums, einer während des Kriegs in New York gegründeten Kultureinrichtung zur Präsentation vertriebener, meist jüdischer Kunst, Literatur und Musik, war bis 1975 Irene Harand. „Wundern Sie sich nicht", fragte die Dichterin Mimi Grossberg eines Tages, „warum wir eine bekennende Katholikin als Präsidentin haben?" Und so erfuhr ich nach und nach mehr über diese unglaubliche, von den Nazis gefürchtete, katholische Widerstandskämpferin, die in den Dreißigerjahren mit ihren verschiedenen Publikationen und schließlich dem Buch „Sein Kampf" die „größte Gefahr des Jahrhunderts, das Hakenkreuz", von Europa und der Menschheit abwenden wollte. Mit der von ihr gegründeten „Österreichischen Volkspartei" (gegen Antisemitismus und Rassenhass), vor allem aber mit der europaweiten „Harand-Bewegung" (Weltverband gegen Rassenhass und Menschennot, mehr als 80.000 Mitglieder) sollte mutig der „Hitler-Bewegung" (NSDAP) entgegengetreten werden. Sie war überzeugt, Hitler rechtzeitig aufhalten und besiegen zu können. Auf der NS-Liste der meistgehassten Frauen schien sie als Nummer drei auf (mit einem Kopfgeld von 100.000 Reichsmark). „Bei Sicht erschießen", lautete der Befehl, mit dem die SA nach dem Anschluss 1938 ihr Redaktionsbüro stürmte, sie aber glücklicherweise gerade zu einem Anti-Hitler-Vortrag in England weilte. Über London gelangte sie dann nach New York, wo sie schließlich auch ihren Mann Frank, der über Prag aus Wien entkommen konnte, wieder traf. Mit 19 hatte sie den um fünf Jahre älteren, konservativen, katholischen Geschäftsmann geheiratet, der ihre Aktivitäten voll, vor allem auch finanziell unterstützte. Ihn lernte ich noch – sozusagen als Kollegen (und guten Tennisspieler) – vor seiner Frau kennen, weil er – obwohl schon über 70 Jahre alt – im Generalkonsulat als Referent für soziale Angelegenheiten zuständig war. „Gramgebeugt" sei sie, sagte sie oft, dass sie nicht noch mehr Anstrengungen unternommen habe, nicht mehr Menschen zum Kampf gegen Hitler mobilisieren konnte. Wenn doch nur ihr Buch – „Sein Kampf" – anstelle Hitlers „Mein Kampf" zur Grundlage der politischen Entwicklung geworden wäre, wie viel Leid wäre erspart worden, um wie viel besser und menschlicher stünde die Welt heute da? Von Yad Vashem wurde sie als „Gerechte unter den Völkern" geehrt, von ihrer alten Heimat mit dem „Goldenen Ehrenzeichen für Verdienste um die Republik Österreich" ausgezeichnet, und in Wien gibt es jetzt zwei Gedenkorte im öffentlichen Raum – den Irene-Harand-Hof in der Judengasse und den Irene-Harand-Platz im Vierten Bezirk –, die dazu beitragen sollen, dass diese wunderbare Frau und ihre Botschaft auch weiterhin in unserer Erinnerung verankert bleiben.

1975 starb Irene Harand in New York. Ein Jahr später ihr Ehemann Frank. Die beiden Urnen befinden sich in einem „ehrenhalber gewidmeten Grab" im Urnenhain auf dem Wiener Zentralfriedhof.

„Sein Kampf" (auch in englischer und französischer Übersetzung) war jahrelang vergriffen und nur mühsam im Antiquariat auffindbar. Es ist das große Verdienst Franz Richard Reiters, das Buch 2005 in seinem Ephelant-Verlag neu herausgebracht und damit für viele weitere Jahre einer größeren Öffentlichkeit zugänglich gemacht zu haben. Am 12. März 2005 wird es von Kardinal Schönborn, Franz Richard Reiter und mir auf dem Stephansplatz vorgestellt und anschließend, vom ORF aufgezeichnet, in einer auf einem Riesenscreen übertragenen zwölfstündigen Marathonveranstaltung von 100 bekannten (Künstler-)Persönlichkeiten zur Verlesung gebracht werden.

Abb. 14 Irene Harand – katholische Widerstandskämpferin – lebte von 1938 bis zu ihrem Tod 1975 in New York.
Foto: Sonderbriefmarke der österreichischen Post

Zemlinsky

„Welcome to Austria" hieß eine zweimonatliche, englischsprachige Radiosendung – „A program of news and views and interviews" – die ich gemeinsam mit meinem Kollegen Ulf Pacher produzieren und moderieren durfte und die über das Syndikat „Broadcasting Foundation of America" von mehr als 250 Radiostationen in ganz Amerika ausgestrahlt wurde. Auch Musik – von Mozart und Schubert über Johann Strauss bis zu österreichischen Exilkomponisten – gab es. Und so kam es, dass eines Tages ein kurzer Ausschnitt aus dem Vierten Streichquartett von Alexander Zemlinsky zu hören war. Wenige Wochen danach erreichte mich ein handgeschriebener Brief, wie ich denn auf den doch leider völlig vergessenen Zemlinsky gekommen sei, und ob ich sie – die Witwe – in ihrem Altersheim in New Jersey – kontaktieren könne, gezeichnet: Louise Zemlinsky. Ja, wie denn? Da lebt die – um fast dreißig Jahre jüngere – Witwe von Alexander Zemlinsky nicht weit von uns und wir wissen nicht davon? Aus dieser ersten Kontaktaufnahme entstand eine langjährige Freundschaft. Welches Wissen, wie viel Traurigkeit, wie viel Treue und Hingabe, obwohl er – Zemlinsky – ihr das Singen (sie war in Europa schon auf dem Weg zu einer schönen Karriere) und Malen verboten und sie sich ihm untergeordnet hatte! Sie bat mich, ihr persönlicher Vertreter im Vorstand der Zemlinsky-Stiftung an der University of Cincinnati, Ohio, zu sein. Walter Levin war dort Professor und

Abb. 15 Ehrengrab für Alexander Zemlinsky am Wiener Zentralfriedhof
Foto: Peter Schramek/Musikverein

hatte mit seinem „LaSalle String Quartet" wesentlich zur Wiederentdeckung des kammermusikalischen Werks von Zemlinsky beigetragen.

Sein letzter Wunsch

Langes Schweigen einmal, bei einem Kaffee im Altersheim, inzwischen im Isabel House in Harlem. Schließlich: Sie wisse nicht, wie und wem sie das sagen solle, aber es sei ihr großer Schmerz, den letzten Wunsch ihres Mannes nicht erfüllen zu können. Und der war? Nun, er wollte in Österreich und nicht in Amerika begraben sein. „Aber, Frau Zemlinsky, dass lässt sich doch sicher machen. Ein Ehrengrab auf dem Wiener Zentralfriedhof soll es werden." Mit dem gerade zum Bürgermeister gewählten Helmut Zilk ließ sich das rasch organisieren. Louise Zemlinsky war überglücklich, erleichtert, verändert. Eine schwere Last, wie sie sagte, sei von ihrem Herzen gefallen. Nun musste freilich die Urne vom Ferncliff Cemetery in Westchester County, eine knappe Fahrstunde nordöstlich von New York, abgeholt werden. Mit Austrian Airlines und dem Magistrat in Wien war alles geregelt. Da gibt es nämlich genaue Vorschriften, was die Übergabe einer Urne an den Piloten und von diesem an einen Vertreter des Magistrats betrifft. Wir fuhren also los, zu zweit. Von einer Leiter aus nahm ich die Urne Zemlinskys an mich und übergab sie der Witwe. Kaum ein Wort wurde gesprochen. Dann fuhren wir zurück. Plötzlich sagte sie ganz ruhig: „Haben wir es eilig oder kann ich ihn noch ein bisschen halten?" Beides, dachte ich und fuhr zu einem Parkplatz entlang des Hutchinson River Park Way. Dort saßen wir schweigend, zu dritt, weil Alexander Zemlinsky – irgendwie unheimlich – auch präsent war. Ich schätze, eine Stunde oder so. Ich wollte nicht drängen. Dann sagte sie – wieder mit ruhiger Stimme: „Jetzt kann ich ihn loslassen. Wir können fahren." Fein. Nur war es inzwischen zu spät für den Flugplatz. Wir fuhren also direkt zurück ins Isabel House. Was tun? Die Urne mitnehmen, während ich sie in die Wohnung brachte? Ausgeschlossen, sie hatte sich ja schon von ihm verabschiedet. Die Urne im Auto lassen, unbeaufsichtigt, mitten in Harlem? Der Portier war die Lösung, den ich um zehn Dollar verpflichtete, kein Auge von meinem weißen Buick Wildcat zu lassen. Alles bestens. Aber was jetzt? In Harlem, das wusste man, wurden bei roter Kreuzung des Öfteren einfach die Türen aufgerissen, alles geschnappt, was da so herumlag, und weg damit, keine fünf Sekunden dauerte das. Ich hatte keine Zentralverriegelung, also musste das Auto dauernd in Bewegung bleiben und ja nicht vor einer roten Ampel zum Stillstand kommen. Kein leichtes Unterfangen beim notorischen Aggressionsklima in den New Yorker Straßen. Aber ich wollte unter keinen Umständen in die Musikgeschichte eingehen als der Mann, dem in New York die Urne Zemlinskys abhandenkam. Am Abend hatte ich eine Verabredung. Also schien mir auch – im Licht der Einbruchsstatistik – die eigene Wohnung nicht sicher. Das Kulturinstitut war die Lösung! Ein großer Tresor mit drei Schlössern zu denen nur ich und ein Mitarbeiter Zugang hatten. Und so kam es, dass Alexander Zemlinsky, 42 Jahre nach seinem viel zu frühen Tod, seine letzte Nacht in den USA in der sicheren Umgebung eines österreichischen „Amtsgebäudes" verbrachte. Schon am nächsten Tag befand sich die Urne auf dem Weg nach Wien und kurze Zeit darauf zur sehr würdigen, vom Fernsehen aufgezeichneten Widmung eines Ehrengrabs auf dem Zentralfriedhof. Jahre später quälte mich die Frage, ob dadurch irgendeine religiöse Vorschrift verletzt worden sein könnte. Keinesfalls, beruhigte mich Oberrabbiner Eisenberg, umso mehr, als Zemlinsky 1899 aus der Israelitischen Kultusgemeinde ausgetreten und später dann zum Protestantismus konvertiert war.

Liebesbriefe

Eines Tages fragte mich Louise Zemlinsky, ob Österreich am Ankauf der Liebesbriefe Alban Bergs an Hanna Fuchs-Robettin (Schwester Franz Werfels) interessiert sei. Die Tochter, die im Besitz der Briefe sei, brauchte Geld und sei zum Verkauf bereit. Es seien ganz unglaubliche Liebesbriefe. Ach, wenn ihr Mann ihr doch nur einen einzigen solchen geschrieben hätte! Es glückte, und die Briefe sind heute im

Besitz der Musiksammlung der Österreichischen Nationalbibliothek. Als „Postillon d'amour" – Berg konnte die Briefe schon wegen des immer eifersüchtiger werdenden Ehegatten nicht mit der Post schicken – standen Theodor Adorno und Alma Mahler-Werfel zur Verfügung. Ob sie Näheres über diese „Amour fou" wisse, ob Bergs Leidenschaft erwidert worden sei (es gibt keinen Brief von Hanna), ob da wirklich „etwas gewesen sei", fragte ich Louise bei einem Kaffee in ihrer kleinen Wohnung im Isabel House. Sie, die inzwischen Fünfundachtzigjährige, bewegte den Kopf nach links und rechts, schien dann, lächelnd, ein wenig zu erröten und streckte mir den rechten Daumen entgegen: Einmal! Wieso sie das so genau sagen könne, war die logische Nachfrage. „Nun, Herr Marboe, glauben Sie mir: Solche Liebesbriefe kann man nur schreiben, wenn man einmal etwas mit einer Frau gehabt hat!" Und sie dürfte wohl recht gehabt haben. Denn im dritten Brief Bergs an Hanna schreibt er – was von Musikologen als Anspielung gedeutet wird – von „diesem größten Ereignis", seit dem er nicht mehr er selbst sei.

Engagierte Witwe

Nicht ausstehen konnte Louise Alma Mahler-Werfel, vermutlich auch aus einer gewissen Eifersucht heraus, war Zemlinsky doch Almas erster Geliebter gewesen. Vor allem aber, weil Alma Zemlinsky in ihrer Autobiografie bei allem Lob für seinen Esprit und seine Musikalität als „kleinen, hässlichen Gnom" bezeichnet hatte. „Er war kein Zwerg, war größer als ich", meinte sie nur. 159 Zentimeter wurden ihm bei der Militärmessung beschieden, was ihn, wohl zu seinem Glück, „wehruntauglich" machte.

„Peter hätte unser Sohn heißen sollen", erzählte sie mir. Aber Zemlinsky, damals noch mit seiner Frau Ida verheiratet, wollte – um einen Skandal zu vermeiden – das Kind seiner langjährigen Geliebten Louise (Sachsel) nicht und verlangte eine Abtreibung. „Und jetzt heißen so viele, die mit der Alexander-Zemlinsky-Stiftung zu tun haben Peter: Peter Dannenberg, Peter Marboe, Peter Girth, Peter Ruzicka. Schon sonderbar."

Louise – zunächst Schülerin, dann ab 1915 Geliebte und seit 1930, nach dem Tod seiner Frau Ida, Gattin von Alexander Zemlinsky – wollte nicht zurück nach Wien, nicht an die Seite ihres Mannes im Ehrengrab. Sie hatte meine Frage erwartet. Nein, er wollte und konnte das so. Aber sie habe nach der Vertreibung in Amerika ein neues Zuhause gefunden, war dankbar dafür und wollte hier begraben sein.

Zum Zeichen ihrer Verbundenheit und Dankbarkeit, wie sie meinte, für das Ehrengrab und die Hilfe bei der Errichtung der Alexander-Zemlinsky-Stiftung, schenkte sie mir Zemlinskys Pass und Brieftasche. Beides werde ich anlässlich der Jubiläen der Gesellschaft der Musikfreunde und des Musikvereins an Thomas Angyan zur Weiterleitung ans Archiv übergeben. Mit Louise Zemlinsky wird es bis zu ihrem Tod auch nach meiner Rückkehr einen regen Briefwechsel, Telefonate und Zusammentreffen während meiner gelegentlichen New-York-Besuche geben.

Am 27. Oktober 1992 berichtete die „New York Times" (Section B, Seite 7, der National Edition):

"Louise Zemlinsky, a portraitist and voice teacher, died on Oct 19 at the Isabel House nursing home in Manhattan. She was 92 years old.
Her death was announced yesterday. She was the widow of the composer and conductor Alexander Zemlinsky who died in 1942.
Mrs. Zemlinsky who was born in Poland and reared in Prag, studied voice with Zemlinsky before their marriage. She later graduated from the Academy of Fine Arts and the School of Music and Dramatic Art in Vienna and had a brief career. In 1938, the couple fled the Nazi occupation for New York City.
There are no survivors."

Israel

Auf meiner Reise durch Israel besuchte ich auch das Österreich-Camp auf den Golanhöhen, wie ich es mit unserer UN-Mission in New York, wo ich als Presserat akkreditiert war, besprochen hatte. Kaffee und Kuchen, informative Gespräche, Grenzmauer, sorgfältig präparierte Sandstreifen, in denen man jeden Fußabdruck erkennen konnte, freundschaftlich, heimatlich im Nahen Osten. Dann rascher Abschied, weil ich zurück nach Jerusalem musste. „Ach", meinte der diensthabende Hauptmann, „nehmen Sie doch gleich die schmale, an sich verbotene Straße entlang der Grenzmauer. Da gewinnen Sie eine gute halbe Stunde und der israelische Checkpoint unten an der Hauptstraße ist um diese Zeit schon geschlossen." Mir sollte das, auf die Uhr blickend, recht sein. Also fuhr ich los, ein paar Kilometer, bis ich vor mir den – keineswegs geschlossenen – Checkpoint sah. Umdrehen? Davonfahren. Nur nicht. Einfach langsam den uniformierten Israelis entgegen. Dann ging alles sehr schnell. Aus dem Auto gezerrt, mit den Händen nach oben. Drei Maschinengewehre auf mich gerichtet. „Who are you? What are you doing here? Where do you come from?" Nur nicht nach dem Diplomatenpass in der Innentasche greifen! „Look at my passport. I am an Austrian Diplomat. I visited my fellow Austrians up there. They told me to take this shortcut to save time." Die Lage hatte sich entspannt, nachdem die Soldaten in meinen Pass geschaut hatten. „Those crazy Austrians. They always do this. They seem not to know how dangerous this is." Freundliche, kopfschüttelnde Erlaubnis zur Weiterfahrt. Mit dem überstürzten Abzug der auf dem Golan stationierten Soldaten im Frühjahr 2013 wird der Einsatz des österreichischen UN-Kontingents ein unrühmliches und von vielen Seiten heftig kritisiertes Ende finden.

Immer wieder Checkpoints, die ganze Woche lang. Ich hatte einen Autostopper mitgenommen auf der Fahrt nach Haifa. „Das dürfen Sie nie mehr wieder tun", lautete die Anweisung. Er war ein Palästinenser, aber sichtlich kein gesuchter, und musste seinen Weg zu Fuß bis zur nächsten Bushaltestelle fortsetzen. Dann, ein anderes Mal, wieder angehalten. Ob ich vier israelische Soldaten nach Tel Aviv mitnehmen könnte. Nun, eine Frage war das nicht wirklich. Denn bevor ich antworten konnte, saßen die vier schon in meinem Mietauto. Und gesprächig waren sie auch nicht. Mit dem Hinweis „no English" konnte es zu keiner Diskussion kommen.

Weniger deswegen, sondern vor allem durch die Begegnung mit den eigenen Wurzeln, das Zusammentreffen der drei monotheistischen Religionen, das Gebet an der Klagemauer, den Besuch der Via Dolorosa, des Ölbergs, Nazareths und Betlehems, den Aufenthalt in einem Kibbuz und im Lichte vieler Gespräche mit Israelis und – sofern möglich – Palästinensern wurde dieser erste Israel-Aufenthalt zu einem emotionalen Erlebnis, das sich mit keiner anderen Urlaubsreise vergleichen lässt.

Oft werde ich später nach Israel zurückkehren, als Leiter der kulturpolitischen Sektion das erste Kulturübereinkommen zwischen Israel und Österreich verhandeln und unterzeichnen. Der israelische Delegationsleiter wird beim Abschied sagen: „Mit großer Skepsis sind wir nach Wien gekommen, als Freunde fahren wir nach Hause." Namens des Außenministeriums werde ich Koordinator des Österreich-Schwerpunkts beim Jerusalem Festival (mit Serapionstheater und der Burgtheaterproduktion von Thomas Bernhards „Heldenplatz") sein, die Weichen für die Einrichtung einer Österreichbibliothek an der Hebrew University in Jerusalem stellen, als Kulturstadtrat den Kulturaustausch zwischen Wien, Jerusalem und Tel Aviv fördern, mehrere Symposien eröffnen, mir dankbar von Ari Rath die Kultur- und Kunstzentren dieser beiden Städte erklären und mich nächtens in Tel Aviv zu seinen Lieblingsspelunken führen lassen. Die Auseinandersetzung mit Israel muss in Österreich (aber auch umgekehrt) laufend und lebendig, offen und vorurteilsfrei geführt werden und vom Bedürfnis geprägt sein, eine Brücke zwischen belasteter Vergangenheit in eine Zukunft der Zuversicht und des Verständnisses zu bauen. Und Österreich muss immer zur gemeinsamen Ächtung von Staaten entschlossen sein, die im Zusammenhang mit Israel von „Ausmerzen", „Krebsgeschwür", „eiterndem Tumor", „Vernichten" oder „Endlösung" sprechen.

Kooperation mit Goethe-Instituten

Die Zusammenarbeit mit den Goethe-Instituten in den USA war ambivalent und – je nach politischer Ausrichtung des Außenministeriums – unterschiedlich. Mal sollte sie eng und unbekümmert, mal wieder vorsichtig und zurückhaltend sein. Das hatte freilich weniger mit den Goethe-Instituten – die persönlichen Beziehungen waren da immer in Ordnung – als mit dem grundsätzlichen Verhältnis Österreichs zu Deutschland zu tun.

Die Goethe-Institute verstanden sich als Repräsentanten des deutschsprachigen Europas und fanden daher überhaupt nichts dabei, immer wieder auch österreichische und Schweizer Künstlerinnen in ihr Programm aufzunehmen. Den Künstlern war das meist nur recht, konnten sie doch relativ unkompliziert mit nur einer Vereinbarung (meist war New York federführend) eine Tournee durch ganz Amerika (elf Goethe-Institute gab es) absolvieren. Was wir im Kulturinstitut anbieten konnten, waren persönliche Kontakte zu österreichischen Professoren bei den verschiedenen German Departments an amerikanischen Universitäten. Das zu koordinieren war aber schon sehr viel schwieriger. Problematisch wurde es dann – und zwar für die Künstler und Künstlerinnen, aber auch für Österreich – wenn keine korrekte „Zuordnung" erkennbar war. Das Publikum hatte doch ein Recht darauf zu erfahren, woher die Protagonisten kamen. Da vermischte sich dann doch recht oft Großzügigkeit mit Vereinnahmung. Denn wenn man alles das, was an Musik, Film oder Literatur aus Österreich angeboten wurde, abzieht, bleibt sehr viel weniger an Programm über. Zwischen „deutsch" und „deutschsprachig" zu unterscheiden, erscheint daher nur konsequent und Voraussetzung für eine korrekte Programmgestaltung. Umso mehr, als sich gut argumentieren lässt, dass die deutschsprachige Literatur ihren Weltrang erst durch die Miteinbeziehung österreichischer Autoren und Autorinnen erlangen konnte.

Immer noch wehrt sich aber die Germanistik gegen den Begriff „Austrianistik" – während es etwa im englischsprachigen Bereich ganz normal ist, von „Amerikanistik" in Ergänzung zur „Anglistik" zu sprechen. An einigen Universitäten der USA begann man tatsächlich damit, statt von German Studies von Germanic Languages zu sprechen und an der UCLA (University of California, Los Angeles) wurde das German Department umbenannt in Austrian-Swiss-German-Studies-Department.

Es soll da nicht um Kleinkrämerei oder gar nationalistische Rückfallserscheinungen gehen. Aber wenn man weiß, dass die Sprache nicht das einzige literarische Zuordnungskriterium ist, dann muss auch die österreichische Literatur unter diesem Gesichtspunkt eingeordnet werden. Sonst gäbe es ja eben nur eine englische und nicht auch eine amerikanische oder australische Literatur, nur eine spanische und nicht auch mexikanische, argentinische oder kolumbianische Literatur, nur eine französische und nicht auch eine belgische.

Die Teilnahme an den großen Konferenzen der AATG (American Association of Teachers of German) oder der MLA (Modern Language Association) war jedenfalls – schon wegen der zahlreichen Kontaktmöglichkeiten – sinnvoll. So kam ich einmal in Kansas City neben dem früheren Außenminister der Präsidenten Kennedy und Johnson, Dean Rusk, zu sitzen. Der „Kalte Krieg" war so ziemlich die einzige große Angst, mit der unsere Generation umzugehen hatte und die wir Jungen jedes Mal hautnah spürten, wenn wir etwa über die Grenze nach Bratislava zu „Tante Vally", einer Freundin unserer Mutter, fuhren. Oft stundenlang dauerte das Warten, die Untersuchung des Autos, Fragen über Fragen, sorgfältige Ausweiskontrolle etc. Der Furcht vor einem Einmarsch der Sowjets in Österreich während der Ungarnkrise oder des Prager Frühlings eingedenk wollte ich von Dean Rusk wissen, wie denn die USA darauf reagieren würden. Nun, meinte er, einen scharfen Protest würde es wohl geben (der Begriff Neutralität ist in den USA eher negativ besetzt), aber, wörtlich: „I don't think there would be a Third World War over Austria." Beruhigend und beunruhigend in einem: Beruhigend, denn wer will schon einen Dritten Weltkrieg, beunruhigend, weil das junge österreichische Bundesheer allein wohl kaum die sowjetischen Panzer hätte abwehren können …

Österreich – Deutschland

Als ich einmal bei einem Symposium anmerkte, dass das Problem eben darin bestünde, dass es – im Unterschied etwa zu Großbritannien und den USA – keinen Ozean zwischen Österreich und Deutschland gebe, meinte Professor Johnston („Österreichische Kultur- und Geistesgeschichte"): „Ach was, Ihr habt zwar kein Meer, aber dafür doch ganz Bayern zwischen Euch." William M. Johnston, Carl E. Schorske („Wien. Geist und Gesellschaft im Fin de Siècle") und Richard Cockett („VIENNA - How the City of Ideas Created the Modern World") trugen ganz wesentlich zur verstärkten Wahrnehmung der österreichischen Kulturgeschichte in Amerika, aber auch weit darüber hinaus, bei. Wie ja die Zahl der über Österreich in den USA erschienenen wissenschaftlichen Publikationen insgesamt erstaunlich ist: „From Prejudice to Persecution: A History of Austrian Anti-Semitism", „Hahnenschwanz und Hakenkreuz" (Bruce Pauley); „Judentum und Modernität" (Leon Botstein); „Austria from Habsburg to Hitler" (Charles A. Gulick); „Wittgensteins Vienna" (Alan Janik und Stephen Toumlin); „Red Vienna" (Helmut Gruber); „The Crisis of Austrian Socialism: From Red Vienna to Civil War 1927–1934" (Anson Rabinbach); „Culture and Political Crisis in Vienna: Christian Socialism in Power, 1897–1918" (John W. Boyer); „Geschichte Österreichs", „Vienna and the Jews" (Steven Beller); „The Austrians", „Der Anschluss" (Gordon Brook-Sheperd); „Ich bin ein Sohn der deutschen Sprache nur …" (Harry Zohn) bis zu Paul Michael Lützelers wegweisender Broch-Biografie – um nur beispielhaft einige der bedeutendsten in den USA erschienenen Werke über österreichische Literatur, Geschichte und Politik zu erwähnen.

Doch zurück zum ambivalenten, teilweise auch skeptischen Verhältnis Österreichs zu Deutschland. Dass die Deutschen unsere schöne Haydn-Hymne geklaut und mit einem chauvinistischen „Deutschland, Deutschland, über alles, über alles in der Welt" (erste Strophe des „Liedes der Deutschen" von August Heinrich Hoffmann von Fallersleben) versehen haben, war nicht sehr charmant. Und nach dem Krieg hat es auch noch lange gedauert, bis dann endlich die dritte Strophe („Einigkeit und Recht und Freiheit für das deutsche Vaterland") zur offiziellen deutschen Nationalhymne erklärt wurde. Immer noch mit „unserer" Haydn-Melodie. Was logischerweise nach 1945 die Suche nach einer neuen Bundeshymne erforderlich machte. Gefunden wurde die Melodie des „Bundesliedes" (fraglich ob von Mozart oder Johann Baptist Holzer), das von den Freimaurern als „Kettenlied" („Lasst uns mit geschlungnen Händen") am Schluss von Veranstaltungen gesungen wird. In dem von Paula Preradović verfassten Text („Land der Berge, Land am Strome") wurden per Gesetz – längst überfällig und von Maria Rauch-Kallat federführend mitinitiiert – ab 1. Jänner 2012 „Heimat bist du großer Söhne" durch „Heimat großer Töchter und Söhne" sowie „Brüderchöre" durch „Jubelchöre" ersetzt.

Mit dem Verlust der uns so vertrauten Haydn-Melodie haben wir uns inzwischen abgefunden. Aber „Vereinnahmungstendenzen" gibt es nach wie vor. Wenn etwa in einer Serie von Briefmarken über bedeutende deutsche Frauen der Geschichte gleich als erste Bertha von Suttner aufscheint, oder in Fremdenverkehrsbroschüren vom deutschen Weihnachtslied „Stille Nacht, heilige Nacht" die Rede ist, in einer Sendereihe des ARD „Gespräch mit den Nachbarn" zwar Ungarn, aber nicht Österreich vorkommt, in einer offiziellen Publikation zur deutschen Auslandskulturpolitik die „österreichischen Brüder" und die „Schweizer Cousins" erwähnt werden oder 1991 ein Fischer Taschenbuch mit dem Titel „Deutschland erzählt – von Rainer Maria Rilke bis Peter Handke" erschienen ist, dann kann man als Österreicher/in durchaus ein wenig hellhörig sein und die Dinge unaufgeregt ins rechte Licht rücken. Man stelle sich etwa vor: „Österreich erzählt – von Goethe bis Günter Grass".

Zeitsprung: Kultur und Europa

Was Deutschland und Österreich im Kulturbereich verbindet, ist das Bekenntnis zu einer europäischen Kulturgeschichte und zur Bereitschaft, in und mit der Kulturpolitik einen wichtigen Beitrag zur europäischen Integration zu leisten. Das ist keineswegs selbstverständlich. Anlässlich einer Generaldirektoren-(Kultur)-Konferenz Anfang der Neunzigerjahre werde ich versuchen, zu diesem Thema eine Debatte zu führen, und zwar unter dem Tagesordnungspunkt „Europäische

Kulturpolitik". Keine Chance. Großbritannien und Frankreich verlangten eine Umformulierung, da sie sonst an der Sitzung nicht teilnehmen würden. Es gebe keine „europäische Kultur", also könne es auch keine „europäische Kulturpolitik" geben. „Kulturpolitik in Europa" wurde akzeptiert und viele damit zusammenhängende Fragen diskutiert.

„Viva Mexico!"

Abb. 16 Auf dem Gipfel des Popocatépetl, mit Dieter Neuner
Foto: Privatbesitz

Dem Himmel am nächsten war ich nicht, wie man glauben könnte, beim Heliskiing in den kanadischen Cariboo Mountains, sondern an einem Frühlingstag in Mexiko. 13 Stunden – von zwei Uhr früh bis 15 Uhr – hatte der Aufstieg auf den einhundertzehnthöchsten Berg der Welt, den 5426 Meter hohen Popocatépetl gedauert. Da ist die Luft schon richtig dünn und zweihundert Meter vor dem Gipfel war es meinem Freund Dieter Neuner und mir, aber auch Felipe, unserem jungen mexikanischen Bergführer, nicht möglich, mehr als drei Schritte ohne Pause zu gehen. Steigeisen, um über das Gletschereis zu kommen, schweres Gepäck, Seil, den Schwefelduft des (damals noch) erloschenen Vulkans in der Nase. Aber was für ein Gefühl des Triumphs, der Freiheit, des Auf-dem-Gipfel-Seins. Ob wir Skifahren können, fragte uns Juan. Ja, warum? Nun, es sei schon ziemlich spät, und dann würde er eine Abkürzung durch die Lavahänge nehmen. Und so kam es auch. Auf den Fersen sitzend – wie seinerzeit mit den Firngleitern auf der Bischofsmütze – schwebten wir wie durch lockeren Neuschnee die lavabedeckten Abhänge hinunter. Nicht sturzfrei, was uns, unten angekommen, wie seltsame Wesen aus einem Horrormovie aussehen ließ.

Und wegen Maximilian I., habsburgischer Kaiser Mexikos von Napoleon des Dritten Gnaden, klärte uns Felipe auf, bräuchten wir uns keine Sorgen zu machen. Maximilian liebte Mexiko und versuchte sein Bestes, wollte das Land reformieren und ist auch heute noch bei vielen Mexikanern beliebt. Ob wir wüssten, was seine letzten Worte vor der Hinrichtung am 19. Juni 1867, nach nur dreijähriger Herrschaft, waren? Schweigen. „Viva Mexico, viva la Independencia", klärte uns Felipe auf. Und wir bedankten uns bei ihm, dass sein Land als einziges 1938 gegen den Anschluss Österreichs an Hitler-Deutschland protestiert hatte.

Drachenfliegen

Und wenn wir schon beim Himmel sind: Die Arme ausbreiten und durch die Luft fliegen. Wer hat davon nicht schon einmal geträumt? Nie werde ich dieses Glücksgefühl beim erstmaligen Abheben des Drachenfliegers vergessen. Zwei lange Wochenenden der Vorbereitung mit dem Simulator. Dann hinauf auf den Übungshang. Warten bis der Gegenwind 23 Stundenkilometer erreicht hat, und dann Laufen, Laufen, Laufen, bis man keinen Boden mehr unter den Füßen hat! Und fliegen und hinunterschauen, wie alles kleiner wird, mit dem Triangel navigieren, immer nur leicht, nach links, rechts, oben, unten. Den Lautsprecheranordnungen des Lehrers folgen. Das Triangel nur nicht zu früh nach vorne. Sonst steigt man auf und sackt dann erbarmungslos nach hinten ab. Lieber eine Bauchlandung. Nerven bewahren. Nach dem zweiten Mal hat man schon das richtige Zeitgefühl. Das Triangel langsam nach vor und wie in Zeitlupe auf den Füßen landen. Ich liebte den Übungshang. Später dann sollte es auf einen richtigen Berg gehen. Einen Tag davor verunglückte ein äußerst erfahrener Drachenflieger genau dort tödlich, weil er die Thermenbewegungen falsch eingeschätzt hatte. Irgendwie verständlich, dass mir das zu denken gab. Ich blieb beim Übungshang. Und hatte ausreichend Freude damit.

Milos Foreman

Zwei Mittagspausen im Büro sind mir noch in origineller Erinnerung. Telefon. Rezeption: „Da ist ein Herr, der Sie sprechen möchte, ohne Anmeldung, Forman, soll ich ihm einen Termin geben?" „Forman?" „Ja!" „Miloš?" „Ja!" „Nicht weggehen lassen! Bin gleich unten!" Und stand Miloš Forman gegenüber. Er sei zufällig vorbeigegangen, habe „Austrian Press- and Information Service" gelesen und habe ein paar Fragen. Sehr sympathisches, längeres Gespräch. Er wolle einen Film über Mozart machen, „Amadeus", und in Österreich drehen. Welche Hilfestellungen könne er da erwarten. Und dann kam eine ganze Liste: Drehgenehmigungen in Schönbrunn, Mozarthaus, Museen, Stephansdom etc. Ein Assistent zur laufenden Betreuung, zwei Autos mit Chauffeur, etc. etc. Leider gab es damals dafür noch kein Sensorium – im Unterschied zu heute mit dem Österreichischen Filminstitut, dem Wiener Filmfonds und der von Arie Bohrer geleiteten Stabsstelle. Ich versuchte alles, schrieb an die Österreichwerbung, die Wirtschaftskammer, das Kultur- und Wirtschaftsministerium. Immer wieder kamen Rückfragen. Kurzum, innerhalb der mir von Forman eingeräumten Frist von drei Wochen, war es nicht möglich, bindende Kooperationszusagen zu erhalten. Vielleicht wollte der aus der damaligen Tschechoslowakei stammende Starregisseur von Anfang an in seiner Heimat drehen und nur bessere Konditionen bekommen. Prag also wurde zentraler Drehort. Kleiner Trost: Kein Mensch merkte das, weil der Film ja überwiegend in Wien spielt. Mein Kollege vom Fremdenverkehrsbüro konnte daher erfreut feststellen: „Superwerbung für Wien, und hat uns keinen Groschen gekostet."

Geschichten aus dem Wienerwald

Ebenfalls ohne Anmeldung stand eines Tages zu Mittag plötzlich der in aller Welt erfolgreiche Bühnenbildner Rouben Ter-Arutunian vor meiner Tür. In Tiflis geboren hatte er unter anderem auch in Wien studiert und gelebt, war in Deutschland und Frankreich tätig und wurde in New York, nicht zuletzt wegen seiner Zusammenarbeit mit George Balanchine zum preisgekrönten Star-Kostüm- und Bühnenbildner. Er habe eine Bitte an mich, der ich doch aus Wien komme. Mit George Balanchine bereite er derzeit eine neue Ballettproduktion, „Vienna Waltzes" (mit dem Eröffnungsstück „G'schichten aus dem Wienerwald"), vor. Könne ich ihm, bitte, bitte, einfach drauf los erzählen, was in mir vorgehe, wenn ich an den Wienerwald denke. Er meine es ernst, wolle nur zuhören und mitschreiben. Er brauche das. Kein Entkommen. *Hic Rhodus, hic salta!* Und so fing ich an mit dem Waldparadies der Wienerinnen und Wiener, mit der Kultur des Wanderns, der öffentlichen Erreichbarkeit, der Farbenpracht des Mischwaldes im Herbst, den Wildschweinen mit den protektiven und bisweilen nicht ungefährlichen Muttertieren, Rehen, Sing- und Raubvögeln, Hirschkäfern und Feuersalamandern, den Sonnenuntergängen, den Buntspechten und Fledermäusen, der Erinnerung an Bären und Wölfe, den Hasen und Füchsen, dem Frühlingserwachen mit Schneeglöckchen, Veilchen, Primeln, Himmelsschlüsseln und Bärlauchfeldern, den prächtigen Blumenwiesen im Sommer, den wehmütigen Herbst- und erbarmungslos kalten Wintertagen, dem Blick auf Wien vom Lainzer Tiergarten, dem hellen, nie bedrohlichen Wald, der einen Frische-Luft-Gürtel um Wien herum bilde und von den herrlichsten Weingärten des Landes und romantischen Schlössern und Ruinen durchbrochen sei. Auch von Mondnächten und plötzlichen Sommergewittern erzählte ich. Ich steigerte mich in einen richtigen poetischen „Wahrnehmungsrausch" hinein. „Please, go on", hörte ich ihn zwischendurch sagen, und er schrieb und schrieb und schenkte mir zwei Karten für die Premiere. Viele Jahre später, nach Österreich zurückgekehrt, werde ich öfters im Wienerwald unterwegs sein und schmunzelnd an die von den Medien umjubelte Produktion „Vienna Waltzes" des „New York City Ballet" mit dem – wie die New York Times schrieb – „highly atmospheric decor by Rouben Ter-Arutunian" denken.

Pentagon Papers und Watergate

Die Veröffentlichung der streng geheimen Pentagon Papers (über Vietnam), 1971, durch die „New York Times" und die „Washington Post" sowie der Watergate-Skandal, 1972, bzw. dessen Aufdeckung durch die Washington-Post-Journalisten Bob Woodward und Carl Bernstein, die schließlich zum Rücktritt Richard Nixons – dem ersten eines US-Präsidenten – führte, sind Meilensteine in der langen Geschichte amerikanischer Pressefreiheit. Es waren die medialen Aufreger in den USA der frühen Siebzigerjahre. Die Stimmung war durchaus geteilt, je nachdem ob man auf der Seite der politisch Mächtigen oder der Medien stand. Von der Regierung wurde ein Veröffentlichungsverbot erwirkt, den Journalisten und den beiden Zeitungen mit weiteren Klagen gedroht usw. Es erforderte viel Mut weiterzumachen und im Namen der Pressefreiheit strafrechtliche, aber auch wirtschaftliche Risiken einzugehen. In New York sprach man damals über fast nichts anderes. Von Bob Semple, außenpolitischer Redakteur der New York Times, der zu meinem engeren Freundeskreis zählte, erfuhr ich, wie groß die Anspannung in der Redaktion war. Die 6:3-Entscheidung des Obersten Gerichtshofs zugunsten der Veröffentlichung im Fall der Pentagon Papers und der Rücktritt Nixons wegen Watergate stellten danach einen wahren Triumph für den investigativen Journalismus und die Presse- und Meinungsfreiheit im Allgemeinen dar. Daniel Ellsberg, der „Whistleblower" im Fall der Pentagon Papers, wurde wegen Spionage angeklagt, aber schließlich freigesprochen. Er avancierte zu einem leidenschaftlichen Friedensaktivisten und wurde als „American Hero" gefeiert. „Deep Throat" – so der Deckname des Watergate-Informanten – wurde erst – wie es mit Woodward und Bernstein vereinbart war – dreißig Jahre später, 2005, als Mark Felt, ehemaliger stellvertretender FBI-Direktor enttarnt. Auch er ein amerikanischer Held. Der erste Zusatzartikel zur Verfassung der Vereinigten Staaten („First Amendment"), der unter anderem die Pressefreiheit garantiert, hatte einen spektakulären Sieg über politische Korruption und Manipulation errungen. Für das künftige Verhältnis zwischen Politik und Medien werden die beiden Vorfälle von überragender Bedeutung bleiben. Und der berühmte Ausspruch Thomas Jeffersons, des dritten Präsidenten der USA und Verfassers der Unabhängigkeitserklärung, wird noch stärker im kollektiven Gedächtnis verankert bleiben und bei vielen Gelegenheiten zitiert werden: „Wenn ich zu wählen hätte zwischen einem Land mit einer Regierung, aber ohne Zeitung, und einem Land mit Zeitung, aber ohne Regierung, dann würde ich mich für das Land ohne Regierung entscheiden."

Apropos Medien:

Neben „New York Times" und „Washington Post" sind vor allem „The Boston Globe", die „Chicago Tribune", das „Wall Street Journal", „Time Magazine" und die „Los Angeles Times" Qualitätspublikationen von überregionaler Bedeutung. Großen Einfluss – wenn es etwa um die in den USA übliche redaktionelle Unterstützung von Präsidentschaftskandidaten oder lokalen Politikern geht – haben die zahllosen kleineren, regionalen Morgen- und Abendzeitungen. Und dann gibt es, wie überall, auch noch den schwer erträglichen Boulevard, die „Yellow Press", wie die „New York Post", das Wochenmagazin „National Enquirer" oder den in Neuengland einflussreichen „Manchester (später New Hampshire) Union Leader". In dieser reaktionären Zeitung polemisierte oder, noch besser, „wütete" das Herausgeber-Ehepaar Loeb gegen alles, was nur irgendwie nach liberal klang. Interviews gaben die beiden grundsätzlich nicht. Aber eines Tages wollte die liberale Tageszeitung „Bangor Daily News" (Maine) es doch versuchen und der Redakteur erhielt wider Erwarten einen Termin. Es folgte ein längeres Gespräch über alles Mögliche, eher eine Philippika für rechts-reaktionäres Gedankengut in den USA. Der Artikel wurde dementsprechend prominent veröffentlicht. Der schon alternde und leicht schwerhörige William Loeb soll vollständig ausgerastet sein, hatte es doch seiner Eitelkeit geschmeichelt, dass man im fernen Thailand (er hatte Bangkok statt „Bangor Daily News" verstanden) so reges Interesse an seiner Zeitung hätte. An landesweiten, spöttischen Kommentaren mangelte es danach nicht.

Rund 2.000 Fernseh- und 8.000 Radiostationen gibt es in den USA. Viele davon freilich im Verbund mit den großen National Networks CBS (Columbia Broadcasting System), NBC (National Broadcasting Company), ABC (American Broadcasting Company) und dem Kultursender PBS (Public Broadcasting Service). Metromedia, in den Siebzigerjahren noch sehr präsent, ging schließlich, was den Fernsehsektor betrifft, in die Fox Broadcasting Company über, der Rest wurde an Metro-Goldwyn-Mayer verkauft. Ein Wagnis, dessen Erfolg niemand für möglich hielt, war die Gründung von CNN (Cable News Network) durch Ted Turner, 1980, dem weltweit ersten reinen Nachrichtensender. Klassisches wird – wenn man von PBS absieht – im amerikanischen, kommerziellen privaten Fernsehen völlig ausgeblendet. Nicht nur in den Programmen, sondern auch bis tief hinein in die populären „Talkshows". Johnny Carson, legendärer (und einflussreicher) Moderator der „Tonight Show" (fast dreißig Jahre lang!) wagte es als erster, keinen Unterhaltungskünstler oder Spitzensportler, sondern einen Opernsänger, nämlich Luciano Pavarotti einzuladen. Mit seinem breiten Lächeln, dem weißen Schal und „Nessun dorma" eroberte der Startenor die Herzen des keineswegs opernaffinen Publikums. Ein Bann war gebrochen. Kurz davor war ein anderes Experiment schiefgegangen. Metromedia wollte mit einer Fledermaus-Übertragung aus Covent Garden neue Zuseherschichten erreichen. Die Einschaltquoten halbierten sich. Es war ein totaler Flop, und im amerikanischen Fernsehen gab es weiterhin keine Opernübertragungen.

Independent stations

Zu jedem Zeitpunkt sind in den USA, bedingt durch die unterschiedlichen Zeitzonen, 30 Millionen Menschen unterwegs, zumeist mit dem Auto, wo sie Radio hören. Das brachte mich auf die Idee, bei einzelnen Stationen, die mangels ausreichender Finanzierung überwiegend Talk-Shows, also Interviewsendungen produzierten, nachzufragen, ob sie nicht Interesse an einem Gespräch mit mir über Österreich hätten. Die Reaktionen waren verblüffend und durchwegs positiv. Einen „Austrian Consul" umgab in weiten Teilen der USA immer noch eine Aura von großer Welt. Also organisierte ich zwei- bis dreiwöchige Informationsreisen, schriftlich vorbereitet, in verschiedenen Regionen der USA, mit jeweils bis zu vier täglichen Interviews, übrigens auch mit Lokalzeitungen und in kleineren, sogenannten Independent Television Stations, wodurch, zusammengerechnet, jeweils ein Millionenpublikum mit Diskussionen über österreichische Themen erreicht werden konnte. Das war Neuland und nicht unanstrengend, hatte aber zur Folge, dass der „Österreichische Presse- und Informationsdienst", der für ganz Amerika und nicht nur New York zuständig war, seine Aufgabe auch „vor Ort", also in den einzelnen Bundesstaaten wahrnehmen konnte.

Einflussreiche TV-Serien und Sitcoms, Leon Askin

Nicht unerwähnt dürfen die erfolgreichen Fernsehserien (wie etwa Star Trek, siehe im Nachfolgenden) und Sitcoms wie „All in the Family" (Archie Bunker) bleiben, die wegen ihrer großen Popularität bedeutenden politischen Einfluss hatten, vor allem dann, wenn sie gesellschaftlich relevante Themen wie Rassismus, Gleichberechtigung, Generationenkonflikt, Arbeitslosigkeit usw. aufgriffen. Die Tochter etwa einen schwarzen und der Sohn einen schwulen Freund ins Haus bringt, und der „arme", konservative Archie (unterstützt von seiner Frau) lernen muss, damit umzugehen. „Hogan's Heroes" (Ein Käfig voller Helden) ermöglichte es dem Publikum, sich mit den klugen englischen Gefangenen (Bob Crane als Col. Hogan) über die doofe Wehrmacht lustig zu machen. Einer davon war General Albert Burkhalter, zur lächerlichen Figur persifliert von dem aus Wien geflüchteten, jüdischen Schauspieler Leon Askin (eigentlich Leo Aschkenasy). So wie viele andere seiner Zunft – Hedy Lamarr, Herbert Berghof, Paul Henreid (Casablanca), oder Adrienne Gessner (die ihrem Mann Ernst Lothar ins New Yorker Exil nachgefolgt war) – musste auch er sich im fremdsprachigen Amerika mühsam, aber zunehmend erfolgreich zurechtfinden. 1994 wird er nach Österreich zurückkehren, mit Ehrungen überhäuft werden und in verschiedenen Filmen sowie in der Volksoper, im Schauspielhaus, im Theater an der Wien und sechs Jahre lang als Zeitzeuge in Joshua Sobols/Paulus Mankers „Alma – A Show BIZ ans Ende" zu sehen sein. Für eine Dokumentation über sein Leben von Fischer Film Linz wird er sich mich als Interviewer wünschen. Zwei Tage lang – insgesamt 15 Stunden (!) – mit den Drehorten Cobenzl, im Bus durch Wien und im Haus und Garten meines Bruders Ernst Wolfram in Perchtoldsdorf werden wir über alles sprechen, worüber man aus der Sicht eines so bewegten, stürmischen und ereignisreichen Lebens nur sprechen kann. Mit 97 Jahren – nachdem er kurz vorher noch seine Lebensgefährtin Anita Wicher geheiratet hatte – wird Leon Askin, mit sich, seiner Heimatstadt und dem Leben versöhnt, am 3. Juni 2005 sterben und in einem Ehrengrab auf dem Wiener Zentralfriedhof seine letzte Ruhestatt finden.

Rassismus, Star Trek und die sympathische, zur Familie gehörige „Black Mammy"

Als Sidney Poitier 1964 als erster „Negro", wie es damals hieß, den Oscar als bester Hauptdarsteller in „Lilien auf dem Felde" erhielt, wurde das als Durchbruch als wichtiger Schritt in eine neue Normalität gefeiert. Es war aber bestenfalls ein erster Schritt auf einem Weg, der noch sehr lange sein sollte. 1967 die nächste Sensation: Wieder Sidney Poitier, der als erster Schwarzer in einem Hollywood-Film („Rat mal, wer zum Essen kommt") eine weiße Frau (Katharine Houghton) küssen durfte (wenn auch nur aus der Perspektive eines Taxi-Rückspiegels). Und dann: „TV's first interracial kiss". In der Star-Trek-Episode „Plato's stepchildren". Der weiße Captain Kirk (William Shatner) küsste da ausführlich eine schwarze Frau, Lieutenant Uhura (Nichelle Nichols) in einer der populärsten Fernsehserien. Bei NBC (National Broadcasting Company) war der Teufel los. Die Angst, einen Teil des Südstaaten-Publikums zu verlieren, führte zur Forderung, die Szene ohne Kuss zu drehen. Was auch geschah. Danach verweigerte der Produzent aber die Herausgabe. Star Trek sollte weiterhin Pionierarbeit für Frauen und gegen Rassismus leisten. NBC gab nach. Der Kuss wurde gezeigt, und die Reaktionen hielten sich in Grenzen. Ein Tabu war erfolgreich gebrochen. Und ein anderes ein paar Jahre später auch: Durch die Rollen, die Frauen in Star Trek zugedacht waren, wurde tatsächlich der Druck auf die NASA (National Aeronautics and Space Administration) so groß, dass 1977 erstmals weibliche Bewerbungen für Raumflüge zugelassen wurden.

An dem im Sommer 1963 organisierten „Marsch auf Washington" nahmen 200.000 Menschen teil, um Martin Luther Kings berühmte „I Have a Dream"-Rede zu hören. Eine davon war Josephine Baker, die vierzig Jahre vorher in Paris ihre Weltkarriere als Tänzerin und Sängerin begonnen und sich im Kampf gegen Rassismus engagiert hatte. Sie forderte ein geeintes Amerika und ein friedliches Zusammenleben der Weißen und Schwarzen, die – was später zum geflügelten Wort werden sollte – wie „Salz und Pfeffer" zusammengehören.

Fast genau 100 Jahre nach Abschaffung der Sklaverei wurden durch das Bürgerrechtsgesetz 1964 und den Voting Rights Act 1965 die Voraussetzungen für politische Gleichberechtigung geschaffen. Aber nur drei Jahre vor meiner Ankunft in New York, 1970, waren Ehen zwischen Weißen und Schwarzen in 17 Bundesstaaten noch illegal. In zahlreichen südlichen Staaten gab es getrennte WC-Anlagen und getrennte Sitzreihen in öffentlichen Verkehrsmitteln. Das Bild von der fröhlichen „Sklaven-Mammy" (für deren Darstellung Hattie McDaniel in „Vom Winde verweht" als erste Schwarze einen Oscar für die beste Nebenrolle erhalten hatte), wurde als unhistorisch und schönfärberisch bekämpft. Am 4. April 1968 wurde der 39-jährige Friedensnobelpreisträger Martin Luther King in Memphis/Tennessee ermordet. Nur zwei Monate danach Robert Kennedy.

Sieben Jahre später, 1975, stand ich dann mit Coretta King in Atlanta/Georgia am Ehrengrab ihres Mannes. Ein großer, schöner Hain mit bunten Blumen. Und eine mit den Tränen kämpfende Witwe. Mit Freundschaften geht es oft ziemlich schnell in Amerika. Mit Vornamen auch, vermutlich, weil man sich die leichter merkt als Nachnamen. „Coretta" jedenfalls, die eine hohe Funktion bei den Demokraten innehatte, war mir des Öfteren behilflich, wenn es – etwa zwecks Wahlbeobachtung durch österreichische Politiker – um Termine und einen direkten Zugang zum demokratischen Hauptquartier ging.

American-Austrian Foundation

Jahrelang blickte ich neidvoll auf meine Kolleginnen und Kollegen bei der American-Scandinavian Foundation, die – 1910 gegründet – von den (ziemlich hohen) Zinsen des Grundkapitals gut leben und ihre kulturelle Brückenfunktion zwischen den USA und den skandinavischen Staaten erfolgreich wahrnehmen konnte. Als Leiter des Österreichischen Kulturinstituts in New York musste ich jedes Jahr aufs Neue um ein vergleichsweise geringes Budget kämpfen. Wie und wo beginnen, um etwas Ähnliches auf die Beine zu stellen? John E. Leslie, aus Wien vertriebener österreichischer Honorargeneralkonsul und Freund, langjähriger Chairman der großen Investmentfirma Bache & Co. könnte vielleicht helfen. Und wie! Ich solle die Ziele formulieren und Österreichs Interesse bekunden. Danach würde er für mich Termine vereinbaren, weil das Allerwichtigste zunächst einmal ein prominenter Board wäre. Und dann öffnete Leslie mir eine Welt, zu der man als kleiner Österreicher wohl kaum Zugang gefunden hätte. Zunächst zum früheren Außenminister Cyrus Vance, dessen eindrucksvoll gelegenes Rechtsanwaltsbüro wir später für die ersten Sitzungen verwenden durften und dessen engster Mitarbeiter Tom McGrath uns juristisch beriet (er wurde nach der Gründung auch erster Generalsekretär). Dann weiter zu David Rockefeller in seinem Büro wie ein Museum ganz oben im Rockefeller Center, mit Originalen von Picasso, Miró, Chagall usw. (Die Sammlung wird 2018, ein Jahr nach Rockefellers Tod, um 830 Millionen Dollar bei Christie's in New York versteigert und der Erlös sozialen Zwecken zugeführt werden). Danach Gespräch mit dem vor den Nazis mit seiner Familie aus Wien geflüchteten Investmentbanker Felix Rohatyn, der in den Siebzigerjahren als Chairman der „Municipal Assistance Corporation" New York vor dem Konkurs gerettet hatte. Und noch andere, darunter Milton Wolf, Unternehmer und Freund Jimmy Carters, der ihn 1977 als Botschafter nach Wien schickte.

Überall war es so, dass die Herren uns mit erstaunlicher Geduld zuhörten, dann um Bedenkzeit baten und schließlich zusagten. Wir hatten, dank Leslie, einen Superboard und bald danach – die konstituierende Sitzung fand im Büro von Cyrus Vance statt – eine („non-profit, non-governmental") American-Austrian Foundation, die von Bundespräsident Kirchschläger bei seinem offiziellen Besuch in New York, 1984, in einer festlichen Zeremonie ihrer Bestimmung übergeben wurde. Ganz so wie ihr skandinavisches Vorbild ist sie mangels Kapitalaufbau nicht geworden, aber die Foundation wird blühen und gedeihen und in weiterer Folge mit Hilfe der Ehepaare Medinger und Aulitzky ihre Tätigkeit – vor allem auch durch ihr neu gegründetes Standbein in Salzburg – auf den wissenschaftlichen, medizinischen und studentischen Bereich ausdehnen.

Neubau des Österreichischen Kulturinstituts (jetzt: ACF – Austrian Cultural Forum)

Politikerbesuche hatten oft etwas Ambivalentes. Sie nahmen viel „Betreuungszeit" in Anspruch, es galt, alle möglichen Termine zu vereinbaren, Reden zu schreiben (manchmal über Nacht, etwa über Präsident Roosevelt, als Außenminister Pahr vergessen hatte, dass er die Festrede bei einem Symposium halten musste) usw. Umgekehrt hatte man aber oft auch Gelegenheit, Wünsche anzubringen, Vorschläge

Abb. 17 Fassade des Österreichischen Kulturforums in New York, Architekt: Raimund Abraham
Foto: David Plakke/Austrian Cultural Forum New York / Courtesy of ACFNY

zu machen, den zuständigen Minister mit der eigenen Arbeit vertraut zu machen etc.

So etwa erwies sich ein Besuch des damaligen Außenministers Mock im Kulturinstitut als richtungweisend. Das fast einhundert Jahre alte, sechsstöckige, heimelige und sympathische Sandsteinhaus war völlig baufällig, keine Aircondition im Sommer, keine Heizung im Winter, eine Generalsanierung mit hohen Kosten verbunden. „Warum nicht mutig sein und stattdessen ein neues Haus bauen", schlug ich dem höchst interessierten und hellhörigen Mock vor und zeigte ihm erste Kostenberechnungen unseres Vertrauensarchitekten Gerd Karplus. Die Nettonutzfläche könnte mehr als verdoppelt und mit einem eindrucksvollen Architektenentwurf ein spektakuläres Signal österreichischer Kreativität gesetzt werden. Die Idee war geboren und Mock begeistert. Er ließ nicht mehr locker, auch wenn es noch einige Jahre dauern sollte. In zahlreichen Berichten an das „Amt" versuchte ich, alle Vorteile einer solchen Vision zu argumentieren. Von den meisten belächelt, von einigen unterstützt, intern von der wirtschaftspolitischen Sektion als unwirtschaftlich abgelehnt, versickerte sie langsam in den Ablagen verschiedener Kanzleien.

ZEITSPRUNG: Anfang der Neunzigerjahre – ich war inzwischen Leiter der kulturpolitischen Sektion im Außenministerium – konnte das Projekt über Nachfrage Mocks wiederbelebt und mit Wolfgang Waldner, meinem Nachfolger in New York, ein engagierter „Projektbetreiber vor Ort" gefunden werden. Beeindruckend war auch die große Kompetenz der Kollegen in den zuständigen Fachabteilungen, allen voran Alfred Preissl und Walter Son sowie die unverzichtbare Mitwirkung des Tiroler Architekten Ernst Bliem. Ein großer öffentlicher Wettbewerb sollte es werden, um auch jungen oder unbekannten Architekten eine Chance zu geben. Aber dann: ein von allen „Großen" an Bundeskanzler Vranitzky unterschriebener Protestbrief. Es müsse ein geladener, auf diesen Kreis beschränkter Wettbewerb sein. Wie viele Chancen gäbe es denn, ein solch sensationelles Projekt im Herzen Manhattans zu verwirklichen? Vranitzky schloss sich diesen Überlegungen an und ersuchte den Außenminister in einem Schreiben dringlich, von einer öffentlichen Ausschreibung Abstand und einen geladenen Bewerb mit den sechs „großen Architekten" des Landes in Angriff zu nehmen. Nur das nicht, empfahl ich. Kurze Beratung. Mock wäre nicht Mock, wenn er nicht bei der öffentlichen Ausschreibung geblieben wäre. Und das, obwohl die „Großen" in ihrem Brief angekündigt hatten, sich nicht zu beteiligen, was zweifellos zu einer äußerst problematischen Situation geführt hätte. Und so kam es, dass ich anlässlich der Eröffnung einer großen Baselitz-Ausstellung an einem Tisch zwischen den Architekten Hans Hollein und Wilhelm Holzbauer zu sitzen kam. Und recht bald kam das Gespräch auf „das Projekt in New York". Ich argumentierte, dass sie doch auch einmal jung gewesen seien und auf eine solche Chance gewartet hätten. Ich spürte Holzbauers Wohlwollen, und plötzlich meinte er ziemlich wörtlich, dass er sich schon seit Tagen über den Brief ärgere, dass ihm eine solche „Platzhirschmentalität" eigentlich gar nicht liege und dass er sich daher an dem geplanten öffentlichen Wettbewerb beteiligen werde. Wow, lieber Herr Hollein? Ja, auch er habe ähnliche Gedanken gehabt und werde teilnehmen. Der Bann war gebrochen, und alle „großen" Architektenbüros waren dabei. Halleluja.

Anonymer Wettbewerb

226 Teilnehmer gab es, 226 Modelle in der großen Halle des damaligen Messepalastes (heute MuseumsQuartier), was für ein Bild, wie viel geballte österreichische Kreativität in einem Raum. Fotos von allen Einreichungen gibt es im Dokumentationskatalog („Österreichisches Kulturinstitut New York – ein baukünstlerischer Wettbewerb", Haymon-Verlag, Herausgeber Ernst Bliem), der auch den gesamten Werdegang dieses bis dahin größten öffentlichen Ausschreibungsprojekts der Zweiten Republik in Wort und Bild festhält. Nach fast dreitägigen Sitzungen der neunköpfigen, hochkarätigen, international-österreichischen Jury, der sich – wie der Kurier tags darauf schrieb – „auch ein Hollein beugen musste", stand das Ergebnis der anonymen Wettbewerbsabwicklung fest: Der erste Platz (mit Baugarantie) wurde dem Projekt mit der Nummer 49 zuerkannt. Wird wohl unvergesslich bleiben, jener spannungsgeladene Moment, in dem Alois Mock zu nächtlicher Stunde das Kuvert mit der Nummer 49 öffnete: Raimund Abraham. Danach der Zweite

Preis: Kuvert/Projekt Nummer 130: Hans Hollein. Dritter Preis, Nummer 139: Georg Pendl, Elisabeth Senn, Innsbruck.

Baubeginn und Eröffnung

Abb. 18 Mit Architekt Raimund Abraham auf der Baustelle des Kulturforums
Foto: Privatbesitz

Es sollte noch eine Weile bis zum eigentlichen Baubeginn und bis zur Eröffnung im Jahr 2002 dauern. Mock war 1995 als Außenminister zurückgetreten. Wolfgang Schüssel, sein Nachfolger, hatte zunächst andere Prioritäten. Da war es ein Glücksfall, dass der neue, junge Finanzminister Staribacher – ohne das mit Schüssel zu besprechen – den für die Baukosten vorgesehenen Budgetposten strich. Das ließ sich Schüssel nicht ohne weiteres gefallen: Er fand – verärgert, wohl ein wenig nolens volens, aber auch „aus Solidarität mit dem Alois" – einen ziemlich kreativen Finanzierungsweg über die BIG (Bundesimmobiliengesellschaft), durch den mit dem Bau begonnen werden konnte. Inzwischen hatte das Modell Abrahams seinen Siegeszug mit einer Einzelausstellung im New Yorker Museum of Modern Art angetreten, die 50 bestplatzierten Entwürfe wurden als Wanderausstellung in die wichtigen Architekturzentren der Welt geschickt. In New York wird viel und auch Überraschendes gebaut. Über kein neues Gebäude aber wurde in all diesen Jahren weltweit so oft und so positiv berichtet wie über das neue Österreichische Kulturinstitut. In den offiziellen und inoffiziellen Architektur-Guides New Yorks wird es, je nach Verlag, unter den zehn, bisweilen auch, gemeinsam mit dem Guggenheim-Museum (Frank Lloyd Wright) und dem Seagram Building (Ludwig Mies van der Rohe) unter den drei bedeutendsten und einflussreichsten Neubauten der Stadt aufgelistet. Kenneth Frampton, Architektur-Guru der New Yorker Columbia University und Jury-Vorsitzender des anonymen Wettbewerbs, legte noch eins drauf, als er in einem Interview meinte, dass es jetzt in New York zwei Kulturbauten von internationaler Bedeutung gebe: Das Guggenheim und das Österreichische Kulturinstitut. Kein Wunder also, dass das „Austrian Cultural Forum", wie es heute heißt, längst auch zu einer Art Pilgerstätte für junge Architektinnen und Architekten aus aller Welt geworden ist.

Am 18. April 2002 war die Eröffnung, vom Leiter des ACF (Austrian Cultural Forums), Christoph Thun-Hohenstein, ausgezeichnet vorbereitet. Da war ich, das gestehe ich, schon sehr gern dabei. Am nächsten Tag dann ein euphorischer Artikel in der New York Times auf Seite eins der Kultur- und Kunstbeilage, der in den höchsten Tönen über die „wertvollste, schönste, herrlichste Architektur, wie man sie in New York selten sieht", schwärmt. Wie viele große Medien und praktisch alle wichtigen Architekturzeitungen, buchstäblich weltweit, auch.

Beyond the Sound of Music

Der Indian Summer – der farbenprächtige, blau-himmlige Herbst – gehört zu den legendären Naturschönheiten Neuenglands. Was aber bitte macht der „Styrian Autumn", der „Steirische Herbst" in New York, mitten im Mai, 1985? Gute Frage. Entstanden ist die Idee, als ich darüber nachdachte, wie man am besten 40 Jahre Zweite Republik und 30 Jahre Staatsvertrag in den USA feiern könnte. Während eines Gesprächs mit Peter Vujica, dem Intendanten des „Steirischen Herbsts", in meinem Büro im Kulturinstitut nahm die Idee Gestalt an: Etwas Neues, Zeitgenössisches wollten wir machen, ein Festival, das, fern von allen Klischees, Österreichs zeitgenössische Kreativität in New York präsentieren sollte: „Beyond the Sound of Music – New Austria/New York", war sein Titel. Kuratiert wurde es – mit dem „Steirischen Herbst" als Veranstaltungspartner – von Peter Vujica, Herrn Lugus und mir. Was für ein Spaß, was für eine Aufregung, was für eine Vielfalt, was für ein herrlicher Beruf und, ja, was für ein Erfolg! Ich denke, eine kurze, auszugweise Aufzählung der Mitwirkenden reicht aus, um die Bandbreite dieser österreichischen Kulturwoche in New York zu beschreiben: Alfred Kolleritsch, Jürg Laederach, H. C. Artmann, Wolfgang Bauer, Walter Abish, Ingeborg Day, John Irving, Günther Domenig, Hermann Eisenköck, Ernst Giselbrecht, Volker Giencke, Konrad Frey, Bernhard Hafner, Eilfried Huth, Klaus Kada, Gerhard Kreutzer, Günther Krisper, Fritz Mascher, Irmfried Windbichler, Helmut Richter, Heidulf Gerngross, Michael

Szyszkowitz, Karla Kowalski, Heinz Wondra, Othmar Krenn, Jörg Schlick, Andi Beit, Gunther Skreiner, Armin Medosch, Heinz Cibulka, Seiichi Furuya, Friedl Kubelka-Bondy, Branko Lenart, Helmut Tezak, Manfred Willmann, „Jazzzwio" (Harry Pepl, Werner Pirchner, mit Famoudou Don Moye), Otto M. Zykan, Gunda König und Dieter Kaufmann, Reinhard Weixler, Gerald Weixler, Rhys Chatham, Ernst Schmidt, Dietmar Brehm, Valie Export, Herwig Kempinger, Lisl Ponger, Peter Tscherkassky, Hartmut Skerbisch, Eberhard Schrempf.

Abb. 19 Peter Marboe nimmt an einer Käfig-Performance von Othmar Krenn in New York City teil.
Foto: Privatbesitz

„Ja, so sind wir (auch)", „Beyond the Sound of Music", riefen die teilnehmenden österreichischen Künstlerinnen und Künstler eine Woche lang den New Yorkern und New Yorkerinnen zu, die im Zusammenhang mit Österreich in erster Linie an Mozart, Musik, Mountains und Maria Theresia denken. Und sie wurden gehört, von Tausenden Teilnehmern, verwundert Stehenbleibenden bei Performances im öffentlichen Raum, Besuchern der Ausstellungen, Lesungen und Filmvorführungen und von den Medien, allen voran der New York Times mit vielen positiven Berichten.

Never a dull moment

Und ziemlich spannend war es zwischendurch auch. Etwa als Othmar Krenn in seinem „Time Screening Cage", einer Art Metallkäfig, durch die Straßen New Yorks geschoben wurde, heftig an den Stäben rüttelnd. Auf der Park Avenue war es plötzlich so weit: Jemand hatte Polizei und Rettung verständigt – eine Entführung, ein Irrer, ein Krimineller? – fragten sie laut. Krenn hatte das erforderliche „Performance-Permit" nicht bei sich. Vujica rief bei mir an. Ich lief los und kam bei der Menge an, als Krenn schon samt Käfig in einen Rettungswagen gekarrt wurde, um in eine Irrenanstalt gebracht zu werden. An sich mochte er solche Zwischenfälle, ja provozierte sie geradezu, aber das war ihm jetzt doch unheimlich. Rücksprache mit den Polizisten, Kopie des Permits, Public Performance, Austrian Artist etc. Ende der Aktion. Wir schoben Krenn hinüber zum Generalkonsulat. Ich müsse das unbedingt ausprobieren, sozusagen als Belohnung für seine Rettung, und mich in den „Time Screening Cage" einschrauben (Öffnen unmöglich) lassen. Nun gut. Und so kam es, dass mich Othmar Krenn mit seinen Helfern im Metallkäfig, an dem unten zwei Räder befestigt waren, die Madison Avenue hinunter, bei starkem Verkehr, halb liegend, halb stehend schob, an hupenden Autos und kopfschüttelnden Menschen vorbei. Ein unheimliches Gefühl der totalen Abhängigkeit, Hilflosigkeit, des Ausgeliefertseins, absolut kein Entkommen möglich. Nur das polizeiliche „Public-Performance-Permit" in der Tasche, just in case …

Dann, um zwei Uhr früh, Anruf der Polizei. Rettungsaktion für Wolfgang Bauer. Ihm seien Pass und Brieftasche gestohlen worden, er habe sich verirrt und seine Wohnadresse vergessen. Der Polizist schien erleichtert, als ich volontierte, gleich zu kommen, Wolfi Bauer zu identifizieren und ins Hotel (und zur Sicherheit in sein Zimmer) zu bringen.

Oder auch ein langes, aufgeregtes Gespräch mit dem hochbegabten, sensiblen Hitzkopf Otto M. Zykan, der – ein großer Idealist – wütend war, als er erfuhr, dass seine Musik-Aktion für eine Reihe amerikanischer Radiostationen von uns – mit öffentlichen Mitteln also – gesponsert wurde, und er daher nicht auftreten wollte. Er tat es dann doch, als ich ihn überzeugen konnte, dass es in New York ohne Sponsoring unmöglich sei, von einem syndizierten Radioprogramm wahrgenommen zu werden. Und dass es jetzt darum gehe, von mehreren hunderttausend Menschen gehört oder eben nicht gehört zu werden …

Apropos liebenswerter Hitzkopf:

Auch Thomas Bernhard war ein solcher. Von ihm erhielt ich einen Brief, nachdem wir ihn bzw. seinen Verlag um Erlaubnis zur Aufführung von „Der Ignorant und der Wahnsinnige" im Yale Theater Department gebeten hatten. Es dürfe kein Schilling Steuergeld verwendet werden, verbunden mit allen möglichen Drohungen, wenn es doch so sein sollte. Das konnte ich ihm zusichern, weil wir einen amerikanischen Sponsor für die gesamten Aufführungskosten gefunden hatten. Mit den erfreulichen Kritiken war er danach zufrieden und auch mit dem Hinweis, dass das – überwiegend studentische – amerikanische Publikum mit heftigem Applaus reagiert habe.

Waldheim

Auch die Waldheim-Geschichte – Affäre, Campaign – fällt noch in meine „New Yorker Zeit". Im Frühjahr 1985 rief mich eines Tages Kurt Waldheim an, um mich zu einem Abendessen einzuladen. Überraschung. Ein Zweier-Treffen mit dem früheren Generalsekretär der Vereinten Nationen? Dessen dritte Amtszeit bei der UNO trotz laufender Mehrheiten im Sicherheitsrat nur am – mit viel diplomatischem Bedauern erfolgten – Veto Chinas gescheitert war? Schönes Lokal, Small Talk, und dann: Er werde sich vermutlich als „unabhängiger Kandidat" um das Amt des Bundespräsidenten bewerben – wie schon einmal zuvor, 1971, – aber diesmal unter ganz anderen, viel günstigeren Voraussetzungen. Es bestehe auch die Möglichkeit, dass er – wie Kreisky das bei der SPÖ erreichen wolle – als gemeinsamer, überparteilicher Kandidat nominiert werde, was natürlich das Beste wäre. Es bestehe ja noch genügend Zeit, er wolle nur einmal vorfühlen, ob ich allenfalls bereit wäre, die Leitung des „unabhängigen Waldheim-Büros" zu übernehmen. Es müsse doch auch mir als kosmopolitischem Menschen wichtig sein, dass eine welterfahrene und weltbekannte Persönlichkeit in der Hofburg sitze. Gerade jetzt, wo der Stern Kreiskys gesunken war und Österreich, wie früher, internationale Nichtbeachtung drohe …

Und was war im Krieg?

Weiteres Abendessen, drei Wochen später. Und jetzt noch meine direkte Frage: Wie ist das mit den Gerüchten um seine Kriegsvergangenheit, die schon im Wahlkampf 1971 und später dann auch bei der UNO durch eine schriftliche Anfrage des US-Kongressabgeordneten Stephen J. Solarz aufgetaucht seien? „Alles geklärt und widerlegt." 1971 von der SPÖ initiiert, aber ad acta gelegt, als man merkte, dass da nichts dran war. Und Solarz habe er zufriedenstellend geantwortet. Er sei der wohl „bestdurchleuchtete" Politiker der Welt, wurde, aus einer antinationalsozialistischen Familie kommend, zur Wehrmacht eingezogen, dann bald an der Ostfront verwundet und hatte danach, weil wehrunfähig, das Riesenglück gehabt, nur noch an sein Studium und seine Eheschließung denken zu können. Kurz vor dem Kriegsende doch noch einmal zur Wehrmacht verpflichtet konnte er über Triest unversehrt nach Hause kommen, glücklich, dass endlich alles vorbei war. Das sei die Wahrheit, ich könne da ganz sicher sein. Und abschließend: Der Widerstandskämpfer und Außenminister Karl Gruber hätte ihn sonst sicher nicht gleich nach Kriegsende zu seinem Sekretär gemacht.

Gab es jetzt noch einen guten Grund für ein Nein? Im Zweifel das Schwierigere – damit war ich doch immer gut gefahren. Waldheim – durch sein Curriculum Vitae ja tatsächlich ein besonders geeigneter Kandidat – schien äußerst zufrieden. Er sei sehr zuversichtlich, dass er diesmal gewinnen werde und freue sich auf die Zusammenarbeit.

Leon Zelman

Am 26. Oktober 1985, kurz nach meiner Ankunft in Wien, gab es einen Empfang anlässlich des Nationalfeiertags. Mittendrin ein aufgeregter Leon Zelman, Freund aus New Yorker Tagen, wo wir eine Reihe gemeinsamer Projekte – Ausstellungen, Symposien, Einladung junger Juden, darunter Israel Singer, nach Wien usw. – durchgeführt hatten.

Ab in eine Ecke, sehr vertraulich: „Peterle" (so nannte er mich im Unterschied zu Prawy, der gern „Peterchen" sagte), also, „Peterle, das darfst du nicht tun, bitte mach das nicht, geh zurück nach New York. Es wird etwas Furchtbares auf Euch zukommen, Waldheim wird vermutlich zurücktreten." usw. Wie bitte? Was meinst du damit? „Mehr kann ich dir nicht sagen." Und mehr, trotz meines Insistierens, sagte er auch nicht. Er schien aber echt besorgt, ja bedrückt. Später, als alles vorbei war, meinte er entschuldigend, dass ihm selbst nur Andeutungen bekannt gewesen seien, er doch vor einem solchen Wahlkampf nicht illoyal zur SPÖ habe sein können und im Übrigen überzeugt gewesen sei, dass man in Waldheims Biografie „irgendetwas finden" werde.

Sinowatz und Pusch

Ebenso schon im Oktober 1985 kündigte, wie im Profil Nr. 25/2007 nachzulesen, Sinowatz dem burgenländischen SPÖ-Vorstand an, dass „Waldheims braune Vergangenheit" im Wahlkampf noch eine Rolle spielen dürfte. Weil Sinowatz leugnete, es aber eine glaubhafte Zeugin gab, wurde er schließlich rechtskräftig verurteilt – als einziger in dieser ganzen sonderbaren Angelegenheit. Viele Jahre später, bei einer öffentlichen Veranstaltung im Wien Museum am 4. Mai 2016, verurteilte Wolfgang Petritsch (langjähriger Pressesprecher Bruno Kreiskys und mein Nachfolger als Leiter des Presse- und Informationsdienstes in New York) mit unmissverständlichen Worten die Anti-Waldheim Kampagne der SPÖ und nannte Hans Pusch, den damaligen Kabinettschef Sinowatz', ausdrücklich als „Drahtzieher". Wie das vorher mit ähnlichen Worten Simon Wiesenthal und Kurt Bergmann getan hatten. Keiner wurde übrigens, soweit ich weiß, von Pusch trotz diesbezüglicher Ankündigungen geklagt.

Waldheim, dem die Welt vertraut

Bis zum legendären Profil-Artikel von Hubertus Czernin am 3. März 1986 und der Veröffentlichung in der New York Times am darauffolgenden Tag, sollte es noch mehr als vier Monate dauern. Während dieser Zeit lief im Wesentlichen alles so, wie ich es mir vorgestellt hatte. Schöne Plakate, Waldheim, der Kosmopolit, „dem die Welt vertraut", weit voraus in allen Umfragen. Nur einmal tauchte ein sonderbares Gerücht betreffend ein uneheliches Kind in St. Andrä-Wördern auf. Sollte das jetzt der lang erwartete, große SPÖ-Wahlkampfcoup werden? Und was wäre dann aus den Andeutungen der braunen Flecken geworden? Sollte man das Gerücht nicht einfach laufen lassen? Das mache den Kandidaten doch nur sehr menschlich, witzelten wir bei einer Besprechung mit Waldheim, der das allerdings gar nicht lustig fand. Ein rasches Dementi musste her. Das Gerücht war genauso schnell wieder weg, wie es gekommen war.

Wehrstammkarte und Profil

Hubertus Czernin vom Profil hatte angefragt, ob er Einsicht in Waldheims Personal- bzw. Wehrmachtsakt nehmen könne. „Warum nicht," war Waldheims zustimmende Antwort.

Geisterstunde im Haus-, Hof und Staatsarchiv, wohin die Personalakten der beiden Kandidaten Waldheim und Steyrer gebracht und „unter Verschluss" verwahrt wurden. Verblüffend schnell fand Czernin in dem Aktenungetüm, was er suchte und eifrige Beamte hatten auch schon Kopien relevanter Unterlagen, allen voran der „Wehrstammkarte" angefertigt. Wir, Ferdinand Trauttmansdorff und ich, lasen nur „SA-Reiterstandarte" und „NS-Studentenbund". Schockstarre oder so etwas Ähnliches machte sich breit. War es das jetzt?

Zurück im Büro reagierte der Rest des Teams, insbesondere Gerold Christian und Peter Schatzer ähnlich bestürzt wie wir. Angespanntes Gespräch mit Waldheim, der zu unserer Überraschung völlig ruhig blieb. Das seien doch unwichtige Organisationen. Er habe nie einen Aufnahmeantrag unterschrieben, daher könne man einen solchen auch nicht finden. Vermutlich seien damals die Studenten der Diplomatischen Akademie mit einer kollektiven Liste an die beiden Organisationen weitergegeben worden – was übrigens später (siehe Profil Nr.25/2007) vom Zeithistoriker Gerhard Botz für möglich, ja sogar wahrscheinlich gehalten wurde. Und auch Wiesenthal wies darauf hin, dass „beide Gruppierungen nach Kriegsende nicht registrierungspflichtig waren" (siehe auch Die Presse vom 9. Juni 2018). Aufatmen, vorläufig jedenfalls.

New York Times, New York Post und World Jewish Congress

Dann, vor allem nach der Veröffentlichung des Fotos in der New York Times, das Waldheim in Wehrmachtsuniform bei einer Lagebesprechung mit SS-General Artur Phleps zeigte, ging es richtig, Schlag auf Schlag. los. Fast täglich neue Kopien von Wehrmachtsberichten mit Waldheims Unterschrift, Zeitzeugen Pro und Contra, Pressekonferenzen des World Jewish Congress (WJC), gefälschte Dokumente im Spiegel (mit Entschuldigung), usw. Schließlich die New York Post, die berichtete, dass ein Kriegsverbrecher Präsident Österreichs sein werde, mit der Titelseite: „Papers show Waldheim was SS Butcher."

Ich flog nach New York, um mit meinen Bekannten bei der New York Times und beim WJC zu sprechen. Bei der New York Times gab es nur Andeutungen, dass sie die Unterlagen teils von einem „high official" in New York, teils direkt aus Österreich und teils vom WJC erhalten habe. Über Waldheim werde man weiter objektiv und unter Heranziehung verlässlicher Quellen berichten. Einen Titel wie in der New York Post könne es bei der New York Times nicht geben. Es gebe auch keine Hinweise auf Kriegsverbrechen, wohl aber viele Fragezeichen, was Waldheims Mitwisserschaft betreffe. Waldheim werde auch weiterhin Gelegenheit gegeben werden, seine Sicht der Dinge darzustellen.

Danach erstaunliches Gespräch mit Israel Singer, Generalsekretär des WJC. Ruhig, Beine auf dem Schreibtisch, entspannt. Waldheim sei ihnen ziemlich egal. In der UNO sei er nur ein Erfüllungsgehilfe Kreiskys gewesen. Man habe niemals behauptet, dass er ein Kriegsverbrecher sei. Was die Zeitungen schreiben, könne er nicht kontrollieren. Aber eine solche Chance könne man sich nicht entgehen lassen. Mit ihnen, den jungen Juden, werde es kein Vergessen, Vertuschen und Verheimlichen geben, und der WJC habe genau diese Aufgabe zu erfüllen. Radikaler der zeitweise anwesende Direktor des WJC, der inzwischen verstorbene Elan Steinberg, der die Vorwürfe in Richtung Kriegsverbrecher und Nazi-Mitgliedschaft offenlassen wollte. In Österreich gebe es nur zwei Feinde: Simon Wiesenthal und Michael Graff. Ersterer, weil er Waldheim durch sein Statement, dass dieser kein Nazi und kein Kriegsverbrecher gewesen sei, „weißgewaschen" habe und Graff, weil er versuche, mit antisemitischen Tönen Wahlkampf zu machen. Gegen Österreich sei das nicht gerichtet. Er komme ja selbst von dort. Seine Eltern konnten rechtzeitig flüchten, aber der Großteil seiner Familie sei im Holocaust ermordet worden. Die Watchlist-Entscheidung werde man auch nach der allfälligen Wahl Waldheims weiter vorantreiben. Waldheim solle nicht glauben – was dieser übrigens tatsächlich tat – dass nach seiner Wahl alles wieder ins Lot kommen werde. (Wiesenthal wird in einem der vielen Gespräche mit sichtlicher Enttäuschung zu mir sagen, dass ihn die früheren Verleumdungen Kreiskys, seine Stellungnahmen in der Waldheimaffäre und die dadurch ausgelöste Gegnerschaft des WJC um die geplante Nominierung für den Friedensnobelpreis gebracht haben.)

„Pflicht getan"

Waldheim war sich seiner Unschuld so sicher, dass er sich nicht verpflichtet fühlte, zu detaillierten Vorwürfen, insbesondere was das Wissen um Kriegsgräuel und Deportationen betraf, Stellung zu nehmen („Ihr könnt Euch verlassen, man wird nichts finden, ich habe ein reines Gewissen, ich habe es einfach nicht gewusst"). Er hat – wie er übrigens nach der Wahl selbst mit Bedauern feststellte – nicht verstanden, worum es ging. Wie auch, wenn man jahrzehntelang „nur froh war, dass alles vorbei war" und man nicht mehr darüber nachdenken oder reden musste. Nur so ist sein unseliger Sager von der Pflichterfüllung zu verstehen. Ja, haben denn die, die Widerstand geleistet haben, Stauffenberg, Hildebrand, Oesterreicher, Bonhoeffer, Franz Jägerstätter, Irene Harand, Sophie und Hans Scholl, Carl Szokoll und die vielen anderen nicht ihre Pflicht getan? Bis hin zu Otto und Fritz Molden, Ludwig Steiner oder Karl Gruber (die übrigens Waldheim verteidigt haben).

Keine große Rede

Ich legte Waldheim Auszüge aus der großen Weizsäcker-Rede vor mit dem Vorschlag, bei baldiger Gelegenheit ähnliche Worte, noch vor der Wahl, zu finden. An sich richtig, war Waldheims Reaktion, aber in Österreich nicht möglich: Im Unterschied zu ihm, Waldheim, musste sich Weizsäcker keiner Volkswahl stellen… Offensichtlich hatte Waldheim den Rat Kreiskys – wie er uns im Büro nach einem längeren Treffen mit ihm erzählt hatte – nämlich, dass er sich die nationalen Wähler holen müsse, so sehr verinnerlicht, dass ihm Alternativen nicht zielführend erschienen. Den Wahlkampf überließ er nunmehr zunehmend den „ÖVP-Profis" in der Kärntner Straße. Mit dem kosmopolitischen ehemaligen UN-Generalsekretär, dem die Welt vertraut, ging es jetzt plötzlich in Richtung Stammtischkandidat, der, wie so viele in der älteren Generation, ein „anständiger Soldat" war und „Jetzt erst recht" gewählt werden sollte. Was für eine unvorhergesehene Strategieänderung mitten im Wahlkampf! Ich glaube immer noch, dass Waldheim, wäre er beim ursprünglichen Konzept des Über-den-Dingen-Stehens, des Hinein-Segelns ins Präsidentenamt geblieben –, mit großen, glaubwürdigen Erklärungs-, Versöhnungs- und Entschuldigungsreden – die Wahl genauso gewonnen hätte und ihm viele Demütigungen, Sorgen und Beschränkungen während seiner Präsidentenzeit erspart geblieben wären.

Wahlkämpfer

Rein wahlkampftechnisch lief Waldheim allerdings zu unerwarteter Hochform auf. Die Hoffnung der sozialdemokratischen Parteistrategen und die Ängste der Politprofis bei der ÖVP, dass ein dünnhäutiger Diplomat Waldheim, etwa unter dem Motto, das nicht nötig zu haben, irgendwann resignieren würde, erwiesen sich als unzutreffend. Jeder Wahlkampf ist in erster Linie von parteipolitischem und persönlichem Ehrgeiz und entsprechender Irrationalität geprägt. Und Waldheim wollte der SPÖ nicht die Freude machen, beim ersten Gegenwind, der sich dann bald zu einem riesigen Wirbelsturm entwickeln sollte, in die Knie zu gehen und womöglich alles hinzuschmeißen. Nein, Waldheim entpuppte sich – bei öffentlichen Auftritten konsequent vom „Hrdlicka-Pferd" begleitet – als Kämpfer der Sonderklasse, ertrug Angriffe, Unterstellungen und Vorwürfe mit erstaunlicher Gelassenheit und zeigte bisweilen Emotionen, die keiner erwartet hatte.

So zum Beispiel während der ORF-Pressestunde, in der er mit hochrotem Kopf die Journalisten zurechtwies, mit der Hand auf den Tisch schlug, er sich das alles nicht länger bieten lasse usw. Kurt Bergmann, immer für ein Bonmot gut, sagte halblaut in die Runde hinein: „Hallo, der hat uns nicht vierzig Jahre verheimlicht, dass er ein Nazi war, der hat uns ja vierzig Jahre lang verheimlicht, dass er ein Mensch ist."

Waldheim wollte diesen Job, wie man in Amerika sagen würde, „by all means", also unbedingt und kämpfte dafür mit eindrucksvoller Belastbarkeit. Dabei beflügelte ihn die fixe, aber trügerische Vorstellung, dass sich mit erfolgter Wahl „schon alles fügen" würde, er dann die richtigen Worte finden und als Staatsoberhaupt national und international akzeptiert werde.

Die Wehrmacht

2006 schrieb Hubertus Czernin in einer rückblickenden Analyse: „Die Waldheim-Affäre schien niemanden kalt zu lassen. Sicherlich lag das auch an der Tatsache, dass eine so belastende Diskussion nur schwer in einem Wahlkampf zu führen ist, weil dieser ohne Ansehung des Debatteninhalts bereits die politischen Lager definiert hat. Hier gibt es nur Schwarz und Weiß, alle Versuche, die vielfältigen Schattierungen des Falls zu zeichnen, waren deswegen von vornherein zum Scheitern verurteilt." Und dann weiter: „Indirekt führte die Auseinandersetzung der Waldheim-Jahre aber zu einem großen gesellschaftspolitischen Erfolg: In bislang unbekannter Intensität nahm sich die Zeitgeschichtsforschung der Rolle der Wehrmacht im Dritten Reich an."

Gut für Österreich

Vielleicht nur eine Momentaufnahme, aber doch eine, die Hoffnung gibt, dass die Waldheim-Jahre nicht umsonst, ja, dass sie vielleicht die letzte Chance waren, über vieles nachzudenken, was in den vorhergegangenen Jahrzehnten schiefgelaufen war.

Im Rückblick kenne ich kaum jemanden, gleichgültig, auf welcher Seite man damals im Wahlkampf gestanden ist, der heute nicht der Meinung ist, dass Waldheim ein Katalysator war, einer, durch den – und vermutlich nur durch den – Österreich noch einmal tief durchatmen, sich besinnen und ein neues Erinnerungsbewusstsein schaffen konnte. Ja, auch niemanden, der der Meinung ist, es wäre für Österreich besser gewesen, wenn es die „Waldheim-Affäre" nicht gegeben hätte. In der schon erwähnten Profil-Ausgabe, Nr. 25 vom 18. Juni 2007, ist alles dort anlässlich des Todes von Kurt Waldheim Geschriebene lesenswert: Von Herbert Lackners Leitartikel und Coverstory über Hubertus Czernins „Die unvollständige Biografie" bis zu den Statements involvierter Persönlichkeiten, von Doron Rabinovici über Gerhard Roth, Elisabeth Orth, Anton Pelinka und Gerhard Botz bis zu Heinz Nußbaumer. Alle argumentieren in diese Richtung.

Nach der Wahl

Am Sonntag, 8. Juni 1986, wurde Waldheim im zweiten Wahlgang mit 53,91 % der gültigen Stimmen (sechs Wochen vorher waren es 49,65 %) zum Bundespräsidenten gewählt. Ein Rücktritt Waldheims während des Wahlkampfs, einer Zeit der Irrationalität, hätte – davon war auch Wiesenthal überzeugt – alles nur noch schlimmer gemacht und Dolchstoßlegenden aller Art losgetreten. Wir mussten da durch. Alle, Österreich als Land und seine Menschen, mussten da durch. Die Geschichte, wie man so schön sagt, hatte uns, gerade noch, eingeholt. Und das Land zum Besseren verändert. „Gott schreibt" – Paul Claudel – „gerade auch auf krummen Zeilen." Montagvormittag verabschiedete ich mich, froh, dass es vorbei war, von Mock und danach von Waldheim. Ich wünschte dem neu gewählten Staatsoberhaupt viel Glück, riet ihm, bei baldiger Gelegenheit die große Versöhnungsrede zu halten, die er während des Wahlkampfes verweigert hatte, und flog danach – um einige Erfahrungen reicher – zurück nach New York, wo ich zu meiner großen Freude – und auch Erleichterung – mit offenen Armen empfangen wurde.

Epilog

Für eine zweite Amtsperiode wird sich Kurt Waldheim nicht bewerben. Am 14. Juni 2007 wird er im 89. Lebensjahr sterben. In seinem Vermächtnis wird er „zutiefst" bedauern, „viel zu spät zu den NS-Verbrechen umfassend und unmissverständlich Stellung genommen" zu haben. „Im Angesicht des Todes lösen sich alle Brüche des Lebens auf, Gutes und Böses, Helles und Dunkles, Verdienste und Fehler stehen nun vor einem Richter, der allein die Wahrheit kennt. Getrost trete ich vor ihn – im Wissen um seine Gerechtigkeit und seine Gnade."

„Möge sie ihm gewährt werden", wird Herbert Lackner seinem Nachruf im Profil, in dem mehr als zwanzig Jahre vorher, im März 1986, Hubertus Czernin vieles ins Rollen gebracht hatte, hinzufügen.

Kulturnation Österreich

Dass das Österreich-Bild im Ausland vor allem von Tradition, Geschichte, Musik, Kunst und Kultur (Maria Theresia, Mountains, Music, Mozart) bestimmt wird, ist eine Binsenweisheit. Kaum eine öffentliche Rede, in der – oft in Verbindung mit dem Begriff „Kulturtourismus" – nicht darauf hingewiesen wird. Aber in welchem Ausmaß das der Fall ist, ist dann doch recht erstaunlich. 90 % der rund 10.000 jährlich in den USA erscheinenden Artikel haben mit solchen Themen (einschließlich schöner Landschaften) zu tun. 5 % haben Wirtschaft und (Außen-) Politik zum Inhalt, und der Rest befasst sich mit Tagesmeldungen wie Naturkatastrophen, Morden, (Kindes-)Missbrauch etc. In den Siebziger- und Achtzigerjahren war kein anderes Land in amerikanischen Museen so präsent wie Österreich. Albertina in Washington und New York, Kokoschka im Guggenheim, Dauerausstellung im MoMA (Museum of Modern Art). Das ist auch deshalb von Bedeutung, weil Österreich in erster Linie als Land der Musik gesehen wird und weil die künstlerische Präsenz, vor allem im Zusammenhang mit Großausstellungen, in den USA regelmäßig von einem beachtlichen medialen Echo begleitet wird. So etwa wurde über „Vienna 1900: Art, Architecture and Design", die 1986 als Eröffnungsausstellung des renovierten und neu gestalteten Museums of Modern Art in New York gezeigt wurde, allein in der New York Times einunddreißig Mal (!) berichtet. Das hat gewiss auch damit zu tun, dass vom Wien der Jahrhundertwende bis zum heutigen Tag eine große Faszination ausgeht, von der Kunst über die Literatur und Medizin bis zur Philosophie und Wissenschaft. Fred Morton stellt dazu in seinem Vorwort zu Schnitzlers englisch-sprachiger Autobiografie „My Youth in Vienna" die These auf, dass diese weltweit einzigartige Epoche in Wien vom New York der Siebzigerjahre übernommen worden sei. Ich habe stets die Meinung vertreten, dass man in den mit Österreich verbundenen (und vor allem vom Tourismus geförderten) Klischees kein Feindbild sehen, sondern diese vielmehr als Chance begreifen soll, „mit ihrer Hilfe" einen Weg zum besseren Verständnis zeitgenössischer österreichischer Kunst zu finden. Die zahllosen Vorträge, Ausstellungen, Konzerte, Filmvorführungen oder Symposien, oft in Zusammenarbeit mit amerikanischen Universitäten, sind eindrucksvolle Belege einer solchen „Strategie". Vom spektakulären zeitgenössischen Architektur-Akzent, der mit dem Neubau des Austrian Cultural Forum in New York gesetzt werden konnte, ganz abgesehen. In mehr als tausend Artikeln setzten sich die amerikanischen Medien mit dem kühnen Entwurf des „Austrian Architect" Raimund Abraham auseinander. „Beyond the Sound of Music", haben wir das Festival des Steirischen Herbsts in New York ganz bewusst benannt. Um dieses „Beyond", um den zeitgenössischen künstlerischen Diskurs in und mit Amerika wird es auch in Zukunft immer wieder gehen müssen.

Apropos Albertina:

Bei der Eröffnung der Ausstellung in der National Gallery of Art in Washington meinte Direktor Koschatzky zu mir: „Genießen Sie Dürers Betende Hände. Die haben Sie noch nie im Original gesehen, weil normalerweise nur (nicht unterscheidbare) Kopien gezeigt werden." Die Amerikaner aber hatten auf dem Original bestanden und damit auch kräftig Werbung gemacht.

Apropos MoMA, Vienna 1900, Ausstellungseröffnung:

Gleich nach meiner Rückkehr galt es, die letzten Vorkehrungen für die Eröffnung der großen „Vienna 1900"-Ausstellung im MoMA zu treffen. Die dabei im Vorfeld aufgetauchten Probleme waren von meiner treuen und loyalen Stellvertreterin Brigitte Agstner-Gehring, die das Kulturinstitut verlässlich durch die vielen Monate meiner Abwesenheit gesteuert hatte, bravourös gemeistert worden. Offen war nur, ob Gustav Klimts „Der Kuss", auf dem das MoMA ausdrücklich bestanden hatte, vom Belvedere freigegeben würde. Direktor Adolph blieb, trotz meiner telefonischen Urgenzen, bei seinem Veto, MoMA-Direktor Richard Oldenburg bei seiner Forderung. Keine „Vienna 1900"-Ausstellung ohne Klimts „Kuss". Schließlich ein Kompromiss: Das MoMA wird alle konservatorischen Auflagen für Transport und Aufenthalt erfüllen und die Kosten dafür übernehmen. Eigene erschütterungsfreie Verpackung, permanente Lüftungs-, Klima- und Feuchtigkeitskontrolle, über- und bewacht von einem durchgehend anwesenden Kurator des Belvederes. Wohl der teuerste und höchstversicherte Kuss der (Kunst-)Geschichte. Und Oldenburg hatte seine Sensation. Die Menschen standen begeistert Schlange und über seinen Coup wurde in allen Medien berichtet. Bei dieser festlichen Gelegenheit sollte auch, wie schon erwähnt, das neue MoMA (großzügige Aus- und Zubauten) seiner Bestimmung übergeben werden. Ein gesellschaftliches und kulturelles Großereignis! Verbunden mit einer umfassenden Berichterstattung über Wien und Österreich weit über die Jahrhundertwende hinaus. Zurück zur medialen Normalität, könnte man sagen, und recht willkommen, nachdem wochen- und monatelang fast ausschließlich über die Waldheim-Affäre zu lesen und zu hören war.

Bürgermeister Zilk nutzte übrigens die Gelegenheit, um überraschend die Gründung eines neuen Jüdischen Museums in Wien anzukündigen.

1987 – persönliches Wendejahr

Es ist ja nicht so, dass es während der vielen Jahre in New York nicht auch Überlegungen bezüglich beruflicher Alternativen gegeben hätte. Nicht von mir ausgehend – dazu war ich einfach zu gern in dieser magischen Stadt. Josef Taus – damals ÖVP-Bundesparteiobmann – wollte mich nach Wien zurückholen, das Außenamt nominierte mich als Kandidaten für die OECD-Direktion für den deutschsprachigen Raum, Leo Kirch lud mich nach München zu einem Gespräch ein, weil er dringend einen Firmenrepräsentanten in den USA brauchte und Ronald Wilford von Columbia Artists (CAMI), größte Musikagentur der Welt, suchte einen European Director, der unter anderen für die Tourneen der Wiener und Berliner Philharmoniker, der Symphoniker und der Wiener Staatsoper zuständig war (2020 wird CAMI coronabedingt in Konkurs gehen, aber das hätte mich wohl nicht mehr wirklich betroffen …). Alle diese „Anfechtungen" gingen – durchaus zu meiner Freude – aus den unterschiedlichsten Gründen an mir vorbei. Ich hatte auch ausreichend beruflichen Spaß als Direktor des Österreichischen Presse- und Informationsdienstes und der zeitgleichen Funktion des Pressechefs der UN-Mission sowie danach – letztlich die schönste Aufgabe – als Direktor des Austrian Cultural Institutes.

Und dann, sechs Uhr früh, das Telefon läutet. Michael Graff und danach Alois Mock fragen, ob ich Lust hätte, Hauptgeschäftsführer der ÖVP zu werden. Müsse auch nicht gleich, aber doch in absehbarer Zeit sein. Die Partei wolle sich öffnen, wolle europäischer und kosmopolitischer werden, und ich würde ideal hineinpassen. Ein Wink des Schicksals? Reise nach Wien, Bedenkzeit zwei Wochen. Gespräche mit Freunden und Familie. Praktisch alle dafür bis auf Erhard Busek, der mir vehement davon abrät, weil ich „zur falschen Partie" gehe. Zurück nach New York. Die mir so lieb gewordene Freiheit und Unabhängigkeit aufgeben? So vieles, mir Teures und Vertrautes, mir nahe stehende Menschen, Amerika, irgendwie zweite Heimat, verlassen? Stundenlanges Umherwandeln im Central Park. Nachdenken. Plus und Minus checken. „If it turns your stomach don't do it." Im Zweifel das Schwierigere! Ja, aber was ist das Schwierigere? Wieso ich? Bin nicht einmal Parteimitglied. Und da gibt es so viele, die mehr Anrecht hätten: Andreas Khol, Othmar Karas, Heribert Steinbauer, Pepi Höchtl, Wendelin Ettmayer usw. Die werden alle enttäuscht und von Anfang an gegen mich sein. Ist aber umgekehrt nicht wirklich mein Problem. Keine einfache Situation für einen nicht gerade für seine Entscheidungsfreudigkeit bekannten Menschen. „Mein" New York – diesmal also wirklich – aufgeben? Peter Pan, der mir so oft gezeigt hat, wo es langgeht, zurücklassen? Oder doch nicht? Er kann mir ja vielleicht auch in Wien beistehen, das neue Umfeld ernst, aber nicht zu ernst zu nehmen. Meine „drei Grazien" – Sylvia Gardner, Krista Lewis und Susi Schneider, alle nicht gerade ÖVP-affin – sind voll dafür. Freunde wie Richard und Peter Berczeller, Fred Morton, Henry und Franz Leichter genauso. Und erst Ossi Bronner, der Jahre zuvor seine Anteile an den von ihm gegründeten Erfolgsmagazinen „Trend" und „Profil" verkauft hatte, um in New York ein Künstlerleben führen zu können: „Gerade wir müssen uns jetzt engagieren und etwas tun." Er trage sich auch – nach all den schönen Jahren in New York – mit dem Gedanken zurückzukehren und eine Art „New York Times" zu gründen. So etwas dürfe man einfach nicht ablehnen. Die Mutter wird auch nicht jünger. Und immer der „Onkel aus Amerika" zu sein, ist auf Dauer ebenfalls zu wenig. *Hic Rhodus, hic salta!* Emigrant oder Nicht-Emigrant? Nicht-wahlberechtigter Zuschauer im großen Amerika oder Mitgestalter im kleinen Österreich? *Nil petere nil recusare. Benefac loco illi quo natus es!* (Tue dort Gutes, wo du geboren bist), hat schon Paulus geschrieben. Und jedem Anfang wohnt doch – mit Hermann Hesse – ein Zauber inne – oder? Noch dazu einer, „der uns beschützt und der uns hilft zu leben". Die Nadel auf der seelischen Entscheidungswaage neigt sich langsam, aber stetig in Richtung „Re-Immigration", Rück- oder auch Heimkehr nach 17 Jahren im Ausland, in Richtung berufliches Abenteuer, in Richtung Verantwortung, in Richtung Engagement, in Richtung Familie, in Richtung Europa, in Richtung Österreich … Ich teile Mock und Graff meine Zusage telefonisch mit.

Noch ein paar Monate Zeit, um größere Projekte in New York auf Schiene zu bringen. Dann Vorbereitung auf den Abschied, vom großen Freundes- und Bekanntenkreis, von vertrauten Plätzen, von der Wohnung im 20. Stock mit Terrasse und Rundblick. Die letzte Nacht alleine in den von ihrem Inhalt geleerten Räumen. Als Junggeselle bin ich 1970 nach New York gezogen, als Bachelor ziehe ich, auf den Tag genau, am 29. Juli 1987, nach 17 Jahren wieder aus, nicht ohne in dieser langen Zeit die Freuden des Zusammenseins und den Schmerz der Trennung erfahren zu haben. Mit dem Taxi fahre ich wie in Trance zum John F. Kennedy Airport. Nach einer durchwachten Nacht werde ich in Wien aus dem AUA-Flugzeug steigen, meine Familie wiedersehen, am 1. August, einem Samstag, die Stiegen im gruftigen Palais Todesco, der ÖVP-Zentrale, Kärntner Straße 51, hinaufsteigen, mich bei Alois Mock melden und Montag früh, in der wöchentlichen Morgensitzung, von Generalsekretär Michael Graff mit den Worten: „Herzlich willkommen, unser neuer Kapellmeister auf der Titanic", begrüßt werden.

1987–1991

ÖVP-Zentrale, Palais Todesco, Kärntner Straße 51

Hauptgeschäftsführer und stellvertretender Generalsekretär der Österreichischen Volkspartei also. Kapazunder wie Hans Kronhuber, Gottfried Heindl, Karl Pisa, Kurt Bergmann hatten diese oder eine ähnliche Funktion innegehabt. Waren die damals auch schon „Kapellmeister auf der Titanic"? Als Erstem begegnete ich auf dem Weg zu meinem neuen Büro dem erprobten Wahlkampfleiter Heribert Steinbauer. Vorwurfsvoll zeigte ich mich enttäuscht, dass es ihm, der sich jetzt mehr auf seine parlamentarische Arbeit konzentrieren wollte, trotz meiner Bitten nicht geglückt war, seine verdiente Sekretärin, Frau Palm, zu bewegen, zumindest eine Zeit lang in meinem Büro zu arbeiten. „Frauen und Kinder zuerst", war die vielsagende, düstere Antwort. Na fein. In welchem Stimmungstief bin ich da gelandet? Ein glücklicher Zufall wollte es, dass kurz danach meine ehemalige Mitarbeiterin, Paula Ryff-Schönegger mit ihrem Mann aus New York nach Wien übersiedelte und gleich bereit war, wieder für mich zu arbeiten. Verlässlich, loyal, hochqualifiziert – eine bessere Lösung für mein Büro-Problem konnte es nicht geben.

Der Ort selbst war mir ja wohl vertraut. Oft habe ich da Bundeskanzler Klaus zu den Parteivorstandssitzungen oder anderen Gesprächsterminen, die er nicht als Bundeskanzler, sondern als Parteiobmann wahrgenommen hat, begleitet. Und im Nachbarzimmer hatte der damalige Generalsekretär Hermann Withalm vor siebzehn Jahren versucht, mich in letzter Minute zu überreden, nicht als Konsul zum Informationsdienst nach New York, sondern ins Parlament als Klubsekretär zu gehen. Als Bundesgeschäftsführer (1976–80) war Kurt Bergmann mit „seinem" Generalsekretär Sixtus Lanner (1976–82) so verfeindet, dass sie die Verbindungstür verbarrikadieren ließen. Dabei blieb es dann auch nachher. Schöne Aussichten. Mit Michael Graff sollte mir das jedenfalls nicht passieren, auch wenn es in der Natur der Sache zu liegen scheint, dass diese beiden Funktionen nicht immer friktionsfrei verlaufen. Meine vertraglich besprochenen Zuständigkeiten umfassten Europa, Kunst, Kultur und Wissenschaft, Jugend, Kontakt mit den Ländern sowie Vertretung des Generalsekretärs. Erst jetzt entschloss ich mich, wie man so schön sagt, „der Partei beizutreten". Aber nicht, wie bisher üblich, über einen der Bünde, sondern, was seit einiger Zeit möglich war, als Direktmitglied. Ungefähr 100 gab es davon.

Und bei der Sacharbeit selbst konnte ich auf einen erprobten und überdurchschnittlich qualifizierten Mitarbeiterstab in der ÖVP-Zentrale zurückgreifen: Ernst Streeruwitz, Johannes Ditz, Dieter Biron, Fritz Plasser, Anton Wressnig und Elisabeth Seidl (die sich auch mit großem Engagement um meine persönlichen Medienangelegenheiten kümmerte).

Salzburger Festspiele

Auf meinem Schreibtisch lag schon ein Haufen Post, darunter eine Einladung zu den Salzburger Festspielen. Smoking erforderlich. Woher nehmen, war ich doch lediglich mit einem Koffer und dem notwendigsten Gewand nach Wien gereist. Philipps Smoking passte. Danke. Vielfache Begrüßung mit zum Großteil vertrauten Menschen. Und gleich der erste Eklat: Der große Theatermann George Tabori hatte in der Universitätskirche Franz Schmidts „Das Buch mit den sieben Siegeln" in Szene gesetzt, mit einem – nur für wenige Minuten – nackten Gekreuzigten. Proteste über Proteste. „Skandal", wetterte auch von Wien aus – ohne Rücksprache mit mir – Michael Graff. Die Festspiele mögen Tabori eine „schöne Bedürfnisanstalt" für einen solchen Unfug zur Verfügung stellen. Weitere Aufführungen gab es nur mehr konzertant. Gespräch nach Rückkehr. Das sei doch keine passende Sprache für eine ernsthafte Auseinandersetzung mit künstlerischer Arbeit. Ach was, es sei seine Aufgabe, den Wauwau zu spielen. Viele denken wie er, seien aber zu feige, das auch zu artikulieren. Und ein nackter Christus habe eben – Freiheit der Kunst hin oder her – in einer Kirche nichts zu suchen. Okay, liebe ÖVP, mal schauen, wie wir da in Zukunft weitermachen werden. An Gelegenheiten – Stichwort „Heldenplatz" oder Hrdlicka-Denkmal vor der Albertina – wird es nicht fehlen.

Apropos Skandale:

Nicht jede Diskussion muss notwendigerweise zu einem Skandal führen. Gut argumentierte Einwände sollen auch ernst genommen werden. Zur Freiheit der Kunst muss auch die Freiheit zur Kritik an der Kunst zählen. Aber so wie Graff mit Tabori und im Jahr darauf, November 1988 (Bedenkjahr), halb Wien mit Thomas Bernhard und Alfred Hrdlicka kann man mit Künstlern nicht umgehen. Irgendwann ebben die Emotionen dann ja doch ab. Im Fall Hrdlicka hat die ernsthaft diskutierte Kritik, dass sein Denkmal als Holocaust-Mahnmal unzureichend sei, zum Projekt Judenplatz geführt. Aus Thomas Bernhards „Skandalstück Heldenplatz" mit lautstarken Boykottaufrufen höchstrangiger Politiker (Kreisky, Waldheim, Mock, Graff, Haider, Niederösterreichs Landeshauptmann Ludwig, Helmut Zilk und Vereinte Grüne) und mit Flugzetteln, Kuhmist vor dem Burgtheater usw., nur weil die Kronenzeitung ein paar aus dem Zusammenhang gerissene Verse veröffentlicht hatte, wurde eine der erfolgreichsten und meistaufgeführten Inszenierungen des Burgtheaters. Für Thomas Bernhard, der nach längerem Zögern dann doch zur Premiere am

4. November 1988 kam, war es der letzte öffentliche Auftritt vor seinem Tod am 12. Februar 1989.

Mit der FPÖ im Burgenland?

Bei den Landtagswahlen im Burgenland am 4. Oktober 1987 verlor die SPÖ die absolute Mehrheit und gleich auch ihren bis dahin erfolgreichen Langzeit-Landeshauptmann Theodor Kery. Und schon tauchten Gerüchte und sichtlich auch Überlegungen auf, mit Hilfe der FPÖ einen ÖVP-Landeshauptmann zu installieren. Warum sollte denn nur die SPÖ mit den Freiheitlichen (Sinowatz-Steger, von der unheiligen Allianz Kreisky-Peter gar nicht zu reden) koalieren dürfen? Darum ging es dann auch, neben anderen Themen, im Radio, wo ich am 24. Oktober – knapp 100 Tage im Amt – „Im Journal zu Gast" war. Nein, eine richtige Koalition könne ich mir nicht vorstellen. Freilich sei das eine Entscheidung der Landespartei. Und schon fragte Ulrich Brunner nach: Und wenn, was bisweilen kolportiert würde, es im Bund zu einer solchen Konstellation käme? Dann wäre es das wohl mit dem Hauptgeschäftsführer, weil ich eine solche Entscheidung nicht mittragen könne. Die FPÖ sei in ihrem derzeitigen Zustand keine regierungsfähige Partei.

Das stieß auf erfreulich viel Zustimmung. Nur nicht bei Graff, der mir Naivität vorwarf und meinte, dass man sich diese Option aus taktischen Gründen nicht nehmen lassen dürfe. Ob ich denn nicht wisse, dass Heinz Fischer persönlich nach Eisenstadt gereist sei, um seine Genossen zu einer Koalition mit der FPÖ zu ermuntern. Nein, wusste ich nicht. Aber auch beim Taktieren müsse es Grenzen geben, fügte ich hinzu. Und die sind bei der FPÖ klar erkenntlich, siehe Ausländerpolitik und Ambivalenz zur Nazizeit. Graff war auch nicht erfreut über meine Distanzierung im Mittagsjournal von seinem Hinweis auf „die ehrlosen Gesellen vom Jüdischen Weltkongress" während des Waldheimwahlkampfes, machte aber keine große Geschichte daraus und hatte auch Verständnis für meine neuerliche Rücktrittsaufforderung an den Linzer Vizebürgermeister Carl Hödl wegen seines eindeutig antisemitischen Schreibens an Edgar Bronfman.

Apropos Affäre Hödl:

Carl Hödl, wie erwähnt, Linzer ÖVP-Vizebürgermeister, hatte im Mai 1987 in der Causa Waldheim an den Präsidenten des World Jewish Congress (WJC), Edgar Bronfman, einen Brief gerichtet, in dem er schrieb, dass die Behauptungen des WJC „so zu werten sind, wie die Ihrer Glaubensgenossen vor 2000 Jahren, die in einem Schauprozess Jesus Christus zum Tod verurteilen ließen, weil er in das Konzept der Herren von Jerusalem nicht passte". So wie die Juden damals, als sie Pontius Pilatus für ihre Zwecke benutzten, hätte Bronfman diesmal den amerikanischen

Justizminister (Watchlist) vorgeschoben. Die „talmudische Grundtendenz" – Auge um Auge und Zahn um Zahn – „in aller Welt zu verkünden", bleibe ihm, Bronfman, und seinesgleichen vorbehalten und sei nicht „unsere europäische Auffassung". Geht's noch ärger?

Und jetzt, nur wenige Wochen nach meiner Rückkehr, Landesparteitag in Linz, Hauptredner. Von Landeshauptmann Ratzenböck freundschaftlich begrüßt, unter anderem als „willkommener Heimkehrer aus der großen Welt" und „Sohn des mit ihm sehr befreundeten Programmintendanten des ORF, Ernst Wolfram Marboe" (also meines um vier Jahre älteren Bruders). Okay, danke Herr Landeshauptmann. Schöner Einstieg. Der erste Lacher war mir sicher, als ich die Verwandtschaftsverhältnisse aufklärte. Weniger Zustimmung, aber immerhin Teilapplaus gab es, als ich festhielt, dass für antisemitische Äußerungen in unserer christlich-sozialen Partei kein Platz sei und es wünschenswert wäre, wenn (der übrigens anwesende) Vizebürgermeister Hödl sich öffentlich bei Bronfman für seinen Brief entschuldigen und die Konsequenzen mittels Rücktritts ziehen würde.

Landeshauptleute haben gern das letzte Wort. Also ging auch Ratzenböck noch einmal zum Rednerpult und meinte (wobei ich ein gewisses körpersprachliches Unbehagen zu bemerken glaubte), dass es zur Rücktrittsforderung schon früher eine längere Debatte innerhalb der Partei gegeben, aber Hödl glaubhaft dargelegt habe, dass keinerlei antisemitische Absicht mit dem Schreiben verbunden gewesen sei. Ich würde im Lauf der Zeit schon noch lernen, dass auch Solidarität in der Politik einen hohen Wert habe. Und danach wörtlich: „Und was das mit der Verwechslung von Vater und Bruder angeht: Glaub' mir, zwei Jahre Hauptgeschäftsführer der ÖVP und du hast dieses Problem nicht mehr!"

Erhard Buseks Stern im Sinken

Zilk statt Gratz. Das konnte für die ÖVP in Wien nicht gut gehen. Im Jahr zuvor war Buseks Freund und kreativer Ideenbringer Jörg Mauthe gestorben. 6,4 % und gleich sieben Mandate gingen bei der Gemeinderatswahl verloren. Kein Vizebürgermeister mehr für den erfolgsgewohnten Landesparteiobmann. Der 8. November 1987 war kein guter Tag für Erhard Busek. Aber scheinbar für Michael Graff. Der klopfte sich am nächsten Tag bei der Dreierbesprechung mit Alois Mock vor Freude auf die Schenkel. Erhard werde jetzt wohl Ruhe geben und vermutlich bald auch als Wiener ÖVP-Obmann abgelöst werden (was dann 1989 mangels Erreichung der erforderlichen Zweidrittelmehrheit auch geschah). Das ging mir jetzt aber doch zu weit. „Es steht einem Generalsekretär der ÖVP nicht zu, sich über die Niederlage eines Parteifreundes zu freuen. Wie soll bei einer solchen Stimmung die ÖVP wieder Tritt fassen und Erfolge haben"? „Und Dir", rief Graff erregt aus, „steht es nicht zu, den Generalsekretär zu kritisieren, wenn du nicht einmal weißt, wo am

Wahltag dein Arbeitsplatz ist." Ich war am Wahltag bis 15 Uhr in der Kärntner Straße, an „meinem Arbeitsplatz" und danach, was wohl ziemlich logisch ist – Graffs Frau Maria hat es genauso gehandhabt – bei der Wiener ÖVP in der Falkestraße. Alois Mock versuchte zu beruhigen. Er hatte, denke ich, Verständnis für beide. Die Sitzung war beendet. Die Frage, wo ich im „Richtungsstreit stehe" wird mich noch lange begleiten. Am Abend klopfte es an der Tür. Graff setzt sich zu meinem Schreibtisch und sagt wörtlich: „Ich möchte mich in aller Form für heute Früh entschuldigen. Du kannst ja nicht wissen, was der Erhard dem Alois und mir in den letzten Jahren mit seiner dauernden Nörglerei und Kritik alles angetan hat. Diese blöde Rederei vom Richtungskampf usw." Das war die andere Seite des Michael Graff, der neben seiner Intelligenz und Intellektualität auch einen verblüffenden Sinn für Gerechtigkeit und Fair Play haben konnte.

Apropos Jörg Mauthe:

Seine Kreativität war überbordend. Immer etwas Neues für die Politik, für die ÖVP, zu der er als Unabhängiger durch Erhard Busek gestoßen war, und für die Stadt. Was in der erfolgreichen Neuaufstellung der Wiener ÖVP nach außen die (von Georg Schmid erfundenen) bunten Vögel waren, das waren im Inneren die bunten Ideen Jörg Mauthes. Sein Tod am 29. Jänner 1986, mit 63 Jahren, war für Busek ein schwerer Schlag. Kurz davor war es meinem Bruder Ernst Wolfram gelungen, mit Jörg Mauthe, der um seine tödliche Krebskrankheit wusste (siehe sein Buch „Demnächst") ein letztes Interview zu allen großen Fragen der Politik und des Lebens zu führen. Die abschließende Frage nach seinem Glauben war unvermeidbar. Nein, er glaube nicht, oder, richtiger, er glaube nicht, dass er glaube. Aber, wenn am Himmel und der Auferstehung doch was dran wäre? Dann, meinte er, tät' er schon lachen …

Aufgebahrt wurde Jörg Mauthe in der Dorotheerkirche, wo es zu sonderbaren Momenten kam. Zilks Anwesenheit war von Mauthe ausdrücklich unerwünscht, er kam dennoch, respektierte aber zumindest das Sprechverbot. Der Katholik Busek hielt für den verstorbenen Freund, evangelisch und Freimaurer, vor dem Sarg eine berührende Abschiedsrede. Dann wurden die freimaurerischen Brüder gebeten, einander im Kreis um den Sarg herum die Hände zu reichen. Nicht alle wollten sich „outen" und blieben sitzen. Was aber beim darauffolgenden „Ketten- oder Bundeslied" nicht mehr ging. Also erhoben sich einige. Gleich danach aber alle, da ja die – irrtümlich Mozart zugeschriebene – Melodie auch jene der österreichischen Bundeshymne ist und man dachte, dass diese jetzt zu Ehren Mauthes erklingen würde. Nur sangen jetzt eben die Freimaurer „ihren" Text („Brüder, reicht die Hand zum Bunde …"), während der Rest „Land der Berge, Land am Strome" intonierte. Ich glaube, Jörg Mauthe wollte sich da, seiner Art entsprechend, mit dieser „Inszenierung" noch einen letzten Scherz erlauben. Seinen Spaß daran hätte er gewiss gehabt.

Im Jahr 2004, fast zwanzig Jahre später, wird es aus Anlass des achtzigsten Geburtstags ein Symposium zu Ehren Jörg Mauthes geben. „Exempla trahunt", werde ich in meiner Rede sagen. Und damit meinen, dass es gerade auch in der Politik auf die Inhalte ankommt, darauf, die Menschen in den Mittelpunkt zu stellen (siehe Mauthes Ideen betreffend Grätzlfeste, Beislkultur, Belebung des Wiener Liedes oder Gründung des Stadtfestes). Und dass Parteien solche „mitreißende Beispiele" brauchen, und dass es – was ja das große Verdienst Buseks war – immer wieder möglich sein müsse, solchen Querdenkern in der Politik Platz und die Möglichkeiten zu geben, ihre Ideen einzubringen und umzusetzen.

Landesparteisekretärekonferenz

Das war der offizielle Titel dieses Gremiums, das sich in regelmäßigen Abständen in jeweils einem anderen Bundesland traf. Warum mir Graff – ein spürbar machtbewusster Politiker – diese Aufgabe überlassen hat, war mir zunächst nicht verständlich. Alle wichtigen Dinge wurden dort besprochen, Sitzungen der Landesparteien, aber auch der Bundespartei thematisch vorbereitet. Ich glaube, er hatte einfach genug, sich dabei laufend die Verfehlungen der Bundespartei vorhalten zu lassen, um die Budgetbeiträge zu betteln, für vieles persönlich verantwortlich gemacht zu werden etc. Seine Hoffnung, im Sog des Waldheim-Sieges die Nationalratswahlen 1986 für die ÖVP zu gewinnen, hatte sich nicht erfüllt. Trotz der guten Umfragen war am Schluss die Vranitzky-SPÖ mit 43,1 % vor der ÖVP mit 41,3 %, die FPÖ verzeichnete starke Zugewinne, die Grüne Alternative – Liste Freda Meissner-Blau schaffte es erstmals ins Parlament. Für all das wurde in erster Linie der Generalsekretär verantwortlich gemacht. Ein vom Wahlkampf gezeichneter Alois Mock musste seinen Traum, Bundeskanzler zu werden, begraben. Oder doch nicht? Kurz brachten Mock und Graff die Möglichkeit einer Koalition mit den Freiheitlichen ins Spiel, fanden dafür aber keine Zustimmung. Mock wird noch viele Jahre später spekulieren, ob dadurch nicht der rasante Aufstieg Jörg Haiders hätte verhindert werden können.

Vom Inhaltlichen abgesehen, waren sämtliche Landesparteisekretäre (später dann auch Frauen) potentielle politische Aufsteiger. Praktisch lückenlos, in allen Bundesländern, wurden sie Regierungsmitglieder, Klub- oder Landeshauptleute: Erwin Wenzl, Josef Ratzenböck, Josef Pühringer, Helmut Kukacka, Thomas Stelzer, Franz Schausberger und Gerhard Hirschmann – um nur einige zu nennen.

Und es war auch während einer solchen Konferenz der Landesparteisekretäre in Linz, am 18. November 1987, dass mir ein Zettel vorgelegt wurde: Graff zurückgetreten, dringend Mock anrufen. Ich unterbrach die Sitzung mit der Zusage, den verblüfften Landesparteisekretären nach meinem Telefonat mit Mock Näheres zu berichten.

Si tacuisset – wenn er nur geschwiegen hätte

Die Vorgeschichte kannten wir. Michèle George von der französischen Wochenzeitung L'Express hatte sich in Wien aufgehalten, um politische Interviews zu machen, auch, aber nicht nur, über Waldheim. Zwei Stunden war sie bei mir, danach auch ca. zwei Stunden bei Graff. Der konnte es nicht lassen. Als das Gespräch auf Waldheim kam, ließ er sich, wie er sagte, zu einem plakativen Bonmot hinreißen und meinte: „Solange nicht bewiesen ist, dass er (Waldheim) eigenhändig sechs Juden erwürgt hat, gibt es kein Problem." Am 16. November 1987 erschien der Artikel mit diesem Zitat. Kritik und Rücktrittsforderungen von allen Seiten. Aber nicht von Mock. In der ZiB am 17. November entschuldigte sich Graff öffentlich, in der Hoffnung, die Wogen noch glätten zu können. Aber aussichtslos. Am Tag darauf trat er mit sofortiger Wirkung zurück. Mock beauftragte mich als Stellvertreter mit der temporären Führung der Geschäfte des Generalsekretärs. Bericht an die Kollegen und Rückkehr nach Wien, um Näheres zu besprechen.

Mit Michael Graff war wieder einmal sein cholerisches Temperament durchgegangen. Diesmal mit Konsequenzen. Er hatte genug von der ganzen Waldheim-Geschichte, war zutiefst enttäuscht, weil die ÖVP entgegen allen Umfragen bei der Wahl verloren hatte und frustriert, dass er nicht Justizminister wurde. Bis 1996 wird er, mit einer kurzen Unterbrechung, im Nationalrat federführend und erfolgreich im Justizausschuss tätig sein und sich danach in seine Kanzlei zurückziehen. Mit seiner Frau Maria, die mir später im Landesparteivorstand der Wiener ÖVP während meiner Zeit als Kulturstadtrat eine wichtige Unterstützerin sein wird, wird er in der schönen großen Wohnung einen Salon führen, wo es regelmäßig zu interessanten Begegnungen und Gesprächen kommen wird.

Wie weiter?

Für Mock war der Rücktritt Graffs nicht angenehm. Er kämpfte ja selbst ums politische Überleben und war auf die Unterstützung wichtiger Landeshauptleute angewiesen. In einem Vieraugengespräch machte er kein Geheimnis aus seiner persönlichen Präferenz für die Nachfolge, es war uns aber beiden klar, dass das nach siebzehnjähriger Absenz und nur relativ kurzer Zeit in meiner Funktion als Stellvertreter, ohne Hausmacht, schwierig werden könnte. Und so kam es auch. Vor allem der mächtige Landeshauptmann von Oberösterreich, Josef Ratzenböck, hatte schnell einen Kandidaten gefunden, den er Mock „ans Herz legte" und der auch von anderen „Granden" unterstützt werde: Helmut Kukacka, oberösterreichischer Landesrat für Umwelt, Bauwesen und Planung. Da hatte Mock keine wirkliche Wahl. Es blieb aber noch spannend, weil Kukacka zwar angeblich in Wien, aber nicht auffindbar und von dem Vorschlag offensichtlich nicht begeistert war. Kein Gespräch mit Mock, keine Zustimmung. Was, wenn er im Parteivorstand, der schon kurzfristig für den nächsten Tag einberufen worden war, ablehnt? Für mich eine lange, schlaflose Nacht, weil Mock um laufende Erreichbarkeit gebeten hatte. Erst in der Früh, gerade noch rechtzeitig vor der Vorstandssitzung, konnte Kukacka aufgetrieben werden. Nun, ja, dem Wunsch seines Landeshauptmanns wolle und könne er sich nicht widersetzen. Einige, darunter vor allem Landeshauptmann Purtscher und sein Landesparteiobmann Sausgruber von Vorarlberg, wollten dann doch noch wissen, warum sich Mock nicht für mich entschieden habe. Aber da war der Zug längst abgefahren und die Dinge vorbesprochen. Ohne weitere Wortmeldungen oder Diskussionen wurde Kukacka gewählt. Von mir mit Erleichterung aufgenommen. Echt. Keine sauren Trauben. „Wer seine Schranken kennt, der ist der Freie, wer frei sich wähnt, ist seines Wahnes Knecht", heißt es in Grillparzers Libussa. Und ich kannte meine Schranken. Viel zu kurz zurück in Österreich. Keine Lobby – keine Teilorganisation, kein Bundesland – hinter mir. Zu wenig Erfahrung in der täglichen, oft irrationalen und aggressiven (mir nicht wesenseigenen) politischen Auseinandersetzung, was aber zur Kernkompetenz des Generalsekretärs zählt. Ich fühlte mich wohl als – wie Graff das bei meiner Präsentation formuliert hatte – „erster Mann der zweiten Ebene, zuständig für die gehobenen Ansprüche" und bot Kukacka meine loyale Zusammenarbeit an.

Nicht leicht

Was gelang (auch, weil es im Interesse aller gelingen musste), aber nicht immer leicht war. Kukacka war ein hauptberuflicher Politiker. Im Unterschied zu Graff, der einen Beruf als erfolgreicher Rechtsanwalt und Auslandserfahrung (OECD) hatte. Kukacka war physisch und mental in der „Provinz" zuhause und hatte nichts von der spielerischen, intellektuellen, kosmopolitischen Leichtigkeit seines Vorgängers. Während sich Graff bei jeder Gelegenheit für Mock ins Gefecht zu werfen bereit war, wartete Kukacka ab, versuchte, nicht auch noch Öl in die immer noch glosende Glut des Richtungskampfes zu gießen und zu vermitteln. Das beförderte Gerüchte, dass der eigene Generalsekretär nicht mehr von den Zukunftschancen des Parteiobmannes überzeugt war. Busek, die Steirer und Oberösterreicher zündelten – mehr oder weniger offen – weiter. Im Haus selbst war die Stimmung unter den Referenten und Mitarbeiterinnen im Keller. Im „Mittagsjournal" hatte mich Ulrich Brunner nach meinem Pfeifen gefragt, das sich herumgesprochen habe, und ob ich mir damit Mut machen wolle. Ich bin tatsächlich oft und gern pfeifend durch die Gegend gegangen. Ab jetzt gab ich bei jeder Gelegenheit die Parole aus: „Nicht aufeinander, sondern miteinander pfeifen! Nicht übereinander, sondern miteinander reden und lachen! Mal schauen, wie es weitergeht."

Weltverschwörung

Ausgerechnet in Graz, der „Stadt der Volkserhebung", 1938, – inzwischen allerdings auch erste europäische Stadt der Menschenrechte – sollte ich, von meinem viel zu früh verstorbenen Freund Helmut Strobl, langjähriger Grazer Kulturstadtrat, eingeladen, über das Verhältnis von Kultur und Politik sprechen. Das ging nicht, ohne nicht auch über die Vertreibung der Kunst und Wissenschaft durch die Nazis, die (mangelnde) Kultur der Rückholung, die im erzwungenen Ausland geschriebene österreichische Kulturgeschichte und den latenten Antisemitismus zu reden. Die ÖVP solle bei diesen Themen eine Vorreiterrolle übernehmen. In der anschließenden Pressekonferenz wurde ich dazu intensiv befragt und erklärte, dass sich, was Letzteres betrifft, eine breite gesellschaftliche Front der Wohlgesinnten quer durch alle Parteien und Institutionen gegen die (latenten) Antisemiten, auch in den eigenen Reihen, bilden müsse, um erfolgreich zu sein. Während das etwa in der Kleinen Zeitung positiv kommentiert wurde, fiel die Kärntner FPÖ-Politikerin Kriemhild Trattnig im „Kärntner Grenzland-Jahrbuch" über mich her. Marboe habe sich nun endgültig selbst entlarvt. Er sei keineswegs freiwillig nach Österreich zurückgekehrt, sondern vielmehr von der freimaurerisch-jüdischen Geheimorganisation „Council on Foreign Relations" als Teil einer globalen Verschwörung von New York heimgeschickt worden, um das herrschende Parteiensystem zu beenden. Irgendeine nebulose, neue „Partei der Wohlgesinnten" solle stattdessen gegründet werden etc. Kein Faschingsscherz, sondern bitterer Ernst, weshalb das instinktive Lachen auch im Hals stecken bleibt. FPÖ pur. Der „Council on Foreign Relations" ist eine der prestigereichsten Einrichtungen der USA. Selbst Staatsoberhäupter und Regierungschefs (z. B. Kreisky) finden es ehrenvoll, dort zu einem Referat oder in der Publikation „Foreign Relations" zur Verfassung eines Artikels eingeladen zu sein. Viel lächerlicher geht's eigentlich nicht mehr. Trotzdem raffte ich mich auf – neue politische Kultur – und schrieb in diesem Sinn einen relativ gemäßigten Leserbrief mit der Bitte um Veröffentlichung. Nicht nur dieser, sondern auch zwei Urgenzen blieben unbeantwortet. Eben, FPÖ pur. Keine wirkliche Genugtuung, wenn auch bemerkenswert, dass Frau Trattnig später wegen ihrer übertriebenen deutsch-nationalen Gesinnung bei der neuen FPÖ-Truppe rund um Haider in Ungnade fiel und alle offiziellen Funktionen zurücklegte.

Antrittsbesuche

Ich fand, dass es sich gehörte, ein paar Leute nach meiner Rückkehr zu kontaktieren und es nicht einfach dem Zufall zu überlassen, wann es ein erstes Treffen geben würde. „Hallo, ich bin der Neue in der ÖVP. Und ich will keinen Kampf, sondern einen fairen Wettbewerb. Ich will nicht größer werden durch das Kleinermachen der anderen. Ich will mit eigenen Ideen punkten und nicht die Ideen anderer verteufeln" usw. Mit Bundeskanzler Vranitzky wollte ich anfangen. Gleich ein Termin und sympathisches Gespräch. „Dann könnten Sie doch zu meinem jährlichen Kanzlerfest kommen. Ich schicke Ihnen eine Einladung. Würde mich freuen". Und ich ging hin. Viele rote Nelken. Viele rote Politiker/innen, aber auch viele Künstler/innen, Journalisten und Journalistinnen, die große Augen machten. War doch außer mir und dem Generalsekretär der Industriellenvereinigung weit und breit kein anderer „Schwarzer" zu erblicken. Fotos in verschiedenen Zeitungen. Leichtes Hinterfragen bei der Montagsitzung, aber keine ernsthafte Kritik. Wird schon werden, dachte ich mir. In den nächsten Wochen Abwicklung ähnlicher Termine: Vorsitzende der anderen Parteien, Klubobleute, Präsidenten der Kammern, des ÖGB, Chefredakteure. Zum Gespräch mit Freda Meissner-Blau kamen wir vor dem Parlament gemeinsam mit dem Fahrrad an. Sie schüttelte überrascht den Kopf. Ein ÖVPler mit Fahrrad? Was ist denn da los?

Das gruseligste Gespräch war das mit Kardinal Groër. Der mit dieser Nachfolge verbundene Schmerz Kardinal Königs war mir plötzlich klar. Das verschrobene Gesicht ohne direkten Blickkontakt, die weiche Art zu sprechen, der aussagelose Händedruck, das ratlose Schulterzucken bei heiklen Fragen, etwa zum Verhältnis Kirche und Politik, Kirche und Kunst. Damals war noch keine Rede von dem späteren, tiefen Fall dieses Kirchenmannes, aber dass da in seiner Vita irgendetwas nicht stimmte, war mit den Händen greifbar. Wie anders war da die Begegnung mit Bischof Helmut Krätzl. Wie anders hätte sich die Kirche in Wien und Österreich unter seiner Führung entwickelt. Wie konnte es nur zu so einer, vom schwer enttäuschten Kardinal König heldenhaft und kommentarlos ertragenen, päpstlichen Fehlentscheidung kommen?

Bischof Kurt Krenn bestand darauf, zu mir ins Büro zu kommen. Okay. Wie in dem Film „Der Name der Rose", schlurfte und keuchte sich der übergewichtige, nicht sehr groß gewachsene Weihbischof mit den kleinen, listigen Augen in den zweiten Stock (Lift gab es keinen) hinauf, wo ich ihn an der Tür erwartete. Ich hatte in den USA fast nur Negatives über ihn gelesen und gehört: keine Ministrantinnen, Karlskirche an Opus Dei, Verständnis für den (von Irene Harand überzeugend widerlegten) Anderl-von-Rinn-Kult, Polemik gegen den liberalen Pfarrer von Paudorf, Udo Fischer usw. Was für eine „Culpa in eligendo" des Papstes Johannes Paul II. Was nur hat er sich bei der Bestellung von Groër und Krenn gedacht? Da saß der 1991 dann zum Bischof von St. Pölten ernannte Weihbischof nun in meinem Zimmer, lächelnd, mich beglückwünschend, mit Fragen über Amerika. Und dann kam es: Er verfolge mit Interesse meine Aussagen zur Nazizeit, zu Holocaust und Antisemitismus. Er stimme mir zwar zu, sei aber mit der Gewichtung nicht einverstanden. Wer vom Holocaust spricht, müsse immer auch und mit der gleichen Überzeugung von der Abtreibung sprechen. Man könne bei Mord nicht differenzieren. Es entspann sich eine durchaus interessante Diskussion, in der es um Straftatbestand, Straflosigkeit, moralisches Grundgerüst einer Religionsgemeinschaft, Aufarbeitung, Kirchenstaat, Trennung von Kirche und Staat und Ähnliches ging. Er freue sich darauf, mit mir weiter im Kontakt zu bleiben. Wünschte mir alles Gute und ging, keuchend und schlurfend, wie er gekommen war, von mir bis zum Eingangstor begleitet, von dannen.

Präsident Sallinger und die Kunst

Von vergleichbarer Statur – übergewichtig, nicht gerade groß gewachsen und listige Augen – war einer der mächtigsten Männer Österreichs, Präsident der Bundeswirtschaftskammer, Rudolf Sallinger. Auch er schlurfte und keuchte sich die Stockwerke hinauf in der ÖVP-Zentrale, wo sein Wort bei den Sitzungen des Parteivorstandes großes Gewicht hatte. Die Sozialpartnerschaft hatte damals einen beachtlichen Stellenwert. Man sprach sogar von (ungewählter) Schattenregierung. Was Sallinger und sein wichtigstes Gegenüber, Anton Benya, Präsident des ÖGB, vereinbarten, hatte de facto Gesetzescharakter. Das führte zu vermehrtem Wohlstand, sozialem Frieden (kaum Streiks) und hatte Vorbildwirkung, weit über Österreich hinaus. Auch der erste Besuch eines Kardinals – Franz König – bei einem Gewerkschaftskongress hatte eine solche und trug wesentlich zu einem entspannteren Verhältnis zwischen Kirche und Sozialdemokratie bei.

Mir war es ein Anliegen, in der (düsteren) Parteizentrale künstlerische Akzente zu setzen. Bilder von zeitgenössischen Künstlern etwa in den Zimmern. De Es (Schwertberger) erklärte sich bereit, drei seiner „Planetarier" – eine Serie von zwei Meter großen, bunt angemalten Styropor-Figuren – unten, rechts vom Stiegenaufgang, aufzustellen. Das geschah dann auch in einer nächtlichen, möglichst unbemerkten Aktion. Spürbares Kopfschütteln am nächsten Tag beim Parteivorstand. Pro und Kontra. Viele Fragen, warum, woher, wozu? Aber auch viel Zustimmung. Präsident Sallinger, gut gelaunt: „Was ist denn das für eine Kunst? Der schaut doch aus wie ich. Ich hab' geglaubt, da will sich einer über mich lustig machen." Ja, Humor hatte er auch, der „Kugelblitz" wie er von Insidern liebevoll genannt wurde.

Wenn Sallinger jemanden unter seine Fittiche nahm, so war das im Regelfall äußerst günstig für eine weitere politische Karriere. Wie etwa die Beispiele Erhard Busek und Wolfgang Schüssel zeigen. Busek, damals Wiener ÖVP-Obmann, gefielen

Abb. 20 Die Planetarier des Künstlers DeEs (Schwertberger) sind in der ÖVP gelandet (1987)
Foto: Privatbesitz

die Planetarier übrigens so sehr, dass er eine ganze Reihe von ihnen beim legendären Stadtfest an verschiedenen Orten der Innenstadt aufstellen ließ.

Vision Europa

Wenn um sechs Uhr früh das Telefon läutete, und man nur „Mock" hörte, wusste man instinktiv, dass es wieder einmal um eine neue Idee ging. Was man nie genau sagen konnte, war, ob Mock noch oder schon im Büro war. „Mock", also und „wir müssen etwas in Richtung Europa machen. Am besten ein Symposium oder gleich einen großen Europa-Kongress. Denk' bitte nach und melde dich." Man fand das nicht einmal sonderbar, weil er sich ja selbst noch viel weniger schonte als seine engsten Mitarbeiter. Ja, ein großer Kongress musste es werden, mit guten Referenten, Arbeitskreisen, volle Hofburg, Medien etc. Alle müssen darüber reden. Die ÖVP als **die** Europa-Partei. Langes Gespräch und Brainstorming mit dem europabegeisterten JVP-Obmann Othmar Karas, der gerade auf diesem, vielfach noch neuen Gebiet, schon sehr bewandert und eine große Stütze war. Gleichzeitige

Herausgabe einer nur dem europäischen Gedanken gewidmeten Broschüre: „Civis Europaeus sum". Diese Worte des früheren Bundeskanzlers Klaus bei seiner großen Rede vor dem Europarat kamen mir in den Sinn. Eine echte Aufbruchsstimmung sollte entstehen, eine politische Dynamik, die nicht nur der ÖVP zugutekommen, sondern in ganz Österreich spürbar sein sollte. Das Memo gefiel Mock. Auch dass der Kongress im Gedenkjahr 1988 stattfinden und als Beitrag zu einer offenen Gesellschaft auf dem Weg in ein größeres, friedliches Europa verstanden würde. Und das alles in der Hofburg, Symbol geschichtlicher Kontinuität. Die Begeisterung wuchs von Tag zu Tag. Das Vorhaben wurde publik und hatte prompt einen (vertraulichen) Anruf meiner Kollegin und Freundin aus New Yorker Zeiten, Eva Nowotny, außenpolitische Beraterin von Bundeskanzler Vranitzky, zur Folge. Der Bundeskanzler sei richtig unglücklich mit unserem Plan. Er würde dadurch nur unter innerparteilichen Druck kommen, weil seine Partei noch nicht so weit sei und er noch viel Überzeugungsarbeit vor sich habe. Ob ich das mit Mock besprechen und ihr Nachricht geben könnte. Ja, gern. Aber klarerweise und zu Recht chancenlos. Der Zug war abgefahren. Der spätere „Mister Europa" hatte die Weichen in Richtung Europa gestellt. Spürbare Ratlosigkeit bei Eva. Sie werde sich noch einmal melden. Tat sie auch. Der „Chef" sei ziemlich irritiert. Es bliebe ihm jetzt keine andere Wahl als der „Europapartei ÖVP" die „Neutralitätspartei SPÖ" entgegenzusetzen. Und so kam es auch. Die SPÖ verstärkte ihre Bedenken, verwies auf ein zu erwartendes „Veto" der Sowjetunion, die Neutralität dürfe nicht aufgeweicht werden etc. Unser Europakongress mit mehr als 2.000 Teilnehmern und einer Grundsatzerklärung sowie einem Bekenntnis Mocks zur Mitarbeit am großen europäischen Friedensprojekt wurde ein auch medial sehr beachteter und erfreulicher Erfolg. Gleich danach wurde die „Europakommission der ÖVP" ins Leben gerufen, die in den großen Bereichen „Außenpolitik und Bundesverfassung", „Wirtschaft" sowie „Bildung, Wissenschaft und Kultur" die Grundlagen für die weitere Vorgangsweise erarbeiten sollte. „Aus einem Europa der Kriege und Zerstörung", schrieb ich als Geschäftsführer der Kommission, „ist durch den Mut zur politischen Vision ein Europa der Zusammenarbeit gewachsen. An der Gestaltung eines Österreichs von morgen in einem solchen Europa der Zukunft mitzuarbeiten, sind jetzt alle eingeladen."

Diese neue Dynamik hatte zur Folge, dass sich die vier im Parlament vertretenen Parteien laufend Diskussionen stellen mussten. Wir waren bald schon eine Art Wanderzirkus, ohne persönliche Ressentiments, aber mit klaren, unterschiedlichen Standpunkten: Die Grünen (damals noch Grüne Alternative), zumeist vertreten durch Robert Jungk, strikt gegen einen Beitritt; die FPÖ, fast immer mit Jörg Haider, vehement dagegen; die SPÖ (Hannes Swoboda, Josef Cap) dafür, mit Vorbehalten (vor allem Neutralität) und ich, vehement dafür (Europa als Vision und als größtes Friedensprojekt der Geschichte).

Der „Antrag zum Beitritt Österreichs zu den Europäischen Gemeinschaften" wurde von Außenminister Mock am 17. Juli 1989 überreicht. Bis zum EU-Beitritt Österreichs am 1. Jänner 1995 sollte es aber noch dauern. Nach langen und zähen Verhandlungen hatten sich bei der Volksabstimmung am 12. Juni 1994 zwei Drittel der Wählerinnen und Wähler bei einer Wahlbeteiligung von 82,3 % für den EU-Beitritt ausgesprochen. Alois Mock, „Mister Europa", hatte Grund zum Feiern (im Überschwang der Gefühle hatte er der verblüfften Staatssekretärin Brigitte Ederer einen von allen Medien übertragenen Kuss auf die Wange gegeben) und das wohl wichtigste Ziel seiner politischen Karriere erreicht. Busek hat zwar niemanden geküsst, aber dass er vor dem SPÖ-Zelt als Vizekanzler – von ähnlichen Gefühlen überwältigt – die „Internationale" mitgesungen hat, kam dann für einige, vor allem in der ÖVP, doch überraschend.

„Europa" als Thema, als Anliegen, wird mich mein ganzes Leben hindurch begleiten. Von Klaus über Mock bis zur Auslandskultur, den internationalen Aspekten der Wiener Kulturpolitik und schließlich dem vor allem nach Europa ausstrahlenden Wiener Mozartjahr. Und ich werde von (österreichischen) Politikern enttäuscht sein, die nicht konsequent und aus Überzeugung die Weiterentwicklung der Europäischen Union vorantreiben. Den Brexit werde ich als Katastrophe und totales politisches Versagen empfinden und in den aufkeimenden, neuen Nationalismen eine Gefahr für den europäischen Integrationsgedanken sehen, der man, wo und wie immer möglich, entschlossen entgegentreten muss.

Von Mock über Riegler zu Busek und Schüssel

Dass Dankbarkeit keine politische Kategorie ist, weiß man. Und es ist auch gut so. Dankbarkeit soll ein menschliches Gefühl bleiben. In der Politik gelten andere Spielregeln. So auch für Alois Mock, der sich mit seinem oberösterreichischen Burgfrieden nur eine kurze Schnaufpause sichern konnte. Busek scharrte weiter in den Startlöchern, die Unterstützung für ihn war aber noch nicht ausreichend, um direkt in den Ring zu steigen. Also schob man den sympathischen Landwirtschaftsminister Josef Riegler vor, der nach dem Rücktritt Mocks als Bundesparteiobmann im April 1989 zum Nachfolger gewählt wurde. Mock blieb Außen-, Busek Wissenschafts- und Forschungsminister. Bis auf die Einführung des durchaus visionären Begriffs „Ökosoziale Marktwirtschaft" waren das zwei verlorene Übergangsjahre, mit dem – 1990 – schlechtesten ÖVP-Wahlergebnis seit 1945, erstmals unter 40 % (32,1 %). Riegler durfte zwar noch Vizekanzler bleiben, aber seine Tage waren gezählt. 1991 trat Busek aus der Deckung und kündigte seine Kandidatur als Bundesparteiobmann an. Aber kampflos wollte die sogenannte Stahlhelmfraktion um den alten Haudegen Robert Lichal das Feld nicht räumen. In Bernhard Görg schien ein geeigneter Gegenkandidat gefunden. Es reichte aber nicht und Busek wurde vom

Parteitag mit knappem Respektabstand gewählt. Das große, erhoffte politische Luftholen wollte sich indes nicht einstellen. Vier Jahre später, 1994, wird die Busek-ÖVP noch einmal verlieren und mit 27,67 % erstmals unter 30 % sinken. Als ein, wenn auch geringer, Trost wird der Umstand empfunden werden, dass die inzwischen von der Sozialistischen zur Sozialdemokratischen Partei mutierte SPÖ fast 8 % verlor und mit 34,92 % ebenfalls ihr schlechtestes Ergebnis seit 1945 erzielte. Jetzt waren auch Buseks Tage gezählt. Wolfgang Schüssel wird ihn als Bundesparteiobmann ablösen. Er wird auf beide, also Busek und Mock, als Regierungsmitglieder verzichten. Mock wird zum Ehrenparteiobmann auf Lebenszeit gewählt werden, mit Büro und Dienstwagen, Busek wird nur der Rückzug in sein Institut für den Donauraum und Mitteleuropa (IDM) bleiben. Tapfer und mühsam wird er europäische Funktionen übernehmen (Sonderkoordinator des Stabilitätspakts für Südosteuropa) und im Jahr 2000 zum Präsidenten des Europäischen Forums Alpbach gewählt werden. Seine lebenslange Freundschaft mit Wolfgang Schüssel wird zerbrochen sein. Bei den vorgezogenen Wahlen 1995 wird Schüssel ganz leicht – so wie die SPÖ auch – dazugewinnen und Vizekanzler und Außenminister in der Regierung Vranitzky bleiben. Vier Jahre später – Vranitzky wird 1997 an Viktor Klima übergeben – werden beide Parteien wieder verlieren, Schüssels ÖVP wird – bei Mandatsgleichheit mit der FPÖ – nach Wahlstimmen gerechnet den dritten Platz hinter SPÖ und FPÖ belegen. Ein Fiasko. Das Schicksal in Richtung schwarz-blaue Koalition wird seinen Lauf nehmen.

Apropos lebenslange Freundschaft:

Zum achtzigsten Geburtstag Erhard Buseks wird „Die Furche" (25. März 2021) unter dem Titel „Ein bunter Vogel bleibt auch im Alter bunt" eine „persönliche Würdigung von Wolfgang Schüssel" veröffentlichen. Wortgewandt, liebenswürdig, treffsicher, freundschaftlich. Ob Busek diese in meinen Augen eindeutig als „Versöhnungsversuch" gedachte Laudatio akzeptieren wird? Und was den „Richtungsstreit" zwischen Busek und Mock betrifft, so wird es Schüssel in gewohnter Manier auf den Punkt bringen: „Mit einem altersmilden Rückblick fragt man oft, was die Spannungen der Mock-und-Busek-Anhänger auslöste. Beide überzeugte Europäer, bildungsaffin, kulturinteressiert, versierte Außenpolitiker (Mock der Transatlantiker, Busek als Anwalt der Mittel- und Osteuropäer), untadelige Christen und Demokraten, Reformer mit Herz und Verstand, skandalfrei, klug, im Lebensstil bescheiden. Busek motivierte (wie auch Mock) eine ganze Generation junger Menschen, sich für Österreich und Europa, für Bildung und Forschung, für seine Bürger und für zukunftstaugliche Politik zu engagieren. Ein wortgewaltiger Mutmacher gegen Angsthasen und Angstmacher. *Ad multos annos*, lieber Erhard!"

Schüssels Wunsch wird nicht in Erfüllung gehen. Nur kurz nachdem wir noch gemeinsam die Ehrenmitgliedschaft Thomas Angyans im Musikverein gefeiert hatten, wird Erhard Busek am 13. März 2022, wenige Tage vor seinem 81. Geburtstag, plötzlich sterben. In den zahlreichen Nachrufen wird er als „brillanter Intellektueller, Mutmacher, Vollblutpolitiker, begnadeter Redner, Motivator, Verbinder und Visionär" und – parteiübergreifend – als „eine der prägendsten politischen Persönlichkeiten" (Van der Bellen), als „großer Österreicher und begeisterter Europäer" (Nehammer) und „streitbarer Intellektueller und Kämpfer für Wissenschaft und Bildung" (Rendi-Wagner) gewürdigt werden.

Nur aufgeschoben

Alois Mock nahm seine schleichende Demontage wie ein professioneller Teamspieler hin. Einen gewissen zeitlichen Aufschub seiner Ablöse als Bundesparteiobmann konnte die Ernennung Kukackas zum Generalsekretär ja doch bewirken. Einen seiner Lieblingswitze, der eigentlich als Appell für mehr europäische Solidarität gedacht war, erzählte er jetzt öfters auch bei Parteiveranstaltungen und überließ es den anderen, was oder wer damit gemeint sein könnte: „Gehen da zwei Freunde im Dschungel, als sie plötzlich das Brüllen eines Löwen hören. Darauf setzt sich der eine geschwind hin, nimmt aus seinem Rucksack die Joggingschuhe heraus und zieht sie so schnell es geht an. ‚Warum tust du das?', fragt der andere überrascht. ‚Glaubst du wirklich, dass du damit schneller bist als der Löwe?' ‚Nein', antwortet der erste. Aber solange ich nur schneller bin als Du!'"

Als Redner war Mock unberechenbar. An seinen eigenen Slogan: Man kann über alles reden, nur nicht über zehn Minuten, hielt er sich selten. Vom Manuskript wich er gern ab und extemporierte. In solchen Fällen gibt es bekanntlich bei vorheriger Überreichung des vorbereiteten Texts an die Medien (mit Sperrfrist) den bekannten Zusatz: „Es gilt das gesprochene Wort." Im ÖVP-Pressedienst zirkulierte bald das Gerücht, dass Mock-Texte an Journalisten mit der Anmerkung weitergeleitet würden: „Es gilt das geschriebene Wort." Die verbliebene Obmannszeit nutzte er für noch mehr internationales Engagement als Präsident der Europäischen Demokratischen Union (EDU), nachdem er vorher diese Funktion auch schon bei der Internationalen Demokratischen Union (IDU) ausgeübt hatte. Und er konzentrierte sich noch mehr als bisher auf seine Arbeit als Außenminister. Der 27. Juni 1989, der Tag, an dem er gemeinsam mit dem ungarischen Außenminister Gyula Horn bei Sopron den Eisernen Vorhang durchschnitt, war für Alois Mock, den leidenschaftlichen Europäer, ein besonderer emotionaler Freudentag. Das Ende der Zweiteilung Europas war nahe. Auch wenn es bis zum Abbau des Stacheldrahtzauns und der über so viele Jahre Schrecken verbreitenden Grenzwachtürme und schließlich bis zur Deutschen Wiedervereinigung noch ein paar Monate dauern sollte. Und mit dem Zerfall Jugoslawiens und den jugoslawischen Nachfolgekriegen wird Mock, der zunehmend mit seiner Parkinson-Krankheit zu kämpfen hatte, die nächste große politische Herausforderung als Außenminister zu bewältigen haben.

Apropos Reden:

Wird da ein Spitzenpolitiker zu einer großen Festrede eingeladen. Eine Stunde, ja nicht länger soll sie dauern. Ein Ghostwriter wird beauftragt, das genau hinzukriegen. Der Politiker spricht, eine Stunde, eineinhalb, schließlich genau zwei Stunden. Schreckliche Stimmung. Wie konnte das nur passieren? „Ach", seufzte der Ghostwriter, „ich hätte Ihnen doch keine Kopie mitgeben sollen."

Annus mirabilis 1989

„Wunderbare" oder „großartige" Jahre, „Jahre des Wunders" gab es ja schon einige, vor allem in der Wissenschaft. Aber im Zusammenhang mit politischen Entwicklungen verdient kaum ein anderes Jahr diesen Zusatz mehr als das Jahr 1989. Ich dachte mir damals öfters, dass es sich schon deshalb gelohnt habe zurückzukommen, um dieses Ereignis hautnah mitzuerleben. Für zehntausende DDR-Urlauber in Ungarn war im Herbst der Weg über die Grenze plötzlich frei. In Polen, wo der polnische Papst Johannes Paul II. vor allem durch seine offiziellen Besuche von den Sowjets als Gefahr, von der Bevölkerung als Hoffnungsträger empfunden worden war, wurde Tadeusz Mazowiecki Ministerpräsident und der Solidarność-Anführer Lech Wałęsa im Jahr darauf Staatspräsident. Am Tag nach dem Fall der Berliner Mauer am 9. November 1989 war ich beim Brandenburger Tor. Kurz danach wurden dort die gefürchteten Uniformen der Grenzwächter, die Pelzkappen der Soldaten und ihre militärischen Auszeichnungen um ein paar Mark wie auf einem Flohmarkt verkauft. Am 24. November 1989 war ich einer unter den Abertausenden, die dem aus dem Gefängnis entlassenen Václav Havel und Alexander Dubček im unüberschaubaren Lichtermeer auf dem Prager Wenzelsplatz zujubelten. Alles müsse sich jetzt ändern, forderten sie. Dubček wurde zum Parlamentsvorsitzenden, Havel am 29. Dezember 1989 zum Staatspräsidenten gewählt. Und am 3. Oktober 1990 endete nach vier Jahrzehnten die Teilung Deutschlands.

Es war alles wie im Traum. Europa im Aufbruchs- und Erneuerungstaumel. Der Kalte Krieg, der mehr als vierzig Jahre wie eine große graue Wolke über dem Kontinent, ja über der Welt gegangen war, plötzlich vorbei. Vergessen die Berlin-Blockade 1948/49, die Kubakrise 1962, der Mittelstreckenraketenkonflikt, der Volksaufstand in der DDR, 1953, der Ungarnaufstand 1956, die Niederschlagung des Prager Frühlings 1968 – Ereignisse, die allesamt von uns damals als Bedrohung des Weltfriedens empfunden wurden und mit der Gefahr eines dritten Weltkriegs verbunden waren. Gleich zweimal war Wien Ort eines Gipfeltreffens, um das zu verhindern. 1961 zwischen John F. Kennedy und Nikita Chruschtschow und 1979 zwischen Jimmy Carter und Leonid Breschnew. Das tat der österreichischen Seele gut und förderte den Glauben an die Bedeutung unserer Neutralität.

Friedensnobelpreis

Der uneingeschränkte Held dieser Zeit war Michail Gorbatschow. Perestroika („Umbau") und Glasnost („Offenheit") – die Leitlinien seiner neuen Politik – waren die Worte des Jahres, die in engstem Zusammenhang mit den europäischen Entwicklungen standen und die in der Zustimmung der Sowjets zur deutschen Wiedervereinigung am 3. Oktober 1990 gipfelten. Der Kalte Krieg war, wie es Gorbatschow schon im Dezember 1989 nach einem Treffen mit US-Präsident George H. W. Bush formuliert hatte, nun tatsächlich zu Ende. Niemandem wurde der Friedensnobelpreis mehr gegönnt als Michail Gorbatschow. Außer in Russland, wo ihm die Hauptverantwortung für die Auflösung der Sowjetunion (UdSSR) Ende Dezember 1991 (Abkommen von Alma Ata) zugeschoben wurde. Freilich darf in diesem Zusammenhang auch die Rolle, die Boris Jelzin und die Vorsitzenden anderer „Nachfolgestaaten", insbesondere Belarus' und der Ukraine, bei der Gründung der GUS (Gemeinschaft Unabhängiger Staaten) gespielt haben, nicht unerwähnt bleiben.

Aus den jahrzehntelang so gefürchteten Grenzen zu den östlichen Nachbarn, an denen man bisher – etwa, wenn wir zu einer guten Bekannten meiner Mutter und Nenntante, die in Bratislava als Konsulin tätig war, fahren wollten – oft stundenlang warten und mit einer gründlichen Kontrolle rechnen musste, wurden plötzlich ganz normale Grenzübergänge. Und noch einmal ein paar Jahre später, nach dem Beitritt dieser Länder zur EU und dem Schengener-Abkommen wird man auch dorthin ohne Grenzkontrollen reisen können. Annus mirabilis. Und ich werde es als lustigen Zufall empfinden, dass meine Handynummer ohne mein Zutun mit den vier Ziffern 1989 enden wird.

Apropos Nikita Chruschtschow:

Der kam gern nach Österreich. Einmal, 1960, gleich länger als eine Woche. Die Hauptidee dabei war, nach den langen Besatzungsjahren, Russland bei der österreichischen Bevölkerung wieder in ein freundlicheres, sympathischeres Licht zu rücken. Auch ein sehr persönlicher Besuch des Bauernhofs der Familie Figl im Tullnerfeld (Leopold Figl war damals Nationalratspräsident und mit Chruschtschow wegen der Staatsvertragsverhandlungen gut bekannt) stand auf dem Programm. Gegen den Hinweis Chruschtschows, dass die russischen (eigentlich ukrainischen) Kukuruzpflanzen einen wesentlich höheren Ertrag brächten als die österreichischen, protestierte Figl. Es kam zur legendären „Kukuruzwette". Unter genauer Beobachtung von Experten und der jeweiligen Botschafter wurde ausgesät, gepflanzt, geerntet und juriert. Figl gewann. Schon wieder so etwas, das der österreichischen Seele (und auch dem landwirtschaftlichen Selbstbewusstsein) guttat. Wettschulden, so heißt es doch, seien Ehrenschulden. Aber das als Wettpreis vereinbarte Schwein – so Figls Tochter Annelies – sei von Chruschtschow niemals geliefert worden. Und dass der so jovial wirkende Regierungschef der Sowjetunion auch anders konnte, zeigte die nur zwei Jahre später ausgebrochene Kubakrise, durch die es zu einer der gefährlichsten Konfrontationen im schwelenden Ost-West-Konflikt kommen sollte.

Alexander-Zemlinsky-Fonds

Über die Zemlinsky-Renaissance, die vor allem von der engagierten Witwe Louise vorangetrieben wurde, habe ich schon berichtet. Aber Louise wollte auch, dass es nach ihrem Tod gut weitergeht. Die Universitätsstiftung in Cincinnati hatte ihre Erwartungen nicht erfüllt. Ich schlug ihr die Gründung einer eigenen Stiftung in Wien vor. Das wäre dann auch eine Art Rückholung. Louise war von der Idee, die Stiftung beim Musikverein anzusiedeln, begeistert. Mithilfe des visionären Intendanten Thomas Angyan konnte der Wunsch auch realisiert werden. Die Stiftung wird ein großer Erfolg werden. Sie kann auf einem von Louise gestifteten Grundkapital von 100.000 Dollar aufbauen und sich danach, da sie von Louise als Erbin eingesetzt wurde, aus den Tantiemen finanzieren. Diese werden immer reichlicher fließen. Der mit 30.000 Euro dotierte „Alexander-Zemlinsky-Preis" gilt in der internationalen Musikwelt als eine der begehrtesten Auszeichnungen. Zemlinskys Zeit war – wie Schönberg das vorausgesagt hatte – gekommen. Und mit jeder vom Z-Fonds unterstützten Produktion werden die urheberrechtlich vorgesehenen Einnahmen zurückkommen. Die ehrenamtliche Vorsitzführung macht Arbeit, aber auch Spaß.

PETER

Ich kenne viele Menschen, die mit ihrem Vornamen hadern. Zu kurz, zu lang, zu wenig Vokale, zu hohe historische Belastung etc. Da habe ich Glück. Ich konnte und wollte immer sehr gut mit „Peter" leben. Das schon deshalb, weil mir von meinen Eltern erklärt wurde, dass das in einer Zeit der Adolfs, Horsts, Siegfrieds etc. nahezu ein kleiner Widerstandsakt war. Noch dazu, weil dem Peter ein Christoph hinzugefügt wurde. Peter also, von Petrus, Fels. *„Et super hanc petram aedificabo ecclesiam meam."* Schon eine ziemliche Herausforderung, dieser Namenspatron, erster Papst, Jesus-Verleugner und Märtyrer. Und dazu dann noch der Christophorus, der Christusträger, aber diesen Zusammenhang hat der NS-Beamte wohl nicht durchschaut. Bei meinem jüngeren Bruder Philipp Emanuel waren die Eltern, wie schon erwähnt, noch provokanter.

Wenn man Peter heißt, dann hat man folgerichtig auch ein ganz spezifisches Verhältnis zu allem, was mit diesem Namen verbunden ist. Von Struwwelpeter, Ziegenpeter (=Mumps), Miesepeter, Schwarzer Peter, „Der arme Peter" (Heinrich Heine), Petersfisch, Petersilie, Salpeter, Trompeter, Schumpeter, Peterskirche, Petersdom, Petersplatz, Peterchens Mondfahrt, Peter Schlemihls wundersame Geschichte, Peter der Große und St. Petersburg über Peter und der Wolf und meine lebenslangen Idole Peter Pan und Peter Rabbit bis zum „Peter-Prinzip" (The Peter Principle, benannt nach seinem Erfinder L. J. Peter), dieser eindringlichen Warnung vor beruflicher Selbstüberschätzung.

In New York dann das schon erwähnte Zusammentreffen mit Louise Zemlinsky und die vielen Peters im Komitee des Alexander-Zemlinsky-Fonds. Und danach, und immer wieder, viele Peters in meinem Leben, mit denen ich zu tun hatte, denen ich eine Erfahrung (zumeist – nicht immer – eine gute) und Dank schulde oder die mir Erlebnisse und Einsichten durch ihr geschichtliches, politisches oder künstlerisches Schaffen ermöglichten.

Vielleicht kann das ja mein nächstes, kleines Projekt werden, „Briefe an Peter ..." zu schreiben, wie etwa:

Lieber Heiliger Petrus,
ich bin wirklich froh, dich als meinen Namenspatron zu haben. Nicht, weil du so berühmt, der erste Papst und ein Märtyrer bist. Vielmehr, weil du so menschlich geblieben bist und uns Irdischen dadurch immer wieder Hoffnung gibst. Den Glauben beim Über-das-Wasser-Schreiten verlieren und untergehen? Im Garten Gethsemane einschlafen, anstatt mit dem Herrn zu beten? Das Schwert zücken und ein Ohr abtrennen, statt die andere Wange hinzuhalten? Den Herrn gleich dreimal – noch dazu wie vorhergesagt – verleugnen? Wie tröstlich ist das, wenn es um unsere eigenen Schwächen geht. Danke!

Lieber Peter Turrini,
nun ja, meinen gehbehinderten Bruder in deinen „Bürgern in Wien" ziemlich erkennbar zu verunglimpfen, war nicht für jeden amüsant. Aber, Freiheit der Kunst, und aus. Es ehrt dich auch, dass du meiner ziemlich irritierten Mutter gegenüber irgendwie zum Ausdruck gebracht hast, dass es dir leidtut.

Richtig großartig fand ich, dass du – nach einem kurzen diesbezüglichen Gespräch in deinem originellen Retzer Haus – bereit warst, beim traditionellen Treffen der niederösterreichischen ÖVP am 15. November (Heiliger Leopold) die Festrede zu halten. Der lange anhaltende Applaus muss doch deiner so erfolgreich verborgenen konservativen Seele richtig gutgetan haben ...

Und da wäre noch die Geschichte im Burgtheater mit Claus Peymann, der deine „Schlacht um Wien" inszenierte. Während einer Probe sagtest du zu ihm, dass du dir eine bestimmte Szene ganz anders vorgestellt hättest. Er fauchte, nein, er schrie dich offensichtlich richtig an, was du dir eigentlich einbildest, wo es doch die Pflicht des Regisseurs sei zu wissen, wie es der Autor gemeint hat! Da ließest du ihn gewähren.

Es gäbe noch viel über andere Begegnungen mit dir zu erzählen. Aber das würde den Rahmen dieses Briefes sprengen. Spannend war es jedenfalls immer und auch vergnüglich. In und für Österreich wirst du noch lange wichtig bleiben. Dein Peter.

P.S.: Zum Trost: Komponisten haben es auch nicht leichter als Autoren. Als Ravel bei seinem Bolero mitten im Konzert lautstark gegen das Tempo protestierte, rief Toscanini empört zurück, das Stück könne man nur so spielen oder gar nicht …

Lieber Peter Zadek,
da kann man vermutlich schon von Eklat sprechen, was wir da beim Abendessen im Haus des Luc Bondy abgeliefert haben. Pazifismus, meinten Sie, könne man nur ganz oder gar nicht leben. Ja, eh, aber dann regte sich doch mein Widerspruchsgeist. „Auch wenn jemand Ihre Frau oder Kinder bedroht?" „Ja, auch dann." „Nun gut. Tyrannenmord?" „Unerlaubt." „Okay. Und wäre es besser gewesen, wenn die Amerikaner Hitler nicht den Krieg erklärt hätten?" „Killerargument", riefen Sie erbost und mit rotem Kopf. „Aber, ja, wäre besser gewesen, weil man die Alternativen nicht kennt und Pazifismus eben nur ganz oder gar nicht geht." Erregter Schluss der Debatte. Augenrollen bei Luc, der rasch das Thema wechselte.

Lieber Peter Zadek, wo immer Sie jetzt sind. Sie waren einer der ganz Großen, einer jener bedeutenden Erneuerer, ohne die sich Theater nicht weiterentwickeln könnte. Ihr PCM.

Lieber Peter Stein,
alle, die schrieben und meinten, Sie würden zu konservativ inszenieren, haben, glaube ich, nicht verstanden, worum es Ihnen ging. Ihr Respekt vor dem Autor war genauso spürbar, wie Ihr Bemühen, die Begeisterung Ihres Publikums für ein zeitgemäßes Theater-Erleben zu entflammen. Immer wollten Sie, dass die Menschen etwas Unvergessliches mit nach Hause nehmen. Wie glücklich bin ich, dass wir für Ihr „Faust-Projekt", gemeinsam mit Robert Jungbluth, die Weichen für die Produktion in Wien (Kabelwerk) stellen konnten. 21 Stunden Faust I und Faust II, an einem Wochenende. Lebenslange Erinnerung. Bleibende Bewunderung! Ihr PCM.

Lieber Peter Radunski,
wir waren zeitgleich Haupt- bzw. Bundesgeschäftsführer, du bei der CDU, ich bei der ÖVP. Später, wieder zeitgleich, warst du Kultursenator in Berlin und ich Kultur-

stadtrat in Wien. Das erleichterte die konstruktive Zusammenarbeit, etwa als es um die gemeinsame Mitverantwortung der großen Kulturstädte für den europäischen Integrationsprozess ging. Dann war da die Geschichte mit dem Schönberg-Center, das wir – du hattest in Berlin schon eine Pressekonferenz angesetzt – buchstäblich in letzter Minute durch bindende Zusagen an die Schönberg-Familie doch noch nach Wien holen konnten. Da warst du wirklich nicht erfreut. 2001 warst du dann Berater Bernhard Görgs im Wahlkampf. Du rietest ihm zum Frieden mit Wolfgang Schüssel, wolltest gar ein gemeinsames Plakat mit den beiden, was aber Görg, der im Parteivorstand als einziger gegen Schwarz-Blau gestimmt hatte, doch zu weit ging. Am Ende stand dann die absolute Mehrheit der SPÖ. Jetzt war ich nicht erfreut. Nichts für ungut. Du bist nicht der erste, der zur Kenntnis nehmen musste, dass Wien eben wirklich anders ist. Genieße deinen wohlverdienten Ruhestand! Peter.

Lieber Peter Matic,
auch wenn du nicht mehr zu uns sprechen kannst, so werden wir doch – und auch noch Generationen nach uns – deine Stimme, deine unvergleichliche, direkt ins Herz gehende Stimme, hören. Jedes Mal, wenn wir einen deiner Filme sehen oder der Weltliteratur in deinen Hörbüchern beggenen können. So wirst du zwar nicht mehr hier, aber dennoch niemals fort sein. Was für ein Geschenk!
In herzlicher Erinnerung, Dein Peter.

Lieber Pietro Metastasio,
immer sind Sie ein wenig im Schatten des großen Mozart-Librettisten Lorenzo Da Ponte gestanden – und haben doch so schöne Libretti für Mozarts frühe Opern geschrieben. Als kleine Wiedergutmachung habe ich als Intendant im Wiener Mozartjahr 2006 ihren total kaputten Sarg in der Michaelerkirche renovieren lassen. Der überstrahlt jetzt alle anderen da unten in der Gruft und ist eine richtige Sehenswürdigkeit geworden. War wirklich höchste Zeit!
In dankbarer Erinnerung, Ihr Peter Marboe.

Lieber Peter Ruzicka,
von allen deinen erfolgreichen Tätigkeiten – Intendant, Dirigent, Geschäftsführer, Präsident, Manager, Jurist usw. – war dir deine Berufung als Komponist am wichtigsten. Mit deinen großen Orchesterwerken, deiner Kammermusik und vor allem auch deinen Opern- und Musiktheaterkompositionen – Hölderlin, Benjamin, Celan – hast du dir längst einen Platz in der Musikgeschichte gesichert. Und im Alexander-Zemlinsky-Fonds warst du als Freund und Experte unverzichtbar. Kein Wunder also, dass du in Grafenegg, wo du Composer in Residence warst, mit lächelnder Souveränität reagiertest, als man dich beim Eröffnungsempfang sehr herzlich als Peter Ruzowitzky begrüßte. Politiker, so meintest du beim anschließen-

den Abendessen, sind halt oft, wenn es zur Kultur kommt, leicht überfordert …
Auf eine baldige nächste Begegnung freut sich
   Dein Peter.

Lieber Peter Ustinov, lieber Peter Henisch, lieber Peter Handke, lieber Peter Rosei, lieber Peter Weibel, lieber Peter Huemer … Ach, ein anderes Mal. Vielleicht, wie gesagt, ein eigenes Projekt. Hier würde das jetzt einfach zu weit führen …

Wiener ÖVP-Obmann?

19 Uhr, Telefon, Büro: „Hier Dittrich. Könntest du bitte heute noch zu mir ins Büro kommen?" Wie sollte man da als Hauptgeschäftsführer dem mächtigen Präsidenten der Wiener Wirtschaftskammer nicht entgegenkommen? Stubenring 8–10. Gespenstisch, altes Gebäude, erster Stock, großes Zimmer. Dittrich ruft noch per Glocke den Amtsdiener zu sich und ersucht diesen, ihm Zünder für die Zigarre von der danebenstehenden Kommode zu bringen. Danach gleich in medias res: „Möchtest du Parteiobmann der ÖVP-Wien werden?" Perplex frage ich nur: „Kannst du das so bestimmen?" Mit einem kürzeren „Ja", konnte er gar nicht antworten. Ein Blick durchs Guckloch in die wahren Kräfteverhältnisse in dieser Stadt, dachte ich mir (auch wenn, wie ich später erfuhr, der Vorschlag mit ÖAAB und Bauernbund abgesprochen war). Wolfgang Petrik, der mit knappster Mehrheit zum Nachfolger Buseks gewählt wurde, war rasch in Ungnade gefallen. Kurze Bedenkzeit, die Zeit drängt. Am nächsten Tag Mittagessen mit Bernhard Görg. Vertrauliches Gespräch. Er rät mir vehement zu, spricht von großer Chance, die man nicht ablehnen dürfe. Danach Termin bei Mock. Große Überraschung: „Das darfst du auf keinen Fall machen. Du hast keine Lobby hinter Dir, du wirst zwischen Dittrich und Prochaska (Klubobmann) aufgerieben werden, nach einem Jahr geht es dir so wie dem Petrik jetzt. Warte lieber noch ab." Ich musste unwillkürlich an das kurze „Ja" Dittrichs – samt Guckloch – denken. „Und was ist, wenn ich Bedingungen stelle, die vor meiner Zustimmung erfüllt sein müssten?" „Das wäre ein Weg, aber da wird nicht viel herauskommen", so Mock. Also schrieb ich einen Brief an Dittrich, verlangte, jedes zweite Mandat im Gemeinderat frei bestimmen zu können, freie Wahl der Stellvertreter und Mitarbeiterinnen (vor allem Landesparteisekretariat), Anhebung der Frauenquote etc. Mir war bewusst, dass das alles auf eine Schwächung der Bünde bzw. Teilorganisationen hinauslief, die gewohnt waren, über den Kopf des Parteiobmanns hinweg ihre Leute zu nominieren. Noch bevor das Schreiben Dittrich erreichen konnte, war in den Zeitungen zu lesen, Peter Marboe würde neuer Wiener ÖVP-Obmann werden. Der Standard vom 18.10.1990 widmete mir gar den (ersten von insgesamt drei) „Kopf des Tages". Wenn die jetzt zustimmen, dachte ich mir, wird es eng mit einer Absage. Taten sie aber nicht. Zu stark war das

Pfründedenken. Kein weiterer Termin, kein weiteres Gespräch. Nur ein kolportierter Zornesausbruch von Dittrich wegen so viel Unverschämtheit. In Heinrich Wille fand sich eine willige Alternative. Er stimmte zu, wurde gewählt und trat bald danach völlig frustriert von allen Funktionen zurück. Wäre mir wohl nicht viel anders ergangen. Nun war der Weg für Bernhard Görg frei, der nach seiner Niederlage gegen Erhard Busek in der Bundespartei bereit für ein anderes politisches Engagement war. Er wird 1992 zum Landesparteiobmann gewählt werden und diese Funktion beachtliche zehn Jahre lang ausüben, was wohl auch damit zu tun hat, dass er die ÖVP 1996 erfolgreich in eine Koalition mit der SPÖ führen wird.

Jamais deux sans trois

Das klingt irgendwie unverfänglicher als: „Aller guten Dinge sind drei." Jetzt hat es nämlich auch Kukacka erwischt, dem mitgeteilt wurde, dass er sich ab jetzt auf sein Mandat im Nationalrat konzentrieren solle. Man wolle möglichst viel personelle Erneuerung in der Zentrale haben. Bei einem recht skurrilen Parteivorstand wurde das Geheimnis seiner Nachfolge gelüftet. Der quirlige Raimund Solonar, der Riegler bei seinem New-York-Besuch sichtlich beeindruckt hatte, sollte Kukackas Nachfolger und für mich in nur drei Jahren der dritte Generalsekretär, als dessen Stellvertreter ich automatisch fungierte, sein. Ein Quereinsteiger, der kaum jemanden und den praktisch niemand im Parteivorstand kannte. Und so stellte er sich vor, nur kurz vorher aus New York angereist. Es wimmelte nur so von Anglizismen. Well, you know, I think, we have to fight, sorry to say, no socialism in America etc. Die an Derartiges nicht gewohnten Sitzungsteilnehmer schüttelten unverhohlen den Kopf. Das konnte nicht gut gehen. Und tat es auch nicht. Schon zwei Jahre später werden mit Ferdinand („Ferry") Maier und Ingrid Korosec gleich zwei Neue ins Generalsekretariat an Buseks Seite in die Kärntner Straße 51 einziehen.

Mir war klar, dass ich mich jetzt schön langsam um eine berufliche Alternative umsehen müsse. Weder Riegler noch Solonar, den ich so gut es ging unterstützte, wurden ernstgenommen. Nicht innerparteilich und auch nicht in der öffentlichen Wahrnehmung. Alles rechnete mit Rieglers baldiger Wahlniederlage und einem erwarteten Neubeginn mit Erhard Busek. Ich konzentrierte mich ganz auf meine „Kernaufgaben" Kunst, Kultur, Europa und Bundesländer und hielt die Augen offen.

What's next?

Glück gehabt: Gutes Timing wäre ein Understatement. Und das kam so: Während ich also begann, mich umzusehen, wurde die Leitung der Sektion V im BMfAA

(Bundesministerium für Auswärtige Angelegenheiten, kulturpolitische Sektion) ausgeschrieben. Bernhard Stillfried wird mit Ende 1990 in Pension gehen. Jetzt gab es für mich kein Zögern. Der Posten war maßgeschneidert, meine Bewerbung schnell – mit Hinweisen auf die langjährigen Tätigkeiten in Kultur und Politik einschließlich Auslandserfahrung – formuliert und abgegeben. Und so kam es, dass ich von der zuständigen Auswahlkommission, wie erhofft, an die erste Stelle gereiht und dem Außenminister zur Ernennung vorgeschlagen wurde. Der hatte, wie er mir fröhlich am Telefon mitteilte, keinen Grund, diesem Vorschlag nicht zu folgen. Und so begannen, wenn auch in einem anderen Umfeld, weitere spannende Jahre der Zusammenarbeit mit Alois Mock.

1991–1996

Leiter der kulturpolitischen Sektion (Auslandskultur) im Außenministerium

Mir wurde rasch bewusst, was Karl Pisa seinerzeit meinte, als er sagte, dass beruflicher Wechsel immer gut sei, dass es aber einen „roten Faden", also einen Zusammenhang geben sollte. Vom ersten Tag an fühlte ich mich in dieser Funktion wohl, auch physisch im sogenannten NAG, dem neuen Amtsgebäude, das Modernität und Zukunftsbewusstsein ausstrahlte. Mit herrlichem Blick auf den Minoritenplatz, in einem großen, hellen Zimmer im fünften Stock, das sogar ein eigenes Badezimmer mit Klo und (äußerst selten benutzter) Dusche hatte. Am 1. Jänner gegen Mittag tauchte ich dort auf und erklärte dem verdutzten Journalbeamten, dass ich hier jetzt der Neue sei und mich nur ein wenig umsehen wolle. Netter Einstieg. Vom Fenster aus sah ich auf die Minoritenkirche und, schräg gegenüber, zum Bundesministerium für Wissenschaft und Forschung. Busek war dort Minister. Und es wird nicht mehr lange dauern, bis er Josef Riegler als ÖVP-Parteiobmann und Vizekanzler ablösen wird. Auch eine prächtige Krähe konnte ich beobachten, mit einer großen Nuss im Schnabel. Die ließ sie vom Dach hinunter auf den Platz fallen, flog rasch nach, um allfällige Konkurrenten zu verscheuchen, schnappte die Nuss, flog wieder zum Dach zurück, machte das Ganze noch einmal, und danach noch mehrmals, bis die Nuss auf den harten Steinen aufgebrochen war. Beharrlichkeit und Intelligenz, dachte ich mir, die auch Menschen gut brauchen können. Dann läutete das Telefon. Was jetzt? Am Neujahrstag? „Mock." Er habe es bei mir zuhause versucht, aber da sich niemand meldete, dachte er, dass ich vielleicht im Büro sei. Diesbezüglich hatte sich offensichtlich nicht viel verändert. Und so kam es, dass ich gleich am ersten Tag meiner neuen Tätigkeit mit Mock ein längeres, freundschaftliches „Einstandsgespräch" führen konnte. Die Übergabe fand dann am Tag darauf in herzlicher Atmosphäre mit meinem Vorgänger Bernhard Stillfried vor den rund 60 Mitarbeiterinnen und Mitarbeitern statt. Eine Zahl, gerade noch klein genug, um im Lauf des nächsten Monats jeden einzelnen und jede einzelne in ihren Zimmern besuchen und ein kurzes persönliches Gespräch führen zu können.

Nachholbedarf

Neben der politischen und der wirtschaftspolitischen war die kulturpolitische Sektion das dritte Standbein der österreichischen Außenpolitik. Die sogenannte Auslandskultur war aus diesem Grund auch beim Außen- und nicht beim Kulturministerium angesiedelt. Nach jeder Wahl wird das ein Verhandlungsthema sein. Insbesondere im Zusammenhang mit dem Beitritt Österreichs zur EG, weil ja danach auch die Kultur Teil der Binnenpolitik und somit vom Kulturministerium wahrgenommen werden sollte. Umgekehrt ist es ausgeschlossen, dass sich die österreichische Außenpolitik nur auf die internationale Politik und Wirtschaft beschränken und – gerade im Falle der „Kulturnation Österreich" – auf die Kulturpolitik als Mittel der Außenpolitik verzichten sollte. Also wurden diese Zuständigkeiten – bei erhöhtem Koordinationsbedarf zwischen den Ministerien – auch bis heute beibehalten. Das machte es spannend und war auch mit viel Geduld verbunden, weil die Kultur erst durch den Vertrag von Maastricht zu einem gleichrangigen Integrationsziel erklärt wurde.

Im Inneren wurde die Sektion V mehr geduldet als respektiert: Mit damals rund 30 Millionen Schilling (ca. 2,15 Millionen Euro) war die kulturelle Arbeit im Ausland krass unterdotiert, die Sektionsleitung hatte kein Mitspracherecht bei der Zuteilung der Referenten, die Kultur war beim Préalable kein mit Bewertung verbundener Prüfungsgegenstand (wodurch den Kandidatinnen auch gleich der interne Stellenwert der Kultur vor Augen geführt wurde), bei offiziellen Auslandsreisen des Ministers waren wohl die Leiter der politischen und wirtschaftspolitischen, nicht aber der kulturpolitischen Sektion im Team und äußerst selten kulturelle Themen auf der Gesprächsagenda etc. Die Erwartung Mocks, ihm möglichst schnell Reformvorschläge zu machen, erfüllte ich gern. Mit allem war er einverstanden. Innerhalb von ein paar Monaten waren diese „Missstände" zum Erstaunen vieler Kolleginnen und Kollegen beseitigt. Kein Préalable ohne Kultur, auch Lektoren mit zumindest zweijähriger Auslandserfahrung konnten nunmehr antreten, keine Referatszuteilung ohne meine Zustimmung, keine offiziellen Ministerreisen ohne Kulturagenda und das operative Budget innerhalb zweier Jahre verdreifacht. Jetzt konnten auch die Kulturinstitute und die Kulturabteilungen der Botschaften durchatmen und ihren Aktionsradius ausweiten. Der Neubeginn schien gelungen.

Mit einer kleinen, durchaus anekdotischen Ausnahme. Ich hatte noch die junge Mutter an meiner Wohnungstür in New York im Kopf, die mir ihr weinendes Kind entgegenreichte mit den Worten: „Please, Doctor, help. There is something wrong with my child. The doorman suggested I contact you directly." Nun, österreichische Besucher hatten regelmäßig beim Doorman nach Doktor Marboe gefragt, woraus dieser schloss, dass ich ein Arzt sei … Da das Kind wirklich laut schrie, mitten in der Nacht, schlug ich vor, die Rettung zu rufen, die bald danach eintraf. Es handelte sich, wie ich später erfuhr um eine sehr akute Blinddarmentzündung.

Also, fortschrittlich, wie doch die Kultur stets sein sollte, schlug ich in der Sektion V die Abschaffung der Titel-Anrede vor. Wir würden einander einfach mit unseren Namen ansprechen, wodurch alles auch persönlicher würde. „Frau Amtsrätin", „Herr Botschafter", „Herr Kanzleidirektor", „Herr Sektionsleiter" sollte demnächst der Vergangenheit angehören. Was für ein Aufruhr. Die Personalvertreter aller Parteien saßen mir mit finsterer Miene gegenüber. Die Titel seien ein wohlerworbenes Privileg, das man nicht einfach abschaffen könne, schon gar nicht im Alleingang. Alle Sektionen hätten sich sofort dagegen ausgesprochen. Zu einem Botschafter oder Gesandten könne man nicht einfach Herr Maier sagen. Und bei den niedrigeren Dienstklassen sei der Titel eine Kompensation für das geringere Einkommen sowie ein Ausgleich für den fehlenden akademischen Status etc. Alles habe weniger mit Eitelkeit als vielmehr mit einer Art ausgleichender Gerechtigkeit zu tun und sei unabdingbar für ein gutes Arbeitsklima im Ministerium. Dagegen hatte ich keine guten Argumente und gab auf. Ein paar gab es aber dann doch, die das ähnlich sahen wie ich und wir machten uns einen Spaß daraus, den nunmehr freiwilligen Titelverzicht zu zelebrieren.

Und was die Besetzung leitender Funktionen mit Frauen betrifft, so waren zu Beginn von sieben Abteilungen zwei weiblich und fünf männlich besetzt, vier Jahre später war es genau umgekehrt …

Abb. 21 Alois Mock, Peter Marboe, Richard Berczeller in New York
Foto: Sharlene E. Spingler

Alois Mock als Außenkulturminister

Kunst und Kultur in seine außenpolitischen Konzepte und Überlegungen miteinzubeziehen war Alois Mock ein besonderes Anliegen. Österreich-Bibliotheken,

Sprachkurse, Lektoren in aller Welt, Einladung vertriebener Künstler/innen, Verdreifachung des Kulturbudgets, Neubau des Kulturinstituts in New York, Engagement in der UNESCO, Wiederaufbau der zerstörten Universität in Sarajewo, Ausweitung der Kulturabkommen, erstmaliges Kulturabkommen mit Israel, erste christlich-islamische Dialogkonferenz usw. Im Außenministerium selbst bedeutete dies eine spürbare atmosphärische Aufwertung des Kulturbereichs – neben Wirtschaft, Politik und Entwicklungshilfe. Spitzendiplomaten und -diplomatinnen wie Wolfgang Waldner, Christoph Thun-Hohenstein, Andreas Stadler, Klaus Wölfer oder Christine Moser, bewarben sich plötzlich für Kulturinstitute anstatt für Botschaften. Auch der Vertrag von Maastricht vom 7. Februar 1992 trug dazu bei, wurde doch darin erstmals die Kultur als Integrationsziel festgeschrieben. Mock glaubte an die „Beseelung" Europas durch die Kultur und war überzeugt, dass Österreich auf diesem Weg einen besonderen Beitrag leisten könne und müsse. Was übrigens, ganz konkret und durch die Budgeterhöhungen leichter gemacht, auch bedeutete, dass wir verstärkt Auslandstourneen österreichischer Künstlerinnen und Künstler, Ausstellungen oder die Teilnahme an Festivals unterstützten. Auch große Symposien und „Österreich-Wochen" zählten dazu, etwa mit dem Serapionstheater oder der Allroundkünstlerin Topsy Küppers, die sich mit ihrer „großen Kleinkunst" nicht nur für jüdische Kultur einsetzte, sondern auch konsequent gegen Fremdenfeindlichkeit, Antisemitismus und Faschismus auftrat.

Österreich-Bibliotheken

Dieses vom visionären, leidenschaftlichen Autor und Literaturwissenschaftler Wolfgang Kraus angeregte und meinem Vorgänger Bernhard Stillfried organisatorisch aufgebaute Projekt verdient aus zwei Gründen eine besondere Erwähnung. Erstens hatte Österreich damit in den ehemaligen Ost- und Mitteleuropastaaten – aber mit der Zeit auch weit darüber hinaus, etwa in Israel und der Türkei – ein Instrument in der Hand, das es erlaubte, schnell und unkompliziert in der akademischen Welt Fuß zu fassen und direkte Kontakte mit Studierenden in fast dreißig Ländern (mit mehr als sechzig Standorten) herzustellen. Das – bewusst partnerschaftliche – Prinzip war einfach: Vom Außenministerium wurden die Grundausstattung mit Büchern (rund tausend, die dann jährlich aufgestockt wurden) sowie ein Stipendium für eine kompetente Betreuung, vom Partnerland die Räumlichkeiten (zumeist an Universitäten) und Infrastruktur zur Verfügung gestellt. Bei der Erstellung von Jahresprogrammen (mit zahlreichen Veranstaltungen) wurden die Österreich-Bibliotheken vorrangig behandelt, sodass es zu einer regen Austauschtätigkeit von Professoren, Autoren und Studierenden kam. Der Erfolg dieses Unterfangens, um den wir von vielen Staaten beneidet wurden, hat gewiss auch mit der geschichtlichen Verbundenheit der Partnerländer zu Österreich zu tun.

Die Eröffnung von Österreich-Bibliotheken zählte zu meinen Lieblingsbeschäftigungen. In willkommener Atmosphäre lernte man innerhalb einiger Tage „Land und Leute" kennen, führte interessante Gespräche mit – zumeist anwesenden – Politikern, Professoren und Studierenden, sehr oft verbunden mit einem spürbaren Gefühl einer neuen europäischen Solidarität. Oft erfuhr man bei solchen Gelegenheiten auch vom „Nachholbedarf" im Kulturbereich einzelner Länder wie etwa in Rumänien, wo wir gebeten wurden, Managementkurse für die Leitung von Opernhäusern, Theatern, Museen und großen Orchestern zu organisieren. Was wir gern – mit Hilfe Dieter Bogners – taten, der dort erfolgreich zahlreiche Workshops plante und durchführte. Auch an anderen Orten ergaben sich ähnliche Bilder: Sofia (1991), Szeged (1991), Szombathely (1992), Temeswar (1992), Czernowitz (1992), Kiew (1992), Pécs (1993), St. Petersburg (1993), Moskau (1993), Weliko Tarnowo (1994), Nishnij Nowgorod (1994), Osijek (1995) – um einige zu nennen.

Der Tag, an dem ich „sie" zum ersten Mal sah

Der zweite Grund meiner Erwähnung ist allerdings ein sehr privater, habe ich doch dem Projekt der Österreich-Bibliotheken den – nach meiner Geburt – vermutlich wichtigsten Tag in meinem Leben zu verdanken. Und das kam so: Um den ganzen Komplex Österreich-Bibliotheken, akademische Zusammenarbeit, Sprachkurse, Stipendien etc. auf breiter Basis zu diskutieren, hatte die kulturpolitische Sektion für den 21. Februar 1991 zu einem Symposium in die Diplomatische Akademie eingeladen. Rund zweihundert Teilnehmende aus all den erwähnten Bereichen hatten sich angemeldet. Nach meinem Eröffnungsreferat, während die vorgesehenen Fachreferate stattfanden, ließ ich meine Blicke vom Podium hinunter in den Saal wandern. Einfach so, und nicht, um etwas Besonderes zu suchen oder zu erwarten. Und doch geschah genau dann – wie schon an früherer Stelle erwähnt – das Unerwartete. Mein Blick blieb hängen am Gesicht einer jungen Frau, die fleißig mitschrieb, aber zwischendurch auch interessiert in die Runde und zum Podium schaute. Endlich Mittagspause. Gedränge beim Buffet. Langsames (weil dauernd persönliche Begrüßungen von Teilnehmenden) und möglichst unauffälliges Näherkommen. Gerade noch genug Zeit, um in Erfahrung zu bringen, dass die junge Frau in Vertretung der Österreichischen Hochschülerschaft hier sei und noch nicht genau wisse, ob sie zum abendlichen Abschlussheurigen in Neustift am Walde kommen könne. Aber sie kam. Und ich auch, mit Verspätung, weil ich noch eine Rede bei einem anderen Heurigen für Gerd Bacher halten musste. „Sie" wird doch hoffentlich noch da sein, tönte es in meinem Kopf. Als Gastgeber musste ich von einem Tisch zum anderen gehen, hatte „sie" aber zu meiner Beruhigung schon entdeckt. „Ihr" Tisch, dachte ich mir, sollte dann der letzte sein, um nicht „weiterziehen" zu müssen. Und noch eines weiteren „Manövers" bedurfte es. Großzügig lud ich „sie" und die noch

Verbliebenen nach Mitternacht zu einer gemeinsamen Taxifahrt ein, fuhr kreuz und quer durch Wien, um einen nach dem anderen aussteigen zu lassen. „Und wohin jetzt?", fragte ich „sie". Und so kam es, dass ich am Ende des Abends wusste, dass „sie" Irmgard Schöffler hieß und in der Kalvarienberggasse wohnte. Genug Information für den Augenblick. Auch dass es der wichtigste Tag in unserem Leben sein würde, wussten wir an jenem 21. Februar 1991 noch nicht. Das kristallisierte sich erst langsam heraus und wurde Irmgard und mir so richtig bewusst, als wir etwas mehr als dreieinhalb Jahre später auf dem Mödlinger Standesamt (nach einem Überraschungsmittagessen in der Höldrichsmühle mit rund zwanzig nahen Verwandten) und dann noch einmal ein Jahr danach in der Ober-St.-Veiter-Kirche für immer „Ja" zueinander sagten.

Sonnenaufgang

Und zu dieser „Zeit danach" zählen zuallererst die Geburten unserer beiden Kinder Jakob und Anna, im Mai 1995 bzw. September 1996. Zusätzlich zu Frau und Mann ist man jetzt plötzlich auch Mutter und Vater. „Ich habe einen Sohn" und „ich habe eine Tochter" rief ich beide Male nach der Geburt frühmorgens bei Sonnenaufgang ziemlich übermütig auf dem Weg vom Spital zum Auto in den 18. Bezirk hinein. Wien und die ganze Welt sollten es wissen. Da sah ich auch gnädig über den lauten „Ruhe"-Ruf eines erzürnten Wieners hinweg. Dann fuhr ich nach Hause, schlief ein paar Stunden und machte mich auf den Weg zum Leiner in der Shopping-City-Süd, um die vorbestellten Kinderwägen abzuholen.

Apropos Ehe und Liebe:

„Omnia vincit amor." Ja, gewiss, wenn sie da ist, die Liebe, und wenn man die Fähigkeit dazu hat, dann kann man mit der Liebe das Leben und im Konkreten auch das Eheleben gut meistern. Liebe und Glück sind untrennbar miteinander verbunden. Aber Ehe – vielleicht hat Diego Götz das ja so gemeint, als er im Reinhardt-Seminar zum Entsetzen meines Bruders Ernst Wolfram meinte, dass Ehe mit Liebe nichts zu tun habe – spielt sich üblicherweise im ganz normalen Alltag ab, der gemeistert werden muss. Meine Erfahrung sagt mir, dass möglichst viele gemeinsame Interessen und Übereinstimmungen (politisch, religiös, kulturell) generell (Ausnahmen gibt es immer) eine gute Basis für eheliches Glück sind. Wichtig scheint mir die Entwicklung eines authentischen Wir-Gefühls. Geht's dem (der) anderen schlecht, geht's einem selbst schlecht. Eine weitere Voraussetzung fürs Glücken ist die Fähigkeit zur Hingabe ohne Unterwerfung und eine gerechte „Lastenverteilung". Und eines spürt man ziemlich genau: Nämlich ob der (die) andere in einem das Gute weckt, ob einem das Zusammensein guttut oder nicht. Ob dem/der anderen Liebhaben wichtiger ist als Rechthaben. Glück hat, wem es gelingt, sich das Kribbeln der ersten Tage, dieses Magic Feeling des Verliebtseins zu bewahren, immer noch ein Gedicht, eine Blume, eine kleine Überraschung, eine heimliche Berührung unter dem Tisch – ach was, eben einfach lebendig bleiben und kein Gewohnheitstier werden. „For theirs was a love which didn't need daily reassurance", heißt es in Graham Greens „Der Honorarkonsul". Jaja, ein wenig Sicherheit tut schon gut. Nicht dauernd nach der Liebe des/der anderen fragen. „Wenn du mich wirklich liebtest, würdest du gern Knoblauch essen", titelt Paul Watzlawick sein sehr lesenswertes Buch „über das Glück und die Konstruktion der Wirklichkeit." Im „Wenn du mich wirklich liebtest" liegt ja schon der Vorwurf, dass es eben nicht so ist, dass zu wenig geliebt wird, dass der Liebesfähigkeit misstraut wird. Und wer lebt schon gern mit Vorwürfen und Misstrauen? Und wenn mich bisweilen ein Bekannter fragte, ob er seine Freundin heiraten solle, dann dachte ich mir, dass in der Frage auch schon die Antwort liegt. Heiraten muss man wollen, ohne Vorbehalte, ohne langes Fragen, ohne Wenn und Aber. Und die berühmte Goldene Regel – „Was du nicht willst, das man dir tu', das füg' auch keinem andern zu" – ist vermutlich für eine funktionierende Ehe eine ebenso gute Grundlage wie für ein glückliches Leben ganz allgemein. Selten im Leben wird es ein so deutliches „Vorher und Nachher", eine so spürbare Zäsur geben wie beim „Ja" zu einer ehelichen Lebensgemeinschaft. Am besten möglichst schnell den Hebel im Kopf von „Junggeselle" oder „Junggesellin" umstellen auf „Ehemann, Gatte" und „Ehefrau, Gattin". Wem das nicht gelingt, der wird bald Probleme bekommen.

Durchaus viele und unterschiedliche Blickwinkel gibt es also auf die Ehe. Aber fraglos kann es die ultimative Abenteuerreise in die große, unerforschte Seelenlandschaft eines anderen Menschen sein. Irmgard und ich begannen irgendwann, das so zu sehen. Wie viele Menschen feiern heutzutage noch „Silberne Hochzeit"? Seit dem 6. Oktober 2019 gehören wir zu dieser jährlich kleineren Gruppe.

KSZE (Konferenz über Sicherheit und Zusammenarbeit in Europa) – Symposium zur Bewahrung der europäischen Kulturgüter

Jede internationale Zusammenkunft war in der Zeit nach dem „Annus mirabilis", 1989, für Europa von besonderer Bedeutung. Ging es doch um eine neue Ordnung, um neue Perspektiven, um eine neue Gemeinsamkeit nach den Schreckenszeiten der Entfremdung während des Kalten Kriegs und der Zweiteilung Europas. Ganz bewusst wurde daher auch Krakau, die „totius Poloniae urbs celeberrima" als Ort für die erste, zehntägige Großkonferenz der KSZE zur Bewahrung der europäischen Kulturgüter vom 28. Mai –7. Juni 1991 gewählt. Wo und wann sonst vermengen sich wie hier, nur 50 Kilometer von Auschwitz entfernt, Verzweiflung und Hoffnung, Dunkel und Licht, Vergangenheit und Zukunft unseres europäischen Kontinents?

Fast alle sprechen vom „europäischen Kulturraum", aber kaum jemand kann dafür eine gültige Definition geben. Im nur scheinbar widersprüchlichen Bekenntnis zur Gemeinsamkeit bei gleichzeitiger Bewahrung der regionalen kulturellen Vielfalt scheinen aber die Weichen für ein Schlussdokument, auf das sich alle einigen können, gestellt.

Am Fronleichnamstag ist Pause. Zeit, um den Rynek Główny, den prächtigen Hauptmarktplatz, das Collegium Majus, wo Nikolaus Copernicus studierte, die neu eröffnete Georg-Trakl-Gedenkstätte, die Marienkirche mit dem einzigartigen Veit-Stoss-Altar oder die Stara, die älteste Synagoge Polens (heute ein Museum) zu besuchen. Am 30. Mai 1991 finde ich dazu folgende Tagebucheintragung:

„Fronleichnam über Fronleichnam. Eine Glockenklangwolke liegt über der Stadt. Die Prozession darf gehen, wo sie will. Der Bischof segnet die Massen. Die offenen Altäre auf dem Rynek Główny – rundherum um die Markthalle – sind Stationen des Jubels, der Freude, der Verehrung. Corpus Christi, geschunden, gegeißelt, mit Dornen gekrönt, zum Tode verurteilt, gekreuzigt, auferstanden.

Armer, gequälter Jude Jesus, Bruder den Unterdrückten und in den Konzentrationslagern vergasten Frauen, Männern und Kindern. Die Sonne liegt über Auschwitz und Birkenau, wohin ich heute, an diesem Fronleichnamstag, zum ersten Mal fahre. Millionenfacher Kalvarienberg, der hier die Namen Duschraum und Verbrennungsofen trägt. Die verstreute Asche verdunkelt für immer die Welt. Gott von Auschwitz, Gott der farbenfrohen Fronleichnamsprozessionen, Gott des Karfreitags, Gott Jom Kippurs und Sukkots, Gott der Auferstehung, unerforschlicher, unergründlicher Gott über Liebe und Hass, Gott des Lebens und des Todes, Judengott, Christengott, Menschengott."

Bei meiner Rückkehr nach Krakau war das Glockengeläute verklungen. Es war still geworden. Und mir war klar, dass es im Schlussdokument auch einen Hinweis geben muss, wie die Kultur dazu beitragen kann, dass es im neuen Europa der Gemeinsamkeit nie wieder eine Gottesfinsternis, wie Martin Buber die Nazizeit genannt hat, geben darf.

Kulturabkommen mit Israel

In den Neunzigerjahren war man im Außenministerium mit formalen Kulturabkommen noch recht zurückhaltend. Achtzehn gab es (heute mehr als dreißig). Man wollte sich damit zunächst auf jene Länder konzentrieren, mit denen eine Zusammenarbeit nur auf der Basis einer rechtlichen Vertragssituation möglich war – im Kultur-, insbesondere aber auch im Wissenschaftsbereich. Ostblockländer wie Polen (1973) oder Ungarn (1977) etwa, aber auch Staaten mit historischen

Beziehungen, wie Mexiko (1975), Spanien (1976) und Italien (1954), oder auch Frankreich (1936/1947), Großbritannien (1953) sowie die USA (1963). Mir schien die Zeit reif für ein Übereinkommen mit Israel, nicht zuletzt auch, weil es ein solches seit 1973 mit Ägypten gab. Der wahre Grund für unsere Überlegungen war aber ein substantieller. Unter Kreisky waren die Beziehungen zu Israel auf einem bedauerlichen Tiefpunkt angelangt. Seine mit Misstrauen beobachtete Nahostpolitik, das Treffen mit Arafat, der Empfang Gaddafis, die Äußerungen über Golda Meir und das jüdische Volk, die ehemaligen Nazis in seiner Regierung, die Vereinbarungen mit dem ehemaligen SS-Obersturmführer oder die Unterstützung durch die FPÖ stießen in Israel auf Unverständnis, Ablehnung und Misstrauen. Durch die Koalition seines Nachfolgers, Fred Sinowatz, mit den Freiheitlichen unter Norbert Steger wurde dieser Zustand prolongiert und die Wahl Kurt Waldheims zum Bundespräsidenten, 1986, stellte eine weitere Belastung der Beziehungen dar. Dann kam, 1991, die Rede Vranitzkys über die Mitschuld Österreichs und Waldheim verzichtete, 1992, auf eine Wiederwahl. Der Moment schien also günstig. Außenminister Mock und sein israelischer Kollege, Simon Peres, der sich zu einem Arbeitsbesuch in Wien aufhielt, sahen das auch so und gaben grünes Licht. Auf israelischer Seite war zunächst eine gewisse Ambivalenz spürbar. Aber bald setzte sich auch dort die Überzeugung durch, dass gerade Kultur und Wissenschaft Pionierarbeit leisten könnten, um die politischen Beziehungen zwischen unseren Ländern zu verbessern. Mit großer Sorgfalt wurden nunmehr die dreitägigen Arbeitsgespräche vorbereitet. Als Initiatoren waren wir die Gastgeber. Gemeinsam mit dem Wissenschafts- und Kulturministerium (BM für Unterricht und Kunst) wurden die Themen abgearbeitet, so konkret wie möglich. Für mich hatte Österreich eine Bringschuld. Mir war auch sehr bewusst, dass sich, vor allem zu Beginn, vieles im atmosphärischen Bereich abspielen würde. Deshalb gab ich zunächst einmal eine Grundsatzerklärung ab, in der ich auf die Nazizeit und die Shoah Bezug nahm sowie die insbesondere seit dem Gedenkjahr 1988 bei den jungen Menschen spürbare Bereitschaft zur Reflexion und „Aufarbeitung". Ich erzählte von meinem Besuch in Israel und sprach von der Hoffnung der nächsten Generation auf freundschaftliche und von Grundvertrauen geprägte Beziehungen zu Israel. Deshalb komme unseren Verhandlungen auch große Bedeutung zu, weil ein – das erste – Abkommen über eine Zusammenarbeit auf den Gebieten der Kultur, Wissenschaft, Bildung und Erziehung eine starke symbolische Wirkung habe. Irgendwie schien das Eis gebrochen. Die Stimmung wurde spürbar lockerer, auch in den zahlreichen Einzelgesprächen während der Mittagspausen, den Empfängen und den Abendprogrammen, Staatsoper und Musikverein miteingeschlossen. „Mit großer Skepsis sind wir angereist", sagte mein Gegenüber, der Leiter der israelischen Delegation, bei der Unterzeichnung des Dokuments, „als Freunde kehren wir zurück nach Israel." Der spontane Applaus beider Delegationen zeigte, dass uns allen da etwas Erfreuliches geglückt war.

Israel Festival und Ari Rath

Dieses mehr als dreiwöchige Festival war traditionellerweise jährlich einem befreundeten Land gewidmet. 1993 war es Österreich. Von beiden Seiten sollte damit auch ein Neubeginn der Beziehungen (nach der Grundsatzrede Vranitzkys und der Wahl Klestils zum Bundespräsidenten) unterstrichen werden. In Israel erhoffte man sich ein künstlerisches Statement auf höchstem Niveau. Und Österreich „lieferte": Staatsoper, Burgtheater, Volksoper, Serapionstheater, Wiener Singverein und zahlreiche weitere Veranstaltungen, Vorträge und Symposien führten zu einer Präsenz, wie es sie vorher noch nicht gegeben hatte. Und auch der Mut – was in der Vorbereitung zu einigen Diskussionen geführt hatte – Thomas Bernhards „Heldenplatz" aufzuführen, hatte sich gelohnt. In den Kritiken wurden nicht nur das Stück und die Aufführung gelobt, sondern auch die Bereitschaft Österreichs, sich dem dunkelsten Kapitel seiner Geschichte offen zu stellen und der literarischen Provokation nicht auszuweichen. Dank gebührt hier übrigens einmal mehr meinem Freund Ari Rath, der sich nicht nur während des ganzen Waldheim-Debakels als – durchaus kritischer – Brückenschläger erwiesen hat, sondern auch in der Zeit danach immer als Berater zur Verfügung stand. Er zerstreute im Vorfeld Bedenken, dass durch die Heldenplatz-Aufführung nur das österreichische Nazi-Image verstärkt würde und hatte recht mit seinem Hinweis, dass dadurch vielmehr die Glaubhaftigkeit unseres Bemühens um eine ehrliche Auseinandersetzung mit der Nazizeit unterstrichen würde. Während des Festivals selbst brachte er uns übrigens laufend mit Theaterleitern, Museumsdirektoren oder Galeristinnen in Verbindung, was für die weitere Kulturarbeit sehr wertvoll war. Unvergessen bleibt die gemeinsame „Beisl-Tour", wie er es nannte, im nächtlichen Tel Aviv, bei der er mich durch seine Lieblingslokale, Pubs, Bars oder Jazzclubs führte. „Ari heißt Löwe" ist der Titel seiner Autobiografie. Und das war Ari Rath. Ein lebenslanger, leidenschaftlicher Kämpfer für das Richtige und Gute. 1938 aus Wien vertrieben, später immer öfter zurückgekehrt, wird er in der Burgtheaterproduktion von Doron Rabinovici und Matthias Hartmann „Die letzten Zeugen", 2014/15, einer der sieben Teilnehmenden sein. Am 13. Jänner 2017 wird Ari Raths Herz im Wiener AKH aufhören zu schlagen. Die Traurigkeit wird weit über Wien und Israel hinaus groß und spürbar sein.

Kultur im Jugoslawienkrieg

Alois Mock war leidenschaftlicher Außenminister. Was immer er tat, anordnete, plante – er tat es aus Überzeugung, dass Österreich eine gewisse Rolle und auch Verantwortung zufiele. So auch im (Post-)Jugoslawienkrieg. Politisch versuchte er, zumeist in Partnerschaft mit Deutschland, möglichst schnell die Anerkennung einzelner Teilstaaten europaweit durchzusetzen. Insbesondere ging es ihm dabei zunächst einmal um Slowenien, Kroatien sowie Bosnien und Herzegowina. Der Kulturpolitik ordnete er dabei eine ganz spezifische Aufgabe zu: Sie sollte Hoffnung schaffen, baldige Normalität signalisieren, Solidarität zum Ausdruck bringen. Auch die Religionen sollten zur Friedensstiftung beitragen. Mehrfach appellierte er an die christlichen, orthodoxen und muslimischen Kirchenführer Initiativen zu ergreifen, um den Kriegen ein Ende zu bereiten. In Sarajewo gab es daher auch Termine mit den drei führenden Religionsvertretern. Der katholische Bischof und der Großmufti von Bosnien führten fast gleichlautende Klage gegen den orthodoxen Patriarchen, dem sie Kollaboration mit der serbischen Politik und Beherrschung der Medien vorwarfen. Was dieser naturgemäß verneinte. Ähnliches hörten wir auch in Banja Luka. Jede Gelegenheit, sobald die Kampfhandlungen nachließen, nutzte Mock für neue Initiativen, Reisen und persönliche Gespräche. So auch, als wir, sobald das möglich war, nach Zagreb fuhren, später dann, mit gepanzerter Autokolonne vom Flugplatz ins zerstörte Vukovar, entlang des Weges von jungen Serben mit Steinen und anderen Dingen beschossen, um sich selbst ein Bild zu machen und mit den UNPROFOR-Leuten (United Nations Protection Forces) zu sprechen.

Wo und wann immer möglich organisierten wir jetzt Kulturveranstaltungen, Liederabende, Vorlesungen, Konzerte, große und kleine Ausstellungen, Symposien etc.

Für mich ziemlich spannend war eine Reise nach Osijek, Anfang November 1992, wo wir den Wiederaufbau der zerstörten Universitätsbibliothek (und danach die Eröffnung einer Österreich-Bibliothek) zugesagt hatten. Ein großer Festakt sollte die Ankündigung begleiten. Auch wenn der Krieg dort schon vorbei war, gab es immer wieder Scharmützel, Über- und Zwischenfälle, Straßensperren, Scharfschützenattacken und dergleichen. Trotzdem baten der Bürgermeister, die Universität und das kroatische Außenministerium dringend, den Termin nicht zu verschieben, weil schon alles vorbereitet und mit viel Hoffnung auf Normalität verbunden sei. Die Regierung würde mir in Zagreb für die mehrstündige Fahrt ein gepanzertes Auto sowie einen kampferprobten Fahrer zur Verfügung stellen. Auch hätte es in letzter Zeit auf dieser Strecke kaum noch Zwischenfälle gegeben. Also blieb ich bei der Zusage. Zunächst noch ein von unserem rührigen und kompetenten Leiter des österreichischen Kulturinstituts, Leopold Melichar, bestens vorbereiteter „Österreichischer Kulturtag" in der Oper in Zagreb und dann weiter nach Osijek. Nach meiner Rückkehr fasste ich die Eindrücke dieser Reise in einem Artikel zusammen, der in der „Presse", „Spectrum" vom 14. November 1992, erschienen ist. Ich denke, dass ein solcher (gekürzter) „Zeitzeugenbericht" authentischer ist als ein Bericht darüber – nach so vielen Jahren – aus dem Gedächtnis:

„Man kennt die Menschen, die man tötet"

Vielen Österreichern wird es ähnlich gehen: Man liest die täglichen Schreckensmeldungen aus dem früheren Jugoslawien, man hat hier und dort für die Flüchtlinge gespendet und die Ohnmacht Europas beklagt. Zwischendurch hat man sich, mit jener leichten Unruhe, die jedem Besitzenden innewohnt, gefreut, in einem Land zu leben, das von derartigen Unmenschlichkeiten verschont blieb. Als Nachbar ist man, bei allem Verständnis, froh, nicht in Not zu sein.

Beruflich bedingt fahre ich über Kärnten und Slowenien nach Kroatien, um dort über verstärkte Kulturbeziehungen und den Wiederaufbau zerstörter Kulturgüter zu diskutieren.

Durch den Karawankentunnel kommt man schnell nach Slowenien. Die Landschaft unterscheidet sich nicht auffällig von der österreichischen. Die Leute sprechen vom „Zehn Tage-Krieg", in dem ihr Land die Oberhand behalten habe. Weiter geht es nach Zagreb.

„Waffen, nicht Ratschläge brauchen wir von Europa. Der Krieg könnte in vierzehn Tagen vorbei sein." Verbittert klingt der Professor für Archäologie, der jetzt auch Regierungsmitglied ist und zum engeren Kreis von Präsident Tudjman zählt.

„Die kroatische Armee ist wie ein Kind, das dauernd wächst, die serbische Armee hingegen wie ein alter Mann, der laufend an Kraft verliert", erklärt mir ein mit den Verhältnissen gut vertrauter Journalist. „Einhundertsechzigtausend Mann ist sie stark. Viele Neunzehn- und Zwanzigjährige sind dabei, die darauf brennen, die verlorenen Gebiete der Heimat zurückzuerobern."

Rund dreihundert Kilometer sind es von Zagreb in die Kriegsgebiete um Vukovar und Osijek, wohin wir heute fahren. Bei Kutina muss man die Autobahn verlassen, weil die Tschetniks dahinter immer wieder Sperren errichten.

Der VW-Bus des Innenministeriums hat besondere Nummerntafeln, wodurch das Passieren der zahlreichen UNPROFOR- (United Nations Protection Forces), Militär- und Polizeisperren erleichtert wird …

„Woran erkennt man eigentlich einen Serben?", möchte ich wissen. „Am Temperament, am Aussehen, an der Aussprache, am Namen", erklärt mir die Germanistikprofessorin, die mit uns nach Osijek fährt. Jankovic etwa ist kroatisch, weil Jan Hans bedeutet, während man im Serbischen dafür Ivan bevorzugt, woraus dann Ivanovic wurde. Der Rektor der Osijeker Universität, Marianovic, verrät sich schon durch das katholische Maria in seinem Namen als Kroate, während das beziehungslose Mile in Milesovic nur den Schluss auf eine serbische Herkunft zulässt. So „einfach" ist das. „Noch viel einfacher", meint die Professorin mit jener Mischung aus verzweifelter Ironie und Verbitterung, die heute vielen Intellektuellen eigen ist: „Einen Serben erkennt man eben." Siebenhunderttausend „Mischehen" gibt es in Kroatien. Wer heute eine solche schließt, riskiert viel. Tausende lassen sich scheiden …

Der Journalist, der uns begleitet, ist kroatischer Herkunft. Er hatte Gewissenskonflikte, ob er sich zum Militär melden oder als Kriegsberichterstatter tätig bleiben sollte. Letzteres erschien ihm wichtiger wegen der Information der internationalen Medien. Jetzt tut er sich oft schwer, weil er auch von Übergriffen der Kroaten berichten muss. Aber von „Bürgerkrieg" will er nichts hören. „Landnahme ist das, Landraub, ein gewaltsamer Bevölkerungstausch, der auch die Vertreibung und Vernichtung der Zivilbevölkerung einschließt. Bisher sind dreimal so viele Zivilisten gefallen wie Soldaten."

Knapp vor Osijek befindet sich der dritte Checkpoint der Blauhelme. Diesmal sind es Russen. Links und rechts stehen Plakatreihen der HSP, der „Croatian Party of Rights", des jungen Dobroslav Paraga. Er will „Serbien niederbrennen" und die verlorenen Staatsgebiete auch gegen die Blauhelme zurückholen. Vielen spricht er aus der Seele. Aber noch ist die Angst vor neuerlichem Blutvergießen größer. Bei den Wahlen muss er sich mit sechs Prozent der Stimmen begnügen. Osijek wirkt immer noch wie eine belagerte Stadt. Ganze Straßenzüge sind zerstört. An praktisch jedem Gebäude sieht man Einschüsse und Beschädigungen. Die Heiligenfiguren auf der Kathedrale wurden einzeln heruntergeschossen. Überall sind Sandsäcke aufgehäuft ...

Fast scheint es frivol, hier über Kultur zu sprechen. Aber war nicht gerade Kultur immer auch ein Zeichen des Widerstandes und der Erneuerung? Hat man nicht immer auch in der strategisch sinnlosen Zerstörung von Kulturgütern – Dubrovnik ist nur das bekannteste Beispiel – ein Mittel der nationalen Demütigung gesehen? War Kultur nicht immer auch ein Zeichen der Hoffnung, wenn man an den raschen Wiederaufbau der Wiener Staatsoper oder an die Salzburger Festspiele 1945 denkt?

„Hoffentlich ist jetzt die Zeit der Begräbnisse vorbei", meint der Rektor der Universität. Die ständige Bereitschaft ist der Preis für die Freiheit. „Wir sind von außen, aber nicht innerlich zerstört. Wir leben auch das Leben jener, die es nicht mehr gibt. Wir haben unsere Straßen während der Angriffe nicht verdunkelt, sondern kämpften bei heller Straßenbeleuchtung, was uns Kraft und Sicherheit gab. Bei Fliegeralarm gingen wir nicht in die Keller, sondern auf die Plätze und hoben die Hände." Osijek war immer eine europäische Stadt. Siebzig Jahre war es mit Serbien, aber mehr als zweihundert Jahre mit Österreich vereint ...

Europa-Avenue, San-Francisco-Brücke (Hängebrücke über die Drau), und Copa Cabana (Drauufer) deuten von der Sehnsucht nach Internationalität. Der große Bronzekopf Picassos mit den dazugemalten weißen Augen wirkt wie ein trauriger zeitloser Augenzeuge. Die großen Löcher neben den Straßenbahnschienen erinnern an einen Raketeneinschlag bei der Haltestelle, dem zwanzig wartende Menschen zum Opfer fielen.

Einmal mehr werden wir gebeten – diesmal vom Kulturstadtrat –, den österreichischen Außenminister zu grüßen, der für viele hier „das verantwortungsvolle Gewissen der europäischen Zivilisation verkörpert".

Zurück geht es über Našice durch immer stärker zerstörte Gebiete. Auf dem Lastwagen vor uns wird ein überdimensioniertes Maschinengewehr transportiert. Der Fahrer ist erleichtert, als er die kroatischen Uniformen erkennt – auch wenn das noch nicht viel bedeutet, weil die Verkleidung ein beliebter Trick der Tschetniks ist ...

Vukovar, Pakrac, Gospić, Lipik und Prekopakra sind die meistzerstörten Städte Kroatiens. „Das ist unser Hiroshima", sagt der Zeichenlehrer, der uns durch die Ruinen von Pakrac führt. In der Volksschule war das Hauptquartier der kroatischen Verteidigung, von wo aus man mit alten Gewehren verhinderte, dass die Tschetniks die Ortschaft in Besitz nehmen konnten.

Alles in diesen Orten „war": Die Schulen, die Firmengebäude, das Spital, der Bahnhof, die Tankstelle, die Wohnhäuser, die Kirchen, die Menschen. 30 Granaten wurden jede Nacht auf Pakrac und Lipik abgefeuert. Der grüne Wald auf der anderen Seite des Flusses, in dem man mit freiem Auge das Panhans-artige Hauptquartier der Tschetniks sehen kann, steht in erschütterndem Kontrast zum menschenleeren Bild der Zerstörung ...

Die Straße macht jetzt eine starke Linkskrümmung, die „Todeskurve". Hier muss man langsam fahren. Während des Krieges hatten die Heckenschützen ihre Gewehre fix positioniert und mussten nur mehr abdrücken, wenn ein Auto auftauchte ...

Unser Fahrer drängt. Er will vor Einbruch der Dunkelheit die Autobahn bei Kutina erreichen. Erst vor wenigen Tagen haben sie hier auf den Wiederaufbauminister geschossen, der sich mit seinen beiden Leibwächtern nur durch die rasche Flucht in eine nahegelegene Ruine retten konnte. Wir fahren Richtung Westen, einer dunkelroten Sonne entgegen.

Mag sein, dass sich das Leben in den urbanen Gebieten normalisieren wird. Auf dem Land, „wo Nachbar den Nachbarn tötete", wird es auf Jahrzehnte keine Versöhnung geben.

„Geschichte tut weh", hat Friedrich Heer einmal geschrieben. Er hat damit den Schmerz der heilsamen Aufarbeitung gemeint, nicht die täglich neu aufgerissenen Wunden des Hasses und geschichtsbedingter Unversöhnlichkeit.

Dubrovnik

Meine Erstbegegnung mit dieser hinreißenden Stadt (die Altstadt ist „UNESCO-Weltkulturerbe") hatte ich mir anders vorgestellt. Als Familie gehörten wir bis zum europäischen Wendejahr nicht zu Kroatien-Urlaubern. Wir wollten nicht Ferien in kommunistischen Ländern machen und blieben schön brav im Radius von Grado, Lignano, Bibione oder Jesolo. Einmal sogar – Papa liebte es, uns mit solchen Dingen zu überraschen – im Schlafwagen von Wien nach Grado. Geschlafen haben wir drei Brüder freilich nicht. Dazu war alles viel zu aufregend.

Und dann kam der Jugoslawienkrieg und wieder kein Meeresurlaub in Kroatien. „Bomben und Raketen auf Dubrovnik" lauteten 1991 die Schlagzeilen. Mehr als ein Jahr dauerte die Belagerung. Mit hunderten Toten, tausenden Verletzten und mehr als elftausend zerstörten Gebäuden. Erst 1992 war die kroatische Gegenoffensive erfolgreich, die jugoslawische Armee schließlich außer Reichweite. Aber die Zwischenfälle gingen weiter. Immer wieder Granaten, Raketen aus den umliegenden Bergen. Genau in diese Zeit fällt meine erste Reise nach Dubrovnik. Und das kam so:

Auch nach dem Sieg der Kroaten kam es häufig zu einzelnen Angriffen. 1994 war es wieder einmal besonders arg: Der Flughafen von Dubrovnik und die Altstadt wurden Ziele von Raketenangriffen. Niemand übernahm dafür die Verantwortung. Mock war – für seine Verhältnisse – richtig wütend. Für ihn stand außer Zweifel, dass dahinter – schon wegen der Präzision des Beschusses – nur Soldaten der jugoslawischen (serbischen) Armee stehen könnten. Ich war gerade in Paris als Delegationsleiter bei der jährlichen UNESCO-Generalkonferenz. Meine Rede – inhaltlich ein Aufruf, mittels verstärkter, gemeinsamer Kulturinitiativen einen Beitrag zum europäischen Integrationsprozess zu leisten – war vorüber. Normalerweise ist danach alles etwas entspannter, man trifft Kollegen, geht zu Empfängen, nimmt teil am europäischen, kulturellen „Networking", dreht dann zufrieden so um Mitternacht im Hotel das Licht ab und freut sich, wieder einmal in Paris zu sein. Nun ja. Telefon, jetzt? Hoffentlich nichts mit der Familie. „Mock" (und schon war klar, dass es etwas Wichtiges sein musste). Die Serben hätten Dubrovnik angegriffen. Genaueres wisse man noch nicht. Wir müssen morgen eine Resolution einbringen mit schärfster Verurteilung einer solchen Aggression. Er erwarte meinen Entwurf innerhalb einer Stunde. „Reicht nicht morgen Früh?" Nein, weil er da im Parlament sein müsse. „Okay. Bis dann." Also, handschriftlich, ca. eine Seite: "Austria condemns these violent attacks … asks other delegations to join … the civilized world is shocked by such acts against humanity … is appalled by these senseless acts of destruction …" etc. etc. Mock war zufrieden, verlangte aber noch Nachschärfungen, wie etwa „barbaric acts, deliberate disrespect of international rules of civilized behavior" usw. Auch eine Fact-Finding Commission sei unverzüglich einzusetzen, die nach Dubrovnik reisen müsse, um die Opfer und die Schäden zu evaluieren und der UNESCO zu berichten. Fein, wird morgen erledigt. Bonne nuit, Monsieur le Ministre. Da war es drei Uhr morgens.

Alles lief am nächsten Tag im Plenum nach Plan. Die Resolution wurde einstimmig angenommen. Auch die Vertreterin Jugoslawiens/Serbiens/Montenegros stimmte zu, weil die Armee Jugoslawiens nicht direkt beschuldigt wurde und man mit „Freischärlern" nichts zu tun haben wolle. Zynismus pur. Wie sollen denn „Freischärler" zu Raketen und Granaten kommen? Österreich wurde mit der Abwicklung der Fact-Finding Commission betraut. Wir hatten dafür volontiert, weil mir bekannt war, dass in den nächsten Tagen im Rahmen der soeben beschlossenen Städtepartnerschaft zwischen Graz und Dubrovnik ein Flug des Grazer Bürgermeisters nach Dubrovnik geplant war, sich das also gut verbinden ließ und wir dadurch Zeit und Kosten sparen konnten. Sieben Personen umfasste unsere Delegation, als wir vom Grazer Flughafen mit der doppelmotorigen Maschine eines privaten Flugunternehmens Richtung Dubrovnik abhoben. Nach einer halben Stunde wurde der Himmel immer dunkler. Schwarze Gewitterwolken türmten sich vor uns auf. Der Kapitän hatte die Tür zum Cockpit geöffnet. Mit professioneller, aber doch irgendwie erregter Stimme informierte er uns, dass wir keine Alternative hätten und da durchmüssten. Auf keinen Fall dürften wir den unserem Flug zugewiesenen Korridor verlassen. Über uns würden sonst die AWACS-Flugzeuge (Airborne Early Warning and Control System), unter uns die Stinger-Raketen „reagieren". Schon ein sonderbares Gefühl. Mitten hinein in eine schwarze Wolkenwand. Es würde rütteln, meinte der Kapitän, aber nicht wirklich gefährlich sein … So war es dann auch. Mit ziemlicher Erleichterung landeten wir in Dubrovnik, vom Bürgermeister und seiner Delegation freudig erwartet. Zunächst Besuch zweier Kirchen. Was für eine Barbarei: Köpfe und Hände der Heiligenfiguren abgeschlagen, der großen Marienstatue die Augen ausgestochen, das Altarbild zerschnitten, der Kirchenraum verwüstet. Woher kann so viel Hass, so viel irrationale Zerstörungswut kommen? Verwüstungen auch links und rechts der Straße. Noch aus der Zeit der Belagerung durch die JNA, die Jugoslawische Volksarmee. Fahrt ins Hotel. Keine anderen Gäste. Kein Tourismus, kaum Geschäfte, 90 % Arbeitslose. Erlesene Gastfreundschaft des Bürgermeisters, der uns ein Dubrovnik zeigen wollte, wie es war und wie es sein könnte. Hotelterrasse, Blick aufs Meer, blauer Himmel, reich gedeckte Tafel mit Lobster, allen möglichen Fischen und kroatischen Spezialitäten. Irgendwie skurril im Gegensatz und doch so sympathisch, weil so viel Hoffnung auf Hilfe, Normalität und Solidarität mitschwang. Den Rest des Tages und den ganzen folgenden Tag verbrachten wir in der Altstadt mit der Dokumentation der alten und neuen Schäden. Das wirkliche Ausmaß, vor allem auch durch den letzten Beschuss, zeigte sich erst bei der Begehung der Innenhöfe, die durch den von oben kommenden Raketen- und Granathagel, besonders arg mitgenommen waren. Rund 15 % aller Schäden, so die Experten, seien allein dadurch verursacht werden. Der schreckliche Krieg war doch vorbei. Sinnlose, böswillige, irrationale Zerstörungswut. Dubrovnik, die

„Perle der Adria" wird noch lange brauchen, um sich zu erholen. Ein Besuch wie dieser kann aber doch einen kleinen Beitrag dazu leisten, Hoffnung zu bringen und internationale Solidarität zu stärken.

Verantwortung der Religionen

Abb. 22 Kardinal König als Teilnehmer der Christlich-Islamischen Dialogkonferenz im Jahr 1993
Foto: Presse- und Informationsdienst der Stadt Wien

Mock war, wie schon an anderer Stelle erwähnt, überzeugt, dass die Religionen eine größere Verantwortung für den Weltfrieden übernehmen müssten. Aktueller Anlass war für ihn der Irakkrieg 1991, aber auch, geografisch näher, die Jugoslawienkriege. Zum Teil in persönlichen Gesprächen, zum Teil auf Grund von Berichten der Botschaften und in den Medien reifte in ihm die Idee einer großen Dialogkonferenz in Wien. Hier komme Österreich mit seiner Geschichte des friedlichen Zusammenlebens zwischen Christen und Muslimen einmal mehr eine besondere Aufgabe zu. Schon 1912 – ziemlich einzigartig in Mitteleuropa – war der Islam durch ein eigenes Gesetz als Religionsgesellschaft anerkannt worden. Das und der jetzige Status in der Republik mache eine solche Initiative doch sehr glaubwürdig. Natürlich solle die Gelegenheit genutzt werden, um insgesamt – also über den konkreten Anlass hinaus – ein vertrauensbildendes Gespräch zwischen den beiden Religionen auf möglichst hoher Ebene zu ermöglichen.

Das waren die Stichworte, die er mir in einem morgendlichen Telefonat mitgab. Wo und wie anfangen? „Kardinal König" lautete die intuitive Antwort. Dieser wunderbare Kirchenmann, der „kein Bischof der ÖVP und kein Bischof der SPÖ" (auch nicht der Unternehmer, Gewerkschafter, Bauern oder Städter), sondern „der Bischof aller Katholiken" sein wollte, hatte sich mit achtzig Jahren, 1985, zurückgezogen – enttäuscht, dass der Papst sich nicht, wie erhofft, für Weihbischof Krätzl als seinen Nachfolger, sondern für Hans Hermann Groër entschieden hatte. Was für ein Desaster. Arme (österreichische) Kirche. Aber Kardinal König blieb zugänglich, nahm an Veranstaltungen teil, hielt Reden und war als Teilnehmer an Tagungen oder Symposien zu wichtigen Themen unserer Zeit willkommen. Bei den Barmherzigen Schwestern im 6. Bezirk hatte er sein neues Zuhause als Pensionist gefunden und dort saß ich ihm auch ein paar Tage später gegenüber. Er begrüßte die Idee, hielt sie für vorrangig, werde gern mit Kontakten helfen, der Vatikan sollte unbedingt vertreten sein, ebenso wie möglichst hochrangige Vertreter des Islam. Und dann sein persönlicher Rat, der zum Schlüssel des Erfolgs werden sollte. Ich müsse unbedingt mit Pater Andreas Bsteh von St. Gabriel reden, der sich diesem Thema seit Jahren widme, das Vertrauen beider Seiten habe und nicht nur als Berater, sondern als eine Art „Kurator" bei der Planung herangezogen werden solle. Und so kam es auch, verstärkt durch meinen Stellvertreter, Botschafter Gerhard Rainer, der die organisatorischen Vorbereitungen übernahm. Umsichtiger und kompetenter als Pater Bsteh die Sache anging, kann man nicht agieren. Und deshalb konnte die erste große, viertägige Christlich-Islamische Dialogkonferenz am 30. März 1993 unter dem Generalthema „Friede für die Menschheit" in der Hofburg von Mock eröffnet und unter reger Teilnahme der durchwegs hochkarätigen Religionsvertreter durchgeführt werden. Weitere Veranstaltungen waren die Folge, wie etwa, 1994, der Kongress „Europa der Religionen", ebenfalls in der Hofburg oder die von Pater Bsteh organisierten Dialogtreffen mit Teilnehmenden aus Österreich und dem Iran. Und noch weitere „Wellenwirkungen" (Irvin Yalom) gab es: Pater Bsteh wurde unser Traupriester, 1999 lud er meine Frau Irmgard, die auf der Universität begonnen hatte, sich einen Namen auf dem schwierigen Gebiet des Dialogs mit dem Islam zu machen, zu einem Referat ein. Acht Jahre später, 2007, bat er sie, die Organisation der von ihm ins Leben gerufenen „Vienna International Christian Islamic Summer University" (VICISU) in Stift Altenburg zu übernehmen. Dialog auf allen Ebenen – das könnte doch tatsächlich ein tragfähiges Konzept für mehr Frieden in unserer Welt sein.

Unterwegs mit dem Außen-(Kultur-)minister

Mit großer Konsequenz versuchte Mock, kulturelle Eröffnungstermine persönlich wahrzunehmen. Ob Österreich-Bibliotheken etwa in Russland oder der Ukraine, große Ausstellungen, wie in Tokio und Hongkong, über zeitgenössische österreichische Kunst oder die erste umfassende Retrospektive von Ernst Fuchs in St. Petersburg, die Erneuerung bestehender Kulturabkommen, etwa mit Ägypten usw. Immer versuchte er – in Verbindung mit einer Grundsatzrede zum bilateralen Verhältnis – auch die gemeinsame Verantwortung für eine friedlichere Welt mithilfe der Kultur hervorzuheben. Die Benutzung kleiner Privatflieger machte solche Planungen in Europa möglich. Oft reichte ein Tag, länger als zwei Tage dauerten solche Reisen nie. Man konnte ja schließlich zu ungewöhnlichen Zeiten abfliegen und ankommen. So zum Beispiel in Kairo, wo die Landung um 2.30 Uhr in der Nacht erfolgte. Wir waren baff. Überall Fackeln und Scheinwerfer, alle fünfzig Meter auf der Fahrt in die Stadt bewaffnete Soldaten. „Warum denn so viel Aufhebens?", wunderte sich Mock. Da es sich um einen informellen Besuch handelte, waren nur der Chef des ägyptischen Protokolls und unser Botschafter zur Abholung gekommen. Das Rätsel war bald gelöst. Eine halbe Stunde nach uns landete der ägyptische Präsident Mubarak auf demselben Flugplatz, und wir konnten gleich einen Einblick in den enormen Sicherheitsaufwand, der in einem solchen Fall betrieben wurde, erhalten.

Die relativ regelmäßigen Gespräche mit dem iranischen Außenminister Velayati, fanden in New York, Teheran oder Wien statt. Immer ging es auch um die Fatwa, also das Todesurteil, das 1988 vom iranischen Staatschef Chomeini wegen der „Satanischen Verse" über Salman Rushdie verhängt wurde. Man merkte dem feinfühligen Kinderarzt, der einmal mitten im Gespräch aufstand, um sich kurz für sein Freitagsgebet zurückzuziehen, an, wie schwer er sich mit diesem Thema tat. Aber in den anschließenden Pressegesprächen war davon nichts zu bemerken. Fatwa ist Fatwa, auch wenn die meisten muslimischen Staaten längst begonnen hatten, sich davon zu distanzieren. Als das iranische Kultusministerium wieder einmal radikal gegen ausländischen Einfluss polemisierte und konkret die Kulturinstitute mit Repressalien überhäufte, schlossen die westlichen Staaten ihre lokalen Einrichtungen. Nur das österreichische Kulturinstitut blieb – im Einvernehmen mit der EU – unter Hinweis auf die Neutralität geöffnet. Es war der einzige Ort in Teheran, wo man ausländische Zeitungen lesen konnte und junge Frauen und Männer gemeinsam Sprachunterricht erhielten. Eine Art Zufluchtsort für viele und eine der wenigen Möglichkeiten, in direkten Gesprächen das eine oder andere zu erfahren. Sollte sich diesbezüglich etwas ändern, würde auch Österreich sich gezwungen sehen, das Kulturinstitut zuzusperren. Dazu kam es aber nicht. Die Repressionswelle ebbte ab und die Kulturinstitute konnten ihre Arbeit wieder aufnehmen.

Ein Erlebnis der besonderen Art war es, mit dem Außenminister durch die nunmehr souveränen Staaten des ehemaligen Jugoslawien zu reisen. Wo immer man hinkam – Maribor, Sarajewo, Tuzla, Zagreb – wurde er erkannt und auf der Straße angesprochen, man wolle ihm für sein großes Engagement danken, die Menschen würden das nie vergessen usw. In Zagreb erhielt er von Franjo Tudjman den höchsten kroatischen Orden in einer operettenhaften, festlichen Inszenierung in Kostümen und Uniformen wie aus der Volksoper. Ähnliche Ehrungen gab es für ihn in Slowenien, Bosnien und Herzegowina, Albanien, Kosovo. Mock hatte früher als die meisten die Aussichtslosigkeit eines Zusammenhalts Jugoslawiens erkannt und dementsprechend – in engem Zusammenwirken mit dem deutschen Außenminister Genscher – gehandelt.

Epilog

Mir ist bewusst, dass in diesem Kapitel viel von Alois Mock die Rede war. Das hat nicht nur mit der Struktur des Außenministeriums zu tun, die sehr stark auf die Ressort-Leitung ausgerichtet ist, sondern auch mit meinem tiefen Respekt für diesen Ausnahmepolitiker und Freund. Im Unterschied zu vielen, vor allem in der Politik, die alles tun, um gewisse Positionen zu erreichen, wollte Mock Positionen (Unterrichtsminister, Parteiobmann, Außenminister) erreichen, um alles – sprich: die Umsetzung seiner Visionen, Ziele, Vorhaben – tun zu können. Daher auch sein leidenschaftliches Engagement für Europa, den Frieden auf dem Balkan, den Dialog der Religionen und vieles mehr. Das ging bis an die Grenzen – und oft auch darüber hinaus – physischer Belastbarkeit. Das war schon 1986 so, als die Erschöpfung nach dem letztlich enttäuschenden Wahlkampf für die ganze Nation sichtbar wurde, und zog sich danach durch all die Jahre als Außenminister. „Mind over body" – aber auch das hat Grenzen, und die wollte Mock nicht wahrhaben. Auch wenn es gewiss anekdotisch ist, dass man bei seinen frühmorgendlichen Telefonanrufen nicht wusste, ob er noch oder schon im Büro war, so waren Gesprächstermine zu ungewöhnlichen Tageszeiten, wie etwa Mitternacht nichts Ungewöhnliches. Das schuf aber auch ein Klima der Solidarität, des An-einem-Strang-Ziehens, des Teil-des-Teams-Seins und des Gemeinsam-für-etwas-Wichtiges-Arbeitens. Man tat es gern, weil man ihn gernhatte und weil man seine Integrität und seine große Einsatzbereitschaft schätzte. Mit Mock ließ sich – nicht einmal theoretisch – kein Skandal, welcher Art auch immer, in Zusammenhang bringen. Ich habe Mock nie schlecht über andere reden gehört, insbesondere auch nicht über Leute aus der eigenen Partei und er mochte auch nicht, wenn andere das in seiner Gegenwart taten. Wer nach den Sternen greifen will, muss auf festem Boden stehen. Der CVer Alois Mock stand auf dem festen Fundament seines christlichen Glaubens, der ihm half zu handeln und zu ertragen.

Was zunächst einfach für Zeichen von Übermüdung gehalten wurde (etwa wenn er während der zahlreichen Flüge plötzlich im Gespräch wegnickte, um ein paar

Minuten später wieder genau dort einzusetzen, wo er abgebrochen hatte), stellte sich zunehmend als Symptom seiner fortschreitenden (Parkinson-)Erkrankung heraus. Mit der ihm eigenen Disziplin und Energie kämpfte er dagegen an.

Bei den Nationalratswahlen 1994 verlor die ÖVP unter Erhard Busek – nach dem ohnehin schon desaströsen Wahlergebnis 1990 mit Josef Riegler (32,1 %) – noch einmal mehr als vier Prozent und fiel auf 27,7 % zurück, nur mehr etwas mehr als drei Prozent vor der FPÖ (22,5 %). Unter Mock hatte die ÖVP 1986 noch mehr als 41 % erreicht. Nach der Meinung der „ÖVP-Granden" war jetzt die Zeit für einen Neuanfang gekommen. Mock und Busek schieden – wie schon erwähnt – aus der Regierung aus. Vom neugewählten Bundesparteiobmann Wolfgang Schüssel erwartete man sich Wunderdinge.

Mocks Krankheit wird danach von Jahr zu Jahr sichtbarer werden. Zunächst die Schwierigkeiten beim Gehen, dann beim Gestikulieren. Er wird mich in regelmäßigen Abständen in meinem Stadtratsbüro auf dem Friedrich-Schmidt-Platz – nur ein paar Gehminuten von der ÖVP-Zentrale in der Lichtenfelsgasse entfernt – besuchen und wir werden über Projekte, Vergangenes, Zukünftiges oder auch die urbane (und kulturpolitische) Mitverantwortung für ein geeintes Europa sprechen. Dann werden die Besuche seltener werden. Alois Mock wird noch eine Zeit lang mit dem Rollstuhl unterwegs sein, zu Ehrungen, Veranstaltungen oder auch zu Premieren (etwa zur Oper in Klosterneuburg) geführt werden. Von seiner Frau Edith liebevoll (das Wort „bewundernswert" will sie nicht hören, weil das für eine Gattin doch selbstverständlich sei) betreut. Die Kommunikation wird immer schwieriger, irgendwann dann unmöglich werden und sich bei Besuchen in seiner Wohnung auf Augenkontakt und das Drücken der Hand beschränken (müssen). Am 1. Juni 2017, nur wenige Tage vor seinem 83. Geburtstag wird er – bei ihm trifft diese Redewendung wohl im eigentlichsten Sinne zu – von seinem mit so viel Tapferkeit und Geduld jahrelang ertragenen Leiden erlöst werden.

Der Bitte der CV-Verbindung „Bajuvaria", für den begeisterten und überzeugten CVer Alois Mock mit dem Couleurnamen „Bimbo" einen kurzen Nachruf zu verfassen, habe ich gern entsprochen:

> „Alois Mock war ein Ausnahmepolitiker. In jeder Hinsicht. Beruflich und menschlich, was für ihn nicht zu trennen war. Wenn man gesehen hat, mit welcher Emotionalität nicht nur Parteifreunde und Bekannte, sondern auch der Bundespräsident, der Altbundespräsident, der Bundeskanzler ihr Mitgefühl zum Ausdruck brachten, dann weiß man einmal mehr, welch großer Respekt dem Verstorbenen von allen Seiten entgegengebracht wurde. Hat ihn jemand je zornig, aufgeregt, unbeherrscht erlebt oder schlecht über andere reden gehört? Seine großen Leistungen sind in den ausführlichen Nachrufen und Gedenkreden gewürdigt worden: fleißig, zielstrebig, treu, ein Visionär: Was für Figl und Raab der Staatsvertrag, war für Alois Mock Europa. Aus Figls ‚Österreich ist frei' wurde – nach

kraftraubenden Marathonverhandlungen – Mocks ‚Der Weg nach Europa ist frei.' Wir können uns freuen, dass alle drei durch die Ehrenbandverleihung zu Bundesbrüdern wurden.

Dr. cer. Bimbo, der begeisterte und engagierte CVer, lebte unsere Prinzipien in Wort und Tat. Die heute oft gehörte Frage, wie christlich und sozial die Österreichische Volkspartei noch sei, wäre in der Zeit Alois Mocks als Bundesparteiobmann nicht gestellt worden.

Und freuen konnte er sich aus vollem Herzen, wenn ein (Geburtstags-)Wunsch in Erfüllung ging: Ob es nicht möglich wäre, sein Lieblingsstück ‚Cyrano de Bergerac' nach Wien zu bringen? Es war. Im Ronacher mit Jean-Paul Belmondo. Ein strahlender Alois Mock saß in der ersten Reihe und rezitierte auf Französisch alle Zeilen auswendig mit. Und neben ihm und immer für ihn da, 54 Jahre lang – in guten und in schlechten Zeiten – seine Ehefrau Edith. ‚Mon amour pour toujours, Ditha', war auf dem mit roten Rosen unsichtbar gemachten Sarg zu lesen.

Bundesbruder Bimbo war ein politischer Leuchtturm, der Richtung wies, an dem man sich orientieren konnte. Dessen Botschaft wir weiter hören und dem wir in dankbarer Erinnerung verbunden bleiben werden, weit über seinen Heimgang hinaus."

Ein Geschenk für den Papst

Mit Wolfgang Schüssel, der nicht „aus dem Haus" kam, zog auch ein anderer Arbeitsstil ein. Er war pragmatisch, delegierte mehr und setzte die Europa- und Balkanpolitik seines Vorgängers fort. Diese Kontinuität wollte er auch durch die Ernennung des ausgewiesenen Balkanexperten Albert Rohans zum Generalsekretär zum Ausdruck bringen.

Auch Schüssel, selbst Musiker, Cartoon-Zeichner, eifriger Opern-, Theater- und Konzertbesucher verstand Kultur als Mittel der Außenpolitik. Als uns daher aus dem Vatikan ein Bericht unseres Botschafters erreichte, dass Staaten eingeladen seien, Vorschläge für ein Geschenk anlässlich der fünfzigsten Wiederkehr der Priesterweihe Papst Johannes Paul II. zu machen, hatte das sofort seine Unterstützung. Von den Vorschlägen würden maximal zehn ausgewählt werden. Auch sollten die Geschenke keinen materiellen Wert haben, es sollte keine Honorare geben, um den Geschenkcharakter zu unterstreichen und, falls es sich um Vorführungen handeln sollte, so durften diese maximal eine Stunde dauern. Wer denkt da nicht zuallererst an die Wiener Philharmoniker? Oder auch ein anderes der großen Orchester? Viel zu teuer. Denn auch, wenn sich diese bereit erklärten, ohne Honorar zu spielen, müssen immer noch Reise- und Aufenthaltskosten bestritten werden und unser Budget reichte dafür nicht aus. Vielleicht ein Lieder- oder Kammermusikabend? Der wunderbare Rudolf Buchbinder könnte doch zu einem honorarfreien Klavierkonzert bereit sein? Oder vielleicht ein Bild? Arnulf Rainer, Josef Mikl oder Maria Lassnig, die doch in Otto Mauers Galerie nächst St. Stephan groß geworden sind?

Hey, wärt Ihr bereit, dem Papst ein Bild zu schenken? Wie wäre es mit einer Dichterlesung? H. C. Artmann zum Beispiel. „Originalität" war ja eine der Vorgaben. Wofür würde sich denn der Papst entscheiden? Noch dazu, wo für die „Übergabe" die Vatikanische Audienzhalle vorgesehen war.

Die Lösung fand sich nach einem Gespräch mit dem von mir sehr geschätzten Generalsekretär der Camerata Academica in Salzburg (Camerata Salzburg), Matthias Naske (früher Jeunesses Musicales und Gustav Mahler Jugendorchester, heute Konzerthaus-Intendant), und dem Dirigenten Franz Welser-Möst. Ja, die Musiker seien bereit, dem Papst ein Geschenk zu machen. Händels „Messiah" sollte es sein. In einer leicht gekürzten, aber musikalisch vertretbaren Fassung. Der Papst war laut Botschafterbericht begeistert.

Im Rahmen einer Generalaudienz nahm er am 31. Oktober 1996 an der Aufführung in der Aula Paolo VI vor 15.000 begeisterten Besuchern teil. Und bedankte sich anschließend sichtlich gerührt bei unserer kleinen, von Außenminister Schüssel und Kardinal Schönborn angeführten österreichischen Delegation. Der Händedruck des Papstes mit den Worten „Was für ein wunderschönes Geschenk haben Sie mir da gemacht" scheint seither ziemlich weit oben auf meiner *„bei momenti"*-Liste auf.

1996–2001

Wien wird anders

Die Landtags- und Gemeinderatswahlen am 13. Oktober 1996 waren nur für die FPÖ und das Liberale Forum gut, für die Grünen mäßig, die ÖVP schlecht und die SPÖ katastrophal (unter 40 %, erstmals seit 1919 keine absolute Mehrheit) ausgegangen. Bei unserer Rückkehr aus Rom waren die Koalitionsverhandlungen in Wien in vollem Gang. Mit den Grünen allein ging es sich nicht aus, eine Dreierkoalition mit den Liberalen schien zu schwierig, sodass eine rot-schwarze Koalition immer wahrscheinlicher wurde. Mit insgesamt 58 Mandaten (43 SPÖ, 15 ÖVP) hätte eine solche Regierung eine solide Mehrheit. Und langsam gab es auch die ersten personellen Gerüchte. Peter Marboe, hieß es da plötzlich im Kurier, solle Kulturstadtrat werden. Muss wohl eine Verwechslung sein, war es doch mein Bruder Ernst Wolfram, der sich nach Beendigung seiner ORF-Karriere um ein Gemeinderatsmandat, und zwar im 14. Bezirk, beworben und ein solches nur um ganz wenige Stimmen verpasst hatte. Doch dann auch ähnliche Meldungen in anderen Zeitungen. Bernhard Görg hatte gut gepokert: Entweder drei Ressorts in der Koalition oder zwei, dann aber, neben der Planung, die Kultur. Jetzt auch ein Anruf Schüssels, dass mich eine solche Aufgabe doch wohl reizen müsse. Josef Klaus meldet sich telefonisch hocherfreut – wieder einer aus seiner „Baumschule" –, um zu gratulieren und ist enttäuscht, dass es noch nicht fix ist.

Donnerstag, 21. November 1996: Schüssel ruft an und fürchtet, dass Görg sich anders entscheiden wird. Irmgard schaut zu Mittag mit den Kindern (Jakob eineinhalb, Anna zwei Monate) im Büro vorbei. Ich teile ihr mit, was ich weiß, also, dass es damit vermutlich nichts werden wird. 13 Uhr, Anruf Görg, ob ich bereit sei, Kulturstadtrat zu werden. Ich bitte um kurze Nachdenkfrist, vor allem auch, um Irmgard zu verständigen, die aber, da unterwegs, nicht erreichbar ist. Sie erfährt es aus den Ö1-Nachrichten. Dann informiere ich Schüssel und Klaus, die sich sehr erfreut zeigen. Görg drängt, weil schon um 15 Uhr eine Pressekonferenz angesetzt sei. Speed kills. Ich sage zu. Voller Saal, Fragen über Fragen, wie ich mir die Funktion vorstelle, was die Prioritäten seien etc. Mir fällt der Titel eines von mir zum Thema politische Kultur verfassten Artikels „Weniger Politik in der Kultur, mehr Kultur in der Politik" ein, den ich zitiere. Das wird als Kampfansage – ist es ja auch – gegen das „Ideologieressort Kultur", als Distanzierung von der Politik meiner Vorgängerin, als Antithese zur sozialdemokratischen Kulturpolitik etc. verstanden bzw. interpretiert. Die Zeitungen sind voll damit. Erfreulicher „Einstieg".

Abb. 23 1996: Beginn einer neuen Aufgabe
Foto: Presse- und Informationsdienst der Stadt Wien

Karin Resetarits ruft an, ob ich bereit sei, am Montag, also noch vor der Angelobung, im „Treffpunkt Kultur" ein „Übergabegespräch" mit Ursula Pasterk zu führen. Ursprünglich hätte sie dort allein Bilanz ziehen sollen, findet die Idee aber, wie sie mir sagt, originell. Ich auch. Also, gern. Kann ja lustig werden. War es auch. Nicht so sehr, hatte man den Eindruck, für Ursula, deren Enttäuschung über den unerwarteten Amtsverlust – trotz oder vielleicht auch gerade wegen meiner deutlich zum Ausdruck gebrachten Anerkennung ihrer zweifellos großen Verdienste – ziemlich deutlich zu spüren war.

Enttäuschung und Kritik von links

Am Dienstag, 26. November 1996 ist Angelobung. Schon ein spannender Moment. Die – um es vereinfacht zu sagen – „linke" Reaktion in der Szene und in den

Medien fällt äußerst kritisch aus. Aber nicht gegen mich, sondern gegen Bürgermeister Häupl und die SPÖ. „Zum ersten Mal seit 1945 kein sozialdemokratischer Kulturstadt- und Landesrat", aber „Glück im Unglück" ist der Tenor, der sich wie ein roter Faden durch die Berichte und Stellungnahmen zieht: Große Enttäuschung über die SPÖ wegen der Abgabe des Kulturressorts, aber Vorschusslorbeeren für den „Kosmopoliten Marboe, der viel Kultur- und Auslandserfahrung" mitbringt. Damit kann ich gut leben. Das mit dem „ersten nicht sozialdemokratischen Kulturstadtrat" zu „berichtigen", macht mir Freude. Es gab nämlich schon einmal einen Nicht-Sozialisten, und zwar gleich nach dem Krieg den eindrucksvollen, katholischen Kommunisten Viktor Matejka, der mit einem Hut in der Hand vor dem Rathaus stand, um Geld für das erste Kulturbudget zu sammeln. 1938 mit anderen „Prominenten" von den Nazis nach Dachau verschleppt, setzte er sich 1945 als einziger für die Rückholung vertriebener Künstler ein, schrieb Briefe, lud zur Rückkehr ein und versuchte, Arbeit und Wohnungen zu beschaffen.

Apropos Viktor Matejka:

Keine Straßen- oder Ortsbenennung erinnerte an ihn, was ich sonderbar fand. Mein Antrag auf Widmung der „Viktor-Matejka-Stiege" in seinem ehemaligen Wohnbezirk Mariahilf wird 1998 angenommen werden. Bei der Eröffnung werde ich von meinen Gesprächen mit ihm, seiner Freundschaft mit meinem Vater, seiner Sammlerleidenschaft (seine Hähne-Sammlung vermachte er dem Wien Museum), seinem Austritt aus der kommunistischen Partei, seinem Aus- und Wiedereintritt in die katholische Kirche und seinen großen, vorbildhaften Versuchen, (jüdische) Vertriebene zur Rückkehr nach Österreich einzuladen, erzählen.

Wenig später werde ich ein von seiner Frau Gerda gemaltes Portrait Viktor Matejkas – eine Leihgabe Helmut Zilks – in meinem Büro aufhängen. Die FPÖ wird davon erfahren und im Rahmen einer Anfrage im Gemeinderat wissen wollen, wie es möglich sei, dass ein ÖVP-Kulturstadtrat öffentlich – „in einem Amtshaus der Stadt Wien" – Werbung für den Kommunismus mache. Der Antrag, das Portrait aus meinem Büro zu entfernen, wird von allen anderen Parteien (kopfschüttelnd) abgelehnt werden …

André (Franzi) Heller

Dass ausgerechnet Franzi Heller, Freund aus Ministrantentagen in der Pfarre Maria Hietzing, einen Kommentar schrieb, in dem er meine internationale Akzeptanz wegen der Waldheim-Affäre anzweifelte, erzürnte mich zutiefst. In einem recht emotionalen Brief warf ich ihm vor, dass es dafür keinen einzigen Anhaltspunkt gäbe, dass er mir einen konkreten Vorwurf nennen sollte, dass die Zeit kollektiver

Schuldzuweisungen doch hoffentlich überwunden sei etc. In einem sehr versöhnlichen Schreiben schlug er ein baldiges Treffen vor, in dem er seine Hinweise bedauerte. Er werde das gutmachen, was er auch tat, indem er bald zu einem meiner heftigsten Unterstützer wurde, mich mehrmals als Kulturminister ins Gespräch brachte und als einer der ersten die Unterstützungsliste für meinen Verbleib als Kulturstadtrat unterzeichnete. Ich glaube übrigens, dass er selbst (wie etwa auch Erika Pluhar, bei der auch einmal angefragt wurde) einen äußerst interessanten Kulturminister abgegeben hätte …

Team

Am vordringlichsten war in den ersten Tagen ein rasches Begrüßungstreffen mit den Beamtinnen und Beamten. Eine geordnete „Amtsübergabe" war nicht möglich, weil sich Ursula Pasterk zu meinem Bedauern und zur allgemeinen Enttäuschung nicht dazu bereit erklärt hatte. Niemand hatte sich bei mir gemeldet, um eine nichtsozialdemokratische Präferenz anzudeuten. Ich hatte es also, wie ein Klubmitglied es formulierte (und mir dazu lächelnd alles Gute wünschte) mit einer „sozialdemokratischen Beamtenphalanx" zu tun. Einige kannte ich schon von den regelmäßigen Sitzungen der Bundes- und Landeskulturreferenten, wie etwa den sehr professionellen und loyalen Abteilungsleiter Bernhard Denscher. Er und andere hatten mir einen guten Eindruck gemacht. Werden sich wohl, so war ich entschlossen zu glauben – zu Recht, wie sich im Lauf der Zusammenarbeit herausstellen sollte –, eher der gemeinsamen Kulturarbeit für Wien als parteipolitischen Loyalitäten verpflichtet fühlen.

Und so schnell wie möglich musste ich mir mein eigenes Team zusammenstellen. Von den Pasterk-Mitarbeitern war nur mein Außenamtskollege Jürgen Meindl verblieben (zumindest er war zu einer zivilisierten Übergabe bereit), um für mich eine Liste der anstehenden Entscheidungen und offenen Projektabläufe (vom Judenplatz bis zum Arnold-Schönberg-Center) zusammenzustellen. Was sehr hilfreich war. Jürgen Meindl wird später – nach einigen Karriereschritten als Botschafter – die Leitung der Sektion Kunst und Kultur im Bundesministerium für Kunst, Kultur, öffentlicher Dienst und Sport übernehmen.

Dass Boris Marte, politik- und verwaltungserprobt, ein liberaler ÖVP-Rebell, kreativ, loyal und kommunikativ, meine Einladung, die Funktion des Kabinettschefs zu übernehmen, angenommen hat, kann ich nur als Glücksfall bezeichnen. Er war mein wichtigster „Sparringpartner", wenn es um Grundsatzentscheidungen ging, ein visionärer Träumer und kompetenter Partner für die Kulturszene, in der er gut vernetzt war und deren Vertrauen er besaß. Mit Barbara Goess und Bernhard Schragl war unser kleines, neues Team komplett. Angebote aus der ÖVP betreffend Pressesprecher schlug ich aus. Mir roch eine parteipolitische Besetzung zu sehr nach Propaganda. Und von Martin Gabriel, der vom PID (Presse- und Informationsdienst der Stadt Wien) meiner Vorgängerin für die Tagesarbeit zugeteilt war, hatte ich nach einigen Gesprächen einen sehr guten Eindruck. Er hatte, wie er meinte, nicht damit gerechnet zu bleiben, würde das aber gern tun. Er erwarb sich in der nunmehr aufgewerteten Funktion als persönlicher Pressesprecher großes Ansehen und leistete in all den Jahren hervorragende, von den Medien geschätzte Öffentlichkeitsarbeit. Auch das erste Treffen mit dem für die Vorbereitung des Kulturausschusses zuständigen Referenten verlief vielversprechend. Zwei große Aktenstöße lagen auf meinem Schreibtisch. Ich klemmte sie unter meinen Arm, erkundigte mich nach der Türnummer, ging hinüber und klopfte an. Seine Nervosität war unübersehbar. Was ist denn los, Herr Kollege? „Jetzt bin ich seit mehr als zwanzig Jahren beim Magistrat, aber in meinem Zimmer war noch nie ein Stadtrat." Wir mussten beide lachen und begannen die Agenda abzuarbeiten. Seine Verlässlichkeit, große Erfahrung und schließlich Freundschaft waren mir in all den Jahren sehr wertvoll. Die Wahl von Andreas Salcher zum Vorsitzenden des Kulturausschusses – kompetent, loyal, rhetorisch brillant – war höchst willkommen: Einen besseren Verbündeten im Gemeinderat konnte es nicht geben.

Keine Schonfrist

Okay, was also wird jetzt anders werden? Was heißt bürgerliche Kulturpolitik? Alle wollen sie die ersten sein, die Zeitungen, Magazine, Fernsehen, Radio. Zeit für die erste Pressekonferenz. Volles Haus. Ich beschließe, mich auf grundsätzliche Perspektiven zu beschränken und von meinen Prioritäten zu sprechen:
  Rückholung aus dem Exil. Persönlich, wo immer möglich. Referate, Diskussionen, Schulbesuche, etwa mit Fred Morton, Jakov Lind, Carl Djerassi, Franz und Henry Leichter, Clementine Zernik, Eduard Sekler, Fritz Spielmann, Peter Berczeller und anderen. Und, wo nicht mehr möglich: Archive, Nachlässe, wie etwa Arnold Schönberg Center, Zemlinsky-, Krenek-, Kiesler-Stiftung, Straßen-, Platz- oder Schulbenennungen etc.; bei Subventionen: Partnerschaft statt Bittstellerei; Dreijahresverträge; Abhängigkeiten verringern; so viel Einfluss wie nötig, nicht wie möglich; Kunst „darf", „muss" aber nicht politisch, provokant, gefällig etc. sein; kein „Ideologieressort", weil die Politik der Kunst und nicht die Kunst der Politik zu dienen hat; Positionierung Wiens als europäisches Kulturzentrum; Mitwirkung am europäischen Integrationsprozess; Unvereinbarkeitsbestimmungen (Politikerklauseln) bei den großen Kulturinstitutionen.
  Eine Art „Vorhabensbericht", der äußerst positiv aufgenommen wird. Sogar Applaus gibt es, als ich von meinen Begegnungen mit dem Exil in New York erzähle und, sozusagen als ein Beispiel für viele Erfolge, „Paper Roses" von Fritz Spielmann zum Besten gebe (Karl Löbl gutgelaunt: „Einen singenden Kulturstadtrat habe ich

noch nie erlebt!"). Mit diesem Hit hatte Spielmann wochenlang die Country-Music-Charts angeführt und einen Grammy Award gewonnen. Komponiert hatte er es vor dem Krieg in Wien unter dem Titel „Lieber Johnny". Nein, zu einzelnen konkreten Projekten wie Judenplatz, Schönberg-Center, Tanzhaus oder Archiv-Neubau könne ich mangels vorliegender Entscheidungsunterlagen noch keine zeitlichen Angaben machen. Und, ja, so manches wird auch noch der Überzeugungsarbeit beim Koalitionspartner bedürfen, da es sich ja um systemverändernde Maßnahmen (Dreijahresverträge anstatt jährlicher Subventionsbittstellerei, Rückzug der (Partei-)Politik aus den großen Kultureinrichtungen wie Wiener Festwochen, Symphoniker, Kunsthalle oder Viennale, neue Ausschreibungskultur) handelt. In der Berichterstattung hatte sich die skeptische Stimmung wegen der Aufgabe des Kulturressorts durch die SPÖ in Richtung Neugier auf zukünftige Veränderungen gedreht. Also keine Schonfrist! An die Arbeit!

Arnold Schönberg Center

Abb. 24 Im Gespräch mit Lawrence Schönberg, Ronald Schönberg, Nuria Nono-Schönberg
Foto: Votava/Presse- und Informationsdienst der Stadt Wien

Der Hinweis von Bürgermeister Häupl, dass es sich bei Wahlkämpfen um Zeiten fokussierter Unintelligenz handle, hat etwas an sich. Es wird nichts mehr entschieden, Projekte werden aufgeschoben, es gibt keine klaren Antworten etc. Verunsicherung ist die Folge. Das von Ursula Pasterk so verdienstvoll initiierte Vorhaben, das Schönberg-Archiv von Los Angeles nach Wien zu bringen, drohte mangels Entscheidung zu scheitern. Die Familie Schönberg – Nuria, Ronald und Lawrence – wurde immer unruhiger, die Angebote aus Berlin immer verlockender. Jetzt auch noch Koalitionsverhandlungen und eine neue Stadtregierung. Eigentlich wenig verwunderlich, dass man da die Geduld verliert. Und so kam es, dass eines Morgens auf meinem Schreibtisch ein Fax der Familie Schönberg lag mit der expliziten Drohung, das Archiv nach Berlin zu geben, wenn nicht umgehend, binnen 24 Stunden, eine Garantieerklärung erfolgt. Ich rufe Peter Radunski an, Kultursenator in Berlin und Freund aus früheren Zeiten, als wir Hauptgeschäftsführer unserer Parteien, CDU und ÖVP, waren. Er bestätigt, dass eine Pressekonferenz in Berlin, noch in dieser Woche geplant sei. Ich bitte ihn um Verständnis, dass daraus möglicherweise nichts wird. Jetzt ist aber Feuer am Dach. Es geht um viele Millionen Schilling Subvention. Ich habe keinerlei Ermächtigung, kann den Bürgermeister nicht erreichen, die Finanz verweist auf die erforderliche Prozedur. Dazu ist einfach keine Zeit. Ich will nicht länger herumfragen, was die Konsequenzen sein könnten (Amtshaftung, Rücktritt, Misstrauensantrag etc.) und denke, dass nachträgliche Sanierung möglich sein wird, um das Schönberg-Center nicht an Berlin zu verlieren. So leiste ich also in Anwesenheit von Boris Marte und Abteilungsleiter Denscher die geforderte Unterschrift und schicke das Fax, sprich: die Garantieerklärung, an die Familie Schönberg zurück. Offensichtliche Erleichterung. Die Pressekonferenz in Berlin wird abgesagt. Radunski ruft an, schwer enttäuscht. Endlich Telefonat mit Bürgermeister und Terminvereinbarung für nächsten Morgen. Uneingeschränkte Unterstützung: „Als Bürgermeister einer großen Kulturstadt weiß ich, was in einem solchen Fall zu tun ist." Inanspruchnahme eines bürgermeisterlichen Notverordnungsrechts. Die Finanz würgt, verspricht aber die Ermöglichung des erforderlichen Zusatzbudgets. Nachträgliche Genehmigung durch Kulturausschuss und Gemeinderat. Das Arnold Schönberg Center wird also in Wien sein. Geglückte „Rückholung". Beginn eines erfreulichen Koalitionsklimas.

Sommerfestival der Philharmoniker in Wien?

Nur wenig später:
Die beiden Vorstände der Wiener Philharmoniker bieten ein Sommerfestival in Wien an. Das klingt vielversprechend. Sie wollen weg aus Salzburg und hätten eine Zusage Häupls. Häupl räumt ein, wohlwollend auf den Vorschlag des Vorstands reagiert zu haben, dementiert aber eine Zusage. Ich wittere Manipulation. Bei aller

Liebe, aber die Philharmoniker aus Salzburg abwerben, wo sie doch einfach seit Jahrzehnten hingehören? Ich spreche mit Mortier und Rabl-Stadler, die bestätigen, dass es Irritationen und Schwierigkeiten gebe, aber derzeit Verhandlungen geführt würden. Mein Verdacht, dass die guten Philharmoniker ein Angebot aus Wien gern als Druckmittel in den Verhandlungen verwenden würden, scheint bestätigt. So erkläre ich öffentlich, dass ich zuerst das Ergebnis der Verhandlungen zwischen den Philharmonikern und den Salzburger Festspielen abwarten werde. Ein Schreiben der Philharmoniker langt ein, in dem der Vorstand seine Enttäuschung zum Ausdruck bringt. Gleichzeitig erreichen mich – unter Hinweis auf größte Vertraulichkeit – Telefonate von Orchestermitgliedern, ich solle den Brief nicht zu ernst nehmen. Das Orchester sei tatsächlich geteilter Meinung, was Salzburg betrifft, insbesondere in Hinblick auf das schlechte Gesprächsklima mit Intendant Mortier und die vertragliche Situation. Da hätte ein Angebot aus Wien also hilfreich sein können … Ioan Holender, der gemeinsam mit Klaus Bachler (Volksoper) den Vorschlag der Wiener Philharmoniker auf ein „Sommerfestival in Wien" bei Bürgermeister Häupl unterstützt hatte, ruft an und bezeichnet mein Zuwarten als ersten, schweren Fehler. Ein paar Monate später, als sich die Philharmoniker (wie zu erwarten war) mit Salzburg geeinigt hatten, sind wir einer Meinung, dass sich Wien damit eine ziemliche Blamage erspart habe.

Politikerklauseln und Ende von Unvereinbarkeiten

„Mehr Kultur in der Politik, weniger Politik in der Kultur" sollte nicht nur ein allgemeiner Slogan, sondern auch ein konkreter Arbeitsauftrag sein, insbesondere auch, wenn es um Unvereinbarkeiten ging. In Wien war dieses System institutionalisiert. Mit der Funktion des Kulturstadtrats/der Kulturstadträtin waren automatisch (pro forma wurde gewählt) die Präsidentschaften der Wiener Festwochen, der Kunsthalle, der Viennale sowie der Wiener Symphoniker verbunden. Und in den jeweiligen Aufsichtsgremien saßen – ebenso automatisch – Gemeinderäte entsprechend dem Wahlergebnis. So viel Einfluss wie möglich! Jahrzehntelange „Gepflogenheit". Von niemandem hinterfragt. Und eine klare Unvereinbarkeit. In der Praxis stellten nämlich in diesen vier „großen", also budgetintensiven Kultureinrichtungen die jeweiligen Präsidenten die Budgetanträge an das Kulturressort, nahmen die Unterlagen dann am besten gleich mit hinüber ins Kulturamt und genehmigten dort in der „Zweitfunktion" als Ressortleiter/in die Weiterleitung an Finanzressort, Kulturausschuss und Gemeinderat. Damit musste jetzt Schluss sein. Also kündigte ich an, die genannten Präsidentschaften abzulehnen und verlangte gleichzeitig, dass sich auch alle anderen politischen Mandatarinnen und Mandatare aus den Vereinsgremien zurückziehen müssen. Eine klassische Ent(-partei-)politisierung mit strengen, vierjährigen Politikerklauseln. So viel Einfluss und Kontrolle wie nötig, nicht wie möglich. Das hatte zur Folge, dass etwa bei der Viennale Eric Pleskow, bei den Wiener Festwochen Leonie Rysanek, bei der Kunsthalle Thomas Häusle und bei den Wiener Symphonikern der Hobbydirigent Rudolf Streicher (der länger als die erforderlichen vier Jahr keine politische Tätigkeit ausgeübt hatte) zu Präsidenten gewählt werden konnten.

Apropos Leonie Rysanek:

Abb. 25 Peter Dusek, Boris Marte, Ernst-Ludwig „Elu" Gausmann, Leonie Rysanek, New York
Foto: Privatbesitz

Wow, eine kleine Revolution, und den über die Jahrzehnte anderes gewohnten SPÖ-Funktionären unheimlich. Der Kultursprecher der SPÖ – wie übrigens auch der damalige Sektionsleiter für Kunstangelegenheiten im Bundeskanzleramt, Mailath-Pokorny, – sprach sich lautstark gegen den Vorschlag aus und schlug auch gleich in der ZiB 2 Generaldirektor Sellitsch von der Wiener Städtischen Versicherung vor. Frau Rysanek, so hieß es weiter, sei eine Tante Marboes und darüber hinaus langjähriges ÖVP-Mitglied. So sehe also die Unabhängigkeitspolitik und die Entparteipolitisierung Marboes aus, lautete eine offizielle SPÖ-Aussendung an die APA, die korrekterweise bei mir rückfragte. Also, das mit der Verwandtschaft war leicht zu widerlegen. Aber ÖVP-Mitglied? Ich hatte doch keine Ahnung von der politischen Präferenz Rysaneks und auch nie danach gefragt. Willkommen in den Niederungen der Wiener Politik, Frau Kammersängerin. Irgendwie peinlich. Telefonat, kurzer Kaffeetermin, gemeinsam mit ihrem sehr hilfreichen Mann Ernst-Ludwig, „ELU", (Gausmann) am Nachmittag. Das herzliche, souveräne Lächeln Frau Rysaneks werde ich nicht vergessen. „Ach, ich weiß doch, wie das ist bei uns in Wien", meinte sie nur. „Sagen Sie, bitte, dem Herrn Bürgermeister, dass ich erstens leider wirklich nicht Ihre Tante und zweitens nicht bei der ÖVP bin. Und mich nur zwei Mal politisch engagiert habe, einmal für Bürgermeister Zilk und einmal für Bruno Kreisky." Ach, wie schön. Gern habe ich das, zugegebenermaßen mit einem gewissen Schmunzeln, an Bürgermeister Häupl weitergeleitet, der über die Aktion seiner Genossen gar nicht amüsiert war. Mit doppelter Herzlichkeit, wie mir schien, hat er dann Leonie Rysanek (die, wie sie sagte, „der Stadt, von der sie so viel bekommen hat, etwas zurückgeben wollte") als neue Präsidentin der Wiener Festwochen willkommen geheißen.

Am 7. März 1998 starb Leonie Rysanek. Begräbnis im Ehrengrab auf dem Zentralfriedhof. „Sie, die in New York zur ‚Queen of Hearts' gekürt wurde, ist Herzenswienerin geblieben", sagte ich in meiner Abschiedsrede. „Beides wird sie in der Erinnerung der vielen Menschen auch in Zukunft sein, in deren Herzen sie mit ihrer großen Kunst die Liebe zur Musik stets aufs Neue geweckt hat und immer, wenn wir ihre Stimme hören werden, weiterhin wecken wird."

Apropos Eric Pleskow:

Sein Onkel, Leo Pleskow, war mir in New York zum Freund geworden. Aus Wien mit seiner Frau Frieda und seinem Sohn Raoul (der in den USA eine schöne Karriere als Komponist machen wird) 1939 von den Nazis vertrieben, war er (neben Max Hamlisch, Vater des mehrfachen Oscar-, Tony-, Emmy- und Grammy-Preisträgers Marvin Hamlisch) unser „Hausmusiker" (mit seiner kleinen Band) bei verschiedenen Festen und Österreich-Veranstaltungen, bei denen sporadisch auch sein Neffe Eric anzutreffen war.

Mit seinen zahlreichen Produzenten-Oscars („Einer flog über das Kuckucksnest", „Rocky", „Amadeus", „Das Schweigen der Lämmer", „Terminator" u. v. a.) war Eric Pleskow, der mit seinen Eltern 1939 vor den Nazis aus Wien geflüchtet war, erfolgreicher Kosmopolit, eine Wunschvorstellung für die Viennale-Präsidentschaft (die nach meinem Rückzug aus allen Präsidentschaftsfunktionen besetzt werden musste). Und es wäre auch eine (sehr späte) Rückholung der besonderen Art. Aber

Abb. 26 Viennale-Präsident Eric Pleskow und
Viennale-Direktor Hans Hurch
Foto: Viennale

würde er das auch so verstehen? Es war Gabriele Flossmanns großes Verdienst, durch ihre langjährige Freundschaft mit Pleskow und mehrere Vorgespräche, den Boden so gut „aufbereitet" zu haben, dass er in unserem Telefonat, in dem ich ihn zur Rückkehr nach Österreich als Präsident der Viennale einlud, mit spürbarer Freude reagierte und gleich zusagte. Und Wien in dieser Funktion mehr als zwanzig Jahre, von 1998 bis zu seinem Tod 2019 treu blieb. Seine pointierten, humorvoll-kritischen „Begrüßungen" waren alljährlich freudig erwartete Höhepunkte des Viennale-Eröffnungsrituals.

Tagebucheintrag vom 6. Oktober 2000
„Ehrung, Goldenes Ehrenzeichen für Eric Pleskow in einfachem Rahmen im Roten Salon, aber mit Fernsehen und Hans Dichand. Am nächsten Tag in der Kronen Zeitung dann ein großes Bild, Dichand und Pleskow, denn die beiden wollen ja einen Sissi-Film machen. Ich begrüße Dichand auch dementsprechend als Repräsentanten für all jene, die unsere Kulturarbeit in Wien kritisch, um nicht zu sagen überkritisch (Stichwort: Anti-Schlingensief-Kampagne) begleiten, was beim Publikum zu einem Schmunzeln führt und verstanden wird. Ich danke dann auch Eric Pleskow, was ebenfalls verstanden wird, dafür dass er in einer sehr schwierigen Situation, gemeint war natürlich der Schlingensief, zu mir gehalten und für mich auf einer Liste gegen die Freiheitlichen und gegen die Kronen-Zeitung-Kampagne unterschrieben hat. Mein Eindruck ist auch, dass den Dichand nicht ganz unbeeindruckt gelassen hat, dass auf dieser Liste zahlreiche Personen aus dem Kunst- und

Kulturleben mit klingenden Namen, von Holender über Sochor, Elfriede Ott, Fritz Muliar, Herbert Föttinger – und, und, und – für mich unterschrieben haben, darunter eben auch Eric Pleskow. Jedenfalls hat Eric dann in seiner launigen Dankesrede gemeint, dass es sich schon deshalb gelohnt habe, diese Ehrung entgegenzunehmen, weil es ihm dadurch gelungen sei, den Herrn Dichand und den Herrn Marboe in einem Raum zusammenzubringen."

Amtsverlust voll Zusagen und Frust

Für Ursula Pasterk eine zufriedenstellende Lösung zu finden, war nicht einfach. Von der SPÖ sei ihr einiges an Funktionen (etwa eine bezahlte Festwochen-Präsidentschaft wie in Salzburg und persönliche Beraterin des Bürgermeisters) zugesagt worden. Den Frust über die Nichteinhaltung hat sie dann zum Teil auf mich übertragen. Es war durchgehend spürbar, wie schwer ihr der Amtsverlust fiel. Ein Zurück als Wiener-Festwochen-Intendantin war unmöglich, weil sie selbst gegenüber den drei von ihr bestellten Bereichsdirektoren – Luc Bondy, Hortensia Völckers, Klaus-Peter Kehr – eine Rückkehr ausgeschlossen hatte, und diese in einem Schreiben an mich ihren sofortigen Rücktritt androhten, falls sich daran etwas ändern sollte. Kurz vor dem Regierungswechsel, war der Karenz-Vertrag Ursula Pasterks als Festwochen-Intendantin durch Nichtkündigung um weitere vier Jahre verlängert worden. Jetzt sahen die von der langjährigen sozialdemokratischen Alleinregierung frustrierten ÖVP-Parteiprofis ihre Chance gekommen: Das solle man jetzt „köcheln" und die Angelegenheit dem Arbeitsgericht überlassen. Immerhin ging es um hohe Beträge, und in den Medien ließe sich das wunderbar „verwerten". Ich sah das anders. Mir schien es unfair gegenüber Frau Pasterk und abträglich für ein gedeihliches Koalitionsklima. Bernhard Görg war erfreulicherweise derselben Meinung und so gab es grünes Licht für – schließlich auch erfolgreiche – Vergleichsgespräche. Ursula Pasterk konnte, wenn man so will, mit Würde und nicht nach längeren arbeitsgerichtlichen Auseinandersetzungen die politische Bühne verlassen. Es wird aber noch Jahre dauern, bis in den einzelnen Begegnungen das Gefühl einer gewissen Normalität spürbar wird. Den Umgang mit ihr wird sie noch 2019 in einem großen Interview mit Vienna.at als „unverzeihlich" und „massive Kränkung" bezeichnen, die „zu ihrem Parteiaustritt führte." Es ist wohl nicht weit hergeholt, wenn man die hohe Auszeichnung, die ihr im Juni 2024 im Wiener Rathaus von Bürgermeister Ludwig überreicht wurde, auch als Beitrag der Sozialdemokratie verstehen will, sich mit Ursula Pasterk zu versöhnen.

Gegencheck:

In seiner Autobiografie „Freundschaft" (Seite 90) beschreibt Michael Häupl die Enttäuschung Ursula Pasterks nach ihrem Amtsverlust wie folgt:

„Seither ist Ursula Pasterk, die das Amt damals innehatte, wahnsinnig böse auf mich. Ich habe ihr einmal gesagt: ‚Ich verstehe nicht, warum du auf mich böse bist, du warst neun Jahre lang Stadträtin, warst gleichzeitig Festwochenpräsidentin, und keiner von uns, auch ich nicht, kann davon ausgehen, dass man als Politiker pragmatisiert ist, auch nicht als Stadtrat.' Daraufhin hat sie Künstler organisiert, die bei mir protestieren sollten …

Ich verstand Ursula Pasterks Enttäuschung darüber, dass sie aus der Politik ausscheiden musste, aber ich verstand nicht, dass sie das so persönlich nahm."

Neue Kulturpolitik ohne Vorurteile

Gewiss ist es schwierig, sich von jahrelang aufgebauten Feindbildern zu lösen und vielmehr zu versuchen, mit guten Argumenten für oder gegen einen Antrag zu stimmen. Arena, Amerlinghaus oder WUK (Werkstätten- und Kulturhaus) waren solche Reizwörter, die beim rechten ÖVP-Flügel rote Flecken ins Gesicht steigen ließen. Jahrelang gelang es der SPÖ dadurch, sich – vor allem bei jungen Wählerinnen und Wählern sowie in der Off-Szene – als fortschrittlich zu präsentieren und die ÖVP ins FPÖ-Eck zu drängen. Weiterhin bei der Ablehnungsstrategie zu bleiben, würde nichts bringen, außer auf beiden Seiten alte Ressentiments zu verstärken. Eine Mehrheit hätte die SPÖ mit den Grünen und Liberalen auch. Und für einen Koalitionsbruch wäre das dann doch nicht wichtig genug. Bernhard Görg sah das erfreulicherweise auch so. Also machte ich mich auf den Weg zu persönlichen Gesprächen. Und war von den drei genannten Einrichtungen positiv überrascht, weil dort für Wien durchaus wünschenswerte Kulturarbeit geleistet wurde. Übersetzungen von Migrantenliteratur (Amerlinghaus), Musik für junge Leute (Arena), Tanz, Theater und Sozialworkshops (WUK). Nirgendwo fand ich, wie von unseren Klub-Falken behauptet, kommunistische Agitation, umstürzlerische (ein Che-Guevara-Poster reicht da nicht …) Aktivitäten, systematischen Drogenmissbrauch etc. Ach ja, und was das Publikum betrifft, so begegnete ich bei meinem „Lokalaugenschein" in der Arena gleich zu Beginn zwei jungen Frauen, von denen sich mir die eine als Enkelin von Bundeskanzler Klaus und die andere als Tochter unseres Bildungssprechers im ÖVP-Klub, Walter Strobl, vorstellte. Das war für die Argumentation im Klub durchaus hilfreich. Vorurteile im kulturpolitischen Diskurs sollte es nicht mehr geben. Erfreuliche Mehrheit für Richtungswechsel und Zustimmung.

Abb. 27 Kulturdialog – Bezirkssprechtag: Lotte Ingrisch, Richard Schmitz, Peter Marboe, Ursula Krinzinger, Hans Frohner
Foto: Presse- und Informationsdienst der Stadt Wien

Bezirksmuseen

Viele Menschen wird es nicht geben, die von sich sagen können, dass sie sämtliche Wiener Bezirksmuseen kennen. Das hat mit einem Projekt zu tun, das mir am Herzen lag. Und zwar den Bezirkssprechtagen, die ich in allen Wiener Bezirken abhalten wollte und die regelmäßig auch mit einem Besuch im jeweiligen Bezirksmuseum verbunden waren. In Gesprächen mit den Bezirksvertretungen, also Bezirksvorsteher/in, Kultursprechern und allen Parteien, Künstlerinnen und Kultureinrichtungen im Bezirk sowie einer öffentlichen Publikumsdiskussion zum Schluss wollte ich mir ein persönliches Bild von der Situation, den Problemen, den Anliegen des Bezirks im Kulturbereich machen – was sich als durchaus ergiebig erwies. Einschließlich des erwähnten Besuchs im Bezirksmuseum. Wie viel Idealismus steckt dahinter – alle Mitarbeiterinnen und Mitarbeiter machen das ehrenamtlich – wie viel Information gibt es da, wie viele historische Zusammenhänge werden da beleuchtet, wie viel lokaler Geschichte kann man da begegnen. Leute, wenn Ihr mehr über Euren Bezirk wissen wollt, fangt mit dem Bezirksmuseum an. Es lohnt sich. Auch mit Familie, Bekannten und Freunden. Die Wiener Kulturpolitik ist gut beraten, wenn sie bei der Gebäudeerhaltung sowie beim Sachaufwand und bei der Finanzierung einzelner Sonderprojekte eine verlässliche Partnerin bleibt und die ehrenamtlichen Mitarbeiter bisweilen – wie ich das mit großer Freude initiiert habe – zu einem großen Dankesempfang ins Rathaus einlädt! Und so viele Auszeichnungen wie möglich für verdienstvolle Mitarbeit verleiht.

Restitution

Sensibilisiert für dieses Thema, für die Rückgabe also während der Nazizeit widerrechtlich erworbener (Kultur-)Güter, wurde ich nicht in Österreich, sondern in den Siebziger- und Achtzigerjahren in New York. Nicht nur durch die laufende Begegnung mit den Vertriebenen, die das persönlich erfahren mussten, sondern auch, weil in amerikanischen Medien mit großer Regelmäßigkeit über die Versäumnisse Österreichs auf diesem Gebiet berichtet wurde. Durch meine Bekanntschaft mit Otto Kallir, dem 1938 aus Österreich vertriebenen Gründer der Galerie St. Etienne – und später dann seiner Enkelin Jane Kallir –, erfuhr ich einiges über die unterschiedlichen Bemühungen zur Rückgabe unrechtmäßig erworbener Kunstgegenstände. Konkret in den Fokus der amerikanischen Öffentlichkeit rückten die in Mauerbach gelagerten Kunstgegenstände, deren Eigentümer/innen nicht eruiert werden konnten. Oder besser, wie in einem großen und vielbeachteten Artikel in der angesehenen Zeitschrift ARTnews („Legacy of Shame") berichtet wurde, weil keine umfassenden Initiativen ergriffen wurden, diese aufzufinden. Gemeinsam mit dem genannten Artikel schickte ich einen längeren Bericht ins Außenministerium nach Wien, in dem ich – vom grundlegenden Unrecht einmal ganz abgesehen – darauf hinwies, mit welch zunehmendem Imageschaden für Österreich diese Verweigerungshaltung verbunden sei. Ich bat um ein Sonderbudget, um zunächst einmal eine Zeit lang in den großen Zeitungen der USA einschlägige Inserate veröffentlichen zu können. Das wurde bewilligt, auch wenn es nur für kleinere Anzeigen reichte, aber immerhin zeigte es nicht nur Österreichs Bereitschaft zur aktiven Suche nach den Eigentümern, sondern führte auch zu zahlreichen Anfragen.

Viele Jahre später erkundigte ich mich als neuer Wiener Kulturstadtrat, wie es denn in Wien um die Rückgabe von Nazi-Gütern stünde. Zu meiner Überraschung gab es diesbezüglich bisher kein Problembewusstsein und somit auch keine politischen Initiativen. Von den in Betracht kommenden Institutionen, insbesondere der Wienbibliothek (zu meiner Zeit noch: Wiener Stadt- und Landesbibliothek) und dem Historischen Museum der Stadt Wien (heute WienMuseum) kam bald die Auskunft, dass es da kaum etwas gebe und die wenigen Fälle, die in Frage kamen, bereits erledigt seien. Das schien mir nun doch etwas dürftig und so gab ich schriftliche Weisung, mir innerhalb von drei Monaten, nach eingehender Recherche, zu berichten, bei welchen Gegenständen oder Sammlungen die Herkunft nicht eindeutig geklärt werden konnte. 18.000 Stück waren es allein im Historischen Museum der Stadt Wien und der Wienbibliothek, darunter ganze Sammlungen, wie etwa die schon vorher mehrfach diskutierte Strauss-Meyszner-Sammlung, in der sich zahlreiche Originalpartituren befanden, insbesondere auch jene der „Fledermaus". Nach dem Vorbild des 1998 beschlossenen „Bundesgesetzes über die Rückgabe von Kunstgegenständen aus den Österreichischen Bundesmuseen und Sammlungen" wurde im Wiener Gemeinderat ein ähnlich lautender Beschluss gefasst, einschließlich der Einsetzung einer „Wiener Rückstellungskommission".

In mehreren persönlichen Gesprächen in Wien und Zürich unterrichtete ich die Familie Crespo de la Serna davon, dass alle Ansprüche nunmehr korrekt geprüft und der Kommission vorgelegt würden. Das anfänglich große Misstrauen wich langsam der Überzeugung, dass wir es ernst meinten. Und so kam es, dass die „Wiener Rückstellungskommission" am 15. März 2001 die Empfehlung aussprach, die Sammlung den rechtmäßigen Erben zu restituieren. Herr Crespo de la Serna konnte es kaum glauben, als ich ihm davon telefonisch Mitteilung machte und ein offizielles Schreiben ankündigte. Darin betonte ich auch, dass die Sammlung nunmehr ohne Wenn und Aber zurückerstattet würde und die Erben darüber frei verfügen könnten. Nach dessen Erhalt rief er mich an und wiederholte seine schon bei einem früheren Gespräch angedeutete Frage, ob die Stadt Wien allenfalls Interesse am Erwerb der Sammlung hätte und ob diese bis auf weiteres in Verwahrung der Stadt bleiben könnte. Durchaus erleichtert konnte ich beide Fragen – nach vorheriger Klärung mit dem Bürgermeister, der mir versicherte, das dafür erforderliche Ankaufsbudget zur Verfügung zu stellen – bejahen. Verbunden mit dem klaren Hinweis, dass seitens der Erben nach Einholung eines seriösen Schätzungsgutachtens ein entsprechender Vorschlag kommen müsse. Es sollte jeder auch noch so kleine Verdacht vermieden werden, dass da irgendein „Deal" – wie das in der Vergangenheit in ähnlichen Fällen leider immer wieder vorkam – verlangt oder geschlossen wurde. An dieser Vorgangsweise änderte sich auch nach der Wahl und der damit verbundenen sozialdemokratischen Alleinregierung (März/April 2001) erfreulicherweise nichts. Auf Grundlage der Schätzungsunterlagen von „Sotheby's" machten die Erben danach ein konkretes Angebot. Und Bürgermeister Häupl gab, wie zugesagt, grünes Licht für ein Sonderankaufsbudget in der Höhe von 73 Millionen Schilling (etwas mehr als fünf Millionen Euro). Dem diesbezüglichen Antrag im Wiener Stadtsenat (dem ich da schon als „nicht amtsführender Stadtrat" angehören werde) werde ich mit großer Freude zustimmen.

Die Originalpartitur der Fledermaus (neben zahlreichen anderen Autographen, Partituren, Skizzen usw.) wird also auch in Zukunft in Wien besichtigt und für historische Interpretationen genutzt werden können. Den mit Restitutionsangelegenheiten befassten Kollegen, insbesondere in der Wienbibliothek und dem Wien Museum, gebührt großer Dank, vor allem auch für die seither jährlich erstellten Restitutionsberichte, aus denen die mit großer Integrität und Kompetenz erfolgten

Bemühungen, widerrechtlich erworbenes Kultureigentum auszuforschen und zurückzuerstatten, ersichtlich sind. In der von Christian Mertens, Gerhard Milchram und Michael Wladika vor kurzem herausgegebenen Dokumentation „In gutem Glauben erworben" – 25 Jahre Restitutionsforschung der Stadt Wien sind alle bisherigen Ergebnisse in eindrucksvoller Weise zusammengefasst.

Hillary!

Abb. 28 Peter und Irmgard Marboe, Hillary Clinton, Swanee Hunt – US-Botschafterin mit Ehemann, Dirigent Charles Ansbacher
Foto: Official White House Fotos

Swanee Hunt, der amerikanischen Botschafterin in Wien, war es gelungen, die First Lady der USA, Hillary Clinton, zur Teilnahme an der großen UN-Frauenkonferenz in Wien, Anfang Juli 1997, zu bewegen, was der Veranstaltung zusätzliches Gewicht verlieh. In Wien wünschte sich Frau Clinton vor allem einen Besuch der Wiener Staatsoper. Dort standen – sommerbedingt – zwar keine Opern auf dem Spielplan, wohl aber das von Fritz Thom (gemeinsam mit Heinz Krassnitzer) gegründete Jazz Fest Wien. Mit amerikanischen Gästen, allen voran Dionne Warwick, Wynton Marsalis, Bobby McFerrin oder dem legendären

„Kronos Quartet". Frau Clinton war begeistert und ihren anschließenden Wunsch nach einer kleinen Führung durch die Oper erfüllte ich – mit Irmgard an meiner Seite – gern. Ziemlich beeindruckt hörten wir sie dann auch beim festlichen, von Bundespräsident Klestil gegebenen Mittagessen in der Hofburg in einer knapp halbstündigen, frei gehaltenen Rede zu allen wichtigen Themen der Weltpolitik Stellung nehmen. Wir spürten, dass es nur eine Frage der Zeit war, bis sich diese Power-Frau (von der es immer wieder hieß, dass sie die treibende Kraft hinter Bill Clintons erfolgreicher Präsidentschaftskandidatur war) von ihrer Rolle als First Lady emanzipieren und ihren eigenen Weg gehen würde. Acht Jahre war sie dann, von 2001 bis 2009 für New York im US-Senat, danach, bis 2013 Außenministerin unter Präsident Obama. Alles sprach dafür, dass sie – von den Demokraten 2016 nominiert – als erste Frau ins Weiße Haus einziehen würde. Aber Donald Trump gewann überraschend, weil er – trotz einer nationalen Stimmenmehrheit Hillarys von fast drei Millionen – im (den amerikanischen Föderalismus widerspiegelnden) Electoral College eine klare Mehrheit erzielen konnte. Trumps – von vielen als Alptraum empfundene – Präsidentschaft konnte, nach nur einem Term, durch den Sieg Joe Bidens, 2020, ein Ende gesetzt werden.

Bei einem Besuch in ihrer Geburtsstadt Chicago – so die Anekdote – begegnet die First Lady auch ihrem Jugendfreund Joe, der immer noch Tankstellenwart ist. „Gut, dass wir nicht geheiratet haben", sagt er zu ihr, „sonst wärst du jetzt nur die Ehefrau eines kleinen Tankstellenwarts." „Nein, nein", meinte Hillary nur, „du wärst jetzt Präsident der Vereinigten Staaten von Amerika."

Bondy!

Sein Name war Bondy, Luc Bondy! Und er würde die Wiener Festwochen zu neuen künstlerischen Höhen führen. Als Intendant und Regisseur. Davon war ich überzeugt und dafür wollte ich kämpfen. Und wie. Denn, es sich oder anderen leicht zu machen, gehörte nicht zu Lucs Kernkompetenz. Eine Ausschreibung war nicht erforderlich, weil er schon in Wien bei den Festwochen war und es also formell um eine Verlängerung und keine Neubestellung ging. Ich habe ihn sozusagen von Ursula Pasterk geerbt, der es gelungen war, diesen genialen Theatermann nach Wien zu bringen. Allerdings nicht als Intendant sondern als Teil eines für das Programm der Wiener Festwochen verantwortlichen Dreierdirektoriums, dem neben Luc (Theater) auch noch Hortensia Völckers (Tanz, Sonderprojekte) und Klaus-Peter Kehr (Musik) angehörten.

Dreierdirektorien haben in der Regel keine lange Überlebenszeit. So auch hier. Die Spannungen wurden größer, die Ausgewogenheit des Programms und die Verteilung der Budgetmittel umstrittener. Wolfgang Wais, Langzeitgeschäftsführer der Wiener Festwochen, tat sein Bestes, um die Auseinandersetzungen zu überbrücken.

Niemand wollte und konnte sich vorstellen, dass man über den Vertrag hinaus so weitermachen würde. In einer Pressekonferenz kündigte ich an, dass es keine Verlängerung geben und ich zum allein verantwortlichen Intendanzprinzip zurückkehren werde. Namen nannte ich freilich keine, hatten doch alle drei durchaus „Intendanzqualität". Da es sich aber bei den Wiener Festwochen als zentrales Anliegen um ein Theaterfestival handelte, konzentrierte sich die Kulturberichterstattung bald auf die Frage, ob Luc Bondy bleibe oder nicht. Und es lag an mir, als Eigentümervertreter, nachdem der Verein Wiener Festwochen im Zuge der Reform in eine GesmbH umgewandelt worden war, das herauszufinden ... Was für ein Abenteuer. Einmal ja, dann wieder nein, dann nur Theaterdirektor unter einer Intendanz Baumbauer, dann doch alleiniger Intendant mit Bereichsdirektoren für Theater und Musik usw. Vieles spielte da mit. Die drohende schwarz-blaue Bundesregierung, die Angst vor der Alleinverantwortung, die Sorge vor einer „Anwesenheitspflicht" ohne Familie, gesundheitliche Probleme, zu wenig Zeit für andere Regiearbeiten usw. Aber er wollte auch nicht Nein sagen, und ich wollte unbedingt, dass er Ja sagt, weil ich überzeugt war, dass dieser kosmopolitische Theatermagier ein wichtiger Impulsgeber in und für Wien in der Welt sein würde.

Tagebucheintrag vom 6. September 1999
„Leicht chaotische Fortsetzung des gestrigen Gesprächs mit Luc anlässlich eines Mittagessens im Sacher. Plötzlich scheint wieder alles offen. Bondy spricht von Scholten als möglichem Intendanten, von Landesmann, mit dem könne er doch so gut, beim Baumbauer weiß er jetzt nicht mehr richtig, ob das vereinbar ist. Also eine eigentlich sehr irritierende und nicht angenehme Instabilität und Ambivalenz in dem, was er selber will. So ist auch der Umgang mit Menschen wie Luc Bondy kein einfacher, und es wird sicher die Zeit kommen, wo man da eine klare Sprache wird sprechen müssen. Derzeit denke ich mir, es ist gut, noch ein bisschen herumzuphantasieren, in den freien Raum hineinzudenken, zu plaudern, und ihm das Gefühl zu geben, dass man wirklich auch das Beste für ihn will. Das scheinen noch schwere Zeiten zu werden. Kurz nach dem zweieinhalbstündigen Mittagessen dann gleich wieder ein Handyanruf mit dem neuerlichen Vorschlag einer Doppelintendanz."

Die Geduld hat sich gelohnt. Nach einer Reihe weiterer Gespräche, langt ein Schreiben Luc Bondys ein:

„Lieber Peter! Ich habe über unsere Gespräche nachgedacht. Ich weiß, dass du meine Sprunghaftigkeit fürchtest (ich sie auch ...), doch wenn ich mich einmal zu einer Entscheidung durchgerungen habe, dann bleibt sie. Es müssen lebensverändernde Umstände kommen, um sie rückgängig zu machen.
Nun jetzt schriftlich, was ich denke: Ich möchte doch dein früheres Angebot zur Intendanz

annehmen, denn es wird schwer sein, den Chef zu finden, der mich frei walten lässt und der so stark ist, dass es ihm nichts ausmacht. Auf der anderen Seite möchte ich aber diese Festwochen wirklich prägen. Ohne akademisch zu werden, müssen diese Festwochen ein Ort sein, wo die größten Künstler dieser Zeit zusammentreffen und wir gleichzeitig auch Raum für Entdeckungen schaffen. … Ich glaube, durch meine Anwesenheit als Intendant kann ich viel bewegen.

Du darfst dieses Schreiben als offiziell verstehen und es grüßt dich dein Freund Luc Bondy."

Tagebucheintrag vom 30. November 1999
„Abendessen mit Luc Bondy, auch ein bisschen anekdotisch, weil beim Vincent vorgesehen, wir kommen dort an und wer sitzt noch in diesem an sich sehr noblen Restaurant an einem anderen Tisch? Brigitte Ederer.

Bondy findet, dass es hier zu kalt und nicht gut geheizt sei und möchte das Lokal wieder verlassen. Ich ahne, dass das zu falschen Interpretationen führen könnte und gehe daher mit ihm hinüber zu Frau Ederer und sage, dass wir da jetzt wieder weggehen, aber nicht ihretwegen, sondern weil es dem Herrn Bondy zu kalt ist und er Angst vor einer Lungenentzündung hat. Entspanntes Lächeln rundherum …

Im – klimatisch angenehmeren – „Novelli" erkläre ich Luc ziemlich deutlich, unter Bezugnahme auf seinen Brief, dass alles andere als seine Allein-Intendanz nur Notlösungen gewesen wären, dass ich mit seiner Entscheidung glücklich sei, ihm das zutraue und ihn vorbehaltlos unterstütze und es an der Zeit sei, mit konkreten Vertragsverhandlungen zu beginnen. Er sieht das jetzt genauso und morgen soll es losgehen.

Es sollten noch ziemlich schwierige Wochen werden. Immer wieder kamen neue Vorschläge von seinem Anwalt. Er selbst wünschte sich einen Passus im Vertrag, dass dieser mit mir persönlich abgeschlossen sei und er im Falle einer diesbezüglichen Veränderung das Recht der vorzeitigen Vertragsbeendigung habe. Was ich ihm ausrede mit dem Hinweis, dass er gewiss von eventuellen Nachfolgern genauso akzeptiert würde."

Der Zufall fügt es, dass ich im Tagebuch meines Vaters während seiner mühsamen Verhandlungen mit Karajan folgende Notiz fand: „Er (Karajan) sagt, eine weitere Bedingung ist, dass ich ausschließlich mit Ihnen arbeite. Ich müsste in meinen Vertrag bekommen, dass ich für den Fall, dass Sie durch Krankheit o. ä. Ihre Stellung nicht innehaben, ich ein Mitspracherecht bei Ihrem Nachfolger hätte."

Am 24. Jänner 2000 war es dann so weit: Der Geschäftsführervertrag wurde von uns unterschrieben. Wien wird ab 1. Juli 2001 einen neuen Festwochenintendanten haben. Mich freute das sehr, und es freute mich auch, dass es Luc Bondy so gefreut hat. Er war ganz glücklich, hat gelacht, hat angestoßen und für das Vertrauen gedankt. Das hat schon ein gutes Gefühl vermittelt. Jetzt werden wir das dann am Montag in einer Pressekonferenz präsentieren und dabei auch Hortensia Völckers und Klaus-Peter Kehr (beide werden ihre Karrieren erfolgreich in Deutschland fortsetzen) danken. Ich bin froh darüber, ich glaube, dass Luc Bondy mit seiner Familiengeschichte, mit seinem Können, mit seinen Erfolgen und seinem Gefühl fürs Theater jetzt gut nach Wien passt. Es hätte mir leidgetan, wenn jemand wie er etwa in Berlin oder Paris und nicht hier gewirkt hätte.

Mit Marie Zimmermann und Stefanie Carp als Schauspieldirektorinnen sowie Hans Landesmann und Stéphane Lissner als Musikdirektoren wird Luc Bondy als Intendant große Erfolge feiern und den Wiener Festwochen viel internationale Anerkennung verschaffen. Sein Vertrag wird von meinem Nachfolger Mailath-Pokorny mehrmals verlängert werden. 2013 wird Luc Bondy seine Tätigkeit als – am längsten amtierender – Intendant der Wiener Festwochen beenden. Er wird zunehmend mit seinen gesundheitlichen Problemen zu kämpfen haben und nur zwei Jahre später, viel zu früh, 67-jährig, am 28. November 2015, in Zürich sterben. In den weltweiten Nachrufen wird er als einer der großen Regisseure unserer Zeit gewürdigt werden, der als europäischer Kosmopolit letztendlich in Wien sein künstlerisches Lebenszentrum gefunden hat.

Theaterreform

Wenn die Statistiken innerhalb weniger Jahre einen Publikumsrückgang in den Wiener Theatern um mehr als 20 % ausweisen, dann darf man das schon als alarmierend bezeichnen. So geschehen Mitte der Neunzigerjahre, wobei ein gewisser Teil auch auf Renovierungsarbeiten (z. B. Ronacher) zurückzuführen war. Dennoch: Attraktives Theater kann gewiss nur von den Theatern selbst gemacht werden, aber, um ein Umfeld und Rahmenbedingungen zu schaffen, Interesse zu wecken, budgetäre Sicherheit zu geben etc., kann und muss die Kulturpolitik engagierte Partnerin sein. Nicht zuletzt auch deshalb, weil das Theater als Erlebniswelt sich zunehmend der Konkurrenz mit anderen Formen der Freizeitgestaltung zu stellen hatte. „Hey, Leute, Theater ist lustiger als im Internet zu surfen", reicht da leider als Ansage nicht.

Also konkret: Dreijahresverträge (Planungssicherheit) statt jährlicher Subventionsbittstellerei, Theaterdienstag, großflächige, originelle Werbe-(Plakat-)Aktion, medienwirksamer Wiener Theaterpreis. Wie so vieles, leichter gesagt als getan, weil es der Zustimmung des Koalitionspartners, der SPÖ also, und entsprechender Beschlüsse im Gemeinderat bedurfte.

Dreijahresverträge

Alle, die mit Planung zu tun haben, wissen, dass dafür eine gewisse Budgetsicherheit Voraussetzung ist. Mit den jährlichen Budgetzyklen war das aber nicht zu machen. Wie soll man für die nächsten Jahre planen, wenn man im November nicht weiß, ob bzw. wie viel finanzielle Zuwendung es im nächsten Jahr geben wird? Da die Theater (und auch andere Kultureinrichtungen) aber Verträge abschließen mussten, waren sie zumeist zur Aufnahme von Krediten gezwungen, verschuldeten sich also, in der hoffnungsvollen Annahme, dass ihre Subventionsanträge bewilligt würden. Das war logischerweise nicht immer und des Öfteren auch nicht in vollem Umfang der Fall. Da standen nun die Direktoren und Managerinnen und reichten regelmäßig ihre Entschuldungsanträge ein, stets mit der Angst vor fahrlässiger – möglicherweise sogar bewusster – Krida konfrontiert und im Bewusstsein existenzieller Abhängigkeit. Nein, das war kein guter Zustand. Theatermacher sollten vom Subventionsgeber nicht als Bittsteller, sondern als Vertragspartner betrachtet werden. Das ging nur auf dem Weg des Abschlusses von Verträgen, durch die Planungssicherheit ermöglicht wird. Klingt doch vernünftig – oder? Nicht, wenn es da jahrzehntelange Strukturen und Verweise auf die Budgethoheit des Gemeinderats gibt, die man zu respektieren habe. Würde das stimmen, könnte man ja auch keine sich über Jahre erstreckenden Bauvorhaben durchführen etc. Dennoch: „Njet" vom Finanzressort (dem mächtigsten Ressort der Stadt) und vom SPÖ-Klub (einstimmig, wie mir der SPÖ-Kultursprecher stolz berichtete). Also wohl chancenlos, oder doch nicht? In einer Koalition läuft notgedrungen alles ein wenig anders. Das sollte sich eigentlich schon herumgesprochen haben. Aber ich blieb zunächst ganz ruhig und suchte das Gespräch mit der Szene. 64 Theaterdirektoren waren es – die meisten nicht gerade ÖVP-affin –, die ich ins Café Bellaria einlud, um mit ihnen das Projekt zu besprechen. Wären die Damen und Herren also bereit, für den Fall, dass die SPÖ nicht einlenken würde, mit mir eine Pressekonferenz abzuhalten, um den Sachverhalt öffentlich darzustellen? Ja, waren sie, alle. Nun denn, auf zum Bürgermeister! Vieraugengespräch. Ein Montag. Für Freitag, 11 Uhr, hatte ich im Theater an der Wien einen Pressekonferenztermin reserviert, ohne Angabe des Themas. Und das teilte ich dem Herrn Bürgermeister auf die Frage, was ich denn zu tun gedenke, wenn die SPÖ bei ihrem Veto bleibt, mit. Und alle Wiener Theaterdirektoren würden mitmachen. Fairerweise, so meinte ich, wollte ich ihn das rechtzeitig wissen lassen. Doublecheck durch sein Sekretariat, dass PK-Termin reserviert war und danach – schon mit einem gewissen Lächeln um die Lippen – Telefonat mit Dieter Haspel vom Theater am Petersplatz. Ziemlich wörtlich: „Sag, stimmt es, dass Ihr mit dem Klassenfeind Marboe eine gemeinsame Pressekonferenz gegen uns machen wollt?" Haspel (offensichtlich mit Häupl gut befreundet) auch ziemlich wörtlich: „Hearst, Oida, wenn das net kommt, dann kann man Euch nimmer helfen. Natürlich stehn wir alle am Freitag dort im Theater an der Wien und werden Euch beschimpfen, was Ihr für eine kulturelle Sumperpartei geworden seids ..." Okay. Also Vorschlag: Innerhalb von drei Tagen werde ich von ihm hören. Bis dahin mediale Ruhe. Einverstanden. Anruf schon am nächsten Tag: SPÖ wird zustimmen, auch zu den anderen Reformpunkten, sofern kein Zusatzbudget erforderlich ist. Absage des PK-Termins. Vorschlag meinerseits: Gemeinsame Pressekonferenz nach Beschluss durch den Gemeinderat. Ist ja immerhin eine ziemlich grundsätzliche Veränderung in Wien. Freudige Zustimmung. Und viel Lob aus der Szene und von den Medien. Ich denke, so sollte Koalition funktionieren. In einem Klima des Grundvertrauens und nicht in einem dauernden Hick-Hack und medial transportierter Friktion.

Gegencheck:
In Michael Häupls Autobiografie „Freundschaft" ist zum Thema „Dreijahresverträge" auf Seite 92 Folgendes zu lesen:
„Manchmal stimmte ich mit meinem Koalitionspartner mehr überein als mit der eigenen Partei, etwa in der Frage der Dreijahresverträge für Kulturschaffende, die Peter Marboe einführen wollte. Zu Recht, wie ich meinte, weil ich wusste, dass selbst die Kulturverträge unseres Donauinselfestes drei Jahre im Voraus gemacht werden, sonst kriegt man keine Leute. Meine damalige Finanzstadträtin Brigitte Ederer war strikt dagegen. Sie legte Wert darauf, dass die Verträge jedes Jahr von Neuem verhandelt werden. Ich musste also meine Meinung gegenüber meiner eigenen Partei und meiner Finanzstadträtin durchsetzen, was eigentlich nur mit dem Appell an die Loyalität ging."

„Leider sehr gescheit"

Dass Michael Häupl die schmerzliche Wahlniederlage ziemlich pragmatisch hinnahm und alles tat, damit die Koalition mit der ÖVP erfolgreich verläuft, unterschied ihn von vielen seiner Parteigenossinnen, die immer noch die langjährige, absolute Mehrheit im Kopf hatten.
„Das ist halt leider sehr gescheit", war jener – nach argumentativen Gesprächen – gern gehörte Satz, mit dem er kundtat, dass er sich seine eigene Meinung gebildet hatte und bereit war, davon auch das Finanzressort und seine Freunde im SPÖ-Klub zu überzeugen ... Für die nach dem Erfolgsjahrzehnt des populären Helmut Zilk verunsicherte SPÖ war die Wahl Häupls jedenfalls ein Glücksfall. Handschlagqualität, Format und wechselseitiger Respekt waren die Grundlagen des guten Funktionierens der Koalition mit der ÖVP.
Mit mehr als 23 Jahren „im Amt" wird Michael Häupl einen Rekord als demokratisch gewählter Bürgermeister aufstellen. Und wieder wird die Nachfolgesorge groß sein. Aber die „rote Glückssträhne" scheint sich nach Häupls Rücktritt 2018 mit der Wahl seines weltoffenen, jovialen Nachfolgers Michael Ludwig, der vor allem mit seinem besonnenen Corona-Krisen-Management punkten und breite Akzeptanz

finden wird, fortzusetzen. Dass er mit der Ernennung Veronica Kaup-Haslers zur Kulturstadträtin eine ebenso mutige wie geglückte Entscheidung getroffen hat, soll hier nicht unerwähnt bleiben.

Auf Augenhöhe

Der eigentliche Grund für die anfängliche Ablehnung der Dreijahresverträge durch die Finanz und den SPÖ-Klub war aber auch – ähnlich wie bei der Einführung der vierjährigen Politikerklauseln - ein ideologischer. Der freiwillige Machtverzicht wird von vielen in der SPÖ immer noch als unpolitisch und naiv angesehen. Ob mir bewusst sei, dass ich jetzt nicht mehr jedes Jahr die Schrauben zudrehen könne, wurde ich gefragt. „Hmm, ja, genau …!" So viel Einfluss wie nötig, nicht wie möglich …

Und einen nicht zu unterschätzenden Nebeneffekt hatten solche Entscheidungen auch. „Meine" Beamten, also jene der (damals) vier Kulturabteilungen, waren es gewohnt, dass immer, wenn es um Geld ging, das Finanzressort das letzte Wort hatte. In einer Alleinregierung kann man da nicht einfach zum Bürgermeister „jammern" gehen. Von „Augenhöhe" war da nicht viel zu spüren. Plötzlich war das anders. Erhobenen Hauptes sagten meine Abteilungsleiter, die ja die inhaltliche Vorarbeit zu leisten hatten, zu ihren Kollegen in der Finanz: „Nun ja, mal schauen, wie es weitergeht." Meistens behielten sie recht, weil eine Koalitionsregierung eben andere Spielregeln hat. In vielen Fällen hatten nunmehr sie das letzte Wort. Das half atmosphärisch und stärkte den Zusammenhalt, über Parteigrenzen hinweg.

Apropos Dreijahresverträge, Theater in der Josefstadt:

Ja, was ist denn da los? Die Josefstadt will nicht unterschreiben, als einziges Theater. Der Grund dafür ist bald klar: Eine Überschuldung, die über jenes Maß hinausgeht, das bisher im „System" üblich und mit einer jährlichen Entschuldung verbunden war. Rund 100 Millionen Schilling (etwas mehr als sieben Millionen Euro) Schulden hatte die Josefstadt in den letzten Jahren angehäuft. Jetzt den Vertrag zu unterschreiben, hieße, die Schulden nicht abtragen zu können bzw. sofort, um strafrechtlichen Folgen zu entgehen, die bevorstehende Zahlungsunfähigkeit gerichtlich anmelden zu müssen. Der Finanz kann man keinen Vorwurf daraus machen, dass sie dem Konkurs des Theaters zunächst einmal offen gegenüberstand. Da ging es ja tatsächlich um viel Geld: Was man sich da an Kosten ersparen würde, allein die Bankschulden und die teuren Zusatzpensionen…Aber den Bürgermeister und mich schauderte es bei dem Gedanken. „Also unter einem Häupl und einem Marboe wird doch die Josefstadt nicht in Konkurs gehen …", meinte er entschlossen. Ich sagte die Erarbeitung eines Sanierungskonzepts zu. Je 30 Millionen sollten von der Stadt, vom Bund (Morak würde einer Umwidmung der für die Renovierung vorgesehenen Mittel zustimmen) und der Josefstadt selbst durch Einsparungen kommen. Die verbleibenden zehn Millionen würden durch die Abgabe des Rabenhofs aufgebracht werden. Um Mitternacht im Österreichischen Hof in Salzburg unterschrieben Morak, Lohner (der wegen des Rabenhofs mit den Tränen kämpfte) und ich die Vereinbarung. Das Theater in der Josefstadt war gerettet, der Dreijahresvertrag wurde unterschrieben. Robert Jungbluth, der sich als kaufmännischer Direktor einfach auf das langjährig bewährte System der Entschuldung verlassen hatte, konnte entspannt seine Pension genießen, Schenk und Lohner unbeeinträchtigt die Früchte ihrer Erfolgszeit als künstlerische Leiter des Hauses ernten. Nicht zuletzt wegen der konsequenten und umsichtigen internen Umsetzung der Vereinbarung durch den neuen kaufmännischen Direktor Alexander Götz unter Mitwirkung aller Mitglieder des Theaters wird die Josefstadt Schritt für Schritt aus dem Konkursgerede herausfinden und wieder – bei Publikum und Medien – im künstlerischen Gespräch sein.

Nach einem denkwürdigen Gerangel zwischen Morak und Mailath-Pokorny um die Nachfolge Lohners werden nicht Karlheinz Hackl, Heribert Sasse oder Hermann Beil zum Zug kommen, sondern – als Kompromisskandidat – der leidenschaftliche, aber schon von seiner schweren Krankheit gezeichnete Hans Gratzer. Schließlich wird – ab 2006 – Herbert Föttinger in der langen Tradition erfolgreicher Direktoren von Max Reinhardt, Otto Preminger, Ernst Lothar über Ernst Haeusserman, Franz Stoß, Heinrich Kraus bis zu Otto Schenk und Helmuth Lohner durch eine innovative und mutige, von einem hervorragenden Ensemble getragene Spielplangestaltung dem Theater in der Josefstadt seinen Platz als eine der führenden Bühnen im deutschsprachigen Raum sichern.

Aus dem Rabenhof wird – nach anfänglichem, parteipolitisch motiviertem Wirrwarr mit Karl Welunschek als Kurzzeit-Intendanten – unter Thomas Gratzer, seinem Chefdramaturgen Roman Freigaßner-Hauser und einem extrem motivierten Team eine höchst erfolgreiche „Vorstadtbühne" im besten Sinn des Wortes werden. Die unterschiedlichen seinerzeitigen Wortmeldungen im Gemeinderat zum Thema sollten sich unsere Kabarettistinnen und Kabarettisten einmal näher anschauen. Könnte ein durchaus unterhaltsamer, erquicklicher Theaterabend werden.

Apropos Finanz:

Während es Bernhard Görg eindrucksvoll gelang, mit der Finanz ein produktives Arbeitsverhältnis herzustellen spürte ich – zum Teil vermutlich aus den schon erwähnten Gründen – immer einen – manchmal leichteren, manchmal stärkeren – Gegenwind. Das hatte, denke ich, neben rein budgetären Überlegungen auch mit dem für viele Sozialdemokratinnen besonders schmerzlichen Verlust des Kulturressorts zu tun. Es ist ja eine Binsenweisheit, dass Finanzpolitik immer auch mit Gesellschafts- und somit Kulturpolitik zu tun hat. Dass also im weiteren Sinn jede budgetäre Maßnahme (oder Nicht-Maßnahme) im Kulturbereich immer auch eine kulturpolitische Dimension hat. (Siehe Dreijahresverträge, Neue Säle im Musikverein, Sanierung des Konzerthauses und des Theaters in der Josefstadt, Neubau des Archivs, Filmfonds-Reform etc.). Und da gelten nun einmal in einer Koalitionsregierung andere Spielregeln, die von allen Seiten zu respektieren sind, was offensichtlich – nach Jahrzehnten des alleinigen Regierens – insbesondere auch dem SPÖ-Klub nicht immer leichtfiel.

Tagebucheintrag vom 28. April 2000
„Mittagessen mit André Heller, der sich immer mehr, auch emotional, als Freund und Förderer entpuppt und mit dem ich ein offenes, überwiegend politisches Gespräch führe. Er erzählt mir auch, dass die Gitti Ederer eigentlich gar nichts gegen mich habe, auch wenn dieser Anschein bisweilen erweckt würde, aber eben enttäuscht sei, dass sie immer wieder Dinge tun muss, die ich mit dem Bürgermeister bespreche. Da ist auch etwas dran – sozusagen ein natürliches koalitionäres Spannungsverhältnis – aber ich muss eben abwägen zwischen nettem Klima oder etwas weiterbringen, wenn es um unterschiedliche Vorstellungen geht. Ein „Nein" der Finanz (zumeist in „unheiliger Allianz" mit dem SPÖ-Kultursprecher) – wie etwa bei den Dreijahresverträgen, Theaterdienstag, „Nestroy" oder auch dem wichtigen Projekt der vier neuen Säle im Musikverein – kann da nicht das letzte Wort sein. Also bleibt nichts anderes übrig als mich auf die Suche nach Alternativen zu machen. Einen Privatsponsor zu finden (wie etwa die Erste Bank beim Nestroy) oder mit dem Bürgermeister nach tragfähigen Lösungen zu suchen. Nicht zuletzt auch, um öffentlichen Zwist und mediale Attacken, was in einer Koalition immer fragwürdig ist, zu vermeiden. Das hängt freilich auch mit dem Umstand zusammen, dass er die Macht hat, seine Zusagen in den Gremien bzw. gegenüber der Finanz durchzusetzen. Aber das spielt sich doch alles im beruflichen Bereich ab. Mit persönlicher Antipathie sollte das nichts zu tun haben. Wofür der Nachweis leicht erbracht werden kann, weil aus den beruflichen Beziehungen zu Brigitte Ederers Vorgänger, Rudolf Edlinger, und ihrem Nachfolger Sepp Rieder über Parteigrenzen hinweg sympathische Freundschaften wurden."

Theaterdienstag

Im Unterschied zum New Yorker Broadway (woher die Idee stammt) sollte es nicht Theaterkarten um den halben Preis nach Mittag desselben Tages geben, sondern jeden Dienstag, ab 15 Uhr, in allen Theatern zwei Karten um den Preis von einer. Die Idee war ja weniger Kostenverringerung von Einzelkarten, sondern vielmehr, ein zusätzliche Publikum zu gewinnen. Für die einzelnen Theater war das insofern risikolos, als sie ja Dienstag, ab 15 Uhr, nach eigenem Ermessen nur jene Karten anboten, die im Vorverkauf oder an der Abendkasse nicht mehr verkauft wor-

Abb. 29 Bürgermeister Michael Häupl und Stadtrat Peter Marboe bei der Präsentation des „Theaterdienstag"
Foto: Presse- und Informationsdienst der Stadt Wien

den wären. Die APA (Austria Presse Agentur) meldete am 10. März 1999, dass bereits am ersten Theaterdienstag allein in der Josefstadt 158 und im Volkstheater 60 Anfragen einlangten. Auch in den kleineren Theatern schien es gut zu laufen. Insgesamt entschieden sich laut einer Umfrage 50.000 Menschen wegen des Theaterdienstags zu einem Theaterbesuch. Im Lauf der Zeit war das Projekt ein wenig in Vergessenheit geraten. Aber Schmunzeln musste ich schon, als ich im Theater in der Josefstadt fünfzehn Jahre später zwei Karten kaufen wollte und die Dame an der Kassa meinte: „Da haben Sie Glück, heute ist Dienstag und da bekommen Sie für den Preis einer Karte zwei." Wäre schon schön, wenn sich der Theaterdienstag wieder herumsprechen würde.

Apropos Schmunzeln:

Das musste ich auch, als sich Claus Peymann (als Direktor eines Bundestheaters gar nicht betroffen), als einziger gegen den von sämtlichen Wiener Theatern begrüßten und unterstützten „Theaterdienstag" (zu dem er mir kurz zuvor noch brieflich gratuliert hatte) wandte. Woher der plötzliche Sinneswandel? Wollte er, wenige Tage vor seinem Abschied aus Wien, einfach noch einmal auffallen? Gegen den Strom schwimmen? War er bisher zu „nachsichtig" mit mir? Wollte er da etwas nachholen? Selbst sein loyaler Mitarbeiter Hermann Beil rätselte und hatte keine Erklärung. War es, auch wenn etwas vernünftig und willkommen war, einfach nicht in seiner DNA, mit den „Vielen" (im konkreten Fall allen Wiener Theaterdirektoren) auf einer Seite zu sein? Wie auch immer, unter dem Titel „Peter Marboes Theaterwitz" schoss er im „Profil" Nr. 20 vom 17. Mai 1999) aus allen Rohren gegen den Theaterdienstag, mit falschen Zahlen, mit Unterstellungen (vor allem auch gegen die Theaterleiter), schrieb von „Verhohnepipelung des Theaters", „ungeheuerlichen Summen", „PR-Gag", „Narretei" etc. Wörtlich (auszugsweise): „Das ist ein Wahnsinn, eine vollkommene Absurdität. Ich bin stolz darauf, dass ich mich als einziger Theaterdirektor in Wien auf diese PR-Veranstaltung des Herrn Marboe nicht eingelassen habe. Anders, als alle anderen Direktoren, die erst auch total gegen diese Idee waren, aber jetzt – aus Opportunismus oder aus Furcht? – mitmachen, weil sie alle irgendwie abhängig sind vom Wohlwollen und vom Geldbeutel der Kulturverwaltung." Und weiter: „Jeder weiß, dass das ein Unsinn ist, aber keiner in dieser Stadt spricht es aus. Da darf ein Kulturdezernent das Geld in den Schornstein blasen. In dieser Stadt wird das aber geduldig hingenommen, nur weil es von oben kommt, weil es der Kulturstadtrat so wollte. Dem muss man das Handwerk legen! Das muss auf der Stelle abgestellt und das Geld anderswo verwendet werden." Und so weiter. Nun denn, der leidenschaftliche Übertreibungsformulierer Claus Peymann „at his best".

Man hätte es auch einfach so vorbeigehen lassen können. Aber der Einladung von Profil zu einer „Gegendarstellung" konnte ich dann doch nicht widerstehen. Ein dem scheidenden Direktor gewidmeter Essay sollte es werden, zwar mit Klar- und Richtigstellungen, aber doch auch mit einem gewissen Schmunzeln im Ton, wie das ja von Claus Peymann selbst so meisterlich zelebriert wird. Man muss nur ein wenig genauer hinsehen, um das spitzbübische Lächeln im Gesicht Peymanns zu entdecken, wenn er die wütenden, oft auch nur hilflosen Reaktionen seines attackierten Gegenübers registriert.

„Einer gegen alle – oder: Warum Claus Peymann sich am Theaterdienstag keine Hose kauft und nicht mit mir essen geht. Eine Erwiderung." (Profil 21, 22. Mai 1999, auszugsweise):

„Schon im Wilden Westen gab es sie, die komisch-traurige Figur des alternden Sheriffs, der auf seinem Lieblingspferd die Stadt seines langjährigen Wirkens verlässt, weil er die neue Zeit – oder, wie er meint, sie ihn – nicht versteht. Einsam trottet er hinaus, um in einer anderen Stadt seine Dienste anzubieten. Da aber, genauso plötzlich wie langsam, dreht er sich noch einmal um. Seine unsicher gewordene Hand tastet nach dem Kolben seines sonst so treffsicheren Trommelrevolvers.

Irgendwie will er zielen, aber die Bilder verschwimmen vor seinen Augen. So ballert er einfach los – nach links, nach rechts, nach vorne, nach hinten und in die Luft: Zumindest hören sollen sie ihn da drinnen noch. Er drückt auch noch ab, als es schon ein paarmal ‚klick' macht, weil die Kugeln verschossen sind. Dann reitet er los, der untergehenden Sonne entgegen.

Armer Claus Peymann. Warum sagt er nicht schlicht und einfach: ‚Herr Marboe, liebe Kolleginnen und Kollegen, ich habe mich geirrt. Ich hätte nie gedacht – am 21. Jänner 1999 habe ich Ihnen das ja auch geschrieben –, dass so viele Menschen zusätzlich für das Theater begeistert werden können.' Er bringt es nicht über sich. ‚Ich wünsche Ihrer Aktion nur das Beste', heißt es in seinem Brief. Jetzt, wo sein Wunsch in Erfüllung gegangen ist, ist er sauer.

Dabei hätte gerade dem Burgtheater der Theaterdienstag gutgetan. Dann wären Aufführungen wie ‚Tosca!' oder ‚Krähwinkelfreiheit' nicht halbleer, und die Besucherzahlen könnten sich mit jenen anderer Theater messen. Und neue Gesichter würde man sehen. Sein Nachfolger Bachler hat das verstanden und für das Burgtheater eine rasche Beteiligung an dieser Aktion zugesagt. […] Während sich zahlreiche Städte nach dem Modell der bei uns eingeführten ‚3-Jahres-Verträge' und des Theaterdienstags erkundigen, bereitet der vereinsamte Theater-Sheriff Claus Peymann grollend seinen Auszug aus der Stadt vor. Schade. Aber es würde mich im Licht seiner oft auch erquicklichen Widersprüchlichkeit nicht wundern, wenn er, in der nächsten Stadt angekommen, die rasche Einführung eines Theaterdienstags fordern würde."

Ich habe Claus Peyman stets als engagierten Kämpfer gegen die Fadesse im Theater, als künstlerischen Aufwiegler aber auch für seinen bedingungslosen Einsatz in Sachen „Aufarbeitung" (Stichwort „Heldenplatz") und zeitgenössische Autoren respektiert. Freilich auch, wenn es um missglückte Produktionen und den Nicht-Einsatz bewährter Burgschauspieler (Fritz Muliar, Erika Pluhar) ging, kritisiert. Und tue beides immer noch. Vielleicht wollte er sich ja auch nur eben auf seine Art und Weise die mit der Übersiedlung von Wien nach Berlin verbundene Wehmut von der Seele schreiben.

Plakataktion

Mit einer ziemlich originellen Werbeaktion sollten der Theaterdienstag und die damit verbundene Idee, wieder öfters ins Theater zu gehen, beworben werden. Sozusagen: „Hey, am Dienstagabend frei? Lust auf ein Theatererlebnis? Zwei Karten für den Preis von einer!" Aus praktisch allen Theatern kamen positive Rückmeldungen. Das war nicht nur materiell, sondern auch ideell erfreulich. Nicht zuletzt, weil ich das Theater immer auch als Kampfansage gegen die Beliebigkeit der „Eventkultur" (ein Widerspruch in sich) verstanden habe. Von einem „Event" geht man im besten Fall unbeschädigt nach Hause, von einem Theaterabend, selbst wenn nicht alles stimmt, ein wenig reicher, nachdenklicher. Bei einem Gespräch dazu mit Peter Turrini im Treffpunkt Kultur, in dem es wieder einmal um die Frage der Quote als Erfolgsmaßstab ging, war klar, dass Theater immer auch Experiment und Risiko bedeuten muss. Keine „Quotenneurose" also, aber auch kein Abfinden mit leeren Häusern. Max Reinhardt hat betont, dass ein Theaterabend dann als geglückt zu bezeichnen ist, wenn der Brückenschlag zwischen dem Ensemble auf der Bühne und dem Ensemble im Zuschauerraum gelingt. (Deshalb war er übrigens auch bereit, als Direktor des Theaters in der Josefstadt einen Teil seiner Gage von der Zahl der verkauften Karten abhängig zu machen). Und am Schluss der Sendung meinte Turrini ganz spontan, dass ein volles Theater für einen Autor schon etwas besonders Schönes sei.

Wiener Theaterpreis

Der (erste) Wiener Theaterpreis sollte laut Konzept das vierte Standbein der Theaterreform sein. Wie oft hatte ich die ehrwürdige Kainz-Medaille vor einem Insider-Publikum ohne mediales Echo übergeben und mich dabei gefragt, wie man mit einer solchen Auszeichnung auch ein größeres Publikum unter Einbeziehung des Fernsehens erreichen könnte. Als Name hatte ich „Nestroy" vorgeschlagen, weil er mir am umfassendsten unsere Zielsetzung zu repräsentieren schien. Weiter waren wir mit der Konkretisierung noch nicht gekommen. Da fügte es sich gut, dass Karin Kathrein und Werner Urbanek einen Termin bei mir hatten, um „über ein wichtiges Projekt" zu sprechen. Nach dem Vorbild des „Molière" in Frankreich schlugen sie einen österreichischen Theaterpreis vor. Gutes Timing, dachte ich mir. Es könnte allerdings, zuständigkeitshalber, nur ein Wiener Theaterpreis sein. Ich erzählte den beiden, dass wir diesbezüglich schon Vorstellungen – ja sogar schon einen Namensvorschlag – im Zusammenhang mit der Theaterreform hätten, mir ihre Ideen aber willkommen seien, insbesondere, was die Durchführung betreffe. Und so begann ein fruchtbarer Dialog. Es sollte – unter Einbeziehung des Romy-erprobten Rudolf John – ein Verein zur Abwicklung gegründet, der Preis von einer aus Theaterkritikern gebildeten Jury vergeben werden etc. Letzteres lehnte ich als zu eng und subjektiv ab. Wie vermutlich allen, die mit solchen Projekten befasst sind, schwebten mir die Oscars vor, also Nominierungen durch eine Fachjury und danach Entscheidung durch eine Akademie. So kam es dann auch. Worüber sich die beiden (diesbezüglich etwas naiven) Profis keine Gedanken gemacht hatten, war das Fernsehen (das dabei unbedingt Partner sein müsste) sowie die Finanzierung. Eine solche wurde vom Koalitionspartner strikt abgelehnt.

Was jetzt passierte, kann man getrost als ungewöhnlich und höchst erfreulich bezeichnen. Kathrin Zechner, Programmintendantin des ORF, war begeistert und sagte jede Unterstützung zu. Gemeinsam gingen wir zu Generalintendant Gerhard Weis. Zechners Begeisterung war ansteckend und ich verließ den Küniglberg mit der Zusage – nach Klärung einiger noch offener Vorfragen – einer Direktübertragung durch den ORF. Mit dieser Aussicht in der Tasche vereinbarte ich ein Gespräch mit Andreas Treichl von der Erste Bank. Mir war wichtig, einen Einzelsponsor zu finden und zu meiner Freude sah das Treichl genauso. Um sechs Millionen Schilling (430.000 Euro) ging es. Wenige Tage später kam grünes Licht: Exklusivsponsoring des „Nestroy", des „Ersten Wiener Theaterpreises", durch die Erste Bank auf Basis der genannten Summe war in Ordnung und wurde danach vertraglich festgeschrieben. Ein großer, prestigeträchtiger Theaterpreis ohne Steuergeld!

Karin Kathrein und Werner Urbanek waren überglücklich, akzeptierten endgültig, nachdem auch noch kurz „Raimund", „Schnitzler" und „Grillparzer" als Namensgeber herumgeschwirrt waren, den Vorschlag „Nestroy" und machten sich an die Arbeit (Verein, Jury, Auswahl der Mitwirkenden, Drehbuch etc.). Mit Peter Simonischek wurde ein idealer Moderator gefunden, der wesentlichen Anteil am großen Erfolg der ersten „Nestroy"-Verleihung im Jahr 2000 hatte. Alles war gut und die Reaktionen rundherum zwischen positiv und euphorisch. Nur der Kultursprecher der SPÖ grübelte weiter und prophezeite dem „Nestroy" kein langes Leben. Womit er fast Recht behalten sollte. Und das kam so: Beim dritten „Nestroy" am 12. Oktober 2002 im Theater an der Wien griff André Heller in seiner Laudatio für Claus Peymann („Nestroy" fürs Lebenswerk) in einem „Märchen" Bundeskanzler Schüssel und die schwarz-blaue Bundesregierung frontal an. Und danach fügte die Moderatorin, Andrea Eckert, noch hinzu: „… Mir fällt noch ein, am 24. November sind Wahlen. Bitte sorgen wir dafür, dass dieses wichtige Ereignis nicht wieder in einer Schmierenkomödie endet." Das schlug natürlich Wellen. Dass der Bundeskanzler im Unterschied zur inzwischen in Wien amtierenden sozialdemokratischen Alleinregierung nicht erfreut war, kann man sich vorstellen. Auch der „Erste Bank", Hauptsponsorin des „Nestroy", war nicht wohl zumute, als einige (Groß-)Kunden drohten, ihre Konten abzuziehen. Also musste die Notbremse gezogen und der Sponsorenvertrag beendet werden. Wie weitermachen? Den mit dem Namen „Marboe" unweigerlich verbundenen, aber in der Szene inzwischen heiß begehrten „Nestroy" sterben lassen und das Projekt für gescheitert erachten? Die Schuld dafür André Heller und Andrea Eckert zuschieben? Oder doch in den sauren Apfel beißen und nach einem neuen Sponsor Ausschau halten? Ein echtes Dilemma, vor allem für meinen Nachfolger und die Wiener SPÖ, wie sich bald herumsprach. Und für die tapferen und erfolgreichen Organisatoren, insbesondere für Karin Kathrein und Werner Urbanek eine enorme Belastung, die sie aber bravourös meisterten, indem sie beim Bund und in der Stadt heftig Überzeugungsarbeit fürs Weitermachen leisteten. Ein Hauptsponsor wollte sich aber nach den gemachten Erfahrungen weder von den beiden noch von der Stadt finden lassen. Also doch Steuergeld. Unterstützung aus dem Budget, verbunden mit der Zusage eines Auftritts während der Gala (den ich bewusst abgelehnt hatte). Aber der „Nestroy" war gerettet. Er wird seine Erfolgsgeschichte als einer der begehrtesten Theaterpreise im deutschsprachigen Raum fortsetzen und – von allen weiteren Stadtregierungen außer Streit gestellt – Ausdruck des Dankes an alle Theatermacher sein, die Jahr für Jahr dafür Sorge tragen, dass Wien von sich ohne schlechtes Gewissen als eine der bedeutendsten Theaterstädte sprechen darf.

Gedanken im Sarg

Wann sind Sie, geschätzte Leserinnen und Leser, das letzte Mal in einem Sarg gelegen? Ist ja auch irgendwie ungewöhnlich, oder? Im Rahmen des von Martina Winkel und Airan Berg gegründeten „Theaters ohne Grenzen" war das möglich. „Embryo – Trilogie der Sinne" hieß die Veranstaltung im WUK, in der man, sozusagen Schritt für Schritt auf unsicherem Terrain dem eigenen Tod entgegengehen konnte. Wer wollte, konnte sich am Ende in einen dunklen Sarg legen, dessen Deckel langsam geschlossen wurde. Ein Alptraum, wohl nichts für klaustrophobische Menschen, normalerweise. Aber im Theater eine überraschende Form der Selbsterfahrung…

Die vier neuen Säle im Musikverein

Was für eine kühne Idee des erfolgreichen Langzeit-Intendanten Thomas Angyan. Von Geniestreich zu reden, ist keine Übertreibung. Die Gunst der Stunde im Zusammenhang mit den Bauarbeiten für eine neue Wendeanlage in der U-Bahn-Station Karlsplatz erkennend, schlug er die Einrichtung unterirdischer Räumlichkeiten vor, um den seit Jahren angestiegenen Raumbedarf abzudecken. Das größte Bauvorhaben in der Geschichte des Musikvereins und Vision pur. Der geniale Architekt Wilhelm Holzbauer und sein Partner Dieter Irresberger liefen zur Höchstform auf. Vier Säle unterschiedlicher Größe sollten es letztendlich - nach entsprechendem Engagement weiterer Sponsoren - werden, mit vielfältigen Nutzungs-, Probe- und Programmiermöglichkeiten. Ein Riesensprung in eine neue künstlerische Dimension dieses wunderbaren Hauses, dieser „Trutzburg" gegen Beliebigkeit und Belanglosigkeit, mit dem weltweit einzigartigen „Goldenen (oft auch nur ‚Großen') Saal" und dessen unverwechselbarer Akustik.

Was für eine Gelegenheit für die Wiener Kulturpolitik zu zeigen, dass sie es mit dem oft verwendeten Begriff „Musikstadt Wien" ernst meint, wie auch schon ein paar Jahre vorher bei der Sanierung des Wiener Konzerthauses. Die Finanzierung der veranschlagten 15 Millionen Euro sollte mittels eines PPP-(Public-Private-Partnership)-Modells ermöglicht werden: Ein Drittel Musikverein, ein Drittel der Bund, ein Drittel die Stadt Wien. Also jeweils fünf Millionen Euro. Für den Bund und die Stadt Wien blieb es dabei auch nach Ausweitung des Projekts, weil für die

Mehrkosten Sponsoren gefunden werden konnten. Von den nunmehr insgesamt 30 Millionen sollten also letztendlich zwei Drittel vom Musikverein und ein Drittel gemeinsam von Bund und Stadt Wien aufgebracht werden. Bundeskanzler Schüssel hatte die Unterstützung seitens des Bundes von einer Zusage Wiens in gleicher Höhe abhängig gemacht. Die Übung musste einfach gelingen, weil eine solche Chance nicht so bald wieder kommen würde. Eine funktionierende Koalition kann in solchen Fällen nur als segensreich bezeichnet werden. Galt es doch einmal mehr, die reflexartige Ablehnung eines erforderlichen Zusatzbudgets durch das Finanzressort nicht als endgültige Entscheidung zu akzeptieren. Diese war in Briefform Generalsekretär Angyan mitgeteilt worden. Das Projekt sei, so das Schreiben, für die Stadt nicht interessant, mit einer Unterstützung daher nicht zu rechnen. Jetzt war Feuer am Dach, wie man so schön sagt, und die Unruhe im Musikverein (und bei mir) war dementsprechend groß: Ein Nein der Stadt Wien würde das Ende dieses Jahrhundertprojekts bedeuten, weil dann auch der Bund nicht mitziehen würde und die Gesellschaft der Musikfreunde das allein nicht schaffen könnte. Also: Koalitionsmechanismen, Vieraugengespräche mit Bürgermeister Häupl, geglückte Überzeugungsarbeit, Zustimmung, Vereinbarung, Termin beim Bürgermeister mit Finanzstadträtin Ederer, Präsident Haschek, Intendant Angyan und mir. Zusage sowie Mitteilung an Bund, dass Wien Partnerin bei diesem ambitionierten und für die Kultur- und Musikstadt Wien so bedeutsamen Bauprojekt sein wird. 2004 werden die vier neuen Säle – Gläserner, Metallener, Steinerner, Hölzerner – eröffnet werden. Immer weniger Menschen werden sich im Lauf der Jahre fragen, wie das denn eigentlich im Musikverein vorher war.

2020 wird Thomas Angyan nach mehr als 32 erfolgreichen Jahren – all die Zeit begleitet und unterstützt von seiner Frau Evi, die zwanzig Jahre lang, von 1990 bis 2010, auch Ballpräsidentin des Philharmonikerballs war – seinen Intendantenvertrag nicht mehr verlängern. Er wird ein geordnetes Haus übergeben. Stephan Pauly wird am 1. Juli 2020 seine Nachfolge antreten. Mit Renate Futterknecht wird es erstmals eine kaufmännische Direktorin geben.

Gutes Timing – Tanzquartier, ZOOM und Dschungel Wien

Zu den erfreulichen „Joint Ventures", also gemeinsamen Unterfangen zwischen Stadt Wien und dem Bund zählt das MuseumsQuartier. Auch so eine anfangs heftig umstrittene Erfolgsgeschichte. Kunsthalle und Architekturzentrum – neben dem Leopold Museum und dem Museum Moderner Kunst Stiftung Ludwig (MUMOK) – standen schon fest. Zufällig hatte ich vor dem ersten Begehungstermin ein langes Gespräch mit der heimatlosen Tanzszene, die bisher vergeblich ein Tanzhaus, also eine zentrale Begegnungsstätte, eingefordert hatte. Da stand ich nun in der großen Halle E und fragte so nebenbei, ob man nicht darunter eine kleinere Halle

Abb. 30 Vizebürgermeister Bernhard Görg, Dietmar Steiner (Gründungsdirektor des Architekturzentrums) und Stadtrat Peter Marboe im Jahr 1997
Foto: Votava/Presse- und Informationsdienst der Stadt Wien

für den Tanz vorsehen könne. Und wurde – ein wenig zu meiner eigenen Überraschung – ernst genommen. Noch sei das machbar, erklärte man mir, wenn es einen entsprechenden Auftrag gäbe. Für Studios und Verwaltung stünden Räumlichkeiten (gegenüber vom Leopold Museum) zur Verfügung. Wahnsinn. Schnell ein Termin mit der Szene. Große, begeisterte Zustimmung. Auftrag an die Bauherren. Neben der Halle E wird es also eine von der Dimension her für den Tanz bestens geeignete Halle G geben. Und Proberäume und Platz für die Verwaltung. Und alles mitten im Zentrum der Stadt und nicht – wie zwischendurch angedacht – in der „Remise" oder überhaupt auf der transdanubischen „Platte". Die Begeisterung war groß und hielt auch an, nachdem sich einige gegen meinen Vorschlag einer unabhängigen Intendanz ausgesprochen hatten. Überwiegend wollte sich die Szene dort „einmieten" können, ähnlich wie die Freien Gruppen im „dietheater", aber das hätte in meinen Augen unweigerlich zu einer Absenkung des künstlerischen Niveaus geführt. Ohne künstlerische Endverantwortung geht so etwas nicht. Und natürlich muss ein solches Haus dabei auch international ausgerichtet sein. So wurde auf Grund einer Ausschreibung Sigrid Gareis als erste Intendantin bestellt, die mit viel Erfolg und kluger Programmierung - mit der kaufmännischen Geschäftsführerin Ulrike Heider-Lintschinger an ihrer Seite - die Weichen in Richtung nationale

Abb. 31 Sigrid Gareis, Gründungsintendantin des Tanzquartiers
Foto: Votava/Presse- und Informationsdienst der Stadt Wien

und internationale Anerkennung und Reputation stellte. Gemeinsam mit dem von Karl Regensburger und Ismael Ivo 1984 (damals noch Internationale Tanzwochen Wien) ins Leben gerufenen „ImPulsTanz" – dem grandiosen, mittlerweile größten europäischen Tanzfestival für zeitgenössischen Tanz – und den Aufführungen der Freien Tanzgruppen an verschiedenen Wiener Spielorten, wie etwa dem WUK, darf sich Wien heute zurecht nicht nur als Musik- und Theaterstadt, sondern auch als anerkanntes Zentrum des zeitgenössischen Tanzes verstehen.

Ähnlich glücklich verlief es mit dem Kinder- und Jugendtheater. Ursprünglich vorgesehen für die junge Szene war im MuseumsQuartier nur das durchaus verdienstvolle Kindermuseum. Das hätte aber wohl nicht gereicht, um dieses neue Kulturzentrum auch für Familien attraktiv zu machen. Heute ist der „Fürstenhof" im MuseumsQuartier – auch dank des äußerst kooperativen Hubsi Kramar, der dort eingemietet war – ein lebendiges Kinder- und Jugendzentrum, mit dem Kindermuseum „Zoom", der „wien Xtra-kinderinfo" und vor allem dem „Dschungel Wien", dem weit über Wien hinaus bekannten Theaterhaus für junges Publikum.

Wiener Filmfonds

Koalitionsregierungen haben es, sozusagen genetisch, in sich, genauer hinzuschauen. Zum Beispiel in die Wiener Filmförderung. Da hatte sich doch der selbstbewusste Bürgermeister Zilk, um von der Kulturpolitik unabhängig zu sein, ein eigenes Budget zugelegt, um entweder selbstständig oder im Fall von Ablehnungen Filme zu fördern. Dadurch war es, wie mir Franz Antel erzählte, möglich, eine Förderung direkt vom Bürgermeister zu bekommen, wenn man einen Film in der zuständigen Kulturabteilung nicht für förderungswürdig hielt. Es war doch klar, dass für solche Parallelstrukturen in einer Koalition kein Platz sein konnte. Und Bürgermeister Häupl stimmte einem Transfer dieser „Sondermittel" ins „Ordinarium", also dem bei mir angesiedelten Budget für Filmförderung zu, was eine spontane Verdoppelung der offiziellen zur Verfügung stehenden Mittel zur Folge hatte. Viel „Bravo" aus der Filmbranche. Gefolgt von einer Strukturreform, ausgewogener Besetzung der Auswahlkommission, unabhängiger Intendanz, Postenausschreibung.

Jury, Beirat, Kommission

Das sind wichtige Einrichtungen, die Bestellungsabläufe objektivieren und transparent machen sollen. Die politische Verantwortung können und sollen sie aber nicht ersetzen. Das heißt, dass sie im Normalfall – außer wenn gesetzlich etwas anderes festgelegt ist – nur Empfehlungen abgeben, nicht aber Entscheidungen treffen können. Trotzdem wird es immer zu Konfliktsituationen kommen, weil ein selbstbewusster Beirat, eine selbstbewusste Jury oder Kommission mit ihren Entscheidungen ernst genommen werden will. Es braucht also schon gute Argumente, wenn man das als Politiker in einzelnen Fällen anders sieht. Der Eindruck politischer Willkür ist jedenfalls zu vermeiden. Zielführend etwa scheint mir, im Zusammenhang mit Bewerbungen eine explizite Reihung zu vermeiden, sondern eine Entscheidung aus einem ungereihten Dreiervorschlag zu ermöglichen. Beim Schauspielhaus etwa hat sich das gleich bewährt, weil – nach entsprechenden persönlichen Hearings - problemlos das Duo Airan Berg/Barrie Kosky bestellt werden konnte. In einem anderen Fall hatte ich auch Glück: Eine Produktion („Hain") des „Bernhard Ensembles" (Grischka Voss/Ernst Kurt Weigel) war vom Beirat als nicht förderungswürdig abgelehnt worden. Ich hingegen war total beeindruckt und ermöglichte eine Förderung aus einem anderen Budgetansatz. Sehr zum Ärger des Beirats, der mit Rücktritt drohte, wenn ich seinen Empfehlungen nicht folgen würde. Ausgerechnet „Hain" erhielt dann den „Nestroy" für die beste Off-Produktion. Auch Beiräte (die das normalerweise für unwahrscheinlich halten) können irren …

Kosmos Frauenraum, Porgy & Bess

Angekettete Frauen sind ein sonderbarer Anblick. Das Telefon läutet. Es ist nach Mitternacht. Ob sie die Räumlichkeiten des früheren Raucher- und Pornokinos

(„Rondell") in der Riemergasse gewaltsam räumen sollen, will die Veranstaltungspolizei wissen. Barbara Klein, hochmotiviert, hatte sich dort mit ihren Mitstreiterinnen verschanzt, um die Räume für ein von ihr gefordertes Frauentheater zu erkämpfen. Besitzstörung sozusagen. Nein, bitte keine Gewalt, bin gleich da. Gespräch im Morgengrauen mit der Zusage, schon am nächsten Tag weitere Diskussionen zu führen, wie man beides verwirklichen könnte, ein – für Wien neues – Frauentheater und ein (auf Initiative von Mathias Rüegg, Christoph Huber, Renald Deppe und Gabriele Mazic gegründetes) Jazzlokal „Porgy & Bess". Friedlicher Abzug. Und beides gelang, nicht zuletzt, weil durch erfreuliche Budgetsteigerungen unser Handlungsspielraum erweitert werden konnte. Der „kosmos.frauenraum" - Eröffnung 15. Mai 2000, ab 2002 „Kosmos Theater" - unter der langjährigen Leitung von Barbara Klein (bis 2018, danach Veronika Steinböck) wurde eine richtige (und für Wien notwendige) Erfolgsgeschichte. Das „Porgy & Bess" (joint venture mit dem Bund) ist heute aus der internationalen Jazzszene nicht mehr wegzudenken.

Bruno-Kreisky-Schule

Nicht schon wieder, dachte ich, als wir im ÖVP-Klub den diesbezüglichen SPÖ-Antrag diskutierten. Bruno-Kreisky-Platz, Bruno-Kreisky-Straße, Bruno-Kreisky-Park, Bruno-Kreisky-Stiftung etc. Die Sozialdemokratie hat eine wesentlich ausgeprägtere Erinnerungskultur als andere Parteien. Also Vieraugengespräch mit dem Bürgermeister. Mir ging es dabei weniger um Kreisky als um die grundsätzliche Frage von Namensgebungen. Hatte Wien da nicht eine Bringschuld, wenn es um die Benennung von schulischen, wissenschaftlichen und Bildungseinrichtungen ging? Sollten diese nicht, wo und wann immer möglich, nach vertriebenen Wissenschaftlern, Nobelpreisträgern und Künstlerinnen erfolgen? Vorbildwirkung haben und zum Fragen und Nachdenken anregen? Häupl, selbst aus der Wissenschaft kommend (Dissertation: „Funktionsanatomische Untersuchungen am Schädelskelett und der Kopfmuskulatur verschiedener Arten der Familie Gekkonidae"; jahrelanger Mitarbeiter des Naturhistorischen Museums) und mit einem immer sehr offenen Ohr bei Fragen der „Wiedergutmachung" meinte zunächst sehr pragmatisch, dass der Vorschlag vom mächtigen Klubobmann und SPÖ-Bezirksparteiobmann von Simmering, Johann Hatzl, käme und dass auch Politiker Vorbildwirkung haben können und sollen. Ich merkte bald, dass ich da nicht weit kommen würde. Also suchte ich nach einer Art „Killerargument", sozusagen auf persönlich-emotionaler Basis. „Jetzt einmal ganz ehrlich: Würdest du deinen Sohn gern in eine Julius-Raab-Schule schicken?" Kurzes Aufflackern in seinen Augen, aber nicht, weil er sich in der Defensive fühlte, sondern weil die Frage ein aufgelegter politischer Elfmeter war: „Ich", und Häupl zeigte dabei erinnerungsschwanger auf seine Brust, „war in einer Julius-Raab-Schule." Nun ja, das war's dann. Die „Dr.-Bruno-Kreisky-Schule" würde kommen. Mit unserer Zustimmung, aber unter einer Bedingung, die Häupl auch gleich akzeptierte. Nämlich, dass dies für lange Zeit die letzte politische Schulbenennung bleiben werde und künftighin den vertriebenen Wissenschaftlern und Künstlerinnen ein Vorrang einzuräumen sei.

Die FPÖ und Kulturpolitik: Ein Widerspruch in sich

Irgendetwas stimmt in diesem Wortpaar nicht. Man könnte von einem großen Missverständnis oder einer Hassliebe sprechen. Oder auch von einem „Entweder-oder", wie es die FPÖ selbst in einer Plakataktion 1995/96 getan hat: „Lieben Sie Scholten, Jelinek, Häupl, Peymann, Pasterk oder Kunst und Kultur?" Entlarvender (und untergriffiger) geht es kaum. Ohne Toleranz und Diskursbereitschaft gibt es weder politische Kultur noch ernsthafte kulturpolitische Auseinandersetzung. „Kunst ist, was gefällt" und „Kultur ist, was wir dafür halten" – oder so ähnlich. Wie auch immer. Wenn sich die FPÖ zu kulturpolitischen Fragen äußert, dann kommt das stets irgendwie unreflektiert, hetzerisch, anbiedernd (vorrangig bei der Kronen Zeitung) oder oft auch nur anekdotisch an. Beispiele dafür gibt es genug, einige davon sollen auf Grund meiner persönlichen Erfahrung erwähnt werden.

„Kommunismus-Unterstützer"

Der Grund für diesen „Ehrentitel" lag, wie ich schon an früherer Stelle berichtet habe, darin, dass ich einwilligte, in meinem Büro das Portrait des leidenschaftlichen, kommunistisch-katholischen ersten Wiener Kulturstadtrats nach 1945, Viktor Matejka, aufzuhängen, der sich große Verdienste um versuchte Heimholungen von vertriebenen Künstlern gemacht hatte. Auch mein Antrag auf eine Ortsbenennung im 6. Bezirk – „Viktor-Matejka-Stiege" – war da natürlich höchst suspekt, wurde im Gemeinderat abgelehnt und die Eröffnung boykottiert. Auch der von einem aufmerksamen FPÖ-Mitglied des Kulturausschusses im WUK entdeckte Che-Guevara-Poster bedeutete da natürlich links-linkes Öl ins freiheitliche Feuer der Empörung zu gießen. Dringliche Anfragen also und heftige Debatten im Gemeinderat. Und wirklich rührend: Eine Vertreterin des moderaten FPÖ-Flügels, die mir anschließend Trost zusprechen wollte mit den Worten: „Herr Stadtrat, nehmen'S das nicht zu ernst. Im Zimmer meiner Tochter hängt auch ein Che-Guevara-Poster."

Abb. 32 Viktor Matejka-Stiege in Wien Mariahilf mit Bezirksvorsteher Erich Achleitner
Foto: Privatbesitz

Furor über den Container

Das war natürlich eine willkommene Gelegenheit. FPÖ und Kronen Zeitung, Hand in Hand, die beiden Logos nebeneinander über dem Dach des Schlingensief-Containers vor der Oper. Furor pur. Mehrwöchige Leitartikel- und Leserbriefkampagne in der „Krone", Misstrauensantrag im Gemeinderat. Darüber werde ich noch später berichten. Worum es freilich wirklich ging, war die Frage politischen Eingreifens in eine von einem weisungsfreien Intendanten geplante Veranstaltung der Wiener Festwochen. Da nachzugeben hätte einfach ein gesellschaftliches Grundprinzip, nämlich jenes der Freiheit der Kunst, verletzt. Alle Register populistischer Rhetorik mit dem Rückenwind der Kronen Zeitung wurden da gezogen. Da war kein Augenzwinkern mehr dabei, sondern die unverschämte Forderung, die Veranstaltung abzubrechen (wie sollte das denn, da gesetzeskonform angemeldet, überhaupt gehen?), Subventionen zu streichen und Intendanzverträge zu negieren. Ein unmissverständlicher Ruf nach Zensur, nämlich der Verpflichtung von Kunstveranstaltern, ihre Programme und Spielpläne zur vorherigen politischen Genehmigung vorzulegen. Keine lustige Vorstellung.

Schwarz-blau im Bund

Tagebucheintrag vom 2. Februar 2000
„Die schwarz-blaue Regierung scheint fix. Das Programm ist fertig … Und jetzt wird erwartet, dass man das mittragen sollte."

Aber Görg und ich werden das nicht tun. Im Bundesparteivorstand hatte Bernhard Görg als Einziger dagegen gestimmt. Wir werden sagen, dass wir unabhängig von der Bundesregierung für die Stadt Wien angelobt sind und dort gute Arbeit machen wollen in einer funktionierenden Koalition.

Zwei Tage später, am 4. Februar war es dann so weit. Die steinerne Miene von Bundespräsident Klestil bei der Angelobung Wolfgang Schüssels und seines Regierungsteams hat sich im kollektiven Gedächtnis verfestigt.

Nach Ablehnung der beiden FPÖ-Ministerkandidaten Prinzhorn und Kabas (wegen des ausländerfeindlichen Wahlkampfs) soll Kabas – von Teilnehmenden am FPÖ-Landesparteitag und Journalisten bezeugt – Klestil als „Lump" bezeichnet haben. Kabas stritt das ab und murmelte etwas von Hump oder Dump, ohne näher auszuführen, was damit gemeint sei. Kurz darauf kündigte er die Übernahme einer Patenschaft für zwei junge Elefanten in Schönbrunn an, die er Humpi und Dumpi nennen wollte. In „Seitenblicke" von Dominic Heinzl dazu bzw. zum „Lump-Sager" befragt, fiel mir nachfolgender Vers ein: „Humpi, Dumpi, diese beiden /, sind fürwahr nicht zu beneiden /. Ihr Vater, weder Hump noch Dump /, ist ganz einfach nur ein … Wiener Landtagsabgeordneter."

Tagebucheintrag vom 8. Februar 2000
„Der Standard veröffentlicht gleich auf der Titelseite mein Gespräch mit Thomas Trenkler in Richtung Distanzierung von der Bundes-ÖVP und der schwarz-blauen Regierung. Ich bin froh, dass ich da meinem Herzen freien Lauf gelassen habe. Die Reaktionen waren umfassend und erfreulich, mündlich, schriftlich, telefonisch von Künstlern über ganz unbekannte Namen bis hin zu Görg, der mir auch sehr gedankt hat für dieses Interview. Zahlreiche E-Mails aus New York. Es war sicher gut, sich da einmal zu positionieren. Luc Bondy ist selig und viele andere auch, und für mich ist es eine Erleichterung.

Die Woche hat es in sich. Profil-Interview, News-Interview, Falter-Interview, BBC, aber ich habe schon den Eindruck, dass ich durch meine berufliche und persönliche Biographie in einer besonderen Lage bin, Dinge zurechtzurücken und zum Teil Zweifel anzumelden, zum Teil Hoffnung zu geben, und vor allem auch einen klaren Standpunkt zu beziehen. Und wie man sieht, spricht man damit auch vielen aus dem Herzen."

Wiener Festwochen 2000

Eine ganz besondere Eröffnung sollte es zur Jahrtausendwende werden, mit Wiens großen Orchestern auf der Bühne, zahlreichen Chören, insgesamt 2000 Mitwirkenden. Und mit einer Botschaft, nämlich um wie viel ärmer ein Leben ohne Musik wäre, ja – mit Nietzsche – welch ein Irrtum ein solches Leben wäre. Das wollte ich in meiner kurzen Eröffnungsrede auch sagen und danach sollte, weil ich überzeugt war, dass man dem Publikum das zumuten könne, der letzte Satz der zweiten Sinfonie von Gustav Mahler („Auferstehung") gespielt werden. Es gehört übrigens gewiss zu den aufregendsten Momenten in meinem Leben, da hinauszugehen auf die Bühne, im grellen Scheinwerferlicht, auf den bis hinüber zum Burgtheater mit Menschen übervollen Rathausplatz zu schauen und zu wissen, dass das jetzt „live" im Fernsehen übertragen wird. Am Vorabend, während der Generalprobe, geschah etwas Unvorhergesehenes:

Tagebucheintrag vom 11. Mai 2000
„Generalprobe zur Festwocheneröffnung. Wie immer, erfreuliche Begegnung mit Zubin Mehta und dann eine, wenn man will, schon recht wienerische Situation. Es zweigen plötzlich beim Burgtheater die Donnerstagsdemonstranten vom Ring nach rechts ab und kommen in massiver Formation auf uns zur Festwochenbühne zu. Das Ganze hat einen leicht bedrohlichen Charakter und ziemlichen Lärmpegel. Ich spreche mit der diensthabenden Polizistin, die zur Ruhe rät und zum Nichteingreifen, aber zur Sicherheit Verstärkung anfordert. Die Philharmoniker – zum Teil irritiert, zum Teil gelassen – bleiben sitzen. Auch der riesige Wiener Singverein und Zubin Mehta versuchen ruhig zu bleiben. Der Zufall will es, dass gerade ich jetzt auf die Bühne müsste für meine Begrüßungsworte am nächsten Tag. Ich glaube, es war klug, das nicht zu machen, um nicht Öl ins Feuer zu gießen. Immer mehr Demonstranten stauen sich vor den Barrikaden, immer stärker wird der Lärm. Dann passieren zwei köstliche Dinge: Auf der Videoscreen erscheint einer der Texte, den André Heller sprechen sollte, und zwar (leicht verkürzt) von Bert Brecht ‚Wer die Wahrheit nicht kennt, ist ein Dummkopf, wer sie aber kennt und lügt, ist ein Verbrecher.' Auf einmal geht das Pfeifen und Trommelschlagen in großen Applaus über. Und Zubin Mehta sagt zu mir, lass mich nur machen, dreht sich um, nimmt ein Mikrofon in die Hand und sagt zu den Demonstrantinnen, sie mögen doch leise demonstrieren und sich diese herrliche Musik anhören. ‚Sie versäumen die wunderschönste Mahler-Musik, wenn sie so laut sind. Hören Sie doch jetzt uns, den Wiener Philharmonikern, zu, danach hören wir Ihnen genauso lang zu.' Und siehe da, die Demonstranten – so ein bisschen wie in der Papageno-Szene in der Zauberflöte – beenden ihr Lärmen und horchen Mahler zu. Am Ende applaudieren

sie, diskutieren noch eine Weile mit uns und ziehen dann ohne weitere Konflikte oder gar Aggressionen weiter."

Im Vorfeld hatte mir Zubin Mehta mitgeteilt, dass er während der Eröffnung einen regierungskritischen Text verlesen werde und mir in langen Telefonaten verschiedene Versionen übermittel. Es gebe Druck von allen Seiten, er könne nicht so tun, als ob nichts wäre, er müsse dazu etwas sagen, weil er sonst die Eröffnung nicht dirigieren könne. Eine Absage, dachte ich, wäre vermutlich viel schlimmer als eine Eröffnung mit kritischem Text.

Tagebucheintrag vom 12. Mai 2000
„Sehr geglückte Eröffnung der Wiener Festwochen. Herrliche Musik, lauer Abend, schöne Stimmung. Ich spreche in meinem kurzen Statement davon, um wie viel ärmer die Menschen wären ohne jene Musik, die von Wien aus ihren Weg in die Welt genommen hat. Und dass es auch nie wieder verbotene Musik geben dürfe, wie etwa jene von Mahler und Schönberg und Stolz, die bei der heutigen Eröffnung gespielt werde. Jetzt ist Zubin Mehta an der Reihe. Aber den Zettel mit dem Text hat er nicht in der Hand. Kein in stundenlangen Telefonaten zwischen Wien und Tokio „erarbeitetes" Statement. Er dreht sich – sichtlich überwältigt von der Stimmung auf dem Rathausplatz, mit Mond, Sternen und klarer, warmer Frühlingsnacht – einfach um und sagt nur: „Ist das nicht ein herrlicher Abend? Ich bin so froh, wieder einmal in dieser Stadt, wo ich studiert habe, dirigieren zu dürfen und wünsche Ihnen einen wunderschönen Abend."

„Bitte liebt Österreich"

Auch Luc Bondy, im Rahmen des Dreierdirektoriums fürs Theater zuständig, damals aber schon designierter Allein-Intendant der Wiener Festwochen, erzählte mir vom internationalen Druck vieler Kollegen, mit dem er umgehen müsse. Er könne nicht einfach zur Tagesordnung übergehen und denke über eine eigene Veranstaltung zum Thema Schwarz-blau, FPÖ, Rechtsruck etc. nach. Mit Hilfe seiner Dramaturgin und künstlerischen Mitarbeiterin Veronica Kaup-Hasler wurde er fündig. Sie hatte ihm vorgeschlagen, Christoph Schlingensief, diesen genialen Finger-in-die-offenen-Wunden-Leger, zu einer Arbeit im Rahmen des Festwochenprogramms einzuladen. Um die spürbar von der FPÖ instrumentalisierte Ausländerfeindlichkeit sollte es gehen. Schlingensief in Wien zu diesem Thema – das kann doch nur gut werden und interessant sein …

Und so stand da zu Pfingsten 2000 der inzwischen berühmt gewordene Container vor der Wiener Staatsoper, korrekt angemeldet und als Veranstaltung der Wiener Festwochen behördlich genehmigt. Täglich sollte über Asylwerber (Schauspieler) ähnlich wie bei „Big Brother" abgestimmt und diese danach des Landes verwiesen werden. „Ausländer raus" prominent über dem Dach, FPÖ- und Kronen-Zeitungs-Logo inbegriffen. Statt in Zell am Moos, wie vorgesehen, fröhlich Pfingsten und mit Renée und Otto Schenk unsere Zwillings-Geburtstage zu feiern, erreichte mich ein Anruf des üblicherweise recht ruhigen Boris Marte, mit dem Hinweis, wenn ich mir nicht den Tag verderben wolle, ja nicht in die „Krone" zu schauen. Was ich natürlich gleich machte: Leitartikel von „Cato", Frontalangriff, schonungslos, so etwas dürfe ich nicht zulassen etc., begleitet von wütenden Leserbriefen, wobei – sehr viel später – überraschenderweise und irgendwie alibihaft auch jener der mich tapfer verteidigenden Emmy Werner abgedruckt wurde. Eine richtige „Vernichtungskampagne", wie sie etwa auch Busek einmal erleben musste. Ein schon montiertes Foto aus der Josefstadt, wo ich kurz zuvor auf der Bühne Otto Schenk zum 70. Geburtstag den Goldenen Rathausmann überreicht hatte, musste entfernt werden. Fritz Muliar schrieb dazu im „Profil" vom 10. Juli 2000: „Die Hetzjagd auf Stadtrat Peter Marboe ist ekelerregend. Jedermann weiß, dass mit der Übernahme des Amtes der Direktor der Wiener Festwochen die volle Verantwortung übernimmt. Ihm in seine Pläne und Unternehmungen dreinzureden wäre Zensur. Dass Dr. Marboe dies nicht getan hat, hat Wien und Österreich davor bewahrt, neuerlich Schmähungen hinnehmen zu müssen. Hände weg von einem, der weiter denkt als bis zur nächsten Wahlschlammschlacht."

Tagebucheintrag vom 12. bis 14. Juni 2000
„Schlingensief-Geschichte in Endlosschleife. Cato vor allem tobt weiter in einem zweiten großen Leitartikel: „Biedermann Marboe". Nur wird's jetzt schön langsam ein bisschen lächerlich und so überzogen, dass es, glaube ich, seine Wirkung verliert. Jedenfalls empfinden das die meisten so, umso mehr als zeitgleich ganz andere, sehr schöne und auch für mich sehr günstige Leitartikel erscheinen, wie der von Guido Tartarotti auf Seite eins des Kurier unter dem Titel ‚Entlarvung', wo steht, dass der Kabas sich selbst entlarvt mit seinem Misstrauensantrag. Also, das, was ich hoffen konnte, nämlich dass sich auch die Verteidiger formieren, ist jetzt voll eingetreten, und jetzt ist fast nur mehr die Kronen Zeitung auf der einen Seite und der Rest auf der anderen. Dazu kommen noch Aktionen des Bühnenvereins und des Georg Springer mit einer wirklich eindrucksvollen Unterschriftenliste von Angyan über Holender, Rhomberg, Ossi Kollmann, Hilde Sochor, Fritz Muliar, Elfriede Ott, Eric Pleskow, Marcel Prawy, Föttinger, Wopmann, Lohner usw. Mehr als 45 Namen, die sich in einer APA-Aussendung alle hinter mich stellen, um gegen Zensurversuche einzutreten und um deren zumindest teilweise Veröffentlichung die Kronen Zeitung nicht herumkommt. Aber es ist schon der blanke Wahnsinn und schreckenerregend, dass hier einer sitzt wie ein allgewaltiger Hüter einer scheinbaren Law-and-Order-Gesellschaft, und den Daumen hinunterbewegt. Es

tun einige in der ‚Krone', das sei hervorgehoben, nicht mit, der Nenning zum Beispiel, der positiv schreibt, sogar der Staberl zu meiner Überraschung sehr sanft und auch Karlheinz Roschitz, der für eine solche Kampagne nicht zur Verfügung stand. So bleibt alles schließlich bei Josef Kalina (Chronik-Redakteur) hängen, der noch vor kurzem als Mitarbeiter von Kunstkanzler Klima anlässlich eines Konflikts mit Nitsch die Freiheit der Kunst hochgehalten hatte. Wie es ihm dabei ging, habe ich später einmal gefragt. Verlegenes Schulterzucken: Höherer Auftrag? So schaut also unabhängiger Journalismus aus. Dichands Autorität scheint jedenfalls zu bröckeln. Wir werden ja sehen, wie dann am Schluss bilanziert wird."

Schlingensief freilich lässt nicht locker. Er tut alles, um einen vorzeitigen Abbruch herbeizuführen. Mich fordert er öffentlich auf, doch endlich die Parole „Ausländer raus" zu entfernen. „Wie kann Marboe so etwas zulassen?" Aber die aufgestellte Doppelmühle ist zu leicht durchschaubar: Verlangt man die Entfernung, trifft einen Schlingensiefs Bannfluch wegen Verstoßes gegen die Freiheit der Kunst. Tut man nichts, macht man sich des Einverständnisses mit ausländerfeindlichen Parolen schuldig. Deshalb auch räumt er laufend den Hinweis, dass es sich bei der Container-Aktion um eine Veranstaltung der Wiener Festwochen handelt, fort („Ich lasse mich von Marboe nicht einengen"), weil die Provokation erst in der Grauzone zwischen deklarierter Kunstveranstaltung und realem politischen Aktionismus gelingen kann. Er stürmt auch in umliegende Geschäfte, um eine polizeiliche Konfliktsituation herbeizuführen usw. Ich bin fest entschlossen, einen vorzeitigen Abbruch oder eine von vielen herbeigewünschte Maßregelung der Wiener Festwochen zu vermeiden. Der „große Österreich zugefügte Schaden", von dem viele reden, um die Stimmung aufzuputschen, ist für mich nicht erkennbar. Wohl aber würden wir Österreich in aller Welt der Lächerlichkeit preisgeben, wenn wir eine gewiss provokante, klug durchdachte und von Schlingensief ziemlich genial konzipierte Aktion nicht aushielten. Dass diese dann doch einen Tag früher abgebrochen wurde, aber gänzlich anders, als er sich das vorgestellt hatte, reiht sich würdig unter die zahlreichen Skurrilitäten dieser Zeit ein. Die „Donnerstagsdemonstranten", überwiegend junge Menschen, die jede Woche lautstark mit Anti-Schwarz-Blau-Parolen über den Ring zum Bundeskanzleramt zogen, kamen danach bei der Oper vorbei, empörten sich – sichtlich nicht ausreichend informiert, worum es ging – über die „Ausländer-raus"-Parole, kletterten auf das Dach des Containers und entfernten nicht nur das große Schild, sondern gleich auch alle rundherum angebrachten Anti-Ausländer-FPÖ-Plakate. Schlingensief wusste nicht, ob er lachen oder weinen sollte. Aber warum sollten in der Kunst nicht gerade auch bei scheinbar perfekt durchchoreografierten Projekten Überraschungen möglich sein?

Epilog

Für mich war das aber noch lange nicht das Ende. Der Misstrauensantrag der FPÖ endete trotz großer Emotionalität mit einer Blamage für diese sonderbare Partei und wurde mit 70:26 Stimmen abgelehnt. Bernhard Görg hatte mir sehr solidarisch gegenüber den unerschrockenen Kämpfern für das Gute und Schöne in den eigenen Reihen den Rücken freigehalten. In meiner „Verteidigungsrede" im Gemeinderat ergriff ich die Gelegenheit, um ausführlich zum Wesen einer bürgerlichen Kulturpolitik und zur Freiheit der Kunst Stellung zu nehmen. FPÖ-Klubobmann Kabas überreichte ich eine CD der Neunten Sinfonie Beethovens, mit der das Musikprogramm der Wiener Festwochen 2000 eröffnet wurde, „als Wiedergutmachung für das Ungemach, das ihm durch die Schlingensief-Aktion widerfahren sei …". Schlingensief selbst hatte in einem Interview, sichtlich, um Öl ins Feuer der erzürnten Kronen Zeitung zu gießen, davon gesprochen, dass ich ihn umarmt und gemeint hätte, er und seine Kunst seien unverzichtbar für Wien und ähnlich nette Dinge. Cato war außer sich, denn jetzt wisse man ja endgültig die Wahrheit, wie er unter Hinweis auf Schlingensiefs Äußerungen in einer Kolumne schrieb. Von der „Presse" darauf angesprochen, meinte ich nur, dass man doch Schlingensiefs Methode der Übertreibung und Vereinnahmung kenne und dieses Zitat eine Lüge sei. Dichand bezog diesen Vorwurf auf sich. Ein rechtsanwaltlicher Auslieferungsantrag an die Vorsitzende des Gemeinderats war die Folge, weil mich Dichand wegen Verleumdung, Ehrenbeleidigung, Kreditschädigung usw. geklagt hatte. Da war er aber wirklich nicht gut beraten. Nicht nur bedurfte es keines Auslieferungsantrags, weil man als Regierungsmitglied keine Immunität besitzt, sondern das ganze Klagebegehren schien derart an den Haaren herbeigezogen, dass die Richterin – sonderbar, da plötzlich im benachbarten Landesgericht als Beschuldigter zu sitzen, war es dennoch – schon am Ende der ersten Tagsatzung zu Dichands Anwalt meinte, ob er das denn wirklich „durchziehen" wolle. Wollte er – „war leider ein höherer Auftrag" – nicht. Alle Klagen zurückgezogen. David gegen Goliath oder so ähnlich …

P.S.: Eine 500er-Umfrage sollte klären, in welchem Ausmaß eine solche – durch die Kronen-Zeitungs-Kampagne skandalisierte – kulturpolitische Debatte wahlrelevant sei. Das Ergebnis war – je nachdem, von welchem Standpunkt aus man es betrachtet – beruhigend oder ernüchternd. Lediglich ein Prozent der Wahlberechtigten meinten, dass das Ganze in ihr Wahlverhalten einfließen werde. Für je die Hälfte davon, also 0,5 % der Wahlberechtigten positiv, für die andere negativ. Alles klar? Kulturpolitische Themen und Aufreger – von Peymann über Thomas Bernhard und Hrdlicka-Denkmal auf dem Albertinaplatz bis Schlingensief – können hitzige Debatten auslösen, für Wahlergebnisse sind sie ziemlich irrelevant.

Tagebucheintrag vom 5. September 2000

„Dichand getroffen, bei einem größeren Abendessen im Sacher. Das wäre schon eine Analyse wert. Man trifft ihn da nach dieser unfasslichen und auch so persönlich gehässig geführten Kampagne, er lächelt fast onkelhaft und sagt: „Ach, Intimfeinde treffen einander." Ich habe dann kurz mit ihm gesprochen im Sinne von: Was ist eigentlich los? „Ja, diese Vorliebe für den Schlingensief!" Jedenfalls, um es kurz zu machen, wiederum in seiner „freundlichen" Art: „Ich bin ja nicht nachträgerisch, wir können schon reden. Wenn Sie anrufen, werden wir einen Gesprächstermin finden."

Man sieht ihn da doch so richtig lächelnd, seinen Hund streichelnd, vor sich – oder?

Judenplatz

Ich denke, dass von allen Projekten dieser Jahre die Entscheidung, mit der Errichtung des Holocaust-Mahnmals nach dem vor der Wahl von der sozialdemokratischen Alleinregierung verfügten Baustopp fortzufahren, die schwierigste, aber auch die bedeutsamste war. Einschließlich der damit verbundenen, wesentlich weiterreichenden, neuen Platzgestaltung. Die Vorgeschichte ist schnell erzählt: Im Dezember 1994 gab Bürgermeister Häupl für die Idee Simon Wiesenthals, auf dem Judenplatz eine Gedenkstätte für die 65.000 von den Nazis ermordeten Juden zu errichten, grünes Licht. Alles nahm seinen korrekten Weg. Die notwendigen Beschlüsse wurden gefasst und das Kulturressort, also Ursula Pasterk (in Zusammenarbeit mit Planungsstadtrat Hannes Swoboda), mit der Federführung betraut. Eine äußerst kompetente Jury mit Hans Hollein als Vorsitzendem entschied sich für den Entwurf der britischen Künstlerin Rachel Whiteread. Inzwischen hatten die Stadtarchäologen, wie erwartet, im Zusammenhang mit den Grabungen die Reste der 1421 zerstörten Synagoge gefunden. Die Debatte um das Mahnmal wird ab nun immer heftiger, dessen Vereinbarkeit mit den Ausgrabungen in Frage gestellt. In einem ZiB-2-Gespräch mit Ursula Pasterk tobt sich Alfred Hrdlicka so richtig aus. Um das Thema – vor allem auch medial – aus dem Wahlkampf im Herbst 1996 herauszuhalten, wurden weitere Entscheidungen auf die Zeit nach der Wahl verschoben und der oben erwähnte mehrmonatige Baustopp verfügt.

Und nun gab es plötzlich, nach dem deutlichen Verlust der absoluten SPÖ-Mehrheit, eine Koalitionsregierung mit der ÖVP. In einem Vieraugengespräch machte Bürgermeister Häupl klar, dass es nun – zuständigkeitshalber – an mir als dem neuen Kulturstadtrat liege, einen Ausweg aus dem Schlamassel zu finden. Er werde jeden Vorschlag meinerseits akzeptieren. Eine Art Blanko-Vollmacht also, wie sie auch Bernhard Görg mir gegenüber ganz ähnlich formulierte. Der Gegen-

Abb. 33 Bürgermeister Michael Häupl und Stadtrat Peter Marboe vor einem Modell des Mahnmals am Judenplatz
Foto: Presse- und Informationsdienst der Stadt Wien

wind war in all den Monaten rauer, die Emotionen stärker und die Liste der Gegner und ihrer Einwände immer länger geworden. Übrigens auch in der SPÖ, wo Häupls Parteifreunde Zilk, Zelman und Muzicant eifrig Stimmung gegen die Errichtung des Mahnmals machten (siehe auch Video-Interview Bürgermeister Häupl mit Danielle Spera im Museum Judenplatz). Es lag also auf der Hand, zunächst einmal eine Bestandsaufnahme vorzunehmen und sich mit den Pro-und-Contra-Argumenten sachlich auseinanderzusetzen.

Das kündigte ich dann auch bei meiner ersten Pressekonferenz an, um mir ein wenig Zeit und Luft zu verschaffen. Und noch eines wollte ich bei dieser Gelegenheit klarstellen. Nämlich, dass es nicht darum gehe, ob ein Mahnmal errichtet werden solle oder nicht, sondern dass die Frage vielmehr sei, ob es triftige und gewichtige Gründe gebe, den rechtsgültigen Beschluss des Wiener Gemeinderats auf Errichtung eines solchen Mahnmals auf dem Judenplatz rückgängig zu machen.

Vorrangig galt es jetzt einmal, das durch den Baustopp gewachsene Misstrauen, verstärkt durch eine neue (Koalitions-)Regierung, von deren Zielsetzungen man noch nicht viel wusste, abzubauen. Insbesondere bei der Künstlerin, Rachel Whiteread, die in einem großen Interview mit der New York Times resignativ ihre Zweifel zum Ausdruck brachte, ob überhaupt noch Bereitschaft bestehe, das Projekt zu realisieren oder ob sich die Stadt Wien davon nicht schon verabschiedet habe.

Tagebucheintrag vom 15. Juni 1997, Biennale Venedig
„Großes Eröffnungsfest im Österreich-Pavillon. Die Wiener Gruppe, kuratiert von Peter Weibel. Rachel Whiteread hat eine Solo-Ausstellung im Britischen Pavillon. Für mich eine willkommene Gelegenheit, um ihr zu gratulieren und über das Mahnmal zu sprechen. Sie muss einfach spüren, dass wir es ernst meinen und alles versuchen werden, um zu einem guten Ende zu finden. Ich denke, dass wir da jetzt auch atmosphärisch mit ihr auf einem guten Weg sind.

Danach bei „Balkan Baroque", einer Performance der serbischen Künstlerin Marina Abramović. Ungewöhnlich, faszinierend, beeindruckend. Vier Tage, jeweils sieben Stunden lang, sitzt sie auf einem Haufen (mehr als 2.000) blutiger Rinderknochen, die sie abschabt, reinigt (dahinter Videos ihrer Eltern) und dabei traurige jugoslawische Volks- und Todeslieder singt. Eine einzige große Anklage gegen den Balkankrieg. Beide Eltern waren Partisanen. Was für eine physische und psychische Leistung. Allein der Gestank, die Ratten, die Feuchtigkeit im Keller. Viel extremer geht's nicht. Trostlosigkeit und Traurigkeit pur. Verdienter kann der Goldene Löwe der Biennale, der ihr zugesprochen wird, nicht sein.

Nach Mitternacht Abfahrt mit Dienstwagen, um in der Früh, 9 Uhr, in Graz bei einer Diskussionsveranstaltung zu sein. Ich kämpfe mit dem Einschlafen. Nach drei Stunden ist Christian Walla, mein so treuer und verlässlicher Chauffeur, zu müde, um weiterzufahren. Wir schlafen eine gute Stunde auf einem Parkplatz neben der Autobahn. Dann geht es erfrischt weiter. Pünktliche Ankunft."

Wachsender Widerstand

Dass sich Leon Zelman, der um sein Naheverhältnis zur Sozialdemokratie nie ein Geheimnis gemacht hatte, neben Ariel Muzicant zum Bannerträger der Mahnmalgegner machte und mit großer Emotionalität dafür eintrat, die Ausgrabungen selbst zum Mahnmal zu erklären, trug nicht zur Beruhigung Simon Wiesenthals bei. Jetzt hieß es, einfach unbeirrbar zu bleiben, möglichst schnell den Dialog mit Vertretern der Israelitischen Kultusgemeinde, den Anrainern, den politischen Parteien (insbesondere auch der eigenen, die bisher dagegen gestimmt hatte), den Medien und der Künstlerin aufzunehmen und Spreu (also Einwände von geringerer Bedeutung) vom Weizen (gewichtige Einwände wie etwa religiöse jüdische Gesetze) zu trennen. Die Liste der erklärten Mahnmal-Gegner war während des Baustopps immer länger geworden und bildete eine – auch medial – nicht zu unterschätzende Phalanx. Neben Leon Zelman und der Kronen Zeitung waren das Ex-Bürgermeister Helmut Zilk, der Nachfolger von Paul Grosz als Präsident der Israelitischen Kultusgemeinde, Ariel Muzicant, Richard Schmitz, Bezirksvorsteher des Ersten Bezirks, Kardinal Schönborn und, allen voran, die FPÖ. Der Verwaltungsgerichtshof bangte um seine verbrieften 23 Parkplätze, eine internationale Architektengruppe warnte vor der Zerstörung eines der letzten intakten Barockensembles, die Anrainer befürchteten Lärm und Schmieraktionen, die Gasthäuser und Geschäfte sahen schon den Konkurs vor ihren Augen. Die Kultusgemeinde war in sich gespalten in Gegner und Befürworter. Es ist ja schon ein eigenartiges Gefühl, wenn um 11 Uhr bei einem Bürotermin die eine, vereinfachend „Zelman-Fraktion", meint: „Herr Marboe, wenn das Mahnmal dorthin kommt, sind Sie persönlich schuld, wenn die Juden in Österreich auf Jahrzehnte zerstritten sind." Und dann, um 15 Uhr, die andere, „Wiesenthal-Fraktion", fast wortgleich sagt: „Herr Marboe, wenn das Mahnmal dort nicht hinkommt, dann sind Sie dafür verantwortlich, dass die Juden in Österreich auf Jahre hinaus zerstritten sind." Schöne Aussichten. Kardinal Schönborn erklärte seine Ablehnung damit, dass er die Herstellung eines Zusammenhangs zwischen dem Holocaust 1421 und dem Nazi-Holocaust befürchte, vor allem aber, dass er dem mit den Tränen kämpfenden Auschwitz-Überlebenden und Mahnmal-Gegner Leon Zelman seine Bitte nicht abschlagen wollte. „Ecclesia locuta, causa finita", schrieb der von mir sehr geschätzte Joachim Riedl danach in einem Kommentar in der Süddeutschen Zeitung, weil ja der Katholik Marboe wohl kaum die ablehnende Haltung des Kardinals ignorieren könne. Als „Wiedergutmachung" war der Kardinal dann aber bereit, eine Tafel anzubringen, in der erstmals von einem hohen katholischen Würdenträger die Mitschuld der Christen an den Judenverfolgungen festgehalten und damit auch ein weiterer wichtiger Beitrag zum Gesamt-Ambiente des Platzes geleistet wurde. Ariel Muzicant, der sich zum Sprecher der Anti-Mahnmal-Fraktion gemacht hatte, berichtete mir – mit leichtem Triumphton in der Stimme – von einer Zusage des Bürgermeisters, dass das Mahnmal nun doch nicht errichtet werde, was, nach Rücksprache mit Michael Häupl, von diesem als „Missverständnis" bezeichnet wurde. Der Bezirksvorsteher verstand sich als Anwalt aller möglicherweise Benachteiligten und Besorgten im Bezirk, die FPÖ ist, wie sie ist und wollte sich die Chance für eine politische Agitation nicht entgehen lassen.

Mahnmal-Transfer auf den Heldenplatz?

Helmut Zilk sah im Mahnmal eine Konkurrenz zum Albertinaplatz, lenkte dann aber ein und schlug eine Verlegung auf den Heldenplatz vor. Mit diesem ziemlich absurden Vorschlag wolle er mir, wie er meinte, helfen, und habe das schon in einem Interview dem Treffpunkt Kultur mitgeteilt. Das war an einem Montagvormittag.

Abb. 34 Simon Wiesenthal und Peter Marboe im Gespräch 1997
Foto: Votava/Presse- und Informationsdienst der Stadt Wien

Am Nachmittag war die Künstlerin bei mir im Büro. Das fügte sich günstig, weil sie am Abend zu einem Live-Gespräch im Treffpunkt Kultur eingeladen war. So konnte ich sie rechtzeitig darauf vorbereiten, wie sich das abspielen würde. Zunächst die Einspielung mit Ex-Bürgermeister Zilk, der eine Verlegung des Mahnmals auf den Heldenplatz vorschlagen wird. Danach an sie die Frage, was sie davon halte. Sie solle ganz ruhig bleiben, Zilk sei eine bekannte und wichtige Persönlichkeit, habe aber mit der Entscheidung nichts zu tun. Sie solle einfach wiederholen, was sie schon mehrfach gesagt hatte, nämlich, dass eine Verlegung oder Verschiebung des nur für diesen Platz konzipierten Mahnmals, in der Dimension eines bürgerlichen Salons, von dem so viel Antisemitismus ausging, nicht in Frage käme. Zilk war also tatsächlich insofern hilfreich, als es in der Folge durch diese Vorwarnung zu einem Abbau des bisher spürbaren Misstrauens Rachel Whitereads kam.

Abb. 35 Die Künstlerin Rachel Whiteread und Stadtrat Marboe besichtigen den Baufortschritt am Judenplatz
Foto: Votava/Presse- und Informationsdienst der Stadt Wien

Gute Argumente statt Angst vor der Kronen Zeitung

Die Kronen Zeitung hatte in ihrer Berichterstattung von Anfang an kein Geheimnis aus ihrer Gegnerschaft gemacht. In einem Gespräch in seinem Büro hatte Hans Dichand ziemlich unmissverständlich klargemacht, dass er davon ausgehe, dass dieses Vorhaben jetzt nach dem Regierungswechsel nicht mehr weiterverfolgt, das Mahnmal also nicht auf dem Judenplatz errichtet werde. Genauso unmissverständlich stand somit die Drohung mit einer der vielen legendären „Kampagnen" der „Krone" im Raum. In meiner kleinen Arbeitsgruppe mit, allen voran, Boris Marte, Baudirektor Arnold Klotz und dem treuen, mit der Platzgestaltung betrauten Architekten-Duo Christian Jabornegg und András Pálffy, erklärte ich, dass wir uns darum nicht kümmern und uns weiterhin konsequent bemühen werden, alle Einwände mit guten Argumenten zu entkräften (wie etwa in der von Bezirksvorsteher Schmitz einberufenen Bürgerversammlung), um die Akzeptanz des Mahnmals zu erhöhen. Auch Überlegungen gab es bereits, wie es gelingen könnte, nicht nur, wie ursprünglich geplant, lediglich das Mahnmal aufzustellen, sondern den ganzen Platz miteinzubeziehen: Autofreie (Fußgänger-)Zone, keine Parkplätze, keine Fiaker

Abb. 36 Immer ein guter Ratgeber: Oberrabbiner Chaim Eisenberg
Foto: Privatbesitz

(am Mahnmal sollte man nicht wie an irgend einer Sehenswürdigkeit vorbeifahren, sondern aussteigen und innehalten), Bodengestaltung, Renovierung des völlig brüchigen Misrachi-Hauses mit seiner lebendigen, kleinen jüdischen Gemeinde, zeitgemäße, museale Gestaltung der Ausgrabungen mit Info-Zentrum, Belassen der schrecklichen Jordantafel, Judenplatz 2, als Dokument des seinerzeitigen Judenhasses und – als Gegenstück – die Anbringung der schon erwähnten Erklärung des Kardinals, Judenplatz 6, mit dem erstmaligen öffentlichen Eingeständnis christlichen Versagens und der Mitschuld der Christenheit an den Judenverfolgungen durch einen hohen katholischen Würdenträger. Mit dem Mahnmal als Zentrum sollte der ganze Judenplatz ein würdiger Ort des Gedenkens sein.

Kein Gebäude über der Bima

Aber noch gilt es, mit dem einzig verbliebenen und ernst zu nehmenden Einwand umzugehen: Nämlich, dass über der Synagoge, wie es zunächst hieß, danach aber eingeschränkt auf die Bima, nichts zu stehen kommen dürfe. Ich bitte Rachel Whiteread, einem Gespräch mit Vertretern der Kultusgemeinde zuzustimmen, um sich selbst ein Bild zu machen, dass es sich dabei nicht um irgendeinen Alibi-Einwand handelt, sondern um ein religiöses Gesetz, dass man respektieren müsse.

Sie ist dazu, zögerlich, aber doch, bereit und stimmt danach der Verschiebung des Mahnmals um einen Meter zu.

Am 27. Februar 1998 kommt es zu dem vereinbarten Sechsaugengespräch mit Bürgermeister Häupl, Vizebürgermeister und Planungsstadtrat Görg und mir. Der Bürgermeister ist mit meinem Vorschlag auf Weiterführung des Mahnmalbaus unter Einbeziehung der schon erwähnten zusätzlichen Überlegungen (einschließlich der damit verbundenen Kosten) einverstanden. In der ÖVP gibt es keinen Widerstand.

Am Dienstag, 3. März 1998, geben der Bürgermeister und ich in durchaus „emotionaler Eintracht" dieses Ergebnis in einer – von allen nationalen und zahlreichen internationalen Medien wahrgenommenen – Pressekonferenz bekannt. Mit den ziemlich umfangreichen Bauarbeiten wird kurz danach begonnen. Sie werden mehr als zwei Jahre dauern. Die Eröffnung des gesamten neu gestalteten Judenplatzes einschließlich des Museums und Schauraums sowie die Enthüllung des Holocaust-Mahnmals wird – symbolträchtig – auf den Vorabend des Österreichischen Nationalfeiertags, den 25. Oktober 2000, festgelegt, der 26. Oktober zum Tag der offenen Tür erklärt.

Tagebucheintrag vom 25. Oktober 2000
„Und heute, am 25. Oktober, war es dann so weit: Eine sehr festlich-feierlich-besinnlich-nachdenkliche Eröffnungsstunde mit folgender Rednerfolge: Marboe, Muzicant, Bürgermeister, Bundespräsident, dann Wiesenthal, Schönborn und Oberrabbiner Eisenberg. Von allen Seiten gute Reaktionen, auch über die Art der Abwicklung. Ich habe gebeten, dass man nicht applaudiert, sondern durch das Schweigen auch beredten Ausdruck gibt, dass das nicht irgendeine Eröffnung, irgendeine Platzeröffnung oder Denkmalenthüllung wie viele andere auch, ist, sondern dass dieses Ereignis eine ganz besondere Bedeutung haben soll. Aus diesem Grund wurde übrigens auch einvernehmlich auf die bei Bauten sonst übliche Anbringung einer Tafel ‚Errichtet unter …' verzichtet."

Große Akzeptanz:

Die medialen Reaktionen waren – in Österreich und in der Welt – erfreulich, durchwegs positiv, bisweilen – etwa in der New York Times – fast euphorisch. Des Öfteren wurde ein Vergleich mit Berlin herausgestrichen, wo es ähnliche Debatten schon seit 1988 gäbe und die Umsetzung und Fertigstellung des schließlich beschlossenen Entwurfs von Peter Eisenman noch in weiter Ferne lägen (das Berliner Holocaust-Memorial, „Denkmal für die ermordeten Juden Europas", wird 2005 übergeben werden). Es gibt zahlreiche, sehr persönliche Reaktionen und Kommentare. Zubin Mehta zeigt sich bei einem gemeinsamen Besuch auf dem Judenplatz tief beeindruckt. Er sei sehr stolz auf Wien. Placido Domingo meint in einem Interview, er besuche jetzt jedes Mal, wenn er in Wien sei, den Judenplatz und verlasse diesen wieder als besserer Mensch. Ariel Muzicant sei, wie er sagt, vom Saulus zum Paulus geworden, auch die Bewohner und Anrainer zeigen sich zufrieden. Am 7. September 2007 wird Papst Benedikt XVI. auf dem Judenplatz mit Oberrabbiner Chaim Eisenberg zusammentreffen, um gemeinsam der Shoah zu gedenken.

Der „Judenplatz" ist Nachweis dafür, dass Politik auch gegen Umfragen und die Kronen Zeitung gemacht werden kann (und muss). Aus einem der umstrittensten Projekte Wiens wurde durch politische Überzeugungsarbeit eines der akzeptiertesten. Wie – wäre es zu einer anderen Entscheidung gekommen – hätte denn jemals ein geeigneter, würdiger Standort für die Errichtung eines Holocaust-Mahnmals in Wien gefunden werden können?

Von den zahlreichen Zuschriften sollen nur zwei, stellvertretend für viele andere, herausgegriffen sein:

2. Jänner 2001

> Lieber Herr Dr. Marboe,
> natürlich war ich Weihnachten/Neujahr zu Hause in Wien. Mein erster Gang war zum Holocaust-Denkmal. Von der Aura, von der Würde dieses Gesamtwerkes war und bin ich tief berührt. Und ich bin sehr dankbar. In Wien ist etwas gelungen, das die schmerzlichen Tatsachen mitten ins Leben holt, ohne niederzudrücken. Ich werde immer, wenn ich in Wien bin, über den Judenplatz gehen. Das lange Nachdenken über die Gestaltung und den Ort war absolut der richtige Weg. Gerade in Berlin bin ich nun auf Wien auch etwas stolz. Mit guten Wünschen und freundlichen Grüßen, Ihr Hermann Beil.

Und am 31. Oktober 2000 schrieb Simon Wiesenthal:

> Sehr geehrter, lieber Herr Dr. Marboe!
> Die Tage der vergangenen Woche waren für mich höchst erfreulich, aber auch anstrengend. Darum komme ich erst heute dazu, Ihnen, lieber Herr Marboe, Dank zu sagen für all Ihre Mühe, die vor der Mahnmalenthüllung am 25.10.2000 zu bewältigen war.
> Ich glaube, daß ohne Sie und Ihr unbeirrbares Engagement für das Projekt am Judenplatz es nicht zu dessen Realisierung gekommen wäre. All die Schwierigkeiten und Widerstände, die Sie im Laufe der Jahre überwinden mußten, sind mir ja nur ansatzweise bekannt. Umso mehr schätze ich Ihr Eintreten für dieses einzigartige Ensemble. Sie haben mich in freundlichster Weise immer von Fortschritten informiert, die Probleme rücksichtsvoll von mir fern gehalten. Mit welch außerordentlichem Fingerspitzengefühl und diplomatischem Geschick Sie an allen „Fronten" agiert haben, verdient höchste Bewunderung. In ihre Amtsperiode fallen viele kulturelle Großprojekte, die durch Sie realisiert werden – das Mahnmal-Ensemble am Judenplatz wird in der Bilanz der Ära Häupl-Marboe einen

besonderen Stellenwert einnehmen. Sie können stolz darauf sein!
Mit herzlichen Grüßen, ihr Simon Wiesenthal.

Jetzt bleibt zu hoffen, dass das „Mahnmal-Ensemble" auf dem Judenplatz von möglichst vielen Menschen wahrgenommen und seine Botschaft, wachsam zu bleiben, den Anfängen zu wehren und gemeinsam für ein „Niemals wieder" zu kämpfen, verstanden wird.

Ehrungen

Abb. 37 Hilde Sochor und Wolfgang Hübsch, Ehrung im Rathaus
Foto: Rohrmoser/Landesbildstelle Wien

Abb. 38 Ehrung der Fotografin Inge Morath 1999
Foto: Presse- und Informationsdienst der Stadt Wien

Auszeichnungen muss man ernst nehmen oder bleiben lassen. Ich habe diese Stunden im Rathaus sehr gemocht. Feierliche Stimmung, Blumenschmuck, Musikbegleitung, fröhliche Gäste und dankbare Geehrte. Womit wir schon beim Wesentlichen sind. Wir, die Politiker sind es, die danken sollen und das mit einer schön choreografierten Veranstaltung zum Ausdruck bringen wollen. Durch die Verleihung einer Auszeichnung Dank sagen jenen, die uns über die Jahre hinweg erlauben, ohne Schamröte im Gesicht von Wien als Kulturstadt, als Ort des Theaters, der Musik, des Tanzes, des Films und der Bildenden Kunst zu denken und zu sprechen. Den Künstlerinnen und Künstlern, die jeden Abend aufs Neue alles riskieren, um Schönes, Spannendes, Bleibendes in unsere Welt zu bringen. Außer, wenn es anders gewollt wurde, habe ich die Laudationes selbst gehalten und mich nicht vertreten lassen. Fritz Muliar, Carl E. Schorske, Gunther Philipp, Otto Schenk, Harald Serafin, Walter Cronkite, Max Weiler, Heinz Petters, Nadja Tiller, Johannes Heesters, Elfie Semotan, Peter Kraus, Rudolf Buchbinder, Zubin Mehta, Yehudi Menuhin und, und, und. Mein Gott, wo anfangen, wo aufhören? Gregory Peck etwa, der sich für das musikalische Programm die Sängerknaben gewünscht hatte. Mitten in meiner Laudatio sinkt einer der Buben leichenblass zu Boden. Schneller als der vor mir sitzende Peck war keiner. Mein Wasserglas vom Rednerpult in der Hand kniete er neben dem Ohnmächtigen, sprach auf ihn ein und brachte ihn in die Wirklichkeit des Stadtsenatssitzungssaales zurück. Beide bedankten sich für den spontanen Applaus.

Abb. 39 Die Komponistin Olga Neuwirth erhält den Ernst-Krenek-Preis
Foto: Presse- und Informationsdienst der Stadt Wien

Abb. 40 Ehrung von Friederike Mayröcker und Erika Pluhar
Foto: Presse- und Informationsdienst der Stadt Wien

Abb. 41 Gladys Krenek bei der Enthüllung der Gedenktafel für Ernst Krenek
Foto: Presse- und Informationsdienst der Stadt Wien

Nicht nur im Rathaus

Des Öfteren fanden Ehrungen auch außerhalb des Ehrfurcht gebietenden Rathauses statt. Für Johannes Heesters etwa im Radiokulturhaus. Zum Dank für die Auszeichnung singt er für uns sein legendäres „Zigarettenlied". Langsam, es hinauszögernd, dazwischen stets ein langer Zug an der Zigarette. Das sei nämlich, wie uns seine Frau danach aufklärt, die einzige Ausnahme vom absoluten ihm von seinem Arzt verordneten Rauchverbot. Oder Hans Hotter, 1998, Ehrenring der Stadt Wien, nach einer Aufführung der – von Otto Schenk so grandios inszenierten – „Meistersinger", auf offener Bühne. Was für ein Gefühl. Und wieder so ein Zeitbogen. Als Dreizehnjähriger, Wiedereröffnung der Staatsoper, stand ich da unten mit meinen Brüdern im Stehparterre beim „Fidelio". Und jetzt, hier, auf der hell erleuchteten Festwiese, um gemeinsam mit Ioan Holender Hans Hotter zu ehren. Hotter hatte es sich – trotz seines offenkundigen Geh-Handicaps – in den Kopf gesetzt, den langen Weg von der Hinterbühne bis zur Rampe ohne Stock zu bewältigen. Die Idee, ihm Wotans Speer in die Hand zu drücken, kam uns leider erst später. Großes Zittern, nicht nur bei seiner Familie. Aber man merkte ihm die Freude an, als er es bei immer stärker werdendem Applaus tatsächlich geschafft hatte. Holender las seinen Text von kleinen, ihm vom Souffleurkasten aus – eine Art analoger „Tele-

Abb. 42 Ehrung von Lucie und Paul Peter Porges
Foto: Presse- und Informationsdienst der Stadt Wien

prompter" – gezeigten Tafeln herunter, um danach recht theatralisch vor Hotter mit gesenktem Haupt das Knie zu beugen. Was jetzt tun? Nur keine formalen Sätze anfügen. Den Applaus abwarten. Und dann, zum Publikum gewandt: „Meine Damen und Herren. Ist es nicht wunderbar, in einem Land zu leben, in dem Manager und Politiker vor den Künstlern knien und nicht umgekehrt." Noch in den spontanen Applaus hinein hielt ich den Ehrenring hoch und überreichte ihn mit einer von Herzen kommenden, dankbaren Verneigung dem großen Sänger, der ihn lächelnd entgegennahm.

Apropos Knien:

Im November 2000 durfte ich in Los Angeles Arnold Schwarzenegger den (von Rudolf John gestifteten) Billy-Wilder-Award und Billy Wilder die Ehrenbürgerschaft der Stadt Wien überreichen. Was für ein Spektakel. Fernsehen, Radio, Zeitungen, nicht zuletzt deshalb, weil die beiden einander vorher nie getroffen hatten. Von den „two most famous Austrians in Hollywood" war da in den Medien die Rede, was ich in meiner Laudatio für Billy Wilder versuchte, ein wenig differenzierter darzustellen … Am Ende jedenfalls kniete der Terminator spektakulär vor dem gro-

Abb. 43 Billy Wilder wird Ehrenbürger der Stadt Wien.
Foto: Presse- und Informationsdienst der Stadt Wien

ßen Regie – Meister, der – witzig wie immer – davon erzählte, dass ein Taxifahrer kurz vorher gemeint habe, er, Billy Wilder, erinnere ihn an Arnie Schwarzenegger, weil sie beide den gleichen Akzent hätten. Spätestens jetzt, mit der verliehenen Ehrenbürgerschaft, hätte er, so sagte er zum Schluss, seinen Frieden mit seiner alten Heimat gemacht.

Tagebucheintrag vom 4.November 2000
„Heute, 4. November 2000, habe ich mir ein Fahrrad genommen, bin zum Venice Beach gefahren und saß dort in prächtiger Sonne am Strand. Das Meer immer noch an die 18 Grad. Die Fahrradfahrt ist lang, eine gute Stunde hin und wieder eine Stunde zurück, aber es zahlt sich aus. Es ist einfach schön, einmal durch Los Angeles zu radeln. Und auch Beverly Hills und Santa Monica, die Straßen und Viertel mit dem Fahrrad kennenzulernen, was immer die beste Methode ist.

Und dann Abendessen mit Billy Wilder und seiner Frau Audrey, Schauspielerin und Sängerin. Sie ist eine Mischung zwischen Judy Garland und Gloria Swanson, hat das Gesicht stark geliftet, ist agitiert, irgendwie überdreht und meint, dass alle den Billy ausnützen. Sie kostet dauernd von meinem Teller, was ich überhaupt nicht leiden kann. Sie ist 78, wie sie volontiert bekannt zu geben, seit 51 Jahren mit Billy Wilder verheiratet, scheint ihn auch sehr zu lieben, gut zu behandeln und für ihn da zu sein. Man merkt nicht, dass es ihm, wie sie uns erzählt, zwischendurch auch sehr schlecht geht, mit Elektroschocks und so, sondern er ist eigentlich, immerhin 94, ruhig und gelassen und spricht fast nur Deutsch und kein Englisch mit uns. Es ist schon interessant, so jemanden persönlich näher kennenzulernen. Und wenn man bedenkt, dass eine Reihe von Filmen wie „Double Indemnity", „Some Like It Hot", „Witness for the Prosecution" und noch ein, zwei mehr innerhalb von fünf, sechs Jahren entstanden sind, dann ist das schon eine Meisterleistung, die er da vollbracht hat. Und er gilt ja nicht zu Unrecht als *der* Regisseur des 20. Jahrhunderts, den eigentlich alle anderen imitieren und von dem alle profitiert und gelernt haben. Na ja, das mag vielleicht übertrieben sein, aber Steven Spielberg beschreibt das so in seinem Brief. Mit Sicherheit stimmt, dass er zu jenen gehört, die sich nie die Frage nach Geschmack oder Erwartungen des Publikums gestellt haben. Er wollte einfach gute Filme machen. Und da konnte dann schon auch, wie er erzählte, um eine Schlusspointe, wie etwa „Nobody is perfect" in „Some Like It Hot", einen ganzen Tag lang gerungen werden …"

Abb. 44 Der Goldene Rathausmann für Marta Eggerth: Christoph Wagner-Trenkwitz, Marta Eggerth, Marcel Prawy
Foto: Presse- und Informationsdienst der Stadt Wien

Tagebucheintrag vom 13. März 2001
„Am Abend um 18 Uhr Gala für Marta Eggerth, die nächstes Jahr 90 wird und immer noch Operettenlieder singt, von Marcel Prawy eingeleitet. Und wie wir so sitzen vorm Auftritt, fragt der Prawy noch geschwind, bevor er auf die Bühne geht, wie er sie eigentlich ansprechen soll. Und sie meint zu ihm: Sag einfach, jetzt

kommt die alte Schachtel aus New York. Beide schmunzeln und er begrüßt sie dann als Jahrhundertereignis. Standing Ovations. Von mir bekommt sie den Goldenen Rathausmann. In den Zeitungen war zu lesen: das Weltwunder Marta Eggerth. Das lass ich mir natürlich als Zitat für meine kurze Laudatio nicht entgehen und ich erinnere mich dabei an zahlreiche Marta-Eggerth-Abende, manchmal allein, oft auch mit ihrem Pianisten-Sohn Marjan Kiepura oder mit Jarmila Novotná im Kulturinstitut in New York, wo sie als Präsidentin des Austrian Forums ´Heimatrecht´ hatte."

Tagebucheintrag vom 23. April 2001
„Eine sehr menschliche Alternativveranstaltung, nämlich die Ehrung von Josef Bödenler-Codrelli in dessen Wohnung im 2. Bezirk, ein fast 80-jähriger Zirkusclown, der wegen eines Tumors im Rückgrat nicht mehr gehen kann, sondern im Bett liegt, mit seiner 72-jährigen, immer noch sehr schönen Frau. Sie waren einmal auch Trapezkünstler. Es war wie aus einem Fellini-Film mit den ganzen Freundschafts- und Verwandtschaftstypen überwiegend aus der Familie Rebernigg. Ich habe eine Ansprache gehalten, so im Verbund mit allen Verwandten und Freunden, es sind die köstlichsten Anekdoten erzählt worden. Ein kleines Sandwich-Buffet war vorbereitet, Sekt und Getränke in seinem kleinen Zimmer. Es war irgendwie skurril, wie Martin Gabriel richtig festgestellt hat, und trotzdem menschlich sehr berührend in diesem Gefühl der Treue, der Solidarität, wie die alle zusammenhalten, einander helfen, besuchen. Vor allem auch Josef Bödenler-Codrelli in seiner lebensbejahenden Art, obwohl er sicher um seinen Zustand weiß, wie mir seine Frau erzählt, und man das Gefühl hat, dass er trotzdem jeden Tag einfach leben will. Dann nimmt mich Frau Rebernigg zur Seite und erzählt mir von ihrer älteren Schwester, die einmal im Zirkus Rebernigg das Schlangenmädchen ohne Knochen war, von fünf bis 14 Jahren hat sie diese Verrenkungen gemacht. Es ist sehr wahrscheinlich, dass ich sie sogar gesehen habe als Kind. Mit 14 war dann ihr Kreuz so kaputt, dass sie ein Leben lang nicht mehr gescheit arbeiten konnte, unter anderem Putzfrau war usw. Heute hat sie überhaupt kein Einkommen, hat nur die Mindestrente und lebt in totaler Armut. Sie habe heuer auch zu Weihnachten keine Weihnachtsgeste – da gibt es ja die Weihnachtsaktion vom Kulturamt – erhalten. Zumindest das ist mir jetzt noch möglich, ihr diese 15.000 Schilling zukommen zu lassen, was große Freude macht."

Nachklang

Ehrungen – das können und sollen wertvolle Stunden der Dankbarkeit und Anerkennung, der Freude und Nachdenklichkeit, des ernstgemeinten Brückenschlags zwischen Kulturpolitik und Kunst sein. Eine richtige und wichtige Kulturveran-

Abb. 45 Verleihung der Ehrenprofessur der Universität Nischni Nowgorod
Foto: Privatbesitz

staltung im besten Sinn, die zumeist mit guter Stimmung und viel Fröhlichkeit verbunden ist.

So empfand ich übrigens auch die mir selbst zuteil gewordenen Auszeichnungen, wie Ehrung durch die Stadt Wien (Laudatio: Michael Häupl), der von Kardinal Schönborn überreichte päpstliche Silvesterorden (Laudatio: Hubert Feichtlbauer) oder die Ehrenprofessur der Universität Nishni Novgorod. Und dennoch: Wenn ich so auf das Regal mit den Pokalen schaue, dann machen mir die verschiedenen Preise im Tennis, Tischtennis, im (russischen) Kegeln (Ferienhort) oder das bronzene Abzeichen der Turn- und Sportunion auch im Rückblick mindestens genauso viel Freude …

P.S.: Letzteres, also das bronzene Turn- und Sportabzeichen, erwarb ich übrigens im Bundessportheim Schielleiten, wo ich während meines Studiums in den Sechzigerjahren im Sommer als Sport- und Gerätewart volontierte. Spannend auch, Spitzensportlern beim täglichen Training zuzusehen, wie etwa Ernst Soudek, dem österreichischen Meister im Diskuswurf. Aber der wohl bleibendste Eindruck war die Begegnung mit der Familie des Leiters des Sportzentrums, Direktor Schleicher: 14 Kinder, alle mit derselben Frau, saßen da beim Abendessen um den Tisch, nur zwei davon Zwillinge. Mit einigen von ihnen wird es danach immer wieder Kontakte geben, mit Sibylle Schleicher etwa, Autorin, Schauspielerin, Musikerin, Regisseurin, die in dem herzzerreißenden Roman „Die Puppenspielerin" den frühen und schmerzvollen Tod ihrer Zwillingsschwester aufzuarbeiten versucht.

Bürgerliche Kulturpolitik

Ganz zufrieden bin ich mit dieser Bezeichnung nicht, aber sie eignet sich doch recht gut, um meine kulturpolitischen Vorstellungen von linker Ideologiepolitik, grüner Beliebigkeit, reaktionärer Interesselosigkeit und rechter Gefälligkeitskultur abzugrenzen. Was mussten wir uns in den vergangenen Jahrzehnten über die „eigentliche Aufgabe" von Kunst und Kultur anhören: Kunst muss weh tun, muss politisch und provokant, sozial, integrativ, schön, gefällig oder traditionsbewusst etc. sein. Oh nein. Kunst darf das alles, muss es aber nicht: Sie darf, muss aber nicht politisch sein, darf, muss aber nicht provozieren, darf, muss aber nicht schön und gefällig sein etc. Kunst „muss" nur möglichst offen, breit, unbehindert sein, und eine bürgerliche Kulturpolitik muss den Rahmen dafür schaffen und bereit sein, diese Freiheit zu garantieren. Genau deshalb galt es auch, bei Thomas Bernhards „Heldenplatz", beim Hrdlicka-Denkmal, bei der verfärbten Secession, der Wiener-Gruppe-Ausstellung oder beim Schlingensief-Container die Stimme zu erheben, den Verbots- und Boykottaufrufen entgegenzutreten und den hetzerischen Abbruchparolen unter keinen Umständen nachzugeben. Die Freiheit der Kunst (die übrigens auch die Freiheit der Kritik mit einschließt) ist ein viel zu hohes Gut, um sie nicht – unabhängig von allfälligen inhaltlichen Differenzen – mit allen Kräften zu verteidigen.

Im Unterschied zu rechts und links will eine bürgerliche Kulturpolitik nur so viel Einfluss wie nötig, nicht wie möglich. Daher etwa die Dreijahresverträge mit den Wiener Theatern und der Rückzug der Politik aus den großen, von der Stadt subventionierten Kulturinstitutionen (strenge Unvereinbarkeitsbestimmungen und vierjährige Politikerklauseln). Interessant übrigens – und erfreulich –, dass keine dieser Maßnahmen von der nach 2001 wieder installierten, sozialdemokratischen Alleinregierung rückgängig gemacht wurden.

Wenn man die Blasmusik aus ideologischen Gründen ablehnt, dann ist es nur konsequent, wenn man nicht zum jährlichen, großen Blasmusikfest auf dem Wiener Rathausplatz geht. Aber wie kurzsichtig ist das, wenn man weiß, dass es ohne Blasmusik keine philharmonischen Bläser gäbe und dass abertausende junge Menschen nicht mit Musik in Berührung kommen würden.

In der bürgerlichen Kulturpolitik gibt es auch keine Berührungsängste mit Wirtschaft und Tourismus, auch wenn klargestellt sein muss, dass es keine Vereinnahmung geben darf. Eine großzügigere Regelung der steuerlichen Absetzbarkeit von künstlerischen Zuwendungen würde nicht nur mehr Geld für Kunstprojekte bringen, sondern auch Anreiz zu größerem persönlichem Engagement sein. Da man Kreativität nicht anordnen kann, muss alles vermieden werden, was diese durch ideologische oder politische Vorgaben einschränken könnte und alles getan werden, um eine möglichst breite Entfaltung der schöpferischen Kräfte zu gewährleisten.

Im weiteren Kontext zählt zu den Kernaufgaben einer bürgerlichen Kulturpolitik auch die Rückholung aus dem Exil (wo noch möglich, persönlich, aber auch Archive, Nachlässe oder Schulbenennungen zählen dazu), ferner der internationale Kulturaustausch sowie die kulturelle Mitverantwortung am europäischen Integrationsprozess.

„Man flüchtet gern aus trüber Gegenwart / Sich in das heitere Gebiet der Kunst. / Und für die Kränkungen der Wirklichkeit / Sucht man die Heilung in des Dichters Träumen."

Mit diesem poetisch formulierten Kunstbegriff mag Ludwig Uhland dem/der Einzelnen neue Perspektiven eröffnen, aber als Definition für eine kosmopolitische Kulturpolitik ist er nicht geeignet. Nicht Flucht aus der Wirklichkeit kann das Motto sein, vielmehr muss es Ziel bleiben, diese, unsere Wirklichkeit mit den Mitteln der Kunst und Kultur zu beseelen. Genau aus diesem Grund beschloss ich 1998, anlässlich des erstmaligen EU-Vorsitzes Österreichs, alle Kulturstadträte, Kultursenatorinnen und Kulturdezernenten der bedeutenden europäischen Städte nach Wien einzuladen, um über den urbanen Kulturaustausch, die Verantwortung urbaner Kulturpolitik für den europäischen Integrationsprozess sowie die Möglichkeiten, an der „Beseelung" unseres Kontinents mitzuwirken, zu diskutieren. Als bürgerlicher Kulturpolitiker werde ich weiterhin dafür plädieren, dass es in Österreich endlich einmal ein „Fulltime"-Kulturministerium gibt, dessen Zuständigkeit nicht durch andere Aufgaben (Sport, Verkehr, Bildung, Medien, Information etc.) „angereichert" bzw. – korrekter – verwässert wird. Zwischen Ländermatch im Stadion, der Eröffnung eines Eisenbahntunnels oder einer Premiere im Burgtheater muss sich der/die arme Ressortleiter/in dann plötzlich entscheiden. So geht das nicht. Mit Kunst und Kultur ist ein Minister voll ausgelastet, wenn er seinen Job ernst nimmt und von der Szene ernstgenommen werden will. Die Wahrnehmung kultureller Zuständigkeit durch ein Staatssekretariat ist schon deshalb bedenklich, weil von vornherein der Stellenwert der Kultur auf dem Level eines/r weisungsgebundenen Politbeamten/in ohne Vetorecht im Ministerrat und ohne autonome (Abstimmungs-)Verantwortung im europäischen Rat festgelegt wird. Und was das österreichische Kommissionmitglied in der Europäischen Union betrifft, so sollte man nicht immer nach Macht und Budget entscheiden, sondern nach der politischen (und historischen) „Stimmigkeit". Für kein anderes europäisches Land wäre es „stimmiger", in der EU Kommission für das Kulturressort verantwortlich zu sein als für Österreich. Klein genug, um sich nicht dem Verdacht eines „Kulturimperialismus" auszusetzen und kulturell groß und erfahren genug, um wichtige Weichen in der kulturpolitischen Weiterentwicklung Europas zu stellen.

Vorverlegte Wahlen 2001

Für vorverlegte Wahlen in Wien gab es 2001 keinen Grund, außer recht gute Umfrageergebnisse für die SPÖ, die nicht zuletzt mit der öffentlichkeitswirksamen Ablehnung der schwarz-blauen Schüssel-Regierung zu tun hatten. Statt im November sollte jetzt schon am 25. März gewählt werden. Man kann das auch Koalitionsbruch nennen, auch wenn die Signale nicht deutlicher hätten sein können, die Koalition danach weiterzuführen. Dementsprechend lustlos plätscherte die Wahlauseinandersetzung anfangs auch dahin. Eine absolute SP-Mehrheit war weit und breit nicht in Sicht und Umfragen wiesen ein leichtes Plus für die ÖVP aus. Aber ohne Leidenschaft geführte Wahlkämpfe sind immer für Überraschungen gut. In Wien fand nämlich – im Unterschied zum Bund – der Wähleraustausch zwischen SPÖ und FPÖ statt: dem Plus von 7,8 % für die SPÖ stand ein Minus von 7,8 % der FPÖ gegenüber. Der berüchtigte, gegen den Präsidenten der Israelitischen Kultusgemeinde Ariel Muzicant gerichtete „Ariel-Sager" Haiders (er verstehe überhaupt nicht, wie jemand, der Ariel heißt, so viel Dreck am Stecken haben könne) ermöglichte es Häupl, kurz vor der Wahl noch einmal durch scharfe Widerrede zu mobilisieren. Görg war im Ausland und über meine Presseerklärung, dass antisemitische Äußerungen in Österreich nicht geduldet werden dürfen, wurde zwar korrekt, aber nicht wahlwirksam berichtet. Plötzlich war, wie man so schön sagt, Feuer am Dach. Ein paar Zehntelprozentpunkte könnten wahlentscheidend sein. Eine Reihe von Maßnahmen seitens des Bundes vor der Wien-Wahl, wie etwa die Einführung von Ambulanz- und Studiengebühren, waren auch nicht gerade hilfreich. Aber - so Peter Radunski, ehemaliger Hauptgeschäftsführer der CDU, später Kultursenator in Berlin und jetzt Wahlkampfberater - Görg müsse auch von einem spürbaren Schüssel-Bonus profitieren. Sogar ein gemeinsames Plakat mit Schüssel wurde vorgeschlagen, was Görg dann aber doch zu weit ging. Der Anti-Schwarz-Blau-Bonus, der Görg in Wien zugutegekommen war, kam jetzt kaum noch zum Tragen. Gewiss, alles Spekulation, wie es auch Spekulation bleiben muss, ob nicht ein Teamwahlkampf zielführender gewesen wäre, als – wie von Radunski heftig empfohlen – alles auf den Spitzenkandidaten auszurichten.

Die Rechnung wäre ja vielleicht sogar aufgegangen (Görg hat immerhin dazugewonnen), wäre es in Wien nicht durch das mehrheitsverstärkende Wahlrecht möglich, mit 46,9 % der Stimmen 52 der hundert Mandate und damit die absolute Mehrheit zu erringen. Die Fortsetzung der erfolgreichen und laut Umfragen auch beliebten Koalition, an die noch am Wahlabend alle geglaubt hatten, war plötzlich mehr als unwahrscheinlich. Das alte Dictum, dass eine Partei, die willkürlich vorzeitige Wahlen vom Zaun bricht, mit einem Malus zu rechnen habe, hat sich jedenfalls diesmal nicht bewahrheitet.

2001–2003

Wien ist anders, bisweilen einzigartig

Die Einrichtung eines „nicht amtsführenden Stadtrats", auch kontrollierender oder einfach nur Stadtrat, gehört zu den zahlreichen Besonderheiten Wiens. Das hat mit dem verfassungsrechtlich vorgesehenen Modell einer Konzentrationsregierung zu tun, in der jede Partei gemäß ihrem Stimmenanteil vertreten sein sollte. Aber irgendwann ging sich das stimmungsmäßig mit der absoluten SP-Mehrheit in Wien nicht mehr aus. Also wurden nach wie vor die Stadträte im Gemeinderat gewählt, 14 an der Zahl, und danach, mit einfacher Mehrheit die Vergabe der acht Ressorts („amtsführende Stadträte") bestimmt. Die verbleibenden sechs gingen also leer aus. Kein Ressort, halbes Einkommen, kein Dienstwagen, aber immerhin ein funktionierendes Büro mit zwei Mitarbeiterinnen.

Zunächst sollte es kurz nach der Wahl noch einmal spannend werden. Zahlreiche berühmte Künstlerinnen und Künstler – von Nikolaus Harnoncourt und Arnulf Rainer über Ioan Holender, Marta Eggerth, Marcel Prawy, Alfred Dorfer, Gert Voss bis zu Clemens Hellsberg, Wilhelm Holzbauer oder Fritz Muliar – hatten sich für meinen Verbleib als Kulturstadtrat ausgesprochen.

Nach entsprechenden, teilweise öffentlichen Spekulationen, ob ein solcher unabhängiger Kulturstadtrat möglich sei – wie das etwa in Frankfurt mit umgekehrten Vorzeichen, also unter CDU-Oberbürgermeisterinnen mit dem beliebten SPD-Kulturdezernenten Hilmar Hoffmann geglückt war (kein Überstimmtwerden im eigenen Ressort, kein zwingendes Mitstimmen mit der Mehrheit im Stadtsenat) – wurde diese Idee von Häupl rasch verworfen. Das sei seinen Funktionären, deren Freude über die absolute Mehrheit riesig sei, nicht zuzumuten. Dazu sei die Zeit einfach noch nicht reif.

„Macht braucht Kontrolle." Also beschloss ich – im Einvernehmen mit Bernhard Görg – in der Stadtregierung als „kontrollierender Stadtrat" zu verbleiben. Auch das ein Novum, weil noch nie zuvor aus einem „amtsführenden" ein „nicht amtsführender" Stadtrat geworden war. Sehr zum Leidwesen der SPÖ übrigens, mit Ausnahme des Bürgermeisters, der sich „auf die weitere Zusammenarbeit freut". Zu meinen Kontrollbereichen zählten jetzt neben Kultur und Wissenschaft auch Erziehung, Bildung, Jugend, Sport und Soziales. „Kann ja noch spannend werden", dachte ich mir. Wurde es aber nicht, weil „Kontrollieren" eben doch etwas anderes ist als „Gestalten". Aber der SPÖ-Regierung ging ich ziemlich auf die Nerven. Und meinem Nachfolger erst recht. Was nicht mein berufliches Lebensziel war, sich aber einfach aus der Tatsache ergab, dass dauernd in den Medien Vergleiche angestellt wurden, man mir nichts vormachen konnte und ich – oft gemeinsam, in einer Art „Oppositionskoalition" mit den Grünen (insbesondere mit Marie Ringler) – die Themen (von Rabenhof Theater über Integration, Vereinigte Bühnen, Musikschulen, Jugendkultur bis zu Budgetproblemen etc.) bestimmte.

Tagebucheintrag vom 11. September 2001
„Mein Bruder Ernst Wolfram ruft aufgeregt im Büro an, ich solle sofort das Fernsehen einschalten. Was ich tue, und „live" den Terrorangriff auf den zweiten Turm des World Trade Center miterlebe. Es ist einfach nicht zu glauben.

Ein grauenhafter schwarzer Dienstag, Terror in New York und Washington, das World Trade Center zerstört durch Terroristen, die zwei Flugzeuge entführt haben und dann mit allen Menschen drinnen gegen die zwei World-Trade-Center-Türme geflogen sind, ein anderes dann noch aufs Pentagon, und ein viertes ist abgestürzt in der Nähe von Pittsburgh. Eine Wahnsinnstat, tausende Tote, Verletzte. Man kriegt die Bilder des einbrechenden Wahrzeichens New Yorks, der schreienden, verzweifelten Menschen nicht mehr aus dem Kopf. Man ist sprachlos, wie Menschen derartig teuflisch ein Verbrechen konzipieren können. Es ist eine einzige Benommenheit, aus der heraus man immer noch hofft, dass man es nur in einem Science-Fiction-Film gesehen hat, Independence Day oder so was, und dass es nicht Wirklichkeit ist, wenn man diese Flugzeuge immer wieder hineinfliegen sieht ins World Trade Center, wo man so oft gewesen ist. Diese Verheerung einer Stadt, in der man so lange gelebt hat, wodurch man auch die Betroffenheit der Leute wahrscheinlich eher begreift. Man ist rat- und hilflos zwischen Wut und Verzweiflung, zwischen Beten für die Opfer und dem Schrei nach Gerechtigkeit bei der gleichzeitigen Sorge um die Eskalation, weil sich das Präsident Bush und Amerika nicht gefallen lassen werden. Es ist apokalyptisch im gesamten Eindruck und auch im Wissen, dass so etwas eben wirklich geschehen kann und dass da alle Abwehrkräfte versagt haben, und, und, und …"

Um 18.00 Uhr findet das Requiem für Josef Klaus im Stephansdom statt. Kardinal Schönborn beginnt mit einem Trauergedenken an diese Wahnsinnstat und an die Opfer, auch an die Täter, was einem schwerfällt in einer solchen Situation, aber er betont, dass man auch für die vom Hass getriebenen Täter beten soll.

2003-2007

Auf zu neuen Ufern

Im Juni 2002 war Bernhard Görg nach zehn Jahren als Wiener Parteiobmann zurückgetreten und hatte sein Ausscheiden aus der Politik bekannt gegeben. Auch während der Oppositionszeit nach 2001 waren wir – wie schon während der gemeinsamen Arbeit in der Koalition – Verbündete geblieben, wenn es um eine offene, urbane (Kultur-)Politik in Wien ging. Aber irgendwann – und gewiss auch im Lichte vielfach gesponnener Intrigen – hatte er, wie er meinte, die Freude fürs Kämpfen und Politisieren verloren. Die Zeit für Neues war gekommen. Bernhard Görg wird sich einer lebenslangen Leidenschaft – dem Schreiben – hingeben, erfolgreicher Theaterautor und Verfasser heftig akklamierter Wachau-Krimis werden.

Bei mir war es dann im November 2003 so weit: Die Zeit sei schon knapp und man sei bei der Suche nach einem Intendanten für das geplante „Wiener Mozartjahr 2006" (250. Geburtstag) noch nicht fündig geworden. Ob mich das allenfalls interessieren würde. Als Sonderprojekt der Stadt Wien – so Mailath-Pokorny und Bürgermeister Häupl – bedürfe es dazu keiner Ausschreibung. Ein Budget von 30 Millionen Euro sei vorgesehen und als künstlerischer Leiter sei ich selbstverständlich unabhängig und weisungsfrei. Hmm, eine Woche Bedenkzeit. Aus der Politik ausscheiden? Um die Funktion des Landesparteiobmanns kämpfen, die ich schon zweimal abgelehnt hatte? Und für die sich Gio Hahn freundschaftlich, aber auch zielstrebig, begonnen hatte vorzubereiten? Mich weiterhin in kleinliche Grabenkämpfe mit dem strukturell anders tickenden reaktionären Flügel der Wiener ÖVP verheddern? Ohne Rückendeckung Görgs? Reichen sieben Jahre Kommunalpolitik nicht als Lebenserfahrung? Die Gestaltung eines völlig neuen, groß-dimensionierten Kulturprojekts ablehnen? Lieber im Klub und Parteivorstand mühsame und – erfahrungsgemäß – kleinliche Debatten führen als mit Komponisten, Dirigenten und Künstlerinnen aus allen Kulturbereichen zu diskutieren, wie man mit Hilfe Mozarts von Wien aus in die ganze Welt die Botschaft von der Bedeutung der Musik schicken kann? *Nil petere, nil recusare?* Voll solcher Gedanken ging ich versonnen zu Fuß vom Karlsplatz auf dem Ring den Burggarten entlang und stand, als ich aufblickte, direkt vor dem Denkmal des – wie der Mozart-Biograf Wolfgang Hildesheimer schrieb – „vielleicht größten Genies der bekannten Menschheitsgeschichte". Schon ein sonderbarer Zufall, dachte ich mir. Kurz darauf erklärte ich mich bereit, ein erstes Konzept auszuarbeiten, verständigte loyalerweise Bundesparteiobmann, Landesparteiobmann und Klubobmann von meiner Entscheidung (die unterschiedlich aufgenommen wurde) und machte mich an die Arbeit.

Tagebucheintrag vom 26. November 2003
„Auf den Tag genau vor sieben Jahren wurde ich angelobt, und heute ist der Rücktritt. Und ich muss sagen, das ist schon ein emotional berührender Moment, es sind alle Parteien im Gemeinderatssaal, auch der Bürgermeister und die meisten Regierungsmitglieder. Bernhard Görg wurde vom Klub als Redner zum Tagesordnungspunkt Vereinigte Bühnen nominiert. Er hält eine lange Abschiedsrede für mich, für die ich ihm sehr dankbar bin, weil sie auch gedanklich und rhetorisch so schön formuliert ist. Ich verabschiede mich mit einer einstündigen Rede, in der ich die Highlights und Zielsetzungen meiner Amtszeit rekapituliere, mich bei vielen, vor allem den Künstlerinnen und Künstlern, bedanke, meinem Nachfolger die Weiterführung einer kosmopolitischen, offenen Kulturpolitik ans Herz lege und der Stadt als weiterhin relevantes europäisches Kulturzentrum eine bedeutende, gute Zukunft wünsche. Viel Zustimmung und Glückwünsche von den Kultursprechern, Andreas Salcher, Ernst Woller, Marie Ringler, aber auch Christoph Chorherr, Johann („Hansi") Hatzl und vielen anderen. Es ist eine wirklich schöne, ungewöhnliche Stimmung. Und am Schluss, wie das vom Ritual her verlangt wird, stehe ich dann oben auf der Galerie, mit einem großen Blumenstrauß in der Hand. Der Vorsitzende Rudolf Hundstorfer spricht noch einige persönliche Abschiedsworte und dann gibt es einen minutenlangen stehenden Applaus von allen Parteien. Schon ein bewegender, ziemlich emotionaler Lebensmoment."

WMJ06 – Wiener Mozartjahr 2006

Neuland, wohin man schaute. Mein Büro konnte ich – statt „Stadtrat" stand da plötzlich „Wiener Mozartjahr 2006" – als temporäre Anlaufstelle behalten, und Cäcilia Altenburg und Harald Sidak erklärten sich zum Bleiben bereit. Ich selbst war – erstmals in meinem Leben – (künstlerischer) Geschäftsführer einer GmbH. Franz Patay war erfreulicherweise bereit, die Funktion des kaufmännischen Geschäftsführers (Vier-Augen-Prinzip) zu übernehmen. Immerhin ein guter Start, galt es doch, keine Zeit zu verlieren und den organisatorischen Aufbau (Büro, Mitarbeiter/innen, Infrastruktur etc.) voranzutreiben, um möglichst bald mit der inhaltlichen Arbeit beginnen zu können. Patay ist sehr hilfreich und kümmert sich erfolgreich um ein Büro (Mahlerstraße 14), das Administrative und die Vorbereitung von Personalentscheidungen (insgesamt 22 Mitarbeiterinnen und Mitarbeiter, die im Lauf der Zeit zum „Wiener Mozartjahr Wunderteam" werden). Mehr als 1.200 (!) Bewerbungen gibt es für die sechs ausgeschriebenen Referate (Musik und Tanz; Theater, Literatur und Wissenschaft; Jugend, Schulen und Volksbildung; Bildende Kunst und Film; Öffentlicher Raum, Werbung und Marketing; Medien und Presse). Meine Bitte, penibel auf die Einhaltung des Budgets zu achten, wird Patay gewissenhaft (über-)erfüllen.

„Mozartstadt Salzburg"

Mir scheint zunächst eine Reise nach Salzburg wichtig, um gleich von Anbeginn keinen Eindruck hochkommen zu lassen, dass es da jetzt eine ungute Konkurrenzsituation geben könnte. Salzburg hatte ein Budget von zehn Millionen Euro vorgesehen und mit den Planungen schon wesentlich früher, nämlich im Jahr 1999, begonnen. Die Einladung – damals noch als Kulturstadtrat – dem Vorbereitungskomitee beizutreten, hatte ich gern angenommen, was jetzt die Koordination erleichterte. Im Unterschied zu Salzburg weigerte ich mich jedoch, mit Tourismus und Wirtschaft eine Arbeitsgemeinschaft einzugehen. In meinen Augen durfte es nicht einmal den geringsten Anschein geben, dass Tourismus und Wirtschaft etwas bei der künstlerischen Programmplanung mitzureden hätten. Umso besser funktionierte dann – nach anfänglichem Unverständnis – die Zusammenarbeit, nämlich in der Form, dass von WienTourismus weltweit Pressekonferenzen organisiert wurden, bei denen die künstlerischen Vorhaben Wiens (und bisweilen Salzburgs) vorgestellt wurden. Das führte mich unter anderen nach Paris, London, New York, Hamburg, München, Stockholm, Helsinki, Prag, Mailand oder Rom. Und ersparte uns so nebenbei viel Geld und organisatorischen Aufwand. Die wesentliche Botschaft lautete, dass es kein marktschreierisches, touristisches, klischeehaftes, vereinnahmendes, unreflektiertes, Mozart missbrauchendes Jubeljahr sein werde (wie von vielen, vor allem kritischen Medien befürchtet), sondern ein programmatisch künstlerisches Anlassjahr, in dem mit Hilfe Mozarts (den wir ja viel mehr brauchen als er uns) über den Stellenwert von Musik und Kunst in unserer Zeit und Gesellschaft nachgedacht werden sollte. Wenn das auf internationale Beachtung, kritische Hinterfragung und weltweites Interesse stoßen sollte, dadurch auch mehr Touristen nach Österreich kommen würden und mit möglichst großen Besucherzahlen auch ein wirtschaftlicher Mehrwert verbunden wäre, so sollte uns das nur recht sein.

Besonders erfreulich waren aus diesem Grund auch die gemeinsamen Auftritte mit Präsidentin Helga Rabl-Stadler, etwa in New York, weil dadurch sehr augenscheinlich das gemeinsame Anliegen unterstrichen wurde. In Tokio ging es sogar noch um einen Schritt weiter, weil Intendant Ruzicka mangels geeigneter Flugverbindungen seine Teilnahme an der Pressekonferenz im letzten Moment absagen musste. So faxte er mir seine Programmvorhaben und gern erfüllte ich seine Bitte, nicht nur das Wiener, sondern auch das Salzburger Programm den japanischen

Medien zu präsentieren. Neben seiner überzeugenden und erfolgreichen Intendanztätigkeit wird Peter Ruzicka eine singuläre Meisterleistung vollbringen: Sämtliche Mozartopern in einer bunten DVD-Box! Was für eine geglückte Dokumentation. Beneidenswert, wer ein solches, inzwischen heiß begehrtes Sammlerstück sein Eigen nennen kann.

P.S.: In der Folge wurde mir Peter Ruzicka zum Freund und unverzichtbaren Mitstreiter im Alexander-Zemlinsky-Fonds, dem er ehrenamtlich – wie wir es Louise Zemlinsky versprochen hatten – trotz seiner vielfältigen Tätigkeiten als Komponist, Dirigent, Intendant und Lehrer – mit seiner großen musikalischen, organisatorischen und juristischen Kompetenz die Treue hält.

„Und wo ist der Mozart jetzt?"

Was für ein Motto, geprägt durch die Frage einer achtjährigen Schülerin! Auf der Suche nach Mozart, aber auch auf der Suche, der Sinnsuche, mit Mozart. Mehr Anlass- als Jubeljahr. Zu den Menschen gehen. In den Gemeindebau, zu den Lehrlingen, in Strafanstalten, Erziehungsheime, Seniorenresidenzen und Sonderschulen. Die Jungen erreichen, wo und wie immer möglich. Neuen Kompositionen eine besondere Chance geben durch mehr als 50 Auftragswerke. Zeitgenössische, österreichische und internationale (Chick Corea, Fazil Say, Joe Zawinul) von Mozart inspirierte Musik erleben. Wie etwa „I hate Mozart" im Theater an der Wien (Musik: Bernhard Lang, Libretto und Regie: Michael Sturminger) oder „Die Weberischen" in der Halle E im MuseumsQuartier (Tiger Lillies, Libretto von Felix Mitterer). Das Schlagzeug-Marathonkonzert im Musikverein mit dem jungen Martin Grubinger (der damit die Weichen für seine Weltkarriere stellte). Mozart „live" mit jungen Musikern auf großen Plätzen der Stadt. Stehenbleiben, zuhören, fragen. Mozarts Sakralwerk (rund ein Zehntel seiner Gesamtkompositionen) zweimal übers Jahr verteilt in dreißig Kirchen zur Aufführung bringen und 28 Filmschaffende zu kurzen filmischen Statements („Mozart-Minuten") einladen. Dem „Spirit of Mozart" beggegnen, sich von seiner alle Bereiche des Lebens umfassenden Gedanklichkeit berühren lassen. Das heruntergekommene „Mozarthaus" in der Domgasse musste renoviert werden, große Welturaufführungen von Oper über Orchesterwerke bis zur Kammermusik sollte es geben, in einer umfassenden Ausstellung des Da Ponte Instituts (Herbert Lachmayer) in der Albertina sollten die geistesgeschichtlichen Zusammenhänge dargestellt und in einem dreitägigen Eröffnungsfest mit zahlreichen Einzelveranstaltungen ganz Wien zur Teilnahme (mehr als 100.000 waren dabei) eingeladen werden. Wir freuten uns, wenn die Menschen während einzelner Konzerte zwischen den Sätzen hineinklatschten. Es war der selbsterlebte Nachweis, dass wir ein neues, noch wenig konzertaffines Publikum erreicht hatten.

Sich Mozart nähern, behutsam, unaufdringlich, nicht missionarisch, nicht marktschreierisch, nur ja kein „Overkill". Daher auch keine Beschallungen im öffentlichen Raum, in der U-Bahn oder Geschäften. Das Mozartjahr durfte sich nicht wie ein Straßenprediger auf die Menschen werfen, laut „Amadeus" brüllend in der Hoffnung, dass dann alle Mozart lieben würden. Begegnungen mussten es sein, echte, vielfach Neu- und Erstbegegnungen, durch die immer wieder auch Neugier und Vorfreude auf mehr, auf mehr Mozart, auf mehr Musik – und durch sie auch mehr Sinn – im Leben geweckt werden sollte. „Wir leben in einer schwierigen Zeit, Bruder", schrieb Giorgio Strehler in seinem „Brief an Mozart", „aber wir haben es auch Ihnen zu verdanken, dass wir noch nicht völlig verzweifelt sind. Und indem wir uns Ihnen nähern, nach bestem Können und Vermögen, fühlen wir uns in der Lage, das Leben zu akzeptieren und zu kämpfen – jeder auf seine Art – für eine bessere Welt."

Kein anderer Komponist ist öfter mit einer solchen, zumeist auch zum Himmel weisenden „besseren Welt" in Zusammenhang gebracht worden. Vom „Jesus der Musik" spricht Tschaikowsky, vom „Wunder, zu dem man sonst nichts sagen" könne, Goethe, „Heiland der Musik", nannte ihn Otto Nicolai. „Nach dieser Musik kommt nur mehr der liebe Gott", rief Bruno Walter nach dem zweiten Satz des Klarinettenquintetts aus und Josef Krips schrieb: „Andere Komponisten mögen mit ihrer Musik den Himmel erreichen, Mozart kommt von dort."

„Einen Abschied vom WIENER MOZARTJAHR 2006 kann und soll es nicht geben", schrieb ich in der 2007 veröffentlichten Schlussdokumentation. „Jedes Jahr ist Mozartjahr. Ob die zerstörerischen oder die erhaltenden Kräfte in der Welt siegen werden, wurde Martin Buber einmal gefragt. ‚Was wollen Sie denn, es gibt doch Mozart', soll er spontan geantwortet haben. Mozart wird stets auch ‚Seelengespräch', wird immer Anfang und Hoffnung bleiben. Weit über das ‚Mozartjahr' hinaus."

Tagebucheintrag vom 17. Jänner 2007
„Mittagessen mit Christoph Wagner-Trenkwitz. Wir besprechen seine Kabaretteinlage für den 21. Jänner beim Schlussfest mit rund 2.000 Teilnehmenden im Festsaal des Rathauses.

Am Abend leider wieder Fieber, ich sage den Philharmonikerball ab, und auch sonst geht es mir nicht gut, Kopfschmerzen und mehrmals furchtbare Schweißausbrüche in der Nacht und jetzt auch Schmerzen in der linken Rückenhälfte beim Einatmen. Noch hoffe ich, dass das nichts Schlimmeres ist."

Tagebucheintrag vom 20. Jänner 2007
„Leider wird es nicht besser am 19. und auch nicht am 20., und Irmgard drängt sehr, ins AKH zu fahren. Ich gebe schließlich nach und wir fahren hin. Und es ist nicht,

wie mein Verdacht war, eine schwere Grippe, Lungen- oder Rippenfellentzündung, sondern eine doppelseitige Lungenembolie. Sofortaufnahme ins AKH."

Tagebucheintrag vom 21. Jänner 2007
„Mithilfe eines ärztlichen Sondereinsatzes mit begleitender Rettung, zwei Ärzten und einem Stand-by-Team, hatte ich mich zum Entsetzen des behandelnden Oberarztes entschlossen, doch noch zum Abschlussfest ins Rathaus zu gehen, gegen Revers natürlich. Aber durch die äußerst kompetente begleitende ärztliche Betreuung, die sehr unauffällig war, vertretbar. Und auch im Festsaal, wie man mir versicherte, hat es kaum jemand bemerkt, obwohl ich ziemlich wie in Trance und immer mit der Angst, ich könnte umkippen, meine Reden gehalten und meine Interviews geführt habe. Um 21.30 Uhr musste ich zurück. Aber bei zweitausend Gästen ist das nur wenigen aufgefallen. Eigentlich wollte ich schon eine erklärende, entschuldigende Briefbotschaft schicken, aber das wäre wohl für viele Menschen, die im Mozartjahr mitgearbeitet, mitgelitten und mitgefeiert hatten, eine ziemliche Enttäuschung gewesen und hätte die Feierstimmung im großen Festsaal beeinträchtigt. Und der diensthabende Arzt hat – im Unterschied zum behandelnden – gemeint, dass er sich gut in meine Situation hineindenken könne, die Gefahr ja im Wesentlichen vorüber und er überzeugt sei, dass ich das mit den oben beschriebenen Vorsichtsmaßnahmen riskieren könne. Schon ein wenig verrückt, aber, auch im Rückblick, die richtige Entscheidung, mit – glücklicherweise – gutem Ausgang.
Als Einzige aus dem Büro darf mich meine engste Mitarbeiterin Agnes Öhlberger besuchen mit Unterschriftenmappen, Briefen, Terminen etc. Sie macht das alles in ihrer treuen, kompetenten Art wunderbar und ist dadurch für mich auch eine große Beruhigung.
Irmgard ist sehr lieb und betreut mich mit Joghurt und frischem Orangensaft. Die Kinder waren zweimal da. Ich verstehe das Ganze auch als Hinweis darauf, dass man anders mit sich umgehen muss und sich nicht so auspowern darf, wie es in den letzten Jahren, aber insbesondere auch in den letzten Wochen und Monaten der Fall war."

Tagebucheintrag vom 2. Februar 2007
„Ich kann nach Hause gehen. Die Ärzte sind zuversichtlich, dass alles wieder in Ordnung kommen wird. Irmgard und Anna holen mich am Abend ab und wir fahren, immer noch leicht angeschlagen, aber fröhlich, nach Hause."

Apropos „Bruder" und Freimaurer:

Dass Mozart Freimaurer war, ist allgemein bekannt. Warum er aber nicht exkommuniziert war, weniger. Gemäß päpstlicher Bulle hätte es nämlich so sein sollen. Laut Konkordat mit den Habsburgern indes konnten sämtliche Dekrete aus dem

Vatikan in den Erbländern erst dann in Kraft treten, wenn sie vom Herrscher bzw. der Herrscherin gegengezeichnet wurden. Das wiederum fiel der sehr katholischen Maria Theresia einfach zu schwer, hätte es doch die Exkommunikation ihres geliebten Freimaurer-Gatten Franz zu Folge gehabt. Also ließ sie die päpstliche Bulle einfach liegen, was nicht nur Mozart und Kaiser Franz I. sondern auch anderen berühmten Zeitgenossen wie Joseph Haydn, van Swieten, Joseph von Sonnenfels oder Fürst Kaunitz die Exkommunikation ersparte.

Wie alt war Mozart, als er ein bestimmtes Werk komponierte? „Eine kleine Nachtmusik" etwa, Köchelverzeichnis 525? Mein Altschottenfreund von Radio Stephansdom, Christoph Wellner, hat es mir erklärt. Ganz einfach: Durch 25 dividieren und zehn hinzuzählen. Also: $525:25 = 21 + 10 = 31$ Jahre. Wenn es sich nicht so genau ausgeht, dann einfach ab- oder aufrunden. Z. B. Jupiter Sinfonie, KV 551, durch 25 ergibt 22, plus 10, also 32 Jahre. Oder Figaros Hochzeit, KV 492, durch 25, ergibt 20, plus 10, also 30 Jahre. Oder Missa Solemnis, KV 337, durch 25 (aufgerundet) ergibt 14, plus 10, also 24 Jahre! Ist verlässlich und stimmt immer. Wieder so ein mozartisches Geheimnis.

Neuauflage und Marathonlesung

Franz Richard Reiter vom Ephelant-Verlag war es gelungen, das Jahrhundertbuch „Sein Kampf" (1935) von Irene Harand neu herauszubringen. Das alte war vergriffen und nur mehr in wenigen Exemplaren zugänglich. Am 12. März 2005 wurde es von Kardinal Schönborn, Franz Richard Reiter und mir im Erzbischöflichen Palais vorgestellt und danach von 100 Persönlichkeiten auf dem Stephansplatz in einer auf einer großen Fernsehwand übertragenen Marathon-Veranstaltung zur Verlesung gebracht. Ein wichtiger Beitrag zum 60-jährigen Gedenken an das Ende der verbrecherischen Nazi-Terrorherrschaft. Ein ähnlich wichtiger Beitrag sollte Franz Richard Reiter ein paar Jahre später, 2018, gelingen, als er den erschütternden Augenzeugenbericht „Die Freiheit kam im Mai" von Iakovos Kambanellis über seine Horrorzeit im KZ-Mauthausen im gleichen Format vor dem Stephansdom zur Verlesung brachte. Wenn doch nur Bücher wie diese, oder auch „Ferien am Waldsee" (Carl Laszlo), „Die Frauen von Birkenau" (Seweryna Szmaglewska), „In der Hölle tanzen" (Dr. Edith Eva Eger), um nur ein paar wenige zu nennen, mehr Verbreitung finden, von viel mehr Menschen gelesen würden! Einen besseren Weg zur Immunisierung gegen Holocaustleugnung, Nazi-Nostalgie, „Sehnsucht nach dem starken Mann" oder Demokratieverdrossenheit kann es gar nicht geben.

2007–2024

Und was macht der Marboe jetzt?

Es ist ja doch sonderbar, nach Abschluss des Mozartjahres so mittendrin im Zentrum zahlreicher Gerüchte und Spekulationen zu stehen. Wie das eben in Wien, könnte man sagen, so üblich ist. TV-Media schrieb, dass der ORF-Generalintendant eine neue, reizvolle Aufgabe sein könnte. Die Nachfolge Direktor Häuslers bei den Vereinigten Bühnen sei doch ein logischer nächster Schritt, war zu lesen. Sämtliche Betriebsräte (künstlerisches, technisches und Verwaltungspersonal) hatten sich einstimmig für mich als Nachfolger Rudolf Bergers in der Volksoper ausgesprochen, was – wie einige Kommentatoren meinten – eine Ernennung doch mehr als wahrscheinlich machte. Auch wenn es tatsächlich im Zusammenhang mit solchen Überlegungen das eine oder andere Gespräch gab, waren es letztendlich doch nur Gerüchte ohne konkrete weitere Schritte oder Angebote.

Im Unterschied zu Simon Rattle, der nicht lockerließ, mich zu mehreren Abendessen einlud und insistierte, dass ich Intendant der Berliner Philharmoniker werden sollte. Mit dem Orchester – deren Vorstände extra nach Wien anreisten – sei das bereits abgesprochen. Eine Entscheidung solle ehestmöglich fallen. Jetzt aber Schluss mit lustig. Reizvoll war das auf jeden Fall. Und wieder einmal spannend. Kopfschütteln bei den Kindern Anna und Jakob, damals zehn und elf Jahre alt, bei den ersten Andeutungen, ob sie mit mir in Berlin leben wollten. Irmgard recht entspannt. Ein Job würde sich an den dortigen Universitäten schon finden lassen. Dann Abendessen und ernsthaftes Familiengespräch. Totale Opposition bei Jakob und Anna. Da müsse ich alleine fahren, eben am Wochenende nach Wien kommen, für sie komme das keinesfalls in Frage. Freunde aufgeben? Schule wechseln? Sie aus ihrer Umgebung herausreißen? Berlin statt Wien? Sprache? Wozu denn? Mir war gleichzeitig bewusst, dass ich als später und glücklicher Vater nicht plötzlich getrennt von meiner Familie leben wollte. Noch dazu, wo ja die „Berliner" als Tournee-Orchester rund ein Drittel des Jahres auf Reisen sein würden. Also noch weitere Versuche, Berlin als attraktive Alternative zu Wien anzupreisen. Hinweis, dass doch Kinder immer dort leben würden, wo die Eltern sind etc. Aussichtslos. Plötzlich, sichtlich abgesprochen: „Okay, Papa, wenn du uns zwingst, mit dir nach Berlin zu kommen, dann bist du voll verantwortlich, wenn wir unglücklich sind, schlechte Noten haben, Drogen nehmen und Alkoholiker werden." Das klang nun doch wirklich ziemlich übertrieben, oder? Aber was, wenn es so kommt? Wie damit umgehen, dass ich die Ursache für so viel Unglück sein könnte? Den Kindern war es bitterer Ernst. Und beruflich bestand für mich keine Notwendigkeit. Wäre ja eher eine Art interessanter, beruflicher „Zugabe". Mir schien es jedenfalls nicht vertretbar, ein solches Risiko einzugehen. Und so schrieb ich an „Sir Simon" einen herzzerreißenden Absagebrief, in dem ich bei aller Freude über sein Angebot derzeit aus familiären Gründen nicht aus Wien fortkönne. Und bin mir bis zum heutigen Tag – nicht zuletzt im Licht der weiteren schulischen, menschlichen und in späterer Folge auch beruflichen Entwicklung von Anna und Jakob – sicher, dass es die richtige Entscheidung war.

Neue Freiheit

Ich denke, dass es wichtig ist, die von vielen herbeigesehnte, von ähnlich vielen gefürchtete Pension als Zeit einer neuen Freiheit zu begreifen. Der Kalender ist ja immer noch voll mit Terminen, die sich durch das ehrenamtliche Engagement bei vertrauten Institutionen (Alexander-Zemlinsky-Fonds, Arnold Schönberg Center, Otto Mauer Fonds, Freunde der Exilliteratur, Christlich-jüdisches Dialogforum etc.) oder auch halb-berufliche Gespräche, Interviews und schließlich private Begegnungen ergeben. Was wegfällt, ist der strukturierte Tagesablauf mit Büro und Sekretariat, was aber genau der Grund für das Gefühl vermehrter, wiedererlangter – heraus aus dem Hamsterrad – zeitlicher Selbstbestimmung ist. Voraussetzung dafür ist allerdings die Bereitschaft, sich nicht mehr primär aus dem Beruf heraus zu definieren (und definieren zu lassen), sondern als Gatte, Vater, Freund, Onkel, Bruder, ehrenamtlich und sozial Engagierter. Vieles wäre ohne diese Veränderung nicht möglich gewesen.

„And if you come to San Francisco ..."

So etwa ein siebenmonatiger Aufenthalt (zwei College-Terms) der Familie in Kalifornien. Irmgard an der Stanford University als „Visiting Scholar", Anna und Jakob im Foothill College in Los Altos Hills. Für die Kinder wohl eine einzigartige Möglichkeit, in eine fremde Kultur einzutauchen, Studieren am Campus zu erleben, internationale Kontakte zu knüpfen, neue Freundschaften zu schließen.

Zu Weihnachten (2014) luden wir acht Studienkolleginnen und -kollegen unserer Kinder zu einem festlichen, von Irmgard ambitioniert vorbereiteten Abendessen mit (künstlichem) Christbaum und Geschenken ein. Nur einer von unseren Gästen war katholisch, die anderen Muslime, Sikhs, orthodox, evangelisch. Zur Mitternachtsmette wollten alle plötzlich mitkommen. Warum auch nicht? Als sich praktisch alle Gläubigen zum Kommunionempfang bereitmachten, tat es ihnen der aus verschiedenen religiösen Himmelsrichtungen kommende Freundeskreis gleich. Zwei von ihnen entfernten sich dann mit der Hostie in der Hand vom Altar. „You have to eat it, you must put it into your mouth", flüsterte eine aufgeregte Kommunionspenderin den beiden zu und war glücklich, als sie dies auch taten.

Irmgard fühlte sich in Stanford bald wie zuhause und es dauerte nicht lange, bis es uns allen so ging. Cantor Center for Visual Arts, Hoover Tower, Bing Concert Hall, Stanford Bookstore, Stanford Faculty Club, Law School, Medical Center, Stanford Stadium, die langen Baumalleen, Backstein- und Ziegelbauten, in denen Studierende und Lehrende bunt gemischt wohnen. Auf rund 16.000 Studierende kommen mehr als 2.000 Lehrende und mehr als 13.000 Mitarbeitende, bei einem Jahresbudget von rund sieben Milliarden Dollar. Dreißig Mal wurde der Nobelpreis an Fakultätsmitglieder der Stanford University verliehen. Viel von unserer Vertrautheit mit dem Campus haben wir Irmgards Betreuerin (Program Administrator) am Europe Center, Karen Haley, zu verdanken. Gleich nach unserer Ankunft galt es, ein komplexes Problem zu lösen. Bei der Einreise in die USA wurde nämlich irrtümlich das Arbeitsvisum für Stanford in meinen und das für mich ausgestellte Besucher-Visum in Irmgards Pass eingetragen. Das musste jetzt mühsam und mit Vorsprachen im Immigration-Office in San Francisco geklärt werden. Mit Hilfe Karens sowie des zuständigen, äußerst hilfreichen Beamten in der Immigrationsbehörde und nach zahlreichen Telefonaten mit dem US-amerikanischen Konsulat in Wien gelang es schließlich auch. Grund zum Feiern. Bei einem traditionellen amerikanischen Thanksgiving Dinner, zu dem Karen und ihr Mann uns in ihrer Wohnung in San José eingeladen hatten.

Wir begannen – nicht zuletzt auch in dem herrlichen Haus mit Garten und Swimmingpool in Los Altos – Teil des „American (genauer: Californian) Way of Life" zu werden, was auch für mich nach all den Jahren in New York ein gänzlich neues Erlebnis war.

Zugabe

Das Gefühl kennt man, wenn Sänger zum Schluss kommen und das Publikum mit anhaltendem Applaus noch mehr hören will. So ähnlich ging es uns mit Kalifornien, und Irmgard schaffte es im Februar 2016 tatsächlich noch einmal für eineinhalb Monate als Visiting Scholar nach Stanford. Großer Spaß für mich, Jubel bei Anna und Jakob, die nachkommen und zwei Wochen mit uns, vielmehr aber noch mit ihren alten College-Kumpels verbringen konnten. Alle Freundinnen und Freunde waren noch da. Unterhaltsamere und geglücktere Semesterferien kann man sich kaum vorstellen. Wobei ein ziemlich aufregender Höhepunkt gewiss die Einladung des kalifornischen NASA-Forschungszentrums in Mountain View an Irmgard war, einen Vortrag über „Legal aspects of space activities" zu halten. Jedenfalls beeindruckend zu sehen, wie im vollen Saal Experten aus allen (technischen) Ausrichtungen, die vielleicht gerade die nächste Marsmission, ein Andockmanöver im All, eine neuerliche Mondlandung oder möglichst reibungslose Satellitenstarts vorbereiteten, andächtig den Ausführungen Irmgards lauschten. Und, wie mir einige anschließend erzählten, oft zum ersten Mal darauf hingewiesen wurden, dass sich alle ihre Tätigkeiten nicht im rechtsfreien Raum abspielten, sondern ganz unmittelbar mit (völker-)rechtlichen Implikationen verbunden sind.

Das mit dem Stolz-Sein auf andere ist so eine Sache. Aber wenn selbst ein psychologisch so erfahrener und weltweit bekannter Psychotherapeut, Wissenschaftler und Autor wie Irvin D. Yalom es für okay befindet, auf seine Frau Marilyn stolz zu sein (etwa im gemeinsam mit ihr geschriebenen Buch „Unzertrennlich – Über den Tod und das Leben"), dann finde ich nichts dabei zu berichten, dass ich damals mit demselben Gefühl, als auf seine Frau stolzer Gatte, unter den Zuhörenden gesessen bin.

Reisen zu viert (2017)

Abb. 46 Familie Marboe (Peter, Irmgard, Jakob, Anna) in den Bergen
        Foto: Privatbesitz

Unter den zahlreichen gemeinsamen Sommer- und Winteraufenthalten – von Spanien über die Schweiz, Italien, Frankreich (grandios: einwöchige Hausbootfahrt auf dem Canal du Midi) bis zu den Inseln Elba, Sardinien und Korsika – verdient jene im Jahr 2017 nach Sizilien eine besondere Erwähnung. Irmgard hatte sich das – anstatt eines Festes – zum fünfzigsten Geburtstag (den wir in Cefalù gefeiert haben) gewünscht. Neben Meer, Landschaft und Kultur wollte sie sich auch mit den Vulkanen näher bekannt machen. Ätna und Stromboli – wirklich beeindruckend – in erster Linie, aber, sozusagen zur Abrundung, auch der Vesuv auf dem Festland. Und danach Pompeji mit seinen Ausgrabungen. Pech! Wir versäumten den Einlass (eine Stunde vor Sperrtermin) um wenige Minuten. Kein Betteln half. Die beiden uniformierten Aufseher betonten, dass sie uns einfach nicht hineinlassen dürften. Großer Frust, vor allem bei Irmgard, den sie sich mit einem lauten „Das haben wir verschissen" von der Seele reden wollte. Bei den beiden Beamten kam das aber in die falsche Kehle. Mit roten Gesichtern, agitiert und heftig gestikulierend, riefen sie „Non siamo fascisti", wir machen nur unseren Job etc., Irmgard solle sich sofort für diese Beleidigung entschuldigen. Wie – trotz Irmgards eindrucksvoller Italienisch-Kenntnisse – zwei italienischen Aufsehern klarmachen, dass „Verschissen" nichts mit „Faschisten" zu tun hat? Aber mit vielen zerknirschten und daher glaubwürdigen „Scusis" gelang es doch irgendwie und wir zogen schließlich weiter. Bis zum nächsten Hintereingang, von wo aus man noch einen recht guten Überblick gewinnen konnte. Anna überhaupt. Die zwängte sich nämlich durch das bereits gesperrte Drehkreuz, durchquerte das ganze Areal und stand plötzlich vor dem ursprünglichen Eingang. Die verdutzten Aufseher rieben sich die Augen, als Anna mit einem fröhlichen „Arrivederci" an ihnen vorbeiging. Für irgendwelche Fragen waren sie sichtlich zu erschöpft und froh, dass der Tag vorüber war.

Stift Altenburg

Unser Näheverhältnis zu diesem herrlichen Waldviertler Barockkloster und seinen Mönchen, allen voran Abt emeritus Christian, Pater Albert und Pater Michael, haben wir meiner evangelischen Frau Irmgard und unserem Traupriester Pater Bsteh zu verdanken. Dieser hatte Irmgard – mit Erfolg – gebeten dort die VICISU, die Vienna International Christian Islamic Summer University, zu organisieren. Irmgard übernahm das mit der ihr eigenen großen Kompetenz und Leidenschaft. Alle zwei Jahre nahmen rund vierzig christliche und muslimische Studierende aus aller Welt an den dreiwöchigen Lehrveranstaltungen, Vorträgen und Seminaren teil. Man sah aber auch junge Frauen mit Kopftuch in der Kirche sitzen und Christen am Freitagsgebet teilnehmen. Gelebter interreligiöser Dialog, auch beim Fußball- und Tischtennisspielen oder gemeinsamen Wandern durch die angrenzenden (farbenprächtigen Weizen-, Gerste-, Mais-, Raps-, Hanf-, Soya-, Roggen, Lavendel- oder Sonnenblumen-)Felder und Wälder.

Stichwahl mit gutem Ausgang

Man muss sich nur einmal vorstellen, was gewesen wäre, wenn die Stichwahl zum Bundespräsidenten zwischen Norbert Hofer und Alexander Van der Bellen anders ausgegangen wäre. Stichworte Ibiza, Pandemie, Kurz-Rücktritt. Im Rückblick stellt sich „unser" Engagement für (den Grünen) Van der Bellen erst so richtig als Glücksfall heraus. Mit „unser" meine ich Persönlichkeiten wie Busek, Molterer, Riegler, Michael Ikrath, Ferdinand Maier, Claus Raidl, Maria Rauch-Kallat, auch Franz Fischler, Josef Pröll und Othmar Karas – von den Sozialdemokraten übrigens Michael Häupl und Christian Kern –, die sich in der Stichwahl öffentlich für VdB ausgesprochen hatten. Starkes Lebenszeichen der Zivilgesellschaft. Für mich selbst war es nur konsequent, gemeinsam mit vielen Künstlerinnen und Bekannten aus dem (nicht-grünen) Bürgertum VdBs Personenkomitee beizutreten. Die parteiunabhängige (nur von den Neos unterstützte) Irmgard Griss, hatte es mit 18,94 % knapp nicht in die Stichwahl geschafft, die offiziellen Kandidaten der „großen" Parteien, Rudolf Hundstorfer (SPÖ, 11,28 %) und Andreas Khol (ÖVP, 11,12 %) waren – anders kann man es wohl nicht sagen – in ein historisches Debakel geschlittert. Norbert Hofer also oder Alexander Van der Bellen. Nach Auszählen der Stimmen ohne Briefwähler am 22. Mai 2016 lag Hofer noch voran, am nächsten Tag aber, als alle Stimmen gezählt waren, galt Van der Bellen mit 50,35 % gegenüber Hofer mit 49,64 % als gewählt. Rund 31.000 Stimmen betrug der Vorsprung. Aber die Freude währte nur kurz. Der Verfassungsgerichtshof entschied zugunsten der von der FPÖ eingebrachten Wahlanfechtung. Die Wahl musste also wiederholt werden. Der für 2. Oktober 2016 festgesetzte Termin musste allerdings wegen fehlerhafter Briefwahlunterlagen auf 4. Dezember 2016 verschoben werden. Mit 74,21 % war die Wahlbeteiligung jetzt um eineinhalb Prozent höher als beim ersten Mal. Und einige Wähler hatten es sich doch noch anders überlegt: Mehr als sieben Prozent (53,79 % gegenüber Hofers 46,21 %) betrug nunmehr Van der Bellens Vorsprung. Stimmenmäßig hatte sich die Differenz mit mehr als 300.000 verzehnfacht.

Mit seiner ruhigen, besonnenen Art wird Alexander Van der Bellen – nicht nur in den schon vorher erwähnten Krisenzeiten – den Eindruck vermitteln, dass er weiß, was er seinem Amt inhaltlich und sprachlich, schuldig ist. Die bisweilen im Zuge von Überlegungen zur Demokratiereform auftauchende Frage, ob Österreich überhaupt einen Bundespräsidenten brauche, wird sich auf absehbare Zeit erübrigt haben und Van der Bellen am 9. Oktober 2022 schon im ersten Durchgang mit 56,7% der Stimmen wieder gewählt werden.

Apropos Zivilgesellschaft:

Die sollte sich (noch) viel öfters zu Wort melden, wenn es um wichtige Dinge geht, wie etwa Erderwärmung, Klima, Flüchtlinge, Migration und Integration. Herzerwärmend, wie 2015 Freiwillige aus eigenem Antrieb oder von zahlreichen Gruppierungen organisiert, mithalfen, das Leid der zahlreichen nach bzw. durch Österreich flüchtenden Menschen zu lindern. Über Initiative unserer beiden Pfadfinderkinder Anna und Jakob waren wir auch dabei und schichteten vor dem Hauptbahnhof gespendete Kleider in die vorgesehenen Boxen. Es ist schon klar, dass es für Österreich Aufnahmegrenzen geben muss, aber das Thema politisch zu instrumentalisieren, oft auch ohne jede Empathie im Ton, ist verwerflich. Insbesondere für eine auf christlichen Werten beruhende Partei müssen Ausnahmen ohne Rücksicht auf Umfragen immer wieder möglich sein, wenn es etwa um die (Nicht-)Abschiebung gut integrierter Familien, die Aufnahme von vierzig Jugendlichen aus griechischen Flüchtlingslagern oder Asylangebote an einzelne mit Morddrohungen durch das Taliban-Regime konfrontierte, für demokratische Freiheitsrechte eintretende Menschen geht. Und stets sollte die österreichische Regierung auf Seite derer stehen, die um gesamteuropäische Lösungen bzw. eine EU-einheitliche Vorgehensweise, etwa bei der Verteilung von Flüchtlingen, bemüht sind.

Tagebucheintrag vom 24.Oktober 2018
„Und heute in der Nacht ist Rudi Gelbard gestorben. Was für ein furchtloser und entschlossener Kämpfer gegen das Vergessen und für das Nie-mehr-Wieder er war. Die Zeitzeugen, die noch auf der Basis des von ihnen persönlich erlebten Horrors berichten können, werden immer weniger."

Corona

Lockdown, Quarantäne, Covid 19, Mund- und Nasenschutz, FFP2-Maske, Hände waschen (mindestens 30 Sekunden oder zwei Happy-Birthday lang), Desinfektion, keine Kunst, keine Kultur, kein Sport, keine Flüge, keine Reisen, Rückholung durch das Außenamt, Grenzkontrollen, geschlossene Hotels und Restaurants, keine Umarmung, keine Besuche. Jeder Mensch weiß plötzlich ganz konkret, was „Pandemie" bedeutet, verschobene Operationen, überforderte Intensivstationen, steigende Kranken- und Todeszahlen, testen, testen, testen, positiv, negativ, Abstand, ein Meter, zwei Meter, öffentliche Verkehrsmittel nur für die Arbeit, Budgethilfen („koste es, was wolle"), Kurzarbeit, Homeoffice, Zoom, überforderte Mütter (bisweilen auch Väter), Schüler und Kinder, steigende Arbeitslosigkeit, 7-Tage-Inzidenz, impfen, impfen, impfen (Forschung und Wissenschaft haben es ermöglicht) – bedarf es noch weiterer Stichworte, um sich die Situation in Österreich, aber auch in Europa und weltweit, noch einmal in Erinnerung zu rufen? Seit damals, dem März 2020. Und hinein in die Sommer 2021 und 2022, für die „Normalität" in Aussicht gestellt wurde – offensichtlich voreilig, wenn man auf die neuerlich ansteigenden

Infektionszahlen blickt. Gesetzlich wird für arbeitende Menschen die 3-G-Regel festgelegt. „Mit dem Virus leben", war vor kurzem zu lesen. Scheint ganz so. Corona wird wohl noch für längere Zeit ständiger Begleiter sein. Mit Hoffnung, aber ohne Sicherheit für die Geimpften, wenn man sich die Hospitalisierungszahlen ansieht oder die trotzdem an Corona Verstorbenen, wie etwa – als einer der prominentesten – der frühere US-Außenminister Colin Powell. Der erhöhte Druck auf die Nicht-Geimpften scheint, jedenfalls bisher, nicht viel bewirkt zu haben. Verschwörungstheorien, Radikalisierung, Demonstrationen (die politisch instrumentalisiert werden), Ratlosigkeit und viel persönliche Betroffenheit werden wohl für längere Zeit Teil des gesellschaftlichen Alltags sein.

Terror in Wien

Dass Wien vom IS-Terror verschont bleiben würde, stellte sich am Abend des 2. November 2020 schnell als Irrtum heraus. Blaulicht überall, Polizeisirenen, Absperrungen, alles „live" im ORF. Vorbei der Mythos von der Insel der Seligen, um die das Böse einen großen Bogen machen würde. Zwanzig Jahre war der in Österreich geborene, aus Nordmazedonien stammende, von der Polizei erschossene, fanatische Einzeltäter alt. Fünf Tote und 23 teils Schwerverletzte. Weinende Angehörige, erschütterte Zeugen. Mitten im belebten Bermudadreieck, mit schrecklichen Erinnerungen an das Attentat der Abu-Nidal-Organisation auf die Synagoge vor vierzig Jahren. Unter den Tischen in einem Lokal hielt sich auch mein Großneffe Benjamin versteckt. Während er via Handy versuchte, mit seinen Eltern zu reden, hörte man im Hintergrund die Schüsse knallen. Terror hautnah und live, nicht nur im Fernsehen. Sohn Jakob im Schauspielhaus, das er mit den anderen dort Anwesenden laut Polizeiweisung erst um drei Uhr früh verlassen darf. Blumen und Grablichter als Zeichen der Trauer und Solidarität. Schuldzuweisungen im Zuge der Aufarbeitung. Den Terror weltweit zu bekämpfen, wird politisches Anliegen bleiben, seine Ursachen zu erkennen und aus der Welt zu schaffen ein noch viel größeres!

Quo vadis, Volkspartei?

Zu diesem „Generalthema" habe ich 1991 (!) nach der historischen Wahlschlappe der Volkspartei einen längeren Artikel über die ÖVP in der Publikation „Conturen" geschrieben. Es ist fast erschreckend, wie viel davon auch heute wieder Gültigkeit hat. Mit Sebastian Kurz und seinen augenscheinlichen Wahlerfolgen schienen sich ganz neue Perspektiven für die längere Zeit nicht gerade erfolgsverwöhnte Partei aufzutun. Nun ist die türkise Seifenblase, die von vielen – hoffnungsfroh – für einen entfesselten Heißluftballon gehalten wurde, mittels dessen die Volkspartei auf Dauer neue Erfolgshöhen erklimmen würde, geplatzt. Der Fall ist tief. Die Folgen noch für lange Zeit düster. Umfragefixiertheit und Machterhalt sind keine guten politischen Berater und können Substanz nicht ersetzen. Mehrheiten sind wichtig. Aber Mehrheiten um jeden Preis führen unweigerlich zu Korruption, Haberei und fahrlässigem, wenn nicht sogar bewusst sorglosem Umgang mit tradierten Werten. In der Politik hat man zu wissen, was man seiner Funktion schuldig ist. Haltung und Format gehören essenziell dazu. „Quo vadis, Volkspartei?" – Diese Frage müssen sich jetzt Schwarze und Türkise gleichermaßen stellen. Die Volkspartei hat eine schwere Zeit vor sich.

Älter werden, doch nicht alt?

Abb. 47 Älter werden? – Mit Hut
Foto: Privatbesitz

Eigentlich wollte ich darüber nicht gesondert schreiben. Älter werden wir ja unmittelbar nach der Geburt ein Leben lang. Und gewöhnen uns daran. Mit jedem Mal, wenn Vorfahren sterben, Urgroßeltern, Großeltern, Väter, Mütter, Geschwister, Freunde, Bekannte. Media vita in morte sumus. Und immer ist mit der Trauer auch das Wissen um die eigene Vergänglichkeit verbunden. Mal mehr, mal weniger. Und es kommt, wenn es keine Unfälle oder schwere Krankheiten gibt, ganz langsam. Man geht nicht mehr so flink und gern die Stiegen hinauf, die Radfahrzeiten werden, bei gleicher Distanz, länger, man spielt im Tennis (fast) nur mehr Doppel, man wandert, statt zu joggen, man stolpert leichter, das Aufstehen nach einem Skisturz wird schwieriger, die Belastbarkeit nimmt ab, die Ungeduld zu usw. Und wenn es sich nicht von innen heraus bemerkbar macht, dann wird man von außen her daran erinnert: Jüngere Menschen bieten in der U-Bahn ihren Platz an, ein Radfahrer ruft dir beim Vorbeifahren zu: Rechts fahren, Opa! Wenn man sein Rad über die U-Bahn-Stiegen trägt, fragt jemand, ob er/sie behilflich sein kann, die Begräbnisse mehren sich (oft sind die Verstorbenen jünger), über Namen muss man länger nachdenken, das Hörgerät will man noch ein wenig hinausschieben, die Augenärztin hat kürzlich von einem beginnenden „Katarakt" gesprochen usw. Das Älterwerden ist näher herangerückt, ist greifbar und konkret geworden. Unvermeidlich. Und dennoch, alles ist besser als im AKH zu sein oder sich Long-Covid einzufangen. Also, dran und gut drauf bleiben und sich nicht unterkriegen lassen. So sollte es doch im Normalfall laufen. Da gibt es eigentlich nicht viel zum Schreiben.

Leben lernen – Sterben lernen

Aber dafür zum Lesen. „Die hohe Kunst des Alterns" (Otfried Höffe) etwa. Oder Helmut Krätzls „Geschenkte Zeit. Von der Kunst älter zu werden". Hmm – älter werden als „Kunst"? Zeitlos aktuell: Ciceros Klassiker „Cato der Ältere über das Alter". Alles sehr hilfreich. Aber dann las ich – zeitgleich mit Irmgard – ein besonders aufregendes, todes-, aber auch lebensbejahendes Buch zu diesem Thema, nämlich diesem Hiersein zwischen Leben und Tod und dem Wissen darum. Und zwar: „Unzertrennlich – Über den Tod und das Leben" von Irvin D. Yalom und Marilyn Yalom. 65 Jahre waren sie glücklich miteinander verheiratet, als sie die Nachricht erhält, dass sie wegen eines diagnostizierten Multiplen Myeloms (Krebs der Plasmazellen) nur mehr kurze Zeit zu leben haben wird. Statt zu verzweifeln, beschließen sie, gemeinsam ein Buch zu schreiben, eines, das sich mit allen existenziellen Fragen unseres Hierseins beschäftigen wird. Nicht theoretisch, sondern ganz konkret. Allgemeine Hinweise ziehen sich ja regelmäßig durch unser Leben. „Tod, wo ist dein Sieg? Tod, wo ist dein Stachel?" (1. Korintherbrief), „Memento mori!", „Von den Toten auferstanden", „Dies irae dies illa". Wiederholtes Beten um eine gute Todesstunde. Das eindringliche Mozart-Requiem. Im (letzten) Brief an seinen schwerkranken Vater bezeichnet Mozart den Tod als „wahren besten Freund des Menschen" und als „den wahren Endzweck unseres Lebens". „Lob der Vergänglichkeit" von Thomas Mann. Rilkes „Der Tod ist groß. / Wir sind die Seinen / lachenden Munds. / Wenn wir uns / mitten im Leben meinen, / wagt er zu weinen / mitten in uns." „Sterben lernen – Leben lernen", einfach weil die beiden untrennbar zusammengehören (Elisabeth Kübler-Ross). Akzeptanz des Todes als nötige Voraussetzung für ein sinnvolles Leben. Aber auch umgekehrt, so eine der Erkenntnisse im Buch der beiden Yaloms: Akzeptanz des Lebens, um gut sterben zu können. Das Sterben fällt leichter, wenn man ein gutes Leben geführt, nichts versäumt und zu bereuen hat. Laufend sind wir, zumindest jedenfalls bei jedem Begräbnis eines nahestehenden Menschen, mit diesen Fragen konfrontiert. Und dann kommen noch die – mehr oder weniger hilfreichen – Sinnsprüche dazu: „Nie anfangen aufzuhören und nie aufhören anzufangen." „Jeder will alt werden, aber keiner will alt sein." „Wer im Alter ohne Schmerzen ist, hat eine Verpflichtung glücklich zu sein." (Montaigne). Und auch Hermann Hesse will Hoffnung bringen („Stufen"): „Es wird vielleicht auch noch die Todesstunde / uns neuen Räumen jung entgegensenden. / Des Lebens Ruf an uns wird niemals enden. / Wohlan denn Herz, nimm Abschied und gesunde!"

Nein, Augen und Ohren zu und durch ist nicht die Lösung. Depressives Resignieren schon gar nicht. Aus einem halbwegs geglückten Leben muss sich jetzt auch der bewusst gestaltete nächste, letzte Lebensabschnitt ergeben. Sinnvolle Nutzung der „geschenkten Zeit". Angstfrei, so weit wie möglich. Denn, wie der zu Unrecht in Vergessenheit geratene katholische Widerstandskämpfer Reinhold Schneider es kurz und bündig formuliert hat: „Die Angst taugt zu nichts!" Dem heiligen Don Bosco wird folgende Anekdote zugeordnet: Es geht darum, dass mitten während eines Tarockspiels einer der Teilnehmer Don Bosco fragt, was er wohl täte, wenn ihm jetzt der Tod erschiene, um ihm mitzuteilen, dass er nur noch wenige Stunden zu leben hätte. „Weiter tarockieren", meinte dieser unbekümmert. Ja, in diese Richtung soll es ab jetzt gehen, neugierig und in großer Erwartung, so möchte ich sein – es zumindest versuchen.

Epilog

„Ich lebe mein Leben in wachsenden Ringen /, die sich über die Dinge ziehn /. Ich werde den letzten vielleicht nicht vollbringen /, aber versuchen will ich ihn." (Rilke)

Öfter als sonst stellen sich jetzt Menschen die Frage, wie alles weitergehen wird. Im von Rechtspopulisten bedrohten Europa, den gesellschaftlich wie nie zuvor polarisierten USA, dem Klima, den Flüchtlingen, der Politik, dem Terrorismus, der Umwelt, mit der Arbeit, der weltweiten Ungerechtigkeit. Und jetzt auch noch – wer hätte so etwas vor kurzem noch für möglich gehalten? – mit dem verbrecherischen und völkerrechtswidrigen Angriffskrieg Putins in der Ukraine, der Zeit des Terrors und der Gewalt im Nahen Osten und den zahlreichen Brandherden in anderen Gegenden der Welt. So viel Zerstörung, so viel schuldloses Leid, so viel Verzweiflung und sinnloses Sterben, so viel Flüchtlingsschmerz. Menschen helfen, demonstrieren für den Frieden und – vor allem junge Leute – für ihre Zukunft.

Aber hat man je in der Menschheitsgeschichte gewusst, „wie alles weiter geht"? Hat nicht jede Generation mit ihren Erfahrungen, Ängsten und Hoffnungen umgehen müssen? Auch wenn es platt klingt: Nicht, wie „es weitergehen soll", sondern wie wir – als soziale Wesen – wollen, dass es weitergeht. Im Kleinen wie im Großen. Trotz des oft erdrückenden Gefühls der Rat- und Machtlosigkeit.

Die Nationalsozialisten haben nicht nur die lebenden, sondern gleich auch künftige Nobelpreisträger vertrieben. Wie etwa Eric Kandel, der mit neun Jahren aus Wien flüchten musste, in den USA (Harvard und New York University) studierte und heute als Professor an der Columbia University zu den bedeutendsten Neurowissenschaftlern unserer Zeit zählt. Im Jahr 2000 erhielt er den Nobelpreis für Medizin.

Beim Schreiben werde ich jetzt eine kleine Pause einlegen und mich wieder mehr dem Lesen zuwenden. Zunächst einmal Eric Kandels 2018 erschienenem Buch, das sich mit der vermutlich essentiellsten Frage unseres Lebens und unserer Existenz befasst: „Was ist der Mensch?" Ist doch höchste Zeit, das herauszufinden – oder?

Zusammenfassung

„Ich lieb ein pulsierendes Leben / das prickelt und schwellet und quillt, / ein ewiges Senken und Heben, / ein Sehnen, das niemals sich stillt./
Ein stetiges Wogen und Wagen / auf schwanker, gefährlicher Bahn, / von den Wellen des Glückes getragen / im leichten, gebrechlichen Kahn …
Und senkt einst die Göttin die Waage, zerreißt sie, was mild sie gewebt, – / ich schließe die Augen und sage: / Ich habe geliebt und gelebt!" (Rilke)

Nachwort und Danksagung

Das konsequente Nachfragen meiner Frau Irmgard, wie es denn um meine Schreiberei stehe, trug wesentlich dazu bei, dass sich laufend Seite an Seite reihte und die – manchmal gar nicht einfache – Erinnerungsarbeit zunehmend Freude machte. Dafür gebührt ihr der erste Dank und dann auch gleich der zweite, nämlich dass sie mir Zeit und organisatorisches Wissen, wenn es um Blocksätze, Überschriften, Zeilenabstände, Layout oder Inhaltsverzeichnis ging, laufend zur Verfügung stellte.

Eine Verlegerin wie Waltraud Moritz kann sich jeder Autor/jede Autorin nur wünschen. Ruhig, empathisch, aufmunternd. Ergänzen, kürzen, streichen, vertiefen – alles Worte, durch die behutsam mit dem Text umgegangen wurde, bis es heißen konnte: Druckversion. Die besonders kompetent und verdienstvoll von Julia Beenken (Projektmanagerin) und Vera M. Schirl (Korrektorin) zu einem guten Ende gebracht wurde.

Großer Dank meinen Kindern Anna und Jakob, die mit ihrem mehrfach wiederholten „Aufschreiben, Papa" zu denen zählen, die mich bestärkt haben, das zwischendurch aus dem Leben Erzählte in schriftlicher Form festzuhalten und zu ergänzen.

Dank auch der Mischpoche, die – je nach Generation – auf diesem Weg vielleicht auch noch das eine oder andere Neue erfahren wird.

Allen, wie schon im Vorwort angedeutet, die in diesen Aufzeichnungen vorkommen oder – aus Platzmangel – nicht vorkommen, will ich dafür danken, dass sie mein Leben bereichert haben.

Wie auch denen, die für meine Erziehung verantwortlich waren. In erster Linie also meinen Eltern. Aber gleich danach meinen Brüdern. Geschwister erziehen einander mehr als man glauben sollte – und das tagtäglich.

Selbst einer Pandemie kann man, mit ein wenig Glück, noch Positives abgewinnen. Hätten die „normalen" halbberuflichen und privaten „Ablenkungen" fortgedauert, wäre alles, wenn überhaupt, viel langsamer gegangen.

So vieles liegt also hinter uns. Daran können wir uns erinnern, das können wir bewerten, darüber können wir erzählen. Und was ist mit der – immer und in jedem Lebensabschnitt ungewissen – Zukunft? Die geschenkte Zeit nutzen, ist da ein wichtiger Gedanke. Mit dem Älterwerden gut und möglichst angstfrei umzugehen auch. Und für andere, nicht nur für sich selbst, da zu sein, ebenso. Lauter gute Gründe, um in der Früh gern aufzustehen und sich nicht zu ärgern, dass alles eben ein wenig langsamer von statten geht als bisher. Und vor allem auf das Dankbarsein nicht vergessen. Dankbarkeit sollte ganz vorn im Katalog bedeutender menschlicher Fähigkeiten stehen. Alles, buchstäblich alles, wird dadurch leichter, sinnhafter und erträglicher. Dankbarkeit macht fröhlich, frei, mutig und zuversichtlich. Dankbarkeit ist unter allen Tugenden eine der wichtigsten. Dankbar für Erlebtes und Gelebtes. Dankbar fürs Hiersein. Dankbar allen, die mein Leben durch ihre Präsenz, ihre Gegnerschaft, ihre Gedanken, ihre Kritik, ihr Wohlwollen, ihre Freundschaft, ihre Liebe spannend und lebenswert gemacht haben. Und dankbar auch, einmal mehr, jenen schon erwähnten Menschen, die nicht aufgehört haben zu drängen, in meinen Erinnerungen zu wühlen und diese auf- und, wenn man genauer hinsieht, mir vom Herzen zu schreiben.

Peter C. Marboe